太平天国天王

洪秀全传

刘小沙 ◎ 编著

团结出版社

图书在版编目（CIP）数据

太平天国天王洪秀全传 / 刘小沙编著. -- 北京：团结出版社，2015.9（2023.1重印）
ISBN 978-7-5126-2480-1

Ⅰ.①太… Ⅱ.①刘… Ⅲ.①洪秀全（1814~1864）—传记 Ⅳ.①K827=52

中国版本图书馆CIP数据核字(2015)第185247号

出　　版：团结出版社
　　　　　（北京市东城区东皇城根南街84号　邮编：100006）
电　　话：（010）65228880　65244790（出版社）
　　　　　（010）65238766　85113874　65133603（发行部）
　　　　　（010）65133603（邮购）
网　　址：http://www.tjpress.com
E-mail：zb65244790@163.com（出版社）
　　　　fx65133603@163.com（发行部邮购）
经　　销：全国新华书店
印　　刷：唐山楠萍印务有限公司

开　　本：650毫米×920毫米　16开
印　　张：25
字　　数：320千字
版　　次：2016年1月　第1版
印　　次：2023年1月　第3次印刷

书　　号：978-7-5126-2480-1
定　　价：68.00元

前　言

　　悠悠几千年，纵横五万里，站在中国文明辽阔而又源远流长的历史天幕下，仰望着令无数人叹为观止的帝王将相的流光溢彩的天空，尽阅朝代更迭的波澜起伏，无处不闪耀着先人用心、用生命谱写的辉煌。

　　封建帝王将相是历史的缩影，自嬴政以来，秦皇汉武，唐宗宋祖……他们或以盖世雄才称霸天下，或以绝妙文采震烁古今，或以宏韬伟略彪炳史册，或以残暴不仁毁灭帝业，铸就了一部洋洋洒洒长达两千余年的封建帝王史……

　　恍然间，我们看到了"千古一帝"秦始皇"横扫六合"的雄伟身姿；大汉朝开国皇帝刘邦从"市井无赖"到"真龙天子"的大变身；汉武帝刘彻雄赳赳地将中华带上顶峰的威风场景；光武帝刘秀吞血碎齿战八方，于乱世中成就霸业的冲天豪情；乱世枭雄曹操耍尽"奸计"，玩转三国的高超智慧；亡国之君隋炀帝的骄纵狂妄；唐高祖李渊率众起义、揭竿而起，建立唐王朝的惊天伟业；唐太宗李世民玄武门兵变的狠辣果断；一代女皇武则天勇于创造命运的步步惊心；宋太祖赵匡胤"杯酒释兵权"的聪明睿智；元世祖忽必烈以蒙古铁骑横扫欧亚大陆的英雄豪迈；一代天骄成吉思汗开创铁血王朝的钢铁毅力；"草根帝"朱元璋从"乞丐"到"皇帝"的辛酸血泪；清太祖努尔哈赤以十三副铠甲起兵，开辟锦绣前程的创业史；大清王朝第一帝皇太极夺取江山的谋略手段；少年天子顺治为爱妃做到极致的痴心情意；清军入关的第二位皇帝康熙除权臣，平叛逆，锐意改革的天才谋略；最富争议的皇帝雍正的精彩人生；乾隆皇帝钟情于香妃的风流韵事；慈禧太后将皇帝与权臣操纵于股掌之间的惊天手段；历代名相为当朝政务呕心沥血，助帝王打造繁荣盛世……

在浩瀚无边的中国历史长河之中，帝王将相始终是核心人物，或直接或间接地掌控着历史的舰舵，影响着历史的进程。虽然他们已是昨日黄花、过眼云烟，但查看他们的传奇人生，研究他们的功过是非，仍然可以让读者借鉴与警醒！

即便如此，很多人依然会"坚定"地摇着头回答："NO！"因为在他们看来，"历史、帝王将相"等于"正统、严肃"，这些东西早被当年的历史考试浇到了冰点！尽管明知"读史可以使人明智"，也再没有耐心去研读、探索那些"枯燥"的历史了。其实，历史并不是课本上那些无聊的年份表，帝王将相也不是人物事件的简单罗列。真实的帝王将相的生活要丰富得多，有趣得多。

为了解决这个问题，让读者心甘情愿地"抢读"历史，本套图书精心挑选了在历史上影响力颇大的帝王或名相，突破了枯燥无味、干巴巴的"讲授"形式，以一种幽默诙谐的语言，用一种立体的方式将一个帝王或名相的多样性与丰富性展现在广大的读者面前。

全书妙语如珠，犀利峥嵘，细述每个帝王或名相的政治生活、历史功绩、家庭生活、情感轶事等，充满了故事性、知识性与趣味性，让读者在轻松愉悦的享受中体味人生的变化莫测；在"观看历史大片"的过程中收取成功的法门秘诀。

为了保证书稿的质量，编辑工作者查阅了大量的相关资料与文献，并且专门请教了很多长期从事历史教学与研究的专家学者。不过，由于时间与精力有限，如果本套图书存在些许错误，敬请广大的读者朋友们批评指正。

"古人不见今时月，今月曾经照古人"，与浩瀚的宇宙相比，人类的生命短暂得微不足道。因此，在这有限的时光中，我们要尽一切可能多学知识，少走弯路，让我们的人生变得更加绚丽多彩！

目 录

第一章	洪秀全应试受挫	冯云山发展教众	1
第二章	紫荆山捣毁神像	冯云山被捕获救	12
第三章	杨秀清密谋夺权	石达开初露锋芒	28
第四章	金田村首发起义	各战场捷报连连	43
第五章	洪秀全永安封王	咸丰帝派兵逼围	61
第六章	太平军损失两王	杨秀清稳当军师	78
第七章	太平军势如破竹	洪秀全修天王府	92
第八章	赖汉英寡断失城	江忠源死守庐州	111
第九章	杨天父下凡夺美	张继庚谋划叛乱	125
第十章	傅善祥智劝东王	小天堂男女开禁	137
第十一章	曾国藩兵败跳水	石凤魁武汉失守	151
第十二章	石达开克复武昌	杨秀清赏罚不明	164
第十三章	曾国藩被困南昌	太平军收复江南	179
第十四章	杨秀清逼封万岁	陈承瑢忍辱复仇	195
第十五章	韦昌辉血洗东府	荣光门设计屠杀	210
第十六章	石达开解困天京	韦昌辉被逼自杀	226
第十七章	石达开愤而出走	林启容失守九江	239
第十八章	洪仁玕谋略治国	洪秀全笼络人心	258
第十九章	洪秀全嫉贤妒能	李秀成东征有功	276
第二十章	洪秀全擅改国号	李秀成接见英使	291
第二十一章	洪秀全封王晋赏	陈玉成被革心灰	308
第二十二章	陈玉成愤然赴死	李秀成功败垂成	322
第二十三章	北征军损失惨重	李秀成出京救难	341

第二十四章　四天将密谋献城　李秀成死谏无果 …………………… 355
第二十五章　洪秀全魂归天国　天京城城破国亡 …………………… 369
第二十六章　李秀成被俘自述　洪幼主被捕遇害 …………………… 382

第一章
洪秀全应试受挫　冯云山发展教众

这一年,洪仁坤来到广州参加应试。早在九年前,也就是他十三岁那年,洪仁坤就参加了科举考试,虽然通过了县试,但是却没通过府试。转眼间九年过去了,他二十二岁了,身体魁梧,五官端正,一眼看去,颇有几分君子风度。

这是他第二次到广州来参加应试。

这一次,他信心满满。毕竟在这九年之间,他勤学苦读,四书五经早已烂熟于心,八股文也写得得心应手,所以有很大的希望能够及第,被封个一官半职,也就能够光宗耀祖了。临行,父母兄妹看着他走出村外,没有嘱咐什么,但看着一双双急切的眼睛,他暗下决心,这一次一定要榜上题名,否则如何向家人交代。只要吃上皇粮,那全家就跟着享福了。

漫步在繁华的广州城大街上,洪仁坤心里踌躇满志。"十年寒窗无人知,一朝成名天下闻。"他幻想着金榜题名的喜悦,不禁对这大街上的布衣百姓产生了一种优越感。

参加过科举考试,经过漫长的等待,科试结果出来了,洪仁坤又一次名落孙山。这是他没有想到的,虽然没有十成的把握,但是也有九成的把握,怎么就又失败了呢?

洪仁坤沮丧地想着,漫无目的地在大街上走着,不觉碰上了一个外国传教士和他旁边的翻译,对着路上的行人传教。他们手里还拿着一些小册子给听众,书名是《劝世良言》,洪仁坤经过的时候,也得到了一套。他此时已经神情呆然,回到客栈后,这些册子被他胡乱地塞进了行李包。

这本《劝世良言》的作者是梁发,他是广东高明县人,他是中国近代第二个基督教徒。一个偶然的机会,还是印刷工人的梁发给来到广州传教的外国人马礼逊当助手,耳濡目染之下,就接受了基督教的洗礼,成为了传教士,他非常热心地宣传基督教教义,而且把有关基督教的知识编写成

适合中国人阅读的小册子,这就是《劝世良言》。

第二年,洪仁坤不死心,又一次来到广州参加应试,还是不中。这次的打击比上一次严重多了,他想着父亲、母亲期待的眼神,走回客栈的路上,一步一晃,一进店门,他就昏厥过去,怎么叫都叫不醒。

应考的伙伴凑钱雇了肩舆把他送回花县官禄老家。回家后,洪仁坤心灰意冷,已经病得奄奄一息了,高烧久久不退,吓坏了父母。洪仁坤有时昏睡有时清醒。当他清醒的时候,心里感到无限地愧疚、颓废,他感到十分绝望,这已经是第三次落第,他真想死掉算了,前途一片黑暗……几天后,退烧了,家人总算松了一口气。就这样,洪仁坤昏迷了四十天,病总算好了,恢复了正常。

公历1814年1月1日(清嘉庆十八年十二月初十),洪仁坤出生,乳名火秀,读书时,父亲洪镜扬给他取名"仁坤"。

洪仁坤一家原先在福水源,后来迁到芙蓉嶂附近的官禄。官禄位于花县县城西南,离广州府城也不远,只有一百里。

父亲洪镜扬是一个公正无私的人。他有才能,善搞人际关系,村民对他很是拥护,被推为"堡尊"。镜扬先后娶了两个妻子王氏和李氏。只有王氏生了三子二女,长子仁发,次子仁达,第三个儿子是仁坤,长女辛英和次女宣娇,分别为仁坤的姐妹。

洪镜扬一家是普通的农民,不富裕,但是也还吃得上饭。

洪仁坤七岁在本村私塾读书,读书之余还要做些农活,经常拾粪、放牛。他从小的时候学习就非常勤奋刻苦,记忆力强,能够熟诵四书五经和《孝经》等。除此之外,他还阅读了大量的诗词文赋,后来写了很多诗词。他聪明好学,看过很多历史典籍,其中不乏稗官野史、故事传说、地理一类的杂书,并且还得到家族长辈和老师的称赞。

1827年(道光七年),洪仁坤早在十三岁时就参加了科举考试,但是落第的三年之后就当上了本村的塾师。

就这样,洪仁坤一边教书,一边学习。他的性格开朗、坦率,有很多朋友,常在朋友面前夸夸其谈。

参加第三次科试落第生病过后,洪仁坤仍然在私塾教书。

日子平平淡淡,但是外面的世界却风云跌宕:英国发动了鸦片战争,清政府签订《南京条约》……

洪仁坤和许多其他中国人一样,为民族的命运而担忧。

转眼间就到了1843年。

这年春天,二十九岁的洪仁坤第四次赴广州应试,结果又落第了。

这一次失败,洪仁坤心里非常愤怒,回乡后,他决定再也不参加科举考试了。

以后的日子,他继续教书。

一天下午,洪仁坤随便拿起书架上的那套七年前从外国传教士那儿得到的《劝世良言》读了起来,他越读越认真。

《劝世良言》一共有九册,约六万字。这套书有的地方语言浅显易懂,但是许多地方语句颇为晦涩,大概是直接翻译过来的文字。洪仁坤对书中所写的内容产生了浓厚的兴趣,从来没有看到儒、道、释三教被毫不留情地予以抨击。很多的神佛菩萨都被梁发说成是邪神,包括文昌魁星、招财童子、门神、灶君、土地这些被中国人所尊崇的神仙。而且关于学子对科举的痴迷,书中也有论述:

即如儒教亦有偏向虚妄也,所以把文昌、魁星二像立之为神而敬之,欲求其保庇睿智开广,才能快进,考试联捷高中之意。然中国之人,儒教读书者,亦必立此二像奉拜之,各人亦都求其保佑中举人、中进士、点翰林,出身做官治民矣。何故各人都系同拜此二神,而有些自少年读书考试,乃至七十、八十岁,尚不能进门为秀才呢?还讲什么高中乎?难道他不是年年亦拜这两个神吗?何故不保佑他高中啊?

洪仁坤就是痴迷科举考试的学子,他心想,幸亏及时地抽身,不再参与,梁发真是指出他人生谬误的第一人!

广大学子在这场科举考试里扮演着受害者的角色,清政府统治下的尘世也是乱糟糟的? 到底为什么呢? 梁发发表了见解:

现在之人遂生出无数的恶端,致世界大变,颠倒乾坤,变乱纲常,以恶为善,甚至把善反以为恶。因人之心,日夜歇息之间,所有思想图谋,言行举动,专在于奸淫邪恶,诡诈欺骗,强暴凌虐之事,满于胸中,行在世界之上矣。

是的,尘世间善恶不分,甚至颠倒。人心只想着奸淫邪恶,诡诈欺骗,世界一片污秽。所以要涤荡尘垢,清除妖魔,这样天下才能太平,百姓才能过上幸福安康的生活。梁发在书中描绘出一幅太平盛世的景象:

倘若全国之人，尊信而行者，贫者守份而心常安，富者慕善义，心亦常乐，上不违逆神天上帝之旨，下不干犯王章法度，不独贪慕世乐之欢，不空费光阴之宝，君正臣忠，父慈子孝，官清民乐，永享太平之福。

洪仁坤看完之后，衷心地认为写得精彩极了，就把《劝世良言》推荐给好友冯云山和洪仁玕。

二人看过之后，对《劝世良言》中所说的道理十分赞同，所以他们就聚在一起讨论关于基督教义。

这年夏天，洪仁坤和冯云山、洪仁玕跳进村里的石角河，模仿基督教的洗礼仪式净身，表示"去旧从新"。

为了表示自己的虔诚，洪仁坤决定改名，"仁"和"坤"都与中国古代的陈旧典籍有关，所以要舍弃。我的小名叫火秀，取秀字，有优秀、聪明的意思。还要加一个字，就用"全"字吧，它的意思是完备、周全。

从那以后，洪仁坤不但改名为洪秀全，而且连脾气都改了。他变得严肃谨慎，对人和蔼可亲。这期间，洪秀全和冯云山、洪仁玕天天见面，他们一直讨论《劝世良言》里的话题。

半年后，洪秀全、冯云山、洪仁玕都认为对基督教的教义了解的差不多了。

洪秀全最开始先向家里人讲解拜上帝的道理，父亲、哥哥和妹妹都表示赞同。于是洪秀全带领全家一起举行他所认为的洗礼仪式，在纸上用毛笔写下"爷火华"，贴到墙上去，在书案上把香烛点起来，然后带着全家人给爷火华磕头。每人报上自己的姓名，由洪秀全领诵，众人表示将会永远敬拜推崇天父皇上帝。

洪秀全认为自己的家里人能够这么快速接受，心里很高兴，于是就想走出去布道。

过了几天，洪秀全遇到了温秀才，认为这是一个好机会，就给他讲了耶稣基督的道理。温秀才还没听完，就对洪秀全说："洪先生，你看的什么书，得来这些谬论，害人不浅。"洪秀全气愤地离去。还没走多远，遇到洪仁玕朝这边跑来，只见他的袖子被扯破了，好像和谁打了一架。洪秀全赶忙问道："出了什么事？"

"被我哥赶出来了，"洪仁玕沮丧地说，"我对他讲拜上帝，他说比起孔圣人来，耶稣算个狗屁！"

两人一起来找冯云山,把遇到的问题对他讲了,才知道冯云山也和他们一样。

元宵节过后,洪秀全来到私塾教课。洪秀全首先就把书塾里供奉的"大成至圣先师孔子之位"的牌子踩烂了,还对学生大讲孔子是妖魔,动员学生信奉基督教。过了不久,书塾里的学生纷纷退学,家长们知道之后,把洪秀全给辞掉了。

冯云山、洪仁玕也丢掉了教学的饭碗。

现实把他们逼到了不得不另寻出路的道路上,最后他们一拍即合,要到外面寻找机会。

1844年4月2日,洪秀全、冯云山动身了。由于家庭的阻挠,洪仁玕没有和他们一起。

洪秀全、冯云山先到广州,在街上宣传教义。但是没有一点儿效果,而且城市的生活成本高,所以他们很快离开了广州,经过顺德、南海、番禺、增城、从化,来到了清远。在这里,他们的宣传第一次有了点效果,发展了一些拜上帝的会员。这个地方正缺少塾师,洪秀全就写信让洪仁玕来。在这之后的数年,洪仁玕就在这里一边教书,一边传教。洪秀全和冯云山继续远行,经英德、函江、阳山、白虎圩,来到南江排,渡过贺江,踏上了广西的土地。

5月21日,经过一个多月的奔波,洪秀全和冯云山来到了浔州贵县的赐谷村,在洪秀全的表兄王均盛家暂时住了下来。

赐谷村没有老师,王均盛热情地筹办了一处私塾,让洪秀全、冯云山教书。从此,两人白天教书,晚上就对村民传教,给他们讲拜上帝的道理。这种活动被当地的村民称为"拜会"。

赐谷村非常偏远、闭塞、贫穷,洋人从未到达过这里,所以老百姓比较容易接受拜上帝的道理,很快,参加拜会的听众达到数百人,还有一百多人参加了洗礼。

一天晚上,二人讲完道理,洪秀全兴奋地对冯云山说:"看来我们到广西来是对的,这里的人容易发动。"

冯云山颇有同感:"到现在才明白,我们在家乡的传教活动,失败是必然的,广东是洋人的手脚最先插入的地方之一,《南京条约》签订以后,英国人在那里更是飞扬跋扈,无恶不作,当地百姓对洋人恨之入骨,而我们

宣传的偏偏是洋教,大讲四海之内皆兄弟,人人平等,这就无怪乎人们对我们的教义反应冷淡了。"

"不过,我们将来终究还要布道于天下的,也包括广东。"洪秀全信心十足。

渐渐地,洪秀全却感到有些空虚:自己虽然博览五经,堪称饱学,但那都是孔孟之道,是现在他所反对的东西;而他对正在张扬宣传的拜上帝之道理,恰恰所知无几。他的基督教知识来源可怜得很,只有《劝世良言》这套书,到如今,连《圣经》都没读过,基督教的教义到底有哪些内容?心中一向不甚了。刚到赐谷村时,每次讲道理都觉得很充实,很新鲜,但慢慢地,就感到这些道理越来越空洞,每天夜晚总是讲那么一套。就像从外面背了一筐柚子来到此地,三下两下就倒了出来,再一眼看去,筐子亮了底。这与做书塾先生时的感觉完全不一样,那时候,孩子跟他学了好几年,他仍然有许多学问掏不完。现在可好,只半年,就已经无话可说了。再则,连他这个传教者本人都没做过洗礼,却已经给一百多人举行过洗礼了,这就有点"野路子"之嫌了。洗礼的正规仪式到底怎样?自己还从来没有见过。师不明,弟子拙,看来是该找个地方再喝点洋墨水了。

还有,直到现在,他们所宣讲的教义,只是搬用别人的东西。说得好听些,是照本宣科;说得难听些,是拾人牙慧。自己的见解和思考在哪里呢?没有。正因为如此,许多内容才显得飘飘悠悠的,与本地的风土人事接不上线头。必须自己动手写,只有借基督教教义来体察华夏的国情民情,才能够为这里的国民所理解,所接受。这件事做好了,那将是一个了不起的举动——创立中国的基督教。

洪秀全把自己的想法告诉了冯云山。

冯云山听了,大为振奋。他十分佩服洪秀全的胆量与气魄,也相信洪秀全具有相应的功力与才华。他情不自禁地举起手来在空中击掌两响,说道:"好,太好了!没有内容丰富、系统连贯的教义,就很难具有永久性的感召力。古今建大事业者,必先有成竹在胸,方能疏导万民,挥斥四方。仁兄赶紧挥洒笔墨,著书立说,此功告成,你就是华夏这片土地上的最大教主!"

洪秀全的眼睛豁然一亮,洪秀全让冯云山和他一起回花县撰写教义,但冯云山没有同意。他认为,唤醒更多的民众百姓比构想完整的教义要实际得多。没有教义,会众就失去了统一的信仰,但是如果没有会众,教义也只能是一纸空文。

两人多次商量,也发生过多次争吵,最后议定,洪秀全回广东编撰关于拜上帝的教义,冯云山留在广西继续发展会众。

与洪秀全分手后,冯云山先到了浔州,在那里停留了一个月,然后动身向北,经大湟江口来到新圩。新圩地处平原,物产丰富,紫水和宜水都从这里经过,水路和陆路都很便利。新圩以西约四十里是紫荆山,向南八里是金田村。

先要有饭吃。人地生疏,教书的职业很难谋得,只能出卖体力。他沿江走去,来到下古林社投宿。当晚,他向店主借了一副粪箕,从此,就以拾粪和帮工度日。

为了对这一带的情况有更多的了解,第二年开春,冯云山进入紫荆山,在高坑冲给人家做短工。放牛、挑泥、挖土、割稻、打谷、烧砖,什么脏活累活儿都干,却几乎不再接触书卷笔墨。这期间,他交了许多朋友,在他们当中发展了不少会员。

又过了一年,经人推荐,冯云山去大冲曾玉珍家教书。

一日,冯云山到金田村去赶集。集市上人来人往,闹闹嚷嚷。冯云山到这里来,并不是要买卖什么东西,只是想了解一些民情,因此就闲逛似的从南头走到北头,又从北头走到南头。

"这不是韦进士吗?"身后有人叫道,声音怪里怪气的。

冯云山回头一看,喊叫的人是一个尖嘴猴腮、身穿长衫的青年。冯云山顺着他的眼光看去,那个被称为"韦进士"的人正站在离自己三四步远的地方。此人矮个子,白脸膛,高颧骨,须眉稀疏,上眼皮稍厚,遮住了一半眼睛。他好像没听见有人叫他,眼睛看着别处。

"韦进士,近来可好啊?"尖嘴猴腮的青年又喊了一声。

那位"韦进士"脸上出现了一副气急败坏的表情,他想发作,却终于忍住,一转身,快步走开了。

"哈哈哈哈……",尖嘴猴腮的青年笑得前仰后合。

冯云山顿时想到:这个人莫不是韦昌辉?关于韦昌辉,冯云山早就影影绰绰地知道一些,但不明详情,于是就跟着"韦进士"走出了人群。

那人果然就是韦昌辉。相认后,韦昌辉把冯云山请到家里,二人叙谈

了一整天,冯云山对韦昌辉的身世处境了解得一清二楚了。

韦昌辉是桂平县金田村人,原名韦正,绰号"花头鸭",按广西俗语,是浮夸、爱出风头的意思。其父韦源玠是个小地主,每年有两万石左右的租谷。韦昌辉读过几年书,应过童试,却无功名,也就没有什么地位。韦家原住王谟村,因受大户刘姓的排挤而迁到金田,但仍受一些殷富大户的歧视。有一次,韦家去纳粮,但未得粮单,粮官就硬说韦家没交,并三番五次地催逼,韦家没法,只得又交了一次。为了这件事,韦昌辉很气愤。韦源玠痛感家中无功名人才,就想栽培韦昌辉,好为韦家挣挣门面。谁知韦昌辉偏不争气,有一年去桂平县城应试,不但没考中秀才,还在县里赌博,连长衫都输出去了。韦源玠没法,就花钱给韦昌辉捐了个监生。

在韦源玠七十一岁生日这天,韦家邀请乡邻,大摆宴席,还特意做了一块匾额,上书"成均进士"四个字,挂在门头,炫耀乡里。成均,按《周礼》的记载,就是古代的大学,韦昌辉既然是监生,而监生就是中央教育机构国子监肄业的诸生,因此挂上"成均进士"的匾额也说得过去。谁知有个好事的秀才蓝如鉴,就是在集市上那个尖嘴猴腮的长衫青年,唆使一个大烟鬼趁夜把匾额上的"成均"两个字挖掉了,结果匾额上就只剩下了"进士"二字。之后蓝如鉴跑到大湟江巡检王基处告了韦昌辉一状,王基以僭妄之罪名将韦昌辉逮捕,敲了韦家五百两银子,才把他放出来。蓝如鉴因举报有功,得了二十两赏银,他得银后乐不可支,四处张扬。

黄昏时分,冯云山离开韦家返回大冲。尽管冯云山觉得这次谈话很投机,但他没有动员韦昌辉加入拜上帝教,他对韦昌辉的人品不太放心。他本能地感到,韦昌辉的眼皮遮盖住一半眼睛,同时也隐藏起一半心术。他在大集上当着那么多人的面受了蓝如鉴的戏弄,回到家向陌生人讲述自己遭受凌辱的经历时,却丝毫未显现出愠怒和激愤的神色,这表明他是一个颇能忍辱负重的人。但话语中偶尔从齿缝里挤出的重音,又表明他的内心潜伏着巨大的复仇力量。能把仇恨吞到肚里的人大都是有些城府的,但这种人在宣泄仇恨时所造成的危害也极大。

冯云山转念又想,如果劝韦昌辉加入拜上帝会,他一定会很痛快地答应下来,至少在开头一段时期内会铁了心地干,因为他想利用拜上帝会这个组织进行复仇,再说这是个大户人家,举事时最需要这种人的财力支持,于是决定过一段时间再来找他。

不久,冯云山又认识了胡以晃。胡以晃的先辈是江西临江人,为仕宦之家,后迁到广西平南县八峒花洲山,为广西少有的巨富,父亲胡琛占有的田庄跨平南、藤县、金秀瑶山三个县区。胡以晃约有三十六七岁,中等个子,面色微黄,高鼻梁,髭浓而髯稀。少年时不大喜欢读书,而爱好习武,考中了武秀才,上省应武举考试时,前几个项目都已通过,但最后比试弓箭时因用力过猛,将硬弓拉断,结果落第。胡琛原与八峒卓家有仇,卓家是地方上有名的土豪,与官府往来甚密,胡以晃落第后,卓家趁机百般奚落。一天,胡以晃骑着马路过卓家门口,卓家要他下马,胡以晃拒绝了。卓家就命家人把胡以晃拉下来,毒打了一顿,然后推到牛圈里,枷住脖子,用镰刀把他的半边头发剃掉,才放了他。

冯云山知道,胡以晃跟韦昌辉一样,都是殷富之家,都有一股深仇埋藏在心中,但他觉得胡以晃要可靠得多。此人诚实、豪爽,言语不多,却待人热情,不像韦昌辉那样神秘莫测。

光阴荏苒,转眼到了冬季。

这天,天格外冷,冯云山刚刚起床,就有人送炭到教馆里来了。此人中等身材,面庞消瘦,棱角分明,头发微黄而稀少,胡须蜷曲而浓密。两眼略有些红肿,大概是烧炭时烟熏所致,但眼神里流溢出异于常人的坚毅、冷峻和深邃,同时也隐藏着几分狡黠。

"我叫杨秀清,是曾玉珍的舅舅。天冷,给冯先生送些炭来。"来人自我介绍说。

"请坐,请坐!"冯云山热情地说。两人坐下后,就攀谈起来。

杨秀清,原籍湖南耒阳,因父亲获罪而流落广东嘉应,到了杨秀清这一辈,迁徙到广西桂平县紫荆山内鹏隘山新村。秀清五岁死父,九岁丧母,靠伯父杨庆善抚养。成人后,以烧炭种山为生,日子过得十分困窘。

"山里有多少人以烧炭为生?"冯云山问。

"紫荆山里烧炭的人家大约有三百户,其实专门烧炭的只有二十户左右,多数人家只是捎带着烧点炭。山里树多,本地人不需用炭,炭都拿到新圩集上去卖,只能在冬天卖给有钱的人家,圩上的铁匠也用些炭,总共加起来也卖不了多少。"

"卖炭赚的钱够用吗?"冯云山又问。

"冬天还凑合,春夏秋三季就接济不上了。"

"看起来,以烧炭为业,实在是没有盼头。"

"我也知道,可又找不到像样的生意做。"

"当今朝廷无道,官绅鱼肉乡民,百姓苦不堪言。要想有个出头之日,就必须结成兄弟,患难与共,风雨同舟,反抗官府,开辟咱们自己的天地。"冯云山觉得跟这种吃不上饭的人谈话用不着绕弯子,可以单刀直入。

杨秀清的眼睛豁然亮了,他小时候常听伯父讲陈胜、刘邦、黄巢、朱元璋起义的故事,对古代的英雄佩服得五体投地,没想到有此胆略的人就在眼前,更没想到眼前这个素不相识的人对自己如此信任,竟敢不怕掉脑袋说出这种掏心窝子的话。不需要任何点拨,杨秀清就知道了自己的使命,也猜出了冯云山的用意,就说:"我有个朋友叫萧朝贵,我这就带他来见先生,我们能发动四五百人。"

冯云山喜出望外,急忙说:"不用,我跟你一块儿去找他。"

两人刚出村,就见一头肥壮的黄牛在田野里扬蹄奔跑,十几个人在后面追赶,其中一个高个子青年步如流星,很快就追上了那头牛。只见他伸出右手,一把抓住牛尾。那牛四蹄撑开,头用力向前拱着。那青年则扯着牛尾向后拽,不一会儿,就把牛拽回了好几十步。看到这个场面,众人无不惊骇。这时,牛的主人也赶到,把牛接过去了。

"他就是萧朝贵。"杨秀清对冯云山说,然后喊道,"朝贵!"

"是杨大哥。"萧朝贵边说边向这边走来。

"这位就是冯先生。"杨秀清介绍说。

"久仰久仰,早就听说过,只是未能晤面。"萧朝贵高兴地说。

"朝贵兄真是身手不凡哪!"冯云山夸奖了一句。

"先生见笑,匹夫之勇而已。"萧朝贵有些不好意思。

"哪里人?"冯云山又问。

"原是武宣东乡沙田村人,后来迁到紫荆鹏隘山,跟杨大哥是邻居,烧炭为生。"

"走,咱们一起到书馆里坐坐。"冯云山邀请道。

三人一同向村里走去。

1844年11月30日,洪秀全重新回到了家乡花县官禄,一边教书,一边研读基督教,他要写出拜上帝教的教义。

广州的著名传教士罗孝全知道了洪秀全宣传拜上帝的事,很想见见这个中国传教者。1846年秋,罗孝全约洪秀全来广州见面。洪秀全知道之后很高兴,但是因为正在书塾教学,所以没有去成广州。不久,罗孝全的助手朱道兴给洪秀全写了一封信,信中说:"闻得尊兄约在十年前接得一本书,其内容与此处教堂所宣讲者相符。如足下惠然肯来,助弟等在此处宣教,则传教士及兄弟极为欢迎,至所盼祷。"

第二章
紫荆山捣毁神像　冯云山被捕获救

第二年三月，洪秀全赴广州，找到南关东石角浸信会，谒见罗孝全。

罗孝全十年前从美国来中国，开始的时候在澳门传教，三年前来到广州组织了粤东浸信会。见面后，罗孝全对洪秀全的印象很好，曾经夸赞洪秀全有君子风度，学识和人品可列为上乘。

洪秀全留了下来，学习基督教的教义。到这时，洪秀全第一次看到《圣经》这本书，被书中耶稣的内容所吸引。他决定刻苦攻读，争取早日成为一名合格的传教士，接受罗孝全的洗礼。

洪秀全在广州呆了一个月，盘缠已经用尽，就请求回乡一趟。罗孝全当即派助手刘文谦和张江水跟随他们乡，一方面传教，一方面对洪秀全作些考察。

刘文谦和张江水在官禄只住了几天，就和洪秀全一起返回广州。

洪秀全继续研读《圣经》，听受功课，并接触外国的科学、历史、地理等方面的书籍。

一天早上，洪秀全在浸信会打扫走廊，正好黄爱和黄乾从他身边走过，黄爱说："秀全，吃饭去，回来再扫。"

"你们先去吧，我不饿。"洪秀全回答。

黄乾忽然想起，洪秀全好多日子不吃早饭了，他向黄爱递了个眼色，然后问道："手头紧了，是吗？"

洪秀全默不作声。

"为什么不向阿罗哥要钱？"黄乾问。助手们把罗孝全称为"阿罗哥"，以示亲切。

"跟他要钱？"洪秀全觉得很奇怪。

"对呀！"黄乾说，"你可以在洗礼之前，从他那里领取每月五元钱的津贴，不然的话，你怎么继续学道？"

憨厚的洪秀全信以为真,果然向罗孝全提出了这个要求。罗孝全原想在近几天给洪秀全举行洗礼的,听洪秀全这么一说,心中顿然生出反感。认为洪秀全原来是个"吃教"之徒,为了混几个小钱儿而来的,因此打消了给洪秀全洗礼的念头。

又过了些日子,洪秀全盘缠已尽,而罗孝全毫无替他洗礼的意向。这时,洪秀全觉悟到自己上了黄爱和黄乾的当,但事情已经无法挽回。看看接受洗礼、做传教士已经全无希望,他只好悻悻然地离开了广州。临行,好心的朱道兴送他一百枚铜钱作盘缠。

1847年7月21日,洪秀全从广州启程第二次赴广西,他要去寻找阔别已久的好友冯云山。因为盘缠不多,只好徒步前往。

与上一次入桂相比,洪秀全觉得心里踏实多了。那时头脑里只装着《劝世良言》,其中还有许多生吞活剥、似懂非懂的知识,充其量仅能面对数百名会众。现在不同了,在三年的光阴里,他毕竟孜孜矻矻地完成了《原道救世歌》《原道醒世训》《原道觉世训》《百正歌》《改邪归正》等拯救世人灵魂的篇章,又在罗孝全那里仔细研读了《圣经》,他已经敢于面对成千上万乃至普天下的黎民百姓了。想到这些,洪秀全的脚步迈得格外雄健有力。

这天,洪秀全来到德州一个叫作梅子汛的地方。就在这个地方,洪秀全的盘缠、行李、斩妖剑和八十多枚铜钱被抢走,洪秀全心中十分颓丧:热心传教、立志拯救苍生的人居然被几个痞子折磨到如此狼狈的境地,今后遇上更大的灾难又当如何?

"要想完成惊天动地的豪举,还必须有个名义。"洪秀全忽然想起了冯云山的话。心道:记得在那次谈话中,他还讲到了陈胜、刘邦,我没细听。现在想来,冯云山是有道理的。在一般人看来,我洪秀全不过是平平常常的一介书生,稍知底细的,还知道我是个屡试不第的落魄书生,太煞风景了!古来一切成大事者,都为自己编造出一种非凡的出身、一段撼人魂魄的来历,以此来号召懵懵懂懂、浑浑噩噩的芸芸众生。芸芸众生一向畏天,所以那些风云人物也多假借天力。我呢?自然也准脱古人窠臼。不过,我所借助的,应当是外域的天,是皇上帝爷火华的天,是他老人家派我下凡的,只有这样,我才能有资格成为华夏大地上真正的耶稣教教主。十年前的那场大病,我在梦中是上过高天的,出现于云端的老人分明就是上

第二章 紫荆山捣毁神像 冯云山被捕获救

· 13 ·

帝爷火华……然而,怎样宣布我的这一来历呢?要我自己开口说出来吗?不妥。无凭无据的,谁会相信?难哪!

洪秀全思绪纷乱、神不守舍地继续向前走去。过了一个时辰,他觉得这样走也不是个办法,就写了份禀帖送到肇庆府,想得到知府一点周济。但肇庆知府批示,说洪秀全遇盗地点在德州境内,不归肇庆府管,不过还是批给他四百枚铜钱以充盘缠。于是洪秀全乘船上路,继续西进。

经过了一个月的艰难跋涉,洪秀全终于来到贵县赐谷村王盛均家中。王盛均告诉他,冯云山在紫荆山一带传教,而且成效显著,发展了许多会众,洪秀全听了,十分高兴。两天后,就动身赶赴紫荆山。

巍峨的紫荆山,层峦叠嶂,林深箐密,高峰穿云,深谷无底。洪秀全被眼前磅礴的气象所吸引,不由得叹道:难怪这里被世人说成是"人迹罕至,虎狼奔驰"之地,云山兄弟真有眼力。

8月27日,洪秀全与冯云山在紫荆山大冲曾玉珍的书馆会面了。

挚友久别重逢,喜出望外,未作寒暄,各人就详细地讲述了分手以后自己的经历。洪秀全听说冯云山已经发展了三千多名会众,格外兴奋。很快地,冯云山就把话题引到农民举义这方面来:"今年,云南发生了回民起义,江西发生了谢嗣封的起义,湖南有李魔旺和左广秀,在广西和湖南边境,雷再浩和李世得成立了棒棒会,声势最大……"

"你是说,咱们也走这条路?"洪秀全问道。

"你也一定想这么干。"冯云山回答。

"我确实也想到了这一点。不过,云山兄弟,你还是先走了一步,你有胆量,有气魄,也有远见。"洪秀全的语气里充满了钦佩。

"现在是极好的时机,"冯云山道,"清廷把天地会当成最大的对头,加上全国各地数不清的起义,对我们来说,都是最好的掩护;今后打出局面来,他们也是我们可靠的呼应。"

"云山兄弟真是胆识过人,韬略深广。"

"你先安歇一夜,明天我带你出去走走。"冯云山高兴地说。

第二天一早,冯云山领着洪秀全向村西走去。大冲的村西头,有一片小树林,树林中间,有一块空地。不久前,一个姓吴的财主想在这里盖座宅院,后来听风水先生说以此为宅会绝后,就放弃了。那以后,这里就成了冯云山带领会众讲道的地方。今天,约有四五百会众来到这里,他们一见冯云山带了一个陌生人走来,都感到有些惊异,就给二人让开了一条路。二人来到人群的中心,冯云山登上一墩树桩(这是他每次讲道理的站台),十分庄严地对大家说:"共同敬拜上帝的弟们们,现在我让大家认识一位了不起的伟人,"说着,就跳下树桩,把洪秀全推了上去,"他就是我经常向大家提起的洪秀全!"

众人还没回过神来,冯云山继续说下去,他把每个字都喊得非常钝重:"洪秀全受天父皇上帝和天兄耶稣的派遣,下凡到人间,拯救万民的苦难!"

全体会众一齐跪在地上。

"万岁!万岁!万万岁!"刹那间,欢呼声震荡山林,传遍田野……

洪秀全为眼前的场面深深感动,眼睛有些湿润了。原来冯云山在这三年的传教生涯中,一直把他自己当作陪衬的角色,而把挚友推到领袖的地位上。"心有灵犀一点通",我正为无法宣布自己的来历而发愁,他却选择最恰当不过的时间和方式替我完成了。

"云山,我的好兄弟!"洪秀全心里发出由衷的呼喊。

他感激冯云山,更敬佩冯云山。

在感激和敬佩冯云山的同时,洪秀全觉得一副拯救天下民众的重担落在自己的肩上了。他暗自告诫自己:"我要用全部心血回报民众对我的真诚拥戴!"

洪秀全全在大冲逗留期间,每日与冯云山探讨下一步的行动,为了加强拜上帝教组织的严密性和行动的一致性,二人共同编写了《天条书》,用条文的方式规定了拜上帝教的有关章程、仪式和戒律,其中的"十款天条"规定:一、崇拜皇上帝;二、不拜邪神;三、不好妄题皇上帝之名;四、七日礼拜颂赞皇上帝恩德;五、孝顺父母;六、不好杀人害人;七、不好奸邪淫乱;八、不好偷窃劫抢;九、不好讲谎话;十、不好起贪心。

这期间,经冯云山引见,杨秀清、萧朝贵、韦昌辉、胡以晃等人都与洪秀全见了面。

十月中旬,洪秀全和冯云山从大冲转入高坑冲,住在拜上帝教的骨干卢六家里。十天后,他们就干了一件震撼四方的大事——捣毁甘王庙神像。

甘王爷原是个普通的乡民,家住象县。他活着的时候,很相信风水,

有个风水先生为他择了一块好坟地,并且告诉他,如果用血葬,全家必有大福。他回家后,就把母亲杀死,葬入那块坟地。他死后,一些乡绅居然为他建了一座庙。更荒唐的是,有一次,一个姓朱的州官从庙前路过,突然有个孩子把轿拦住,说甘王爷的神灵附到他的身体上,要州官做一件龙袍穿在甘王爷像身上,那州官果然照办。从此,甘王爷的名声就更大了。

紫荆山虽然离象州一百多里,但这里的人们都迷信甘王爷。这对洪秀全宣传拜上帝极为不利,就决定清除这块绊脚石。这次,洪秀全只带领冯云山、曾云正、卢六三个人翻山越岭来到象州。

洪秀全进了甘王庙,当众用竹竿指着甘王像的头喝道:"朕是真命天子,你认识朕吗?十年前,朕登上九层高天,天父上主皇上帝命朕同众天使驱逐一切妖魔,你若认得朕,就赶快滚到地狱里去!"说完,就挥动竹棍猛打甘王像的头,并罗列了甘王十大罪状。

这时冯云山冲上前去,把甘王像的龙袍扯下来,撕了个粉碎,又转身问一个烧香的山民:"你说他的胡子是从哪里来的?"

山民说:"是长出来的。"

"胡说,是粘上去的。"冯云山说着,上去将甘王像的胡子一把揪了下来。

这次砸甘王爷的行动之后,四周乡民自发地掀起了一场破坏神像的浪潮,社神、稷神、土地神、伯公石等接二连三地被捣毁,而拜上帝的会众则迅速扩大了。

当地的乡绅十分恐慌,他们又恨又怕,深感此风不刹,后患无穷。于是就联起手来,出了一百元大洋的赏格,捉拿肇事者。不过这时候又出了件巧事,一个孩子自称甘王爷附身,劝说人们:"这些人心地是诚实的,你们不可伤害他们,把我的神像修好就行了。"此后,乡绅们也就不再提捉人的事了。

这年年底,洪秀全离开紫荆山经武宣赴贵县,贵县的赐谷村是洪秀全和冯云山最早活动的地方,两人走后,因为无人带头,所以拜上帝教没有什么活动,这次洪秀全重踏故地,会众立即活跃起来。洪秀全来赐谷的第三天,就动身到龙山去。那里有一千多个开银矿的工人,是一支强大的力量。出了村,向西南走去,山路上几乎没有行人,西风夹带着雪花扑面而来。

离龙山村约莫有二里远,洪秀全发现路边上立着一面大石碑,就走了过去,看见那石碑右侧写着"呈巡抚批示封禁开矿碑"几个大字,洪秀全一怔,怎么,封禁开矿?于是再看那碑上的小字:

……道光年间,前县尊王济曾请设委员,招商试办,无赖之徒,纷纷而至,不一、二年,深山穷谷,居住尽系游民。人壮力强,子无家室,凶悍异常,抢劫掳掠,拜会结盟,种种不法,差壮不敢入而问……

洪秀全明白了,三年前洪秀全来赐谷时,曾经与一个叫秦日纲的人见过几面,交谈之后,双方一拍即合。秦日纲在不几天的工夫就动员了二百多名银矿工人参加了拜上帝教。碑文中所写的"拜会结盟"显然是指这件事,想来在这三年中,秦日纲和矿工们一定闹腾得不轻,真叫人高兴。但是又一想,如果禁止开矿了,矿工们吃什么呢?心中又有些担忧。

这时一群人从山上闹闹嚷嚷地走下来,其中几个壮汉抬着一头被打死的大黑熊,走在前面的人个子中等偏矮,四方脸,宽腰身,手里拿一杆土枪。洪秀全等他走进,仔细一看,原来正是秦日纲,秦日纲也认出了他,惊喜地喊道:"这不是洪先生吗?"

"日纲兄弟!"洪秀全几乎与秦日纲同时叫了起来。

"弟兄们,"秦日纲回头对众人说,"记得冯先生说的话吗?天父皇上帝派次子下凡到人间拯救百姓,他叫洪秀全,眼前这位先生就是。"在秦日纲的带领下,所有的人都跪下了,洪秀全又一次体验到民众拥戴的激动。

"冰天雪地的,弟兄们快快请起,咱们进村说话。"洪秀全说道。

来到秦日纲家,洪秀全问:"你们不是开矿吗?怎么改行打猎了?"

"没有多少银子挖了,先生要是领我们打江山,这矿区也就报废了,"秦日纲答道。

"村外那块石碑是怎么回事?"洪秀全又问。

没等秦日纲回答,一个青年就插言道:"什么狗屁石碑,我们秦爷根本不理它,矿照样开,他们管不了。弟兄们原想砸了它,可秦爷说,别砸,碑上说我们拜会结盟,官差都不敢过问,这是夸我们呢!"

洪秀全和大家一起大笑起来。

洪秀全在龙山待了十几天,就动身到那帮村去找石达开。

三年前洪秀全来广西的时候,对石达开就有所耳闻:他原是广东和平人,后迁徙到桂平。其父初来那帮时,替人放牛,后来家境渐富,置办了一些田产。石达开小时候机敏聪慧，读过几年书，却无功名。因习武好勇又豪爽仗义，善于交友，故有许多尚武之士愿听其号令，他还喜读兵书，常常彻夜不倦，又乐善好施，因此在群众中颇有威信，人称"小宋公明"。

走到石龙，洪秀全看到几个青年在一片空地上舞枪弄棒，十分热闹。这时，一个大约十六七岁的少年从西边走来，其人身材高大，头发浓密，面色微黑，目光炯炯，有逼人之势。他走近他们，跟一个练剑的青年嘀咕了几句，练剑的青年就把剑递给了他。那少年接过剑，挥舞起来，只听得长剑劈出的风呼呼作响，剑光连成一片，上腾下仆，前击后刺，临了，突然将剑抛向空中，然后从剑主人手中拿过剑鞘，等剑落下时，在地上飞快地做了一个"滚猫"，之后起身伸手一接，那把剑正好落入剑鞘。在场的人无不叫好称奇。

"壮士真乃裴将军再世！"洪秀全情不自禁地拊掌叫道。

那少年用惊奇的眼光看着洪秀全，心想，这一招正是受了唐代剑艺超群的裴旻将军的启发而苦练成功的，此人居然能够说出，足见是个博览群书之人，就向他走来，问道："先生知道裴将军，莫非也喜欢剑术？"

"我在剑术上无法跟壮士相比，只不过是在宋人郭若虚的书中读到了裴旻剑术高超的记载而已。"

"那段话我至今记忆犹新，说裴旻'走马如飞，左旋右转，挥剑入云，高数十丈，若电光下射，旻引手执鞘承之，剑透室而入。观者数千人，无不惊栗'，""这段话也像写你，只是今天的观者少了一些。"

"裴将军是骑在马上，我是站在地上，比他容易多了。"少年摆了摆手。

"可是你比裴将军多做了个滚猫。"洪秀全轮转双手比划着说。

两人一起笑了起来。

"听先生说话，不像是本地人。"少年问。

"从广东来。"洪秀全答道。

"找谁？"少年问。

"找石达开。"

少年眼睛眨了一下，说："我带你去。"

少年把洪秀全领到自己的家，让家人端上茶水点心，就与洪秀全慢慢攀谈起来。说古论今一番之后，洪秀全就扯到拜上帝教和农民造反的话题上来。少年忽然有所觉悟，惊讶地说："你就是洪先生，洪秀全？""正是。"洪秀全答道。"小弟就是石达开。"少年歉意地说。二人大喜过望，攀谈得更加投机了。

洪秀全、冯云山等人大闹甘王庙之后，又捣毁蒙冲雷庙里的神像。有个叫王作新的秀才怀恨在心，因为蒙冲雷庙是他父亲主持修建的。王作新家住石狗村，有钱有势，他的堂兄王大作也是个秀才，而王大作的儿子王德钦是个举人，于是王家就愈加嚣张，成了有名的地头蛇。他们还经办地方团练，随意抢物捉人。1847年12月28日这天，王作新趁冯云山没留意，突然将他抓了起来，带到蒙冲雷庙，交给保正曾祖光，叫他把冯云山解往官府问罪。拜上帝教会众卢六闻讯，立即带了几十个弟兄赶到蒙冲雷庙，团丁出来阻挡，无奈卢六人多势众，混斗了一场，卢六等人打伤了十几个团丁，把冯云山救了出来。

王作新听说这件事后，气得火冒三丈，当即与王大作谋划，写了一纸禀文，送到了贵平县衙。禀文中写道：

缘曾玉珍窝接妖匪在家教习，业经两载，迷惑乡民，结盟聚会，约有数千余人。众妖匪细习读圣经，不从大清律法，胆敢将社稷神明践踏，香炉破碎。某等闻此异事，邀集乡民耆老四处观察，委实不差。我等集合乡民捉获匪首冯云山，交保正曾祖光领下解官。讵料被妖匪卢六抢去，冤屈无伸，只得联名禀叩，伏乞严拿正办。

王作新哪里知道，此地的官府对这类事早已穷于应付，一班官吏只想弥缝敷衍，而不愿招惹麻烦。知县王烈看了王作新等人的禀文，不但没派下兵勇来捉拿冯云山，反而写下了几行严厉的批语：

阅呈殊属昏谬，该生等身列胶库，应知条教，如果事有实迹，则当密为呈禀，何得辄以争踏社坛之故，捏饰大题架空？是否挟嫌滋累，亟应彻底根究。候即严提两遣人证质讯，确情办理，以遏刁风而肃功令。

一个闷棍抽下来，打得王作新七窍生烟。冯云山趁机向知县递了个禀帖，说明传教是大清朝廷准行的，有御批稿文可查。他们传教是叫人敬天，劝人行善，居然被人诬告，乞望县府做主，以雪无辜云云。这样王作新的预谋就无声无息地告吹了。

但王作新等人不肯罢休，他们又买通了大湟江巡检王基。王基秘派干役，在王作新的带领下，于深夜潜入高坑冲，当时冯云山正住在卢六家中，结果二人一同被捕，时间在1848年1月17日。

第二章 紫荆山捣毁神像 冯云山被捕获救

冯云山入狱后,王作新一面罗织冯云山的罪名,告以谋反。一面贿赂王烈,使其对冯云山、卢六二人严加逼供。

狱中,冯云山呈上禀帖,陈述自己之怨情,斥责王作新之诬陷,并阐明基督教劝人为善的宗旨。

狱外,拜上帝会骨干黄玉昆则发起了"科炭"活动,营救冯云山。黄玉昆是桂平县大湟江口人,因在乡里做过讼师,所以对诉讼理案的事比较了解,在县衙也有些熟人,由他出面最为有力。所谓"科炭",就是会众们凑份子,黄玉昆动员紫荆山耕山烧炭的会众凑钱数百串,到浔州知府和桂平知县那里去疏通关节。

冯云山被捕,洪秀全心急如焚。他想到,早在三年前,道光帝就批准了洋人在中国传教,当时两广总督耆英还在广州张贴出布告。去年道光帝再次下令,不许各地查禁基督教,并命令各地官员把康熙年间查封的教堂财产一律退还。既然朝廷允许传教,那么逮捕冯云山就是非法的了。因此,他决定通过罗孝全去找耆英,然后从他那里取得一纸文书,来营救冯云山。于是,当即动身赶赴广州。

洪秀全来到广州,从朱道兴那里得知耆英已经于十天前离任,由徐广缙继任两广总督,他的计划落空了。后来他又打算向香港总督求援,教友们劝说道,港督断不会轻信一个来自内地的、未经过洗礼的教徒,再说港督也管不了广西的事。洪秀全只好作罢,一时又无良策。

再说广西这一头儿。冯云山入狱不久,王烈去职,知县由贾桂接任,他把案子推给了浔州府。知府顾元恺把冯云山和卢六收监后,就赶到省城,向巡抚郑祖琛陈述原委。

谁知郑祖琛低着头,闭着眼,迷迷瞪瞪像睡着了似的,始终不吭一声,弄得顾元恺丈二和尚摸不着头脑。后来他从左江道陈启迈处听说:大学士穆彰阿早有指示,关于"盗贼"一类案件,不必小题大做,只要解散就行了。顾元恺一听就泄了气,回到浔州,就把冯云山和卢六发回桂平县,让贾桂放人结案。

但案子在桂平县又拖了几个月,卢六不堪折磨,在狱中死去。贾桂对上司的态度心领神会,加上接受了黄玉昆的贿赂,就下了一纸公文:"案据敝县大湟江巡检查获无业游民冯云山一名到县,当经讯供,系广东花县人,并无为匪不法情事等供。据此查该民既无籍游荡,应即递籍管束。"就这样,贾桂判冯云山无罪,释放出狱,并派了马健和周松两名差役押解冯云山回广东原籍。这正是1848年9月。

谁知在半路上,冯云山向马健和周松宣传拜上帝的教义,他们越听越觉得有道理,越听越入迷,最后竟放弃了差役的饭碗,跟着冯云山一起来到紫荆山参加了拜上帝教。

就在冯云山入狱不久,会众当中出了一件大事。

由于冯云山被捕,洪秀全赴粤,讲道理的活动无法正常进行,会众的思想渐渐涣散。王作新又开始兴风作浪,他买通了会众中的一些人,利用当地的"降童"术,散布破坏拜上帝教的言论。所谓降童术,就是神灵附在某个人的身上,通过这个人说出神灵的话。降童的把戏一再出现,这就使人心陷入更大的混乱。

三千会众当中,杨秀清和萧朝贵是最有威信的,人们都觉得他们俩有个主心骨,希望他们能出面说句话。谁知恰恰在这个节骨眼儿上,杨秀清患上了一种奇怪的病,口哑耳聋,双目红肿,耳孔里流血出脓。会众十分诧异,有人说,杨秀清已经是个废人了;也有人说,他恐怕不久于人世了;还有人说,一个精明的人落到这般地步,必定是个不祥之兆。

然而有一天,是1848年4月6日(道光二十八年三月初三日),正是会众做礼拜的日子,前来聚会的约有一千多人,大家推举萧朝贵领着做祷告。仪式尚未开始,杨秀清意外地到场了,几个烧炭工用肩舆抬着他进了会场,把他放在半个人高的土坛上。会众顿时哗然,他们不知道把这个废人弄到这里来干什么,但又觉得好像可能有什么事情要发生,就耐心地等待着。忽然,杨秀清开口说话了,声音格外洪亮:"朕是天父上主皇上帝爷火华,众小子静听圣谕!"

萧朝贵立即跪在地上,会众们也跟着一齐跪下。

杨秀清继续说道:"朕派次子洪秀全下凡扫除妖魔,拯救人类。洪秀全是人间万国的独一真主,尔等要一心跟随洪秀全,凡与拜上帝教言论相悖谬者,均不可信。拜上帝教要经历百日磨难,尔等要精诚团结,共渡难关,且不可有离散之意。世间鬼魅横行,瘟疫蔓延,朕不忍凡人尽遭病恙,今特派遣杨秀清下凡,替黎民百姓赎罪赎病。尔等且记。"

"小子铭记在心,不敢遗忘。"萧朝贵高声应道。

"小子铭记在心,不敢遗忘。"会众重复着萧朝贵的话。

"朕回天了。"杨秀清说。

静默了一阵,杨秀清醒了过来,发现自己斜躺在肩舆上,就问:"我怎么躺在这里?"

萧朝贵就把方才天父下凡的经过说了一遍。

"既然如此,我等今后要谨遵天父教诲,不可有误。"杨秀清说。

这件事发生后,会众的心果然又聚拢到一起了。

冯云山在狱中就知道洪秀全为了营救他而赶赴广州的事,出狱的当天,又听说杨秀清天父附体的事。

冯云山心中暗暗吃惊,怎么办?杨秀清代天父所说的话是肯定拜上帝教、拥戴洪秀全的,从这一点看,应当承认他,但这样一来,洪秀全的头上就压着一个能代表天父的杨秀清。从此,他这个教主的地位就受到无法克服的威胁。况且,杨秀清不识字,基督教义只是零零星星地知道一些,说出话来免不了要歪曲教义,这岂不是要引导会众误入歧途?如果不承认他,杨秀清这一股力量就可能退出拜上帝教,这会给其他会众的信仰带来很大的混乱,甚至可能使四年来的心血付之东流。

三千会众都是我吸收的,他们一定都很想知道我对这件事的态度,而我的态度也会直接影响着他们。

冯云山感到左右两难,不承认杨秀清替上帝传言,现在就有麻烦;承认他,日后必生祸患,唯一的办法就是回避。因此第二天他就匆匆动身返回广东,他要与洪秀全作细心的斟酌。再说洪秀全在广州逗留了数个月,毫无结果,就回到花县住了一些日子,之后返回紫荆山。到了紫荆山,才知道冯云山已回广东,就留在紫荆山等候他。

这期间,又发生了萧朝贵代天兄传言的事,时间是在这一年的10月5日(道光二十八年九月初九日)。那以后,天兄又多次下凡。

洪秀全同样觉得自己面临着一个大难题,但冯云山还没有来,他只好再返广东去找冯云山。就这样,两个人像捉迷藏一样你来我往,跋涉千里。但终于在这年11月初,两个人聚首于花县故乡。

当洪秀全回到家里的时候,父亲洪镜扬于前两天刚刚去世,享年七十三岁。安葬了父亲以后,洪秀全与冯云山经常会面,或在野外田间,或在石脚河岸。

"杨秀清代天父传言的事你知道了?"冯云山问。

"知道了,"洪秀全回答,接着又说,"你离开紫荆山以后,萧朝贵又代天兄传言。"

冯云山略微一惊:"事情真是棘手了。我赶回来,就是要跟你商量这件事。"

"当时你在监狱,我去了广州,群龙无首啊!会众的心开始涣散,王作新指派他的心腹到处搞巫术活动,对咱们的威胁很大,杨秀清这时代天父传言,把会众们拢到一起,还算是立了大功的。"洪秀全说。

"广西流行的'降童'术,与基督教义是不相符的,再说,杨秀清目不识丁,对基督教义知道得不多,说歪了怎么办?天父说话竟然违背天条,岂不成了大笑话?更叫人犯愁的是,这两个人既然有了替天父、天兄传言的权力,那么只要他们想达到一个什么目的,就可以随时凌驾于你之上了。今后要是在主张上发生了分歧,那么,不是你屈从他们,就是分裂成两支队伍。"冯云山说出了自己的忧虑。

"现在还看不出这种迹象。"

"打天下易,坐天下难,"冯云山感慨地说,"古来农民造反,打天下时,同心同德,故能够锐不可当;坐天下时,离心离德,到头来自毁长城。现在咱们尚未开始行动,杨秀清当然不会有二心,等到咱们打出一块天地来的时候,争端就难免了。杨秀清这个人,是个难得的帅才,但又是个贪图权柄的人,日后可能是你我的心腹之患。"

洪秀全默然,眉头皱了起来。

冯云山继续说:"从眼前的情势看,杨秀清还不想取代你的地位,他是个聪明人,知道这不可能。我在紫荆山经营了四个年头,我的名声地位比杨秀清高得多。而我在传教时又把你推到教主的位子上,你的声望又高于我。这一点,杨秀清是不会看错的。他心里明白,教主他做不了,但是,第二把交椅他是非争不可的。萧朝贵也是个不甘示弱的人,这两个人合起伙儿来,就能影响甚至控制一半的会众。你我的有利之处是首先创立了拜上帝教,又有知识学问;但最不利的是,咱们是广东人,在紫荆山没有根基。中国百姓乡土之情十分浓重,在揭竿举义的时候尤其如此。单从这一点上看,在广西土生土长的杨秀清、萧朝贵就占了上风。"

对于冯云山的见解,洪秀全是心悦诚服的。

"况且,他们都是有本领的人。"冯云山进一步强调。

"我第一次见到杨秀清的时候,就觉得他是个天下奇才。"洪秀全表示赞同。

"他的确是个振臂一呼,应者云集的人物。"

"所以我们不能不依靠他们,这一来就只能承认他们俩代天父、天兄传言的权力。"

"是啊,要合作共事,就只好承认他们,这样,上帝派到人间来的就不止你一个人了。"

洪秀全想了想说:"是的,咱们四个都是上帝爷火华的儿子,我是第二子,你是第三子,杨秀清是第四子,萧朝贵是第五子。"

"只能这样了,但要防止杨萧结党。"

洪秀全注视着冯云山,似有所虑。

为了坚定会众的信念,更好地开展下一步活动,洪秀全和冯云山觉得有必要撰写一本文件性的著作,来塑造洪秀全完美的真主形象。

整个冬季,洪秀全和冯云山都埋头于这件事,洪仁玕也热情地参加编写。一开春,著作完成了,书名定为《太平天日》。在书中,他们用新获得的基督教的知识,对洪秀全第三次落第后所做的梦加以补充、改编,进行了新的构思,使之更曲折、更完整、更带有神的色彩,并且加进了上帝怒斥孔子的内容;叙述了洪秀全、冯云山赴广西传教的功绩,特别是砸甘王庙的豪举。作品写到1847年年底收尾,避开了杨秀清和萧朝贵代天父天兄传言的事。

在编写《太平天日》的日子里,洪秀全又找人打造了一把斩妖剑。

满人入关以来,虽然强迫汉人留辫子,但在服丧期间,蓄发是不受惩罚的。洪秀全在紫荆山时就已经开始蓄发,现在正赶上服丧,便有了冠冕堂皇的借口。他早就打定了主意,一旦拜上帝会举事,他就要让所有的会众蓄发。去掉可恨可恶的辫子,这不仅是在发式外观上的改变,而是对满清朝廷的坚决反叛。

1849年4月,洪秀全和冯云山一起离开花县,动身返回紫荆山,这是洪秀全第四次入桂。

一路所见,可谓满目苍凉:此处江水断流,井枯泉涸;彼处大水泛滥,淹没房屋。田园荒芜,杂草丛生,百姓离乡,村落无烟,虎狼居然在白昼入城咬伤人畜……

刚入浔州境内,就在树林里碰上一群蓬头垢面的家伙。待走近后,才发现这伙人一个个都是凶神恶煞模样,身上还携带着刀枪棍棒,心里不觉有几分打怵:莫不是撞上了劫匪?

"从哪里来!"一个黑脸大汉恶狠狠地吼道。他身背两把板斧,活像《水浒传》中那个凶神恶煞般的黑旋风李逵。

众人全都停住了脚步,有的人从背上抽出了大刀。

"我们从桥下过来!"冯云山大声回答。

这伙人的脸上顿时现出了笑容。

黑脸大汉举起右手,伸出大拇指;冯云山立刻举出右手,伸出小指。

"哈哈,自己人!"黑梁大汉笑着说,把手一挥,这伙人继续向前走去。

洪秀全这才注意到,人群中有一个颇具姿色的妇女,她夹在这群男人中间,真不相称。

"云山兄弟,这是怎么回事?"等那伙人走远后,洪秀全问道。

"他们是天地会的。刚才我跟他们对了暗号。天地会在入会仪式上,新的会员要穿过刀剑架起的排阵,叫作'过桥',所以当他问我'从哪里来'时,我回答说'从桥下过来',这是规定的暗语,说明我已经穿过了刀枪排阵,加入了天地会。他伸出大拇指表示'天',我伸小指表示'地',这是天地会的手势暗号。"

"喔,原来是这样!"洪秀全恍然大悟。过了一会儿,又问,"在对暗号之前,你知道他们是天地会的吗?"

"他们的辫子都盘在头顶上,天地会的人都这样。一看见他们,我就猜出了八九分。"

"云山兄弟闯荡了这几年,见识大有长进啊!"洪秀全惊讶地说,"今天幸亏跟你在一起,不然的话,我还真不知怎样对付这帮家伙。"

"天地会的兄弟打起仗来是好样的,就是纪律太差,"冯云山说,"那个俊俏女人,准是他们抢来的。"

"你怎么知道?"

"错不了!"

两人继续赶路,走了约莫半个时辰,遇到一群乞丐,男女老少都有,像是好几家子一起出来逃荒。其中一个唱道:

穷人活命难上难,缺钱少米哪里搬;

借人谷米要加五,借人银子要加三;
无米只好卖黄犊,衣服当尽卖田亩;
碰上荒年鬻儿女,末了还得典媳妇。

洪秀全上前问道:"你们是哪里人?"

唱曲的乞丐回答:"蒲塘人。"

"你的嗓子倒是蛮好听的。"洪秀全说。

"唉!"那人叹道,"我原来是个唱戏的,带着戏班子唱遍了周围几十个乡,也红了好几年。我嗓子好,人们都叫我小乐和。如今呢,百村无炊烟,千里无鸡鸣,饭都没得吃,谁还有心思听戏?我们也混不下去了,这不,要起饭来了。"

"你方才唱的那支歌是自己编的?"洪秀全问。

"曲儿是原来就有的,词儿是我随便唱的。我们那里,春天借十斤谷子,三个月后就得还十五斤。到当铺借钱,利息是三成,各地都一样。"

这时一个中年妇女领着一个女孩来到洪秀全和冯云山面前,妇女"扑通"跪下,抽泣着央求道:"二位先生,把这个丫头带上吧,我不要先生的钱,二位先生吃剩的饭渣菜汤,能给她一口,我就放心了。"

"大嫂快起来,"洪秀全急忙将中年妇女扶起,说道,"素不相识,你就敢把女儿托付给我们?"

"这年头,只要有饭吃,跟着谁去还不一样?"唱曲的乞丐插言道,"我把老婆都让给强盗了,更何况,你们二位看上去不像是坏人。"

"怎么?你老婆……"洪秀全问。

"刚才你们没遇见一伙强盗?他们先碰上了我们,见我们这些要饭佬没有什么可劫的,就是我老婆还有点儿模样,便想要她。我呢,拦都没拦,自己都不知道还能活几天,更养活不了她;她呢,早就骂我是个穷光蛋,多少次闹着要改嫁,今天跟这伙盗匪去了也好,不管怎么说还能吃上顿饱饭。"

"唉——"洪秀全感慨万分地长叹了一口气。他本来对天地会就印象不佳,听了小乐和的遭遇,就更增加了对这伙人的反感。

这时冯云山问道:"你们这是要到哪里去?"

"走到哪儿算哪儿。"

洪秀全说:"你们不如去桂平县紫荆山,只要跟人说找拜上帝教,就有人招待你们。这是一百文铜钱,你们当盘缠用。"

唱曲的乞丐谢谢洪秀全的慷慨,接受了铜钱。洪秀全和冯云山继续上路。一个月之后,两人到达了紫荆山。

数千名会众翘首企盼两位拜上帝教的首领,看到两位首领的到来,他们动荡、焦急的心理一扫而空,变得兴奋不已,整个紫荆山也沸腾起来。

第二章 紫荆山捣毁神像 冯云山被捕获救

第三章
杨秀清密谋夺权　石达开初露锋芒

接下来的几个月的时间,洪秀全和冯云山趁着大好的形势,到各处走村串乡,发展会众,为他们讲拜上帝的道理,又有不少人加入了拜上帝教。

不久小乐和也来到了紫荆山,来到了洪秀全面前。洪秀全见了他之后非常高兴,问:"什么时候来的? 和你一起的那些人都来了吗?"

"咱们分手之后,我们转悠了一个多月,才来到这里,他们也都和我一起来了。其实我们很早以前就听说这一带有个叫洪秀全的先生,声名远播,但是没有见过你,所以咱们在浔州相遇的时候,真是有眼不识泰山。"小乐和说完,向洪秀全深深地鞠了一个躬。

深夜,没有月光,整个天空只能看见七八颗昏暗的星斗。秋风吹来,枫树林飒飒作响。

屋子里只有杨秀清、萧朝贵两个人,灯光如豆。

"《太平天日》你看过了吗?"杨秀清问道,语气很深重。

萧朝贵早就猜到了这次谈话的内容,他也正想找杨秀清谈这件事。但他并不急于亮明自己的态度,就简短地答道:"看到了。"说完,轻轻地吁了一口长气,但他相信对面的杨秀清能够听见这一道气流的微弱声响。

杨秀清意识到了萧朝贵的心理呼应,就接着问:"你怎么想?"萧朝贵没想到杨秀清这么单刀直入,就试探地、好像自言自语地说:"不知为什么,书中没有提到咱们两个人?"

"你怎么想?"杨秀清又问了一句同样的话。

萧朝贵有些心慌了,他不想由自己先捅破这层纸,说出对洪秀全不敬的话来。他慢慢抬起眼,看见杨秀清那张充满怒气的脸,心中不觉紧张起来,他甚至想回避这个话题了。但杨秀清那双虽然有些红肿、却炯炯有神的眼睛正在逼视着他,想回避是不可能的。他深思了一会儿,吞吞吐吐地说:"你代天父传言是——去年三月初三,我——代天兄传言是九月初九,而《太平天日》只——只写到前年年底,因此——没写到咱们俩。"

"可书中提到了赐谷村的王均盛,大冲的曾玉珍,高坑冲的卢六,还有什么张考水、黄四这些乱七八糟的名字,偏偏没有咱们俩,你不觉得奇怪吗?"

"是啊,洪先生实在不应该有这样的疏忽。"

"不是疏忽!"杨秀清斩钉截铁地说,"是因为不想往后写,是为了避开我和你。"

萧朝贵用惊惑的口气问:"能这样吗?"

杨秀清胸有成竹地说:"这一点是毫无疑问的。洪秀全自称耶稣之弟下凡,为的是树立神威,以便统领会众;我和你又代天父和天兄传言,他就感觉自己的地位受到了威胁,难免要生出猜忌之心。书中不提我和你,显然隐藏着一种贬斥和抑制的用意。"

"能这样吗?"这次是萧朝贵重复了自己的问话。

"我们千方百计地搭救冯云山出狱,折腾了好几个月。可是他出狱后,只待了一天就匆匆忙忙赶回了广东。他走之前,肯定听说了我代天父传言的事,却一言不赞。他是急着跟洪秀全商量对策,他们在一起鼓捣了七个月,《太平天日》就是他们鼓捣的结果。在一本书里面,就有半本是写洪秀全上天受命的,其中的动机是再明白不过了。"

萧朝贵感到事情的严重了。原来他只是为《太平天日》中没有提到自己而感到受了冷落,没有想到自己已经处于与洪秀全对立的境地,他茫然地看着杨秀清。

"这三年,冯云山宣讲上帝教,打的是洪秀全的旗号,洪秀全的声望在会众当中已经不可动摇了。我们要想脱离他,另扯起一面旗来是办不到的。"

"冯云山何尝不是如此?三千会众都是他引导发动起来的。在会众的眼里,他简直就是祖师爷!"

杨秀清用右手摩挲着下巴上又黑又浓的胡须,字字珠玑似的说:"所以我们要想出对策,不能受制于人。"

萧朝贵又吃了一惊,思忖道:"我心里朦朦胧胧想到的,他却这样直白地说出来了,这是个有魄力、能够成大事的人。"

杨秀清似乎并不在意萧朝贵在想什么,只顾按照自己的思路继续说

第三章 杨秀清密谋夺权 石达开初露锋芒

下去:"洪秀全是个舞文弄墨的读书人,虽然心高志豪,却不懂指挥经营,他就是在我们的头顶上,也碍不住我们的手脚。冯云山可不一样,他的才气谋略远在我和你之上。"

萧朝贵急切地问道:"那我们——"但他刚说出了半句话,就把"怎么办"三个字吞回去了。

"这两位先生从广东千里迢迢来到紫荆山,我们呢?是在这块地上长大的,三千会众跟我们生在一条根上。洪秀全、冯云山要想成大事,就离不开我和你。"

一瞬间,萧朝贵茅塞顿开。杨秀清注意到了他的表情,说:"当然,反过来说,我们也离不开他们,所以,一要不动声色,二要步步进取。"

萧朝贵向杨秀清投出询问的目光,等待他把话说尽。

"洪、冯从广东回来以后,一直住在石达开那里。"杨秀清突然转换了话题,随后闭上了眼睛。

"这是什么意思?洪、冯住在石达开处,这是人所共知的,用不着杨秀清来告诉我。萧朝贵心里直犯嘀咕,他想问问,但这时杨秀清已经闭上了眼睛,好像是睡着了一样,他只好站起身,走了出去。

听到关门的声音,杨秀清睁开了眼睛。

次日清晨,听到头一声鸡叫,冯云山就起身了。他在院子里练了一会儿八卦掌,然后漫步走出村来,这时天已经放亮了。

还没进村,就听见鹅、鸭、狗、羊发出的各种叫声,乱嚷嚷地响成一片。进村后,才听到叮叮当当的打铁声。这时韦昌辉正在村里巡视,看见冯云山,就笑着迎上来:"冯先生起得这么早,我带你转转。"

冯云山笑了笑说:"你还真是有点子,用家畜家禽的叫声作掩护来打造武器。"

韦昌辉也笑了:"为了打造武器,我买了一百多只鸭子。"

韦昌辉带着冯云山,边走边看,一面向冯云山讲述金田的情况。原来韦昌辉变卖了许多家产,造了十二座炼铁炉,为了防止走漏风声,他就安排白天打造农具,晚上秘密打造武器,实际上,农具主要是铁耙,耙齿特别长,也能当武器用。武器造好以后,就用油布包扎起来,沉到村后的犀牛潭里,等起义的时候再捞出来。

冯云山听了,频频点头。他告诉韦昌辉说,杨秀清在紫荆山、秦日纲在龙山,黄文金在博白,都在忙于打造武器。

1850年初,为了洪秀全一家的安全,杨秀清与洪秀全商定,派秦日纲和陈承塔去广东接洪秀全的亲眷。7月底,除了洪镜扬老人已经过世外,洪秀全全家顺利地来到金田。

拜上帝教的头领们都赶到村头迎接。

洪秀全一眼就注意到,十九岁的洪宣娇出落得十分俊俏,心想:一年前在花县的时候我怎么没发现呢?

就在这个瞬间,一个计划在洪秀全的心中产生了。他不觉向萧朝贵瞥了一眼,哪知萧朝贵两眼直瞪瞪地盯在洪宣娇身上,魂魄早已飞上九霄。

亲人相见,少不了询饥问饱,说寒道暖,母亲说洪秀全瘦了,哥哥们说他精神了,妹妹宣娇说他威风了,一家人且说且笑,亲热非常。

妻子赖莲英怀里抱着出生八个月的洪天贵福,他不认识自己的父亲,瞪着一双小眼睛怯怯地看着洪秀全。洪秀全心里有说不出的高兴,他将儿子抱过来,亲个不够。他的确非常喜欢这个宝贝儿子,"天贵"这个名字,就是"天之贵子"的意思。

洪秀全把儿子递给了赖莲英,然后将拜上帝教的头领们向家人一一作了介绍,彼此又是一番寒暄。尽管因为人多而言语匆匆,洪秀全仍然注意到,当他向家人介绍萧朝贵的时候,宣娇的眼睛一亮,便立即低眉看着地面。

冯云山与洪秀全一家相见问安之后,就退到人群中,没有人再注意他了。年初,冯云山去蒲塘联络会众回来时,听说秦日纲和陈承瑢离去了广东,他没好意思仔细询问,洪秀全、杨秀清、萧朝贵也从不提起这件事,冯云山觉得没有必要去问,他估计洪秀全能把事情处理得很妥帖。今天报说秦日纲、陈承瑢顺利返回,冯云山心中升起了一线希望。但当他和洪秀全等人一起迎到村头时,心里"咯噔"了一下,他所希望的场面没有出现,接来的全是洪秀全的亲眷。

冯云山心想:我家与洪秀全家只相隔二里路之遥,为什么不把两家的亲眷一起接过来?在杨秀清看来,可能只有洪秀全这个教主才能享受这种待遇,秦日纲、陈承瑢当然只是奉命行事,但洪秀全呢?他难道没想到我的家眷的安全?然而这件事是无法启齿的,只能默默地咽到肚子里。

冯云山来不及想得更多,就带人替洪秀全一家人布置房间去了。

次日上午,洪秀全等拜上帝教的头领和村民们一起来到村东的训练场,观看萧朝贵的马队训练。

这里,昨天已经埋好了八十排竹竿,犹如一片竹林。竹竿每隔两丈立一支,两排为一组,左右相间穿插,因此相邻的竹竿就只相隔一丈,左右两排加起来,共二十支。要求骑者飞马穿过竹排,左右挥刀,砍断两侧竹竿;第一人砍最上面一节,第二人砍第二节,依次砍下去,砍完一组之后,还要回过头来,朝相反方向驱马飞奔,再砍第二组竹排。

马队分成了二十个小队,每根竹竿均为十节,因此每个小队为十人。

萧朝贵一声令下,马蹄得得得得响起,尘土随之上扬,助跑了五十丈之后,第一批骑手二十名自南而北冲入了竹林,人们立即听到了噼里啪啦的竹竿断裂声,紧接着,第二批骑手冲入竹林……

当第五批骑手向北起跑的时候,第一批骑手已经转身自北而南再次冲入竹林…

竹竿断裂声响成一片,那场面着实令人心动。

竹竿越砍越低了,人们都知道,越到后来,就越难砍,因此气氛就越紧张,喝彩声也就越强烈。

当最后一批骑手砍斫完毕时,原来的竹林几乎与地面相平了,在场的人狂喊高呼起来。

萧朝贵刚要下令收队,突然,一位红衣少女骑着一匹白马手持双刀从南面飞奔而来,在场的人全都惊呆了,只见那少女冲进竹林,把一排露在地面上的竹桩一根一根地挑到了半空。

"好!"全场的人不约而同地叫了起来,像一阵巨雷轰响。

洪秀全比任何人都感到吃惊,这不是洪宣娇吗!去年在花县的时候,只知道她跟一个什么武师学艺,当时觉得那只不过是女孩子找乐甩哒甩哒胳膊崴啦崴啦腿儿而已,也就没加理会,万万没想到她能出息到这般地步。他欣喜得几乎不能自已,心中呼道:"好妹子,真替哥哥挣脸。"

除了洪秀全以外,最激动的恐怕要数萧朝贵了。他读书虽然不多,但也知道不少古代女性的名字,也许是因为自己喜欢习武,所以他对王昭君、赵飞燕、貂蝉、杨玉环一类美人不太感兴趣,而对花木兰、穆桂英、梁红玉这些巾帼英雄却做了不少想像,在他的想像中,这些女子跟书上写的相比武艺要高强得多,她们的故事也曲折得多,情感当然也要丰富得多。但古代的巾帼总是很虚妄的,是可望而不可即的。上天有眼,居然把一个活生生的、俊俏俏的巾帼侠女送到眼前来了。

"但她能不能成为我的人呢?"萧朝贵想,心中顿然生出一股莫名的焦急感。他下意识地向洪秀全看去,发现洪秀全正在注视着自己,脸膛不由得红胀起来,觉得自己的内心隐秘被洪秀全完全看透了。

天遂人愿。萧朝贵都没有料到,好事竟这么快、这么顺畅地落在了他的头上。见面还不到二十天,就由杨秀清出面做媒,洪秀全做主婚人,这对一见钟情的男女就在吹吹打打的欢闹声中入了洞房。

婚礼结束后,杨秀清心中颇有些悻悻然,他没跟任何人道别,就独自步履蹒跚地走回自己的住处,他明白萧朝贵和洪宣娇这样匆忙的结合意味着什么。

洪秀全没有注意到杨秀清的去向,他觉得心中的一块石头终于落了地,庆幸着自己完成了一件出色的作品。

首先是冯云山在紫荆山开拓了一片打天下的地盘,并且把我洪秀全奉为教主,这个唾手得来的头衔简直是上天赐福于我。接着,杨秀清和萧朝贵两员叱咤风云的大将围绕在身边,虽然冯云山对他们有过忧虑,但从眼下的情势看,两个人还是拥戴我的。杨秀清身上虎气十足,有一种难以驾驭的桀骜脾性。萧朝贵也是个争胜好强、不甘示弱的人。现在我把妹妹嫁给萧朝贵,他就是我的人了,而杨秀清的虎气也就减损了一半,这样,我的地位就十分稳固了。

就让杨秀清、萧朝贵做我的左右辅臣吧,这恐怕是最佳选择。只是委屈了云山兄弟!想到这里,洪秀全很有些内疚。

拜上帝教的队伍不断发展扩大,会众到处毁神像、砸神庙,地方豪绅极为恼怒,他们调动团练与拜上帝教对抗,于是摩擦和争斗不断发生。

1850年7月,洪秀全在平南山人村向各地会众发出团营令,要求在11月4日(旧历十月初一)集中到金田。

团营消息一传十,十传百,村传村,乡传乡,桂平、平南、贵县、陆川、博白、信宜、玉林等县的会众纷纷起而响应。

11月初,各地会众差不多都到齐了。这天,冯云山把各路人马统计了一下,写在一张纸上,递给洪秀全。洪秀全正在宅舍里喝茶,接过纸条,看到上面写着:金田村一千人,紫荆山两千五百人,贵县石达开所部四千人,贵县龙山秦日纲所部矿工两千人,博白黄文金所部两千人,陆川赖九三千人,桂平苏十九所部一千五百人,平南、武宣、象州等地三千人。

洪秀全约莫估算了一下,高兴地说:"总人数约有两万人。"

"咱们的旗子一打出去,队伍还会成倍地壮大。眼下关键是把已经来到金田的会众安排好。"

"对,你跟韦昌辉去料理一下。"

再说紫荆山三千会众起而造反,奔向石人冲,放火烧了王作新的宅院,王作新早已逃跑了。会众听说金田村已经分发了兵器,又有人听说紫荆山丛林里也藏着兵器,就一起去找杨秀清。当会众来到杨秀清的茅屋时,他们吃了一惊:杨秀清莫名其妙地病倒了,跟两年前一样,双目红肿,两耳流血流脓,口不能言。

洪秀全、冯云山闻讯,十分着急,立即命人把杨秀清接到金田,并嘱咐会众保密。一面继续派人去各地联络团营事宜。

按照洪秀全的指令,凡是加入拜上帝教的会众,所有财产一律登记入册,交进"圣库",全体会众的一切开支均从圣库中提取,人人均等。洪秀全很赞同冯云山的见解,圣库制度有三大好处:一是乡民随时可以弃家来奔;二是会众作战时不以财产为念,解除了后顾之忧;三是会众不会贪慕粮饷,必定形成良好的军纪。

各地会众来到金田后,男女分开居住,为此而设立男营女营,男营设在金田、大涧、大河桥、鸡母潭一带,女营设在平山、淋窦、甘皇、陈义四村。大本营设在金田村。

由于各地会众云集金田,人数日益增多,洪秀全深深感到,如此庞大的队伍,必须要有严密的组织,以保证今后战斗的需要。

关于首领团体的安排,洪秀全翻来覆去不知想了多少遍。身边已经有了杨秀清、萧朝贵、冯云山这几个决策人物,但还不够。高层辅臣以五人为宜,多了不好,事务和权力过于分散;少了也不行,权力过于集中,不利于机动周旋。古人讲究东西南北中,因此在军事上,五军主将制是可取的。补充谁呢?韦昌辉家道殷富,家产全部捐献给拜上帝会,他是金田的坐地户,这里恰好是起义的最佳地点,应该算一个。石达开年轻有为,精明强干,会带兵,又有主见,也算一个。

宗教位次上,也作了相应的调整和补充:天父上帝的第二、三、四子仍然是洪秀全、冯云山、杨秀清,第五子是韦昌辉,洪宣娇排行第六,萧朝贵可称为"天婿",石达开是上帝的第七子。

洪秀全知道,这些头领举事的动机是不一样的。杨秀清、萧朝贵困厄无生路。冯云山、石达开是想干一番壮举;韦昌辉是贪图权柄,想出人头地;自己呢,则是科举失意,仕途绝望。但是,通过五军主将制和宗教位次,就能把各怀抱负的人聚拢到一起。

关于基层组织,冯云山已经仿照《周礼》起草了《太平军目》,洪秀全和主将们进行了反复斟酌,最后定稿。《太平军目》采用了如下编制:

拜上帝教的军队定名为"太平军"。军队以军为基本单位,军中设军帅,统领全军。军帅以下设前、后、左、右、中五个师帅,师帅以下设前、后、左、右、中五个旅帅,旅帅以下设壹、贰、叁、肆、伍五个卒长,卒长以下设东、西、南、北四个两司马,两司马以下设刚强、勇敢、雄猛、果毅、威武五个伍长,伍长以下是冲锋、破敌、制胜、奏捷四个圣兵。总共加起来,一军共有13156人。军帅以上,设监军、总制、将军、指挥、检点、丞相一主将、军师。军师是太平军中的最高统帅。

女兵编制与男兵相同。青壮年是作战的主力,称为"牌面",五十岁以上的老人和十四岁以下的儿童称为"牌尾",儿童年纪太幼者随母亲住,能独立的单独编在一起,号称"童子军"。

军队编制完成后,就进行训练。训练由石达开负责,内容包剑法、刀法、枪法、棍法、徒手格斗、射箭和跑步。石达开特别重视速度训练,他在所有的箭靶前面都安装了半圆形的摆动板,当摆动板下落时,就遮住了靶心,这时不准射箭。当它上升时,靶心就露了出来,这时必须及时地将箭射出。每个参加练习的圣兵都要求一连射出十支箭。石达开强调奔跑的速度,要求圣兵跟马跑得一样快,谁能赶在马的前头,就算是好兵。

金田生机勃勃的气象,使洪秀全备受鼓舞。这天早上,他思古叹今,感慨万千,诗兴涌上心头,于是奋笔疾书,写了一首《近世诗》:

近世烟氛大不同,知有天意起英雄。
神州被陷从难陷,上帝当崇毕竟崇。
明主敲诗曾咏菊,汉皇置酒尚歌风。
古来事业由人做,黑雾收残一鉴中。

恰好冯云山来找洪秀全商量兵力部署的事宜,看了洪秀全新作后称赞说:"妙,有王者气象。能看得出来,'明主敲诗曾咏菊,汉皇置酒尚歌风'两句是颇费斟酌的。"

"明主有菊花诗,汉皇有大风歌。"洪秀全说。

"其实黄巢的菊花诗并不亚于朱皇帝,二兄为何不用黄氏典故?"冯云问。

这一下问到洪秀全心里去了,在他心目中,朱元璋和刘邦是胜利者,值得称许;而陈涉、黄巢、李自成等辈均不值得颂扬,因为他们都是失败者。再说,举义的前夕,在诗中张扬他们也不吉利。他的这一心理,却被冯云山敏锐地看出来了,洪秀全不想让冯云山把话亮出来,就急忙说:"知我者,云山也。"

两人一起笑了。

这时蒙得恩走了进来,说:"天兄又下凡了,说金田目标太大,容易引起官府的注意,让二位先生到花洲去'避吉'。"

冯云山有些着急,问道:"眼下正是筹备举义的重要关口,我们怎么能离开?"

"既然天兄发话了,咱们就去吧。"洪秀全劝着冯云山,一面对蒙得恩说,"你捎话给萧朝贵,让杨秀清一起去花洲安福。"

安福是休养、歇息的意思。

次日,萧朝贵护送洪秀全全家和冯云山去花洲。

路上,冯云山又犯了寻思:前天刚得到消息,团总陈上拔率团练攻打花洲,昨天就让洪秀全和我赴花洲避吉。这哪里是避吉?倒像是去迎战。当然,陈上拔之流是不足为惧的,而且我也正想教训一下这些混账团练。问题在于,萧朝贵为什么让我们离开金田?只有一种解释,团营已经瓜熟蒂落,水到渠成,他想在这个关键时刻突出自己的统帅作用,借此抬高自己的地位,因此不愿意洪秀全和我待在金田。那么,洪秀全的服从,就意味着要给萧朝贵一个立功的机会。

冯云山忽然注意到,杨秀清没跟他们一起来,就低声问身边的蒙得恩,蒙得恩答道:"萧朝贵说,杨秀清病情很重,不宜走动。"

冯云山心想:这又是一个谜!杨秀清不是真病,这一点萧朝贵比谁都清楚。他不让杨秀清来花洲,可能是怕杨秀清与我们在一起,也可能是两

· 36 ·

个人之间有什么默契。杨秀清这次大病来得太奇怪了,自他生病以后,烧炭工们几乎不再参加拜上帝教的活动了,这显然是他抛出的一枚筹码。不知洪秀全觉察到了没有,我不好先开口说,他会认为我太多心。只能拭目以待了,估计杨秀清的病不久就回痊愈,而且他会选择最适当的时机。

在胡以晃加入拜上帝教之后的这段时间里,他一方面到大同里、鹏化里、金秀瑶山一带宣传教义,发展会众,一方面变卖家产,招兵买马。由于他慷慨好施,乡民们都相信他所说的"同拜上帝,共食天禄"的话,会众也就日益增多。

洪秀全和冯云山来到花洲后,住在胡以晃家的大宅院里。

次日清晨,冯云山按老习惯早早起身,在村头的晒谷场练了一阵少林拳,然后翻开随身带来的《孙子兵法》,读了一个时辰。

一群孩子出现在村外的山坡上,他们一边割草,一边唱起了民谣:

贫穷小子跟我去,我钱常在富家边;

恶人恶鬼早该死,留得善人好耕田。

冯云山正听得有趣,忽听有人叫道:"我找了先生半天,原来在这里。"

冯云山回头一看,是胡以晃。两人聊了片刻之后,胡以晃陪着冯云山来到村东大馆,所谓"大馆",是拜上帝教讲道理的地方。胡以晃在村子里设了三个大馆,村东大馆是最大的,可以容纳三百多人。两人进来的时候,正巧碰上会众做礼拜。"现在礼拜开始。"一个中年主持人说。所有的人都跪下了,冯云山和胡以晃也跟着一起跪下。"天父上主皇上帝在上——"主持人领起,众人接说"小子(小女)某某某"一句,各人说出自己的名字,然后一齐背诵:

跪在地下,祈祷天父皇上帝恩怜救护,时赐圣神风,化恶心,永不准妖魔迷蒙;时时看顾,永不准妖魔侵害。托救世主天兄耶稣赎罪功劳,转求天父皇上帝在天圣旨成行,在地如在天焉。俯准所求,心诚所愿。

背诵完毕,齐唱《赞美诗》:

赞美上帝为天圣父,赞美耶稣为救世圣主。

赞美圣风神为圣灵,赞美三位为合一真神。

真道岂与世道相同?能救人灵,享福无穷。

智者踊跃,接之为福;愚者省悟,天堂路通。

天父鸿恩,广大无边,不惜太子,遣降凡间。

捐命代赎吾侪罪孽,人知悔改,魂得升天。

吃了早饭,胡以晃提出要带冯云山去林长坳,那是胡以晃打造兵器的地方。冯云山十分高兴,于是两人各骑一匹马朝西北方向驰去。

出村不远,看见一群会众在田间练习射箭。胡以晃一时兴致勃发,跳下马来,他指着十几丈远的一架风车说:"我射四箭,要正中这冈车的四块扇板。"说完,从一个青年手里拿过一张弓,嗖嗖嗖嗖射了四箭,四支箭刚好分落在四块扇板的顶端。

在场的会众齐声喝彩,赞口不绝。

"名不虚传,好箭法!"冯云山兴奋地说。

"今天风小,风车转得慢。"胡以晃谦虚地回答,一面骑上马。

"当年你在科场上要是没把弓拉断,现在已经吃过好几年朝廷的俸禄了。"

"满清的俸禄不吃也罢,还是弟兄们结义举事痛快。"

路上,冯云山向胡以晃介绍了石达开拜旗的事,胡以晃拍着脑门笑道"达开真是个聪明人,我怎么就没想到!下一次讲道理的时候,我也拜旗。"

冯云山又讲了韦昌辉用鸭子的叫声来掩盖打铁声音的事,还告诉胡以晃:杨秀清和烧炭工们本来就与铁匠们混得很熟,这些年他们烧的炭不断卖给各地的铁匠。半年前,杨秀清把铁匠们请到家里,日夜打造兵器,兵器造好以后就送进紫荆山,隐藏在树丛里。杨秀清的练兵方法很特殊,时间常常安排在夜里,他让会众每人挑着四个灯笼,漫山遍野地飞跑。他这样做,一方面是为了提高会众夜间行动的能力,另一方面也借助灯笼给人造成错觉,把人数扩充到原来的四倍,壮大了声势,吸引了更多的人参加拜上帝教。

胡以晃听得津津有味,夸赞说:"这些头领们一个比一个精明,真是了不起!"

"我看你们都有不少点子。"冯云山笑着说。

冯云山又询问武器的事,胡以晃说:"我把林长坳改名叫'上帝坪'。前天我去过一趟,兵器打造了不少,云中雪二百把、土炮十五门,还有一千六百斤红粉。"云中雪是暗语,意思是刀;红粉也是暗语,意思是火药。

冯云山听了,喜出望外,说道:"太好了,快去看看!"说完,便挥鞭策马,急驰而去。"冯先生,等等我!"胡以晃一边喊,一边紧紧追上。冯云山和胡以晃在上帝坪吃了午饭,一起回到花洲。在村东大馆门口,正碰上洪秀全走出来,他刚给会众讲完了道理。一见面,洪秀全就说:"萧朝贵和蒙得恩回金田了。"

"走得这么快?"冯云山问。

"午饭前,天兄下凡了,命萧朝贵赶快赴金田料理团营会众的事务。"洪秀全答道。

"没说别的?"冯云山又问。

"叫咱们安心在这里避吉。"洪秀全轻描淡写地说。

冯云山没再多问,因为萧朝贵替天兄传言常常说一些十分琐碎的事,有时婆婆妈妈的,这次大概也是如此。

晚上,冯云山刚要脱衣就寝,马健一闪身走进门来。自从他和周松丢了衙役的饭碗跟冯云山来紫荆山后,就一直做冯云山的随从。

"有事吗?"马健这时候来,冯云山觉得很奇怪。

"我想跟先生说说今天天兄下凡的事。"马健说。

"来来,坐下说。"

马健推开门,警觉地向外张望了一会儿,然后把门关紧,坐下来,皱起眉头说:"天兄对洪先生说:'杨秀清、萧朝贵都不大识字,让云山、昌辉来辅佐你最合适。'"

"洪先生说什么?"

"洪先生说:'云山、昌辉不是好帮手,秀清、朝贵才是真正的好帮手。'"

冯云山一惊,但立即定下神来,问:"还说什么来?"

"洪先生还说:'云山、昌辉的本领是后天学成的,秀清、朝贵的灵性是上天赐予的,是自然生成的。'"

"还有吗?"

"还有——"马健有些犹豫。

"但说无妨。"

"云山用计远不及秀全,这话是天兄说的。"

"还有吗?"

"就这些。"

"当时你在场?"

"天兄是在洪先生住的宅舍里下凡的,厨子们正在给洪先生他们准备午饭,我帮着杀了两只鸡送了过去,正好走到窗下,听得很清楚。"

马健走后,一股闷气充塞住了冯云山的胸口,他痛苦地闭上了眼睛。

有好几次,天兄是选择了我不在场的时候下凡,今天又是这样。他们已经在背着我做事了。洪秀全在这里面究竟扮演了什么角色?他心中大约有一个意向,就是想让杨秀清和萧朝贵做自己的左右辅臣。他为什么做出这样的选择?

只有两个可能,其一,在洪秀全看来,打天下必须依靠杨、萧,他们的作用比我冯云山要大,所以把他们举抬到我的前面去;其二,杨、萧承认洪秀全的最高地位,使洪秀全产生了位子已经坐稳的满足感,作为报答,就只有承认杨、萧是他身边的左膀右臂,也就不得不拿我冯云山做牺牲了。如果属于第一种,倒是合乎几分情理,但如果是第二种,就太令人伤心了。

冯云山陷入了深深的忧虑之中。

为了对付团总陈上拔的骚扰,胡以晃在花洲建立了许多营盘,主营盘设在上帝坪。洪秀全、冯云山在那里坐镇指挥,只两仗,就把陈上拔打得落花流水。这一来,却引起了官府的注意。十月底,浔州协副将李殿元、秦川司巡检张镛、团总覃展成带兵布防思旺圩,准备攻打花洲。平南县知县倪涛也带了团练和瑶丁前来助战。洪秀全、冯云山指挥会众迎战,于11月4日只花了半天时间就挫败了清军,歼敌五十多名。清军受挫后,不敢再贸然前进,就驻兵思旺圩,采取"坐困"战术。他们发现花洲四面皆山,只有一条路通向思旺圩,于是在路上遍插短尖木桩,严密封锁,想等待花洲会众粮绝,再一举歼灭。

花洲青壮会众只有四百多人,要想突围十分困难,但长期相持是于己不利的。洪秀全就叫胡以晃派人去金田告急。

报信的人叫梁贵儿,是个有名的"飞毛腿"。先前常给山里的烧炭工们送木柴,也替他们向山外送炭,练得一双好腿脚。几个月前,杨秀清进行夜间挑灯笼行军训练,他是跑得最快的一个,为此,杨秀清还当众夸奖了他。杨秀清生病后,训练中断了,他又不甘寂寞,投奔到住在花洲的舅舅这里来,想跟胡以晃学学武艺。

花洲离金田有一百多里路,梁贵儿一路飞跑,只花了两个多时辰就赶到了。路过村北的犀牛潭时,正是中午,梁贵儿觉得嗓子要冒烟,就走下潭去,捧起潭水喝了起来。

"是梁贵儿吗?"

梁贵儿吓了一跳,急忙四处张望,好一会儿才发现岸上草丛里躺着一个半死不活的人,仔细一看,原来是杨秀清,他又吓了一跳,暗自思忖:"他怎么会在这里?"

"别害怕,你过来。"杨秀清小声说。

梁贵儿怯怯地走近杨秀清。

"在屋里憋屈得慌,我让他们把我抬到这里晒晒太阳,"杨秀清说,"听说你去了花洲?"

梁贵儿心里又一惊:他不是病得快死了吗?怎么连我的事都知道?

"你这次来,好像有急事?"没等梁贵儿回答,杨秀清又问了一句,两眼炯炯有神,一点儿也不像有病的样子。

梁贵儿把花洲危急的事对杨秀清说了一遍。

"萧朝贵、韦昌辉两位头领去了高坑冲,明天一早准能回来,那时候你再对他们说。记住,此外不要告诉任何人。"杨秀清的语气十分坚决。

梁贵儿点了点头。

当天下午,蒙得恩把住在金田的三千多名会众召集到犀牛岭,给会众讲道理。不一会儿,杨秀清就乘坐着肩舆来到现场。垂死的杨秀清突然出现,引起了会众的极大震惊。果然,天父下凡了,借杨秀清之口庄严宣布:洪教主在花洲有难,着令金田会众紧急救援!

蒙得恩振臂高呼:"打到花洲去,营救洪教主!"

群情激昂,喊声震荡山谷。

"不是说洪教主去花洲避吉吗?怎么一去就有了难?"个别会众小声议论,但没有人理睬他们。

次日清早,萧朝贵、韦昌辉回到金田,杨秀清与他们一起商议,部署兵力,并决定派蒙得恩率兵前往救援。

12月25日,队伍由金田出发,昼夜急行军,于27日清晨赶到花洲。清军没有想到背后有援军到来,只得仓促迎战。蒙得恩的队伍先夺下了思旺圩,协副将李殿元慌了,急忙调围困花洲的队伍回头救援。这时洪秀全、冯云山、胡以晄指挥会众趁机冲出花洲,结果清军背腹受敌,阵势大乱,不到两个时辰就溃不成军。

李殿元和知县倪涛是骑马上阵的,见事不妙先夺路逃命,一会儿工夫就没了踪影。巡检张镛乘轿而来,跑得慢,结果在思旺圩东街坑木山瓦窑附近被蔡思胜几个弟兄捉拿。蔡思胜摘下张镛的帽子,在他眼前晃了晃说:"这是你的功名,是吗?"

张镛吓得浑身筛起糠来,嘴也不听使唤:"我……是,是……"

"也是你的下场!"说完,把官帽摔在地上,一脚踏烂;然后一刀劈下去,结果了这个老贼的性命。

团总覃展成没有留意到自己的队伍越来越少,只顾着左冲右突,后来,被十几个会众包围了,才幡然醒悟,但是已经晚了。这时潘四狗朝他扑了上来,覃展成慌了,竟然将手中的刀向潘四狗的头上扔过去;潘四狗一低头,轻易躲开了,没了兵器的覃展成成了待宰的羔羊。潘四狗两步跨出去,一刀结束了覃展成的性命。

当天就结束了这场战斗。12月28日,两军胜利返回金田,这就是有名的"花洲迎主之战"。

这一战,杨秀清在关键时刻预知险情,力挽狂澜,因此在会众中名声大噪。

第四章

金田村首发起义　各战场捷报连连

1850年2月，咸丰皇帝即位。起初，咸丰对广西天地会的发展壮大并不知情，因为广西巡抚郑祖琛和提督闵正凤为了避免麻烦，所以一直隐瞒不报。到这年秋天，受到天地会骚扰的地方士绅终于不堪忍受，将实情越级上告朝廷。咸丰帝获知实情之后，龙颜大怒，责令两广总督徐广缙将郑祖琛和闵正凤二人查办，并调湖南提督向荣、云南提督张必禄赴广西会剿天地会，又任命正在福建养病的前云贵总督林则徐为钦差大臣前往广西督师。

不料林则徐上任途中死于潮州，张必禄入桂后在桂平病逝。未及开战，先损两名大员，咸丰帝懊恼不已，只得再派两江总督李星沅为钦差大臣赴桂督师，任周天爵为广西巡抚，张必禄所部由其部将周凤岐统领。但这样一来，时间就拖了将近两个月。

清廷所调集的一万兵马，是为了对付天地会的，关于拜上帝教的情况，则所知寥寥无几。花洲之战引起了清军的震动，战后第三天，周凤岐就派清江协副将伊克坦布和丹江营参将彭长春为先锋，率兵一千多名进犯金田。

金田方面早有准备，洪秀全、杨秀清在新圩和金田之间的蔡村江桥附近设了伏兵，等待清军。

这伊克坦布大大咧咧地骑在马上，带领部下只管向前进军，丝毫不加提防。最后，伊克坦布被梭镖射中后背，这时几名会众也赶了上来，将他乱刀砍死。

主将一死，清军顿时瓦解，未战死的三百多名清军纷纷投降。这时，伊克坦布买的绳子派上了用场，太平军将他们一个个捆得结结实实。

周凤岐闻讯，先是抱怨伊克坦布轻敌冒进，乃至丧其性命，后是大骂拜上帝佬张狂太甚。他寻思要是坐视不顾，上司怪罪下来，便仓促调集兵勇赶来救援。谁知这支援军也被太平军包围了，双方又是一场激战，打了整整一天，周凤岐勉强救出了几十个清兵，突出重围，连滚带爬地奔逃了五十里路，躲进了桂平县城。

这就是太平军历史上有名的"蔡村江之战"，这一天正是1851年1月1日。

在短短的五天内，太平军就打了两次漂亮的大胜仗，歼敌数百，一时军威大振。

1851年1月11日（道光三十年十二月初十日）这天，正是洪秀全三十八岁生日。三万拜上帝教会众集合在金田村的犀牛岭，召开誓师大会。

蒙得恩先站到古营盘上，带领会众敬拜上帝，然后宣布："天父上主皇上帝体恤百姓，派亲子洪教主下凡到人间，斩妖除魔，拯救生灵。为了上承天意，下应民心，今天，拜上帝教自立国号，名曰'太平天国'，自今而后，所有会众一律称洪教主为天王。"

全体会众山呼万岁。

这时，洪秀全登上古营盘，会众的欢呼声浪更加高涨。洪秀全头裹红色布巾，身穿黄色长袍，绿带束腰，看上去潇洒威武，精神抖擞。他站立片刻，然后抬起双手，在空中轻轻按了一下，会众顿时安静下来。

"上帝降福于万民，赐我田舍，馈我衣食，人间原是大同世界，百姓本应安享太平。可是，如今清廷腐败黑暗，官府残忍无道，乃至中华大地生灵涂炭，民怨沸腾。上帝降大任于我等，令我等改朝换代，建立'太平天国'。今天，三万会众汇聚于此地，这是我等的幸运。自今而后，我等要有福同享，有难同当，奋力进取，推翻清廷，建立和睦美满的小天堂。"

会场鸦雀无声，全体会众都屏住气息，目不转睛地注视着洪秀全。

"现在我宣告，为了惩奸除恶，捣毁清廷，今天揭竿起义！"洪秀全高举手臂，挥动拳头，洪亮的声音在空中回荡。

"惩奸除恶，捣毁清廷！"蒙得恩带头高呼口号。

"惩奸除恶，捣毁清廷！"全体会众齐声响应。

"首先宣读讨妖檄文。"洪秀全展开一幅二尺见方的黄缎，念道，"……何乃尔等愚官劣宰，捉我同帮，押死公堂，轻如蝼蚁，谁不为痛心哉？故不得不纠集英雄，结盟豪杰，以做复仇之举。尔乃复起官兵，联络团练，与我颉颃，相争上下，岂不谓我营中无人乎？抑知文官二百，人人有安邦定国之才;武将千员,个个有擎天跨海之勇。雄兵三万,势若天丁,战士数千,威如猛虎。恰似一天星斗,固若铜城。恍犹四海洪波,坚如铁柱。以此制敌,何敌不摧?以此攻城,何城不克?谅尔小小蛇儿,焉能与蛟龙斗胜?微微犬子,何敢与虎豹争能……"

读完檄文,洪秀全继续说:"自从大明沦陷,满夷横行中原,强令数万万大汉子民薙发,这是炎黄子孙的奇耻大辱。一根辫子拖在脑后,简直就像是驴尾巴一样。"

会场立即响起一阵笑声。

"自今日起,所有的会众一律恢复汉民传统——蓄发。"洪秀全停顿了片刻,接着说,"蓄发的同时还要易服。会后,各军的卒长到圣库领取衣服,分发给大家。"

会众交头接耳、喊喊嚓嚓了一阵。

"天国还要使用自己的历法,以明年为辛开元年。"洪秀全稍微停顿了一下,"蓄发易服,我们在仪表上就会焕然一新;更换历法,天下子民的岁月就要从头开始。这些都是跟清妖的彻底决裂,也是天国独立的标志。"

坚定的话语在全体会众的脸上唤起了自豪的神情。

"要想成就大业,必先严明纪律,"洪秀全斩钉截铁地说,"现在颁布太平天国第一道诏令,叫《五大纪律诏》:一、遵命令;二、别男行女行;三、秋毫莫犯;四、公心和摊,各遵头目约束;五、同心合力,不得临阵退缩。"

会众脸上的神情变得严肃起来。

"下面宣布十款天条:第一天条崇拜皇上帝,第二天条不好拜邪神……"

会众好像在聆听上帝的教诲,神情里充满了敬仰。

"大家要注意第六天条:不杀人害人。这一条是说不杀好人,不害好人。对于清妖,就非杀不可。不然的话,你们手里的刀枪是干什么的?"

会众一齐畅快地大笑。

洪秀全又讲说了太平军的许多禁忌:作揖拱手是妖礼,太平军不得行此妖礼;不得饮酒;不得吸大烟黄烟;不得当众脱衣露体;人死为升天,升天是好事,不得啼哭;凡升天的弟兄,不得用棺木,一律用锦被包裹掩埋……

然后又讲军队编制,最后又讲《太平天历》的主要内容。

演说足足持续了一个时辰。

实话说,洪秀全的讲说除了个别的话语比较生动以外,整体上是冗长而枯燥的,况且讲话中的好些内容,会众们并没有弄懂,但他们却听得聚精会神,毫无倦意。

"这是什么原因呢?"冯云山想,"是人心所向,是高度关注,是一种新奇感,是一种凝聚力,是一种对领袖的拥戴和崇敬。人心,比什么都重要。"

洪秀全的起义演说结束后,蒙得恩宣布了太平天国五位开国元勋的职衔:杨秀清为左辅正军师,领中军主将;萧朝贵为右弼又正军师,领前军主将,冯云山为前导副军师,领后军主将;韦昌辉为后护又副军师,领右军主将;石达开为左军主将。

誓师结束后,一群女兵跳上古营盘,表演秧歌调。她们手持大刀长矛,翩翩起舞。会众中人才济济,由小乐和牵头,临时组织了一个小乐队,为女兵们伴奏,另有数十名女兵伴唱。歌词道:

当腰横长刀,窄袖短衣服。

骑马能怒驰,黄巾赤其足。

原来就学过武术的常翠花在前面领舞,歌舞进行到高潮时,她先做了一个"探海",紧接着一个"踹燕",然后做"小绷子",一连旋转了二十多圈。

人们从未见过这种新鲜的歌舞形式,喝彩声此起彼伏。

赖春苗从来没登过台,好在她只参加群舞,又列在后排,有前排姐妹们遮挡,胆子也就壮了些。谁知临终场时,后排拿刀的姐妹走到了前排,一齐做右弓步,左手叉腰,右手快速做"大刀花"。赖春苗被无数只眼睛盯着,心里慌得要命,一不小心,手里的刀"刺溜"蹿了出去,观众先是一惊,再看那刀,正被梁贵儿伸手接住。大家一看有惊无险,都乐得大笑起来。这边赖春苗羞得满脸通红,低着头跑下台去。参加表演的女兵们也都笑了,队伍大乱,一个个都跑了。

尽管表演出了漏子,但会众还是兴奋不已,拼命地鼓掌叫好。

演出结束后,会众各自回营。

赖春苗正为丢的那把刀着急,一转身,看见梁贵儿站在两步远的地方。梁贵儿见她转身,就把刀递了过来,说:"你演得真好。"赖春苗又一次满脸通红,她惊慌失措地接过刀,回头就跑,跑了好几十步,才意识到方向错了:她的营帐在古营盘北边,现在却是朝西跑。她连忙停住脚步,又害怕梁贵儿在远处发现自己奔跑方向的失误,就有意识地继续向西走。走了几步,她假装弯腰整理裤脚,顺势朝原来的地方看了一眼,见梁贵儿已经离去,这才折回身来朝北面走去。

她一面走,一面恨自己,慌张什么?不就是一失手掉了刀吗?再一想,又不对。明明是演砸了,他却说我演得好,是不是说反话?不像,他说话的时候是很诚恳的,但是,那也不至于让我慌张成这般模样啊!想起来了,他当时的眼睛里好像藏着一种说不清楚的神情,这种神情才是使我慌张的原因。但他为什么那样快地就走了呢?对了,他是不愿看到我发现自己奔跑方向错误之后的尴尬表情。

"真没出息,我为什么要想这些呢?"赖春苗为自己想这些不着边际的事而自责起来。

浅水难容蛟龙。金田起义后的第三天,在洪秀全的指挥下,太平军起营离开金田,浩浩荡荡顺大湟江东下,占领了江口圩。

江口圩属浔州府桂平县,是广西的商业重镇,人口逾万,资源丰富,交通发达,船只辐辏。在这里,可以补充军实,召集附近的会众,扩大武装力量。

消息传出,方圆百里的民众纷纷前来,投奔太平军。

洪秀全等太平军首领住在江口圩西北三里远的石头脚,这天,他们正在陈公馆商量北伐桂林的事,忽报天地会罗大纲等八位头领率众三千人来投。

洪秀全带着另外几个人骑上马,直奔江口圩去迎接天地会的人。在大湟江畔,正遇罗大纲一伙。

双方都下了马,罗大纲等八个头领走上前来,一起向洪秀全拱手施礼。站在洪秀全身旁的御林侍卫曾天养忙纠正说:"罗将军,太平军扫荡旧俗,视拱手为妖礼。"

洪秀全等首领都笑了起来,罗大纲几个也跟着笑了。

"初来乍到,礼节规矩还真得学着点儿。"罗大纲说。

第一次相见,洪秀全就很喜欢罗大纲。此人年约四十左右,皮肤黧黑,体躯魁梧,神色忠厚而刚毅。后来才知道,罗大纲原名罗亚旺,广东揭

阳人,壮年游荡江湖,仗义任侠,加入天地会后,成为骨干成员。林则徐烧鸦片那年,罗大纲参加了平英团抗击英国侵略军,后转战广西,多次重创清军。近年盘踞大湟江,故被官府称为"艇匪"。

与罗大纲同来的还有大头羊张钊、大鲤鱼田方、卷嘴狗侯志、大蜘蛛关钜等七个头领。

江畔有座八角小亭子,洪秀全领着大家走了进去。坐下后,洪秀全当即提出,加入太平军要以同拜上帝为条件,冯云山也向罗大纲等人交代了太平军的有关纪律,八人同声应允。谈毕,罗大纲等把他们带来的一些牛羊米粮送上,作为入会的赠礼。但是张钊等人忍受不了太平军严明的纪律,带着大鲤鱼、卷嘴狗、大蜘蛛和部下一千余人,人不知、鬼不觉地离开了太平军军营,到清妖那里叩头去了。

这期间,钦差大臣李星沅已到达广西。他很快意识到太平军是自己的主要对手,就决定抛开天地会,将手下的绿营兵聚集到大湟江口。李星沅一面调广西提督向荣率领楚军赶赴桂平,一面调云南临沅总兵李能臣率兵入桂,加上原来镇守此地的周凤岐,三股兵马合在一起,足有一万多人。

在这几个头目当中,向荣是最有本领的。向荣,字欣然,四川人,行伍出身,久经征战,素有"骁将"之称。不久前,他因为镇压了湖南起义军李元发而名声大噪。向荣用兵有一大秘诀,每次打仗,他都对部下许诺,只要能打胜,每人就赏一两银子。因此他带的这支绿营兵常有小胜。为此,向荣十分得意。

这天早上,向荣正在用餐,忽报太平军张钊、田方、侯志、关钜等人前来投诚,已在帐外等候了大半夜。向荣没听到罗大纲的名字,连眼皮都没抬,他知道,罗大纲、张钊一伙不久前才投靠了太平军,一转眼工夫又叛了太平军而到清营来请降,可见是一群无信无义之徒。罗大纲没来,实在可惜,但也是在预料之中的,他是真正的枭雄,才不会见风使舵,左荡右摆。至于张钊之辈,则是一伙成事不足、败事有余的无赖之徒,他们前来投诚,无非是想吃点军饷,得点犒赏。这些人是不堪重任的,况且,如果把他们当作有头有脸的人收容进来,那些正规绿营兵就会不服;但他们还是可以利用的。想到这里,向荣就把部将张顺叫来,吩咐道:"就说我忙于军务,不能接见他们,发给他们六成军饷,编到思恩知县刘继祖的名下,让他们扼守大湟江口。"

张钊一伙受到此等冷遇，心中颇感悻悻，却又无路可走，只得从命。

二月中旬，向荣指挥一万余清军分东西两路向大湟江口进犯。主力是东路，从平南马鹿岭出动；西路从石嘴顺流而下，企图两路夹击，一举击溃太平军。他又担心太平军从江上逃走，就下令思恩知县刘继祖部率张钊降兵防守浔江南岸，控制水面通道。

洪秀全早已领导太平军在石头脚、牛排岭安装了大量土炮，选精兵两千名，分别由冯云山、杨秀清、萧朝贵、罗大纲带领，进入设伏阵地，自己则在石头脚坐镇指挥。

这天早晨，清军向牛排岭发起猛攻。已经升为旅帅的常万林先率众与清军接战。打了不到一个时辰，太平军就佯败而退。清军守备王崇山以为立功机会已到，率领清军穷追不舍。太平军退至磐石村，迅速地躲到山路两侧，清军一路追上来，预先埋好的地雷响成一片。地雷响罢，伏兵齐出，"杀妖"声浪震天动地。太平军人人奋勇异常，锐不可当，清军大败。王崇山见事不妙，忙下令撤退，无奈被太平军堵住了退路，只好作困兽之斗。

千总汤成见王崇山被围，慌忙领兵来救。忽然，一排火枪响起，紧接着，石块像雨点一样噼里啪啦地落了下来，清军伤者无数。汤成还没弄清是怎么一回事，太平军女军前一军军帅洪宣娇就率一支女兵自山坡上杀了下来。清军见是女兵，心胆稍壮了些，仓促迎战。

他们以为女人比较好对付，谁知道，清兵很快就招架不住，节节败退。

这边，王崇山想向汤成靠拢，把两股清军合成一股，他拼力冲杀，刚冲出十几步就马失前蹄，一骨碌滚到地上，正好落在潘四狗和薛小宝身边，潘薛二人双刀齐下，王崇山一命呜呼。王崇山一死，部下纷纷投降。

常万林当即指挥部下援助女兵，清军阵势越发凌乱。女兵见男兵来援，斗志更旺。

汤成环顾四周，见清兵七零八落，正在六神无主之际，洪宣娇冲到他跟前，用刀尖在他脖子上轻轻一抹，汤成当场毙命。

这一仗，清军兵勇死亡三百余人，余军尽溃。

打扫战场的时候，赖春苗发现清兵尸体堆里露出一段剑柄，就过去拔，但剑身被尸体压住了，拔不动。梁贵儿看见，急忙跑来，猛地将剑抽

出,交给了赖春苗。

"谢谢你。"赖春苗说。

"你叫什么名儿?"梁贵儿问。

"赖春苗。"

"我叫梁贵儿。"

收军回营的命令传来,二人各自归队。

牛排岭一战,女兵大显威风。

西线战役,太平军也是用的诱敌之计,将清军引到大湟江上游的屈甲洲,左二军军帅罗大纲领一支兵马埋伏在松林里,清军一到,伏兵一齐杀出。御林侍卫曾天养则率另一支兵马包抄其后路。清军前后受敌,死者六百人,尸骸填满河床,通红的江水一直流到下游。

江口圩的两次战斗,太平军以两千人击败了五倍于己的清军。

向荣只得放弃西路,把队伍集中在江口以东,变进攻为防守。

太平军队伍扩大,粮食成了问题,两次大的战斗之后,红粉、药品极为短缺,清军虽败,却没有撤围。陆路被堵死,水路又有张钊扼守,太平军没有战船,无法从水路冲出。洪秀全和几个首领都意识到整体计划上的失误,那就是在江口圩逗留得太久。

怎么办?突围!

3月7日,太平军由洪秀全亲自指挥,用自造的土炮猛攻清军营垒,清军慌忙迎战,用巨炮轰击太平军阵地,双方自清晨一直激战到黄昏。当晚,向荣正召集将领们商议次日的剿匪计划。忽然,圩子里炮声鼓声大作,响得震天动地。

向荣只好中断会议,急忙吩咐道,"不必惊慌,各自赶回阵地,准备迎击。"

过了一个多时辰,也不见发逆来攻。向荣便走出营帐,登上临时搭设的望楼。江口圩火光频频闪耀,却不见一人,仔细听听,除了炮声和鼓声以外,还有猪叫声和轰轰隆隆的钝重响声。向荣一时大惑不解,发逆这是闹的什么鬼名堂?他当即传令:各军坚守阵地,不准出战,违令者斩。

各军将兵哪里敢怠慢,一个个捉刀持枪,严阵以待。

约莫五更时分,圩子那边静了下来,没有一丝声息,向荣仍不敢有所行动。又过了一个时辰,才派人前去打探。不多久,探子回来报说:"圩子里全空了!"

原来,天刚放黑,太平军就开始秘密西撤。为了迷惑清军,他们用大炮装上火药和火引,使之不断爆炸;还把许多猪捆住后脚,倒挂在谷碾四周,谷磨上绑着木棍,风车带动谷碾转动,谷碾上的木棍就打在猪身上,猪就嚎叫起来。这样,炮声、猪叫声、碾的滚动声喧闹不止。此外,又安排了梁贵儿等二十个"飞毛腿"在村里猛击战鼓。就这样,一夜之间,男女老少数万人神不知、鬼不觉地从清军眼皮底下安然撤走了。五更时分,天尚未放亮,梁贵儿等人把鼓扛在肩上,一路飞跑,追赶大部队去了。

向荣发现自己上了当,急忙集合兵勇,向西追赶。在清军的绿营兵中,向荣的楚军是行动最为迅速的,加上太平军行军扶老携幼,速度较慢,因此到正午时分,向荣的前队就追上了罗大纲的断后部队。

罗大纲发现路两侧各有一片小树林,就摆好了螃蟹阵。这种阵法是中间的兵力少,两翼兵力强,像螃蟹的两只钳子一样。罗大纲命两翼士兵收起战旗,埋伏在树林里,自己率兵从正面迎敌。向荣根本没把这支太平军的后卫放在眼里,他只想速战速胜,然后追赶太平军的大部队。不料,刚一接战,两侧树林就飘出若干旌旗,接着有两支兵马杀出。

"这是小股断后部队,不足挂齿,放胆杀敌无妨!"向荣叫道,为部下打气。

混战开始了。

清军一来不得阵法,二来士气不佳,尽管向荣咆哮不止,他的部下还是且战且败。向荣急了,高声嘶喊道:"敢有退缩者,杀无赦!"说着,就砍倒了两个后退的士兵。这一来,士气稍振。

但向荣军毕竟是三面受敌,不一会儿,便败下阵来。罗大纲正要追击,向荣的后队却赶到了。清军人多势众,气焰大增,罗大纲只得指挥太平军且战且退。

正在这时,一股奇兵从南边杀来,直冲向荣阵。为首的竟是一员女将,穿一身浅紫衣裤,骑一匹枣红马,白色的披肩在身后上下飞动,显得格外英俊潇洒。她手挥双剑,雪光四射,在清军中左冲右突,连斩六七人;她的部下对她的战术心领神会,分成小队冲入敌阵,把清军阵营劈割成了十几块。

罗大纲第一次看到这样身手不凡的女将,心中暗自猜想:"莫非是苏

三娘?"

这时清兵已经溃不成军。向荣喊了一声"撤",一个个掉头向东,抱头鼠窜。这边罗大纲和那员女将指挥部下趁势掩杀,清兵又死伤无数。

追了约莫二里路,罗大纲停了下来,女将也跟着勒住马。罗大纲忽然意识到,刚才追击清兵的时候一直是与这位女将并肩而驰的。他平日很发愁跟女人打交道,但此时因这位女将挺身相助而深受感动,就先开了口:"敢问大姐从何方来。"

"大姐不敢当,我倒是应当叫将军大哥,"女将说,"我叫苏三娘,前来投奔太平军。"

"刚才我就猜出是你,果然身手非凡,不负盛名,"罗大纲笑着说,"我叫罗大纲。"

"我知道,广西有名的'艇匪'头子。"苏三娘十分直率地说。

两人一起笑了。

罗大纲当即派人把苏三娘来投的消息启奏洪秀全,洪秀全喜出望外,急忙叫了洪宣娇去迎接。洪宣娇来到后队,与苏三娘相见后,又一起策马向前,追上大军,见了洪秀全。洪秀全看那苏三娘,果然英姿飒爽,高兴地说:"前几天,冯军师还提到你来,他说朝廷的翰林侍读龙启瑞专门为你写过一首诗。"

苏三娘有些不好意思,说:"我也听别人说过,只是记住了一句半句的。"

冯云山听说苏三娘来投,就策马靠拢过来,说:"龙启瑞不仅是翰林侍读,也是当今驰名的文人,他写的《苏三娘行》,气势豪壮奔放,我非常喜欢,还能背诵。"

洪秀全知道冯云山要诵诗了,对苏三娘说:"好好听。"

所有的人都不言语了,原来笃笃嗒嗒的马蹄声也变得窸窸窣窣了,冯云山洪亮的声音在平野中响起:

城头鼓角声琅琅,牙卒林立旌旗张。

东家西家走且僵,路人争看苏三娘。

灵山女儿好身手,十载贼中称健妇。

猩红当众受官绯,缟素为夫断仇首。

两臂曾经百战余,一枪不落千人后。

名闻军府尽招邀,驰马呼曹意气豪。

五百健儿听驱遣,万千狐鼠纷藏逃。

"我们这位冯将军吟诵得如何?"洪秀全问苏三娘。

"用文人的话说,妙绝!"苏三娘回答。

"要是说我吟诵得好,那是因为龙启瑞这首诗写得好;要是说诗写得好,那是因为苏三娘的武艺高超绝伦。"冯云山说。

洪秀全大笑起来,说:"至理名言,至理名言哪!"

再说向荣被罗大纲和苏三娘打得丢盔卸甲,逃回江口圩,恼羞成怒却又无可奈何,只好拿百姓出气,见人就杀,见房子就烧,见店铺就抢,富庶的商埠变成一片焦土。幸存的百姓四处奔逃,许多人走投无路,追随了太平军。

太平军西撤后,经金田、过风门坳、入紫荆山,而后开进武宣县境内。这期间,清廷任命湖广总督周天爵兼广西巡抚。周天爵是个年八旬的老臣,为人憨直而倔强,有时过于急躁和褊狭。由于他轻喜易怒,因此往往失言误事,事后知之必悔,悔则自责,日后却又一如既往,不思改正。因他是当朝宠臣大学士杜受田保举之人,因此说话做事总是一意孤行,有恃无恐。他的部下多心怀恐惧,对他阳奉阴违,敷衍了事。

两个月前,周天爵一来到桂林,就大失所望,他在给朋友的信中提到了广西不堪收拾的局面:"一言兵,则省城仅有懦劣八九百名之兵;一言饷,则藩库拨来朝不继夕之饷;一言官,则通省皆是求参不得之官;一言将,则通省皆是石郎之将;一言案牍,则无一不是被杀被焚之案牍。"不过,这周天爵对朝廷是忠贞不贰的,见眼前情势危急,便慌忙赶到武宣。当时他只带了一百名绿营兵,在路上又招募了一百名乡勇。

周天爵进了县城,竟不见一个官兵,原来他们早已逃得无影无踪。来到县衙,只见知县刘作肃一人坐在公堂上,左手捧着官印,右手抓着一根绳子,泪流满面,鼻涕直拖到胸口。周天爵真想扇他一巴掌,他压住心头的怒火,问道:"拜上帝佬打到武宣来了,你做了什么防御准备?"

"只有一根绳子。"刘作肃说罢,就号啕大哭起来,口水与鼻涕流到一起。

看着这个等着上吊寻死的窝囊知县,周天爵无可奈何,他鄙夷地瞅了刘作肃一眼,一跺脚,转身走出了县衙。

尽管队伍少得可怜,周天爵却死马当作活马医,做了一番部署:把一百人留在城里,一百人派到城外,准备抵御太平军。

周天爵到达武宣的第二天,太平军先锋部队就抵达三里圩,这里离武宣城只有三十里。在这个关口,太平军又一次出现了战术上的失误:此时武宣只有二百个清兵,从象州到桂林一线,清军防御极为空虚,而向荣的追兵尚未赶到,如果太平军一鼓作气,速战速决,则不但可以占领武宣,生擒或击毙周天爵和刘作肃,而且必能北上攻克象州。然而,太平军的先锋部队因不明虚实,未敢轻动,就在三里圩驻扎下来,这给了清军喘息的机会。其结果,向荣的追兵第二天就绕到太平军主力部队的前面,赶到了武宣,与周天爵会合。不久,其他几路援军也陆续赶来。

太平军丧失了关键性的一天!这使太平军的军事行动进程拖延了半年之久。

太平军主力大军开到后,大本营设在东乡。

夜里,洪秀全和首领们聚集在临时搭起的营帐里,商量攻敌之策。冯云山先介绍敌情:"这次清妖调集了大量兵力:向荣的楚军有两千名,与我们对阵;李能臣的两千滇军在郁林;武宣的驻军最多,有周凤岐的黔军两千,张敬修的兵勇一千,秦定三的黔军两千,还有周天爵的亲兵二百,刘继祖的水勇也有七百多,加起来有一万多人。"

"但能够与我们接战的大概只有一半。"杨秀清补充说。

洪秀全发言了,语气中充满信心:"从清妖的阵容来看,我们要打的这一仗比以往的规模都要大。但清妖人数虽众,却多是形同朽木的绿营兵,他们手拿着两杆枪,一杆是铁枪,一杆是烟枪,这种兵是不能打仗的,此其一。清妖的兵将是从各地调集来的,是临时拼凑的,主将用心不一,指挥必定混乱,此其二。在清妖的各路兵马中,向荣的楚军是一支劲旅,但向荣与我们交手,刚刚吃了败仗,现在正是士气不振的时候,此其三。这三条,就注定清妖必败。"

诸位首领一致赞同洪秀全的见解。

为了确保战斗的胜利,首领们商定,由萧朝贵出面做了一次天兄下凡,强调了作战纪律,并且鼓舞了士气。

之后,太平军在洪秀全、冯云山的指挥下,向天马庄向荣大营发起进攻。向荣亲率副将和春等接战,清军一战即溃,都司邓绍良、郑魁士受伤,管带吴贻书被斩,向荣被困,幸好周天爵亲督候补知府张敬修率兵赴援,才把向荣救出重围。

初战告捷,使太平军官兵信心大增。

1851年3月23日(咸丰元年二月二十一日),太平军在东乡举行了洪秀全正式登极仪式。蒙得恩担任司仪,宣布洪秀全为"天王",也是"日头王",王后号"月宫",立儿子洪天贵福为幼主。

登极礼毕,洪秀全以天王的名义重新宣布了五军主将制。

主要首领也冠以气象字样:冯云山为云师,杨秀清为风师,萧朝贵为雨师,韦昌辉为雷师、石达开为电师,秦日纲为霜师,胡以晃为露师。

次日,洪秀全和冯云山前往三里圩督战。

这时,周天爵与向荣经过一番谋划,制订出如下作战部署:将全部兵马分为四路:第一路由刘继祖率张钊攻三里圩以南的东岭村,第二路由涨敬修率兵攻召村,第三路由向荣攻三里圩之西,第四路由秦定三攻三里圩之北。四路兵马合计六千人。

向荣因初战告败,害怕军心不振,便搜肠刮肚地想出了一个新招儿他在各路兵马中都组织了督战队,专门斩杀临阵退缩的士兵。

准备停当,清军便向太平军发起攻势。秦定三部首先从北路发起攻击,罗大刚将太平军分成三路,前后各一路夹击清军之首尾,中间一路断其腰。不到半个时辰,贵州兵就纷纷狼狈奔逃。

这边刘继祖、张钊奉率大头军开进了东岭,见太平军营寨寂无人声,张钊急忙下令停止前进。刘继祖问其故,张钊说:"发逆狡黠异常,恐怕有埋伏。"

刘继祖急于求功,早已沉不住气,心里只怪张钊畏首畏尾,便说:"发贼四面临敌,哪里顾得上设埋伏,火速进击无妨。"

张钊不得已,只好命令士兵先施放火箭,作为试探。谁知箭镞尚未点燃,太平军营中便众炮齐鸣,炮弹在清军队阵里连连炸响,秩序顿时大乱。炮声一停,胡以晃率两千多名太平军从四面杀出,将清军包围。

刘继祖、张钊左冲右突,不得脱身,眼看着自己的兵勇越打越少,包围圈越来越小。刘继祖早已六神无主,下巴不住地打颤;张钊则暗自痛骂刘继祖昏聩顽愚。

候补知府张敬修闻知南路危急,慌忙引兵来救,不料冯云山又派曾天

养率三千天兵,从东方掩杀过来,连救兵也包围了。

这时向荣已经得知清军一路溃败、两路被围的消息,只好放弃原来的计划,匆匆率军赶往东岭。

东岭战场大战正酣,太平军与清军的战旗交错摇荡,身穿不同号衣的兵将扭打撕扯,像乱麻似的纠缠在一起,人呼马叫,声传四野,尘土上扬,遮天蔽日……

向荣知道,这一仗想打赢是毫无希望的,能把刘继祖、张钊、张敬修几个救出来就算万幸了。于是,一声呼喊,挥军杀上前去。

冯云山早已得报,即刻命石达开领四千人马,将向荣军包围起来。

三层包围圈如同铁箍一般把清军紧紧地拴住,打了还不到一个时辰,清兵就像一群没头苍蝇,到处乱窜。向荣急忙召唤督战队,哪知督战队早已逃得不知去向了。

这场战斗,太平军的兵力三倍于清军,更何况洪秀全亲自督战,将士们一个个斗志旺盛,勇猛无比。因此只打了一个半时辰,清军就全面溃败。

向荣好容易瞅了个空子,指挥残部冲杀出去,躲进了武宣城。

清军吃了败仗以后,头领们互相埋怨,争吵不休。向荣大骂李星沅,他原定打了胜仗每人赏银一两,李星沅却以军饷紧缺为由,减为三钱,结果士兵哗噪,不听指挥,他同时也埋怨周天爵,说他是文官,不懂得打仗,却偏要瞎指挥。周天爵则对向荣的贪功掠美和傲慢固执十分反感,又说他打仗要一两赏银毫无道理,他手下的楚军能要,别的军队也应当要。两人吵来吵去,最后怨气都撒在李星沅身上,共同认为李星沅胆小怕死,自己躲在柳州,不肯亲自督战,别人在前方拼命,他却只知饮酒作乐。

而李星沅呢?闻听败讯后不住地摇头叹气,感慨朝廷无人,部下低能,抱怨周天爵老迈昏聩,向荣夸饰浮躁:但他自己又想不出什么良策,一肚子闷气无处发泄,最后肝火攻心,一病不起……

李星沅、周天爵、向荣终于意识到靠争吵是消灭不了太平军的,于是接二连三地联名上奏,请朝廷派遣重臣来桂,总揽军政事务。

清军在三里圩大败之后,不敢再轻举妄动,于是变攻为守,采用"坐困之法"。这时太平军占据着东乡和三里圩之间的六七十个村庄,清军就在太平军驻地四周筑起一座座厚墙深沟的营垒,下设炮眼,士卒困守在里面,无法逃脱,即所谓"生则俱生,死则俱死"。太平军缺少大炮,无法冲破清军的防线,于是就形成了僵持的局面。

再说咸丰帝接到广西李星沅等人的奏折,气得摇头顿足不迭,他一方面在上谕中对李星沅严加申斥,另一方面又仓促任命大学士赛尚阿为钦差大臣,再从各省调集兵马,驰赴广西会剿。

为了表示器重和信任,咸丰帝赐给赛尚阿一把遏必隆刀。遏必隆,原是清朝开国功臣,跟从皇太极时立过大功,后辅康熙政,自制宝刀,光彩夺目,斩铁如泥。咸丰以此刀赐赛尚阿,等于授以尚方宝剑,持此剑,可先斩后奏。

赛尚阿于5月初从北京起行,同行者有侍卫开隆阿、天津镇总兵长瑞、凉州镇总兵长春、军机章京丁守存、步兵统领联芳等,途中又调浙江秀水知县江忠源统兵两千随行。

这时,福州都统乌兰泰、湖北盐法道姚莹、云贵总督张亮基、两江总督陆建瀛、湖南巡抚骆秉章各自率兵来到广西,归李星沅统辖。

李星沅早已无力支撑残破的局面,现在又从各路涌来杂七杂八的兵马,每个首领都摆出一副"天老爷第一我第二"的架势,就更觉满头的虱子无从抓起。他于5月初带病从柳州赶到武宣,病情益重。思前想后,情知自己罪不可赦,又无力将功赎罪,于是将心一横,吞金自尽了。

李星沅死后,清廷只得命周天爵为钦差大臣,督理广西军务。

这时,太平军已经被清军围困五十多天了。洪秀全和众首领们心里很清楚,这样耗下去是非常不利的,于是决定突围北上。5月15日深夜,在洪秀全的指挥下,太平军冒着毛毛细雨拔营起寨,离开了东乡。

清军方面,修筑起来的营垒原是用于"坐困"太平军的,现在营垒周围的壕沟却困住了自己,加上李星沅新死,清军军心浮动混乱,故未能组织有效的阻击,结果眼睁睁地看着长达十余里的松明火把像巨龙一般飞腾而去。

消息上报清廷,咸丰帝气得七窍生烟。他原希望能够把太平军围困在东乡,等赛尚阿大军一到,即可一举歼灭,谁知赛尚阿还没踏上广西的地面,太平军早已插翅远飞了。清军的无能,咸丰帝是心中有数的,但他没料想手下的兵将已经糟乱到这般地步,不但进攻打不胜,连围都围不住。他觉得自己把老祖宗的脸丢得一干二净了,只得降诏革去周天爵的

总督衔,拔去向荣的花翎,降三级留用。

太平军突围后,在象州附近的中平圩设营。

周天爵、向荣、乌兰泰也从武宣尾随而来,在中平圩四周扎营,布置新的包围。

赛尚阿一行长途跋涉走了两个月,直到7月2日才抵达桂林。

这赛尚阿比李星沅更加胆小,来广西的路上,就不断听到清军的败讯,魂魄早已吓丢了半边;到了广西以后,就把巴清德、长瑞推到桂平前线去协同向荣、乌兰泰作战,自己龟缩在桂林,大气都不敢喘。

这时太平军已经避实就虚,顺利地撤离中平圩,回师紫荆山。

乌兰泰、向荣兵分两路进犯太平军驻地,乌兰泰一路进驻新圩东南,向荣一路攻双髻山。

双髻山是两座并立的高峰,中有羊肠险道,名曰猪仔峡。向荣一进峡谷,顿觉阴森可怖,胆气已经丢却了三分,再看山上战旗飞舞,刀光闪烁更知道攻取无望。正在瞻前顾后之际,忽听见山上歌声响起。

双髻山顶生两峰,太平天军逞威风;

三尺利刀白霜霜,斩断龙腰擒向荣。

向荣听了,气得咬牙切齿,恨不能把太平军一个个碎尸万段,却又不敢率兵轻进。于是命令部下向山上乱放了一阵枪炮,以示没有白来一趟。谁知太平军在山上安装了许多石栅,这时把绳子一拉,石头纷落如雨,同时万箭齐发,直射敌阵,打得清军晕头转向。向荣懊恼不已,只好草草收兵。

8月中旬,在赛尚阿的敦促下,向荣将部队整训了一番之后,再次进犯双髻山。这次,他让武宣豪绅刘季三带领乡勇打头阵。打了三天,毫无结果。

八月下旬,向荣领兵攻打凤门坳。凤门坳是紫荆山东出金田、新圩的必由之路,太平军只有一千多人驻守于此。向荣调集兵勇三千从东西两面登上山梁,用大炮轰击太平军阵地,一面派一千兵勇从正面直扑坳口。在三面受敌的情况下,太平军终因寡不敌众,被迫撤出凤门坳。

乌兰泰见向荣两次得逞,生怕他夺了头功,于是率兵攻打新圩,想创出点战绩来给自己争争脸,不料瞬息之间就被太平军击退,四门大炮也落在了太平军手里。

九月初,向荣为西路,乌兰泰为南路,合力进攻新圩和奠村。这一仗打了整整六天六夜,清军打得枪热弹尽,却没有能够再向太平军的驻地跨进半步。

太平军又一次面临粮食、油盐、红粉、药品匮乏的严重情势。

冯云山和韦昌辉四处筹粮,但收效甚微。穷人原本无粮,加入拜上帝教的富户早已献出了钱粮,反对拜上帝教的富户的钱粮早已被抢来归公。无粮而筹粮,难上加难!

必须摆脱困境,开辟新的疆域,于是,太平军发起了金田起义以来的第四次突围战。

8月15日,洪秀全在茶地发布诏令,号召各军各营兵将放胆踊跃,同心同力,并讲明突围具体计划,最后要求"每行营匪营,各军各营宜间匀连络,首尾相应,努力扶持老幼男女病伤,总要一个个保齐,同见小天堂威风"。

在杨秀清的亲自指挥下,太平军拆门板、砍竹木,扎了许多竹排和木排,还用破木板做了许多箱笼,里面放进砖头石块,用红毡布裹起来,好像装着贵重东西一样,然后放在竹排和木排上。大批竹排木排在沿河成队的太平军护送下,从蚂蟥江、蔡村江顺流南下。

乌兰泰闻讯,连忙把兵马调到南边,去堵截太平军。

护送竹排木排的太平军却在夜间悄悄返回新圩。

9月11日夜,正是农历八月十六,中秋节的第二天,月色如水。太平军以萧朝贵、韦昌辉、罗大纲为先锋,趁夜撤出新圩,朝东北方向进发,经五峒山走出,直逼思旺圩。据梁贵儿探知,这是敌军没有驻防的空隙地带。

撤离以前,杨秀清先派后十三军前营旅帅蔡思胜带一千人守住紫荆山口,防备向荣出击。为了壮大声势,杨秀清把萧朝贵的"太平天国右弼又正军师萧"的方形大旗给了他。主力队伍撤走后,蔡思胜命令部下向风门坳猛烈轰击。向荣听到炮声,又听探子报说太平军的主将萧朝贵亲自督阵,以为太平军要展开大规模的进攻,便下达紧急命令:各自坚守阵地,不准出击,不准开炮,等太平军开进山坳,再听从号令,一举歼灭之。谁知等了半天,不见动静,派人打探,才知道太平军已经撤走了,向荣气急败坏,连呼上当。

向荣料定太平军不会南下,必定沿五峒山去清军防御空虚的思旺圩。于是当机立断,率领部队日夜兼程直奔思旺圩,他想抢在前头,堵截太平军。9月15日后半夜,到达思旺以东的官村,扎营数十座。

由于一路大雨,向荣赶到思旺圩的时候,士兵们全身都淋透了,加上一路奔波,饥饿难忍,因此一落脚,就忙着点火烤衣服,架锅做饭。

正当清军立足未稳之时,突然间战鼓齐鸣,喊声震天,太平军伏兵从四面八方奋力杀出。原来萧朝贵率领的先锋队比向荣早两个时辰到达了官村,稍事休整,此时早已摩拳擦掌,严阵以待。清兵措手不及,加上火药尽湿,枪炮无法施放,因此毫无反抗力。太平军挥舞刀剑,左斩右劈,如同削冬瓜砍竹笋一般,清兵一个接一个地成了刀下鬼。

这一仗,清军千总杨成贵被斩,向荣所部一万多人几乎全军覆没,太平军获军械、火药、粮秣、衣装无数。战斗结束时,已经日上三竿了。

向荣命大,侥幸脱身,连官服官帽都没来得及穿戴,就狼狈逃至平南县城。再说乌兰泰只顾在蚂蝗江、蔡村江下游防堵,所获却只是一些竹排木排和砖瓦石头。气得他哭笑不得,一怒之下,赶道新圩、莫村,大肆烧杀抢掠一番,以解心头之恨。然后率兵北上,追击太平军。

拂晓时分,乌兰泰追到莫村附近的三宝山。官村大战正酣之际,乌兰泰在山上看得一清二楚,却不敢向前进攻太平军。当他看到向荣光着头、只穿着白色的小短褂慌慌张张策马奔逃的滑稽情景时,吓得不知所措,待情绪稍稍平复之后,立刻命令队伍退出营垒,逃进山里,只留下少数人守营。

太平军发现了乌兰泰在山头观望时的踪迹,但是当时忙于杀向妖,来不及杀乌兰泰。夜里,萧朝贵派罗大纲劫乌兰泰营寨,没有发现乌军主力,于是把几百名留下守营的人杀了,返回思旺。

官村大捷,太平军的首领感到兴奋不已。

第五章
洪秀全永安封王　咸丰帝派兵逼围

　　永安是一座山城，面积不大。它位于广西的中央偏东。山城的东面皆崇山峻岭，南面有一条路可通藤县；北面也有一条大路，穿山而通桂林。山城两侧各有一条江，西为长寿江，东为通文江，两江向汇入湄江。

　　山城为长方形，南北长，东西短，城墙以砖建造，既矮又窄，战事上看，攻城容易守城难。

　　太平军进军永安时兵分两路，陆路由萧朝贵指挥，以罗大纲为先锋，抄近路轻装直逼永安；水陆由洪秀全、杨秀清指挥，率领全军和老弱妇孺，携带辎重。途中，洪秀全在船上发出了《谕众兵将遵天令诏》：

　　天王诏令：众兵将千祈遵天令，不得再逆。朕实情谕尔，眼前不贪生怕死，后来上天堂，便长生不死；尔若贪生便不生，怕死便会死。又眼前不贪安怕苦，后来上天堂，便永安无苦；尔若贪安便不安，怕苦便会苦。总之，遵天诫，享天福；逆天令，落地狱。众兵将千祈醒醒，再逆者莫怪。钦此。

　　诏令一出，全军上下踊跃踔厉，士气大振。

　　罗大纲早在加入太平军之前，曾于1850年元宵节时率领天地会起义军袭击过永安城，虽然没有成功，却熟悉了这一带的地形，并且在广大乡民中建立起很高的声望，因此这次行军特别顺利迅速。9月20日，陆路太平军就进入藤县大黎，在那里驻扎了五天，一方面休整队伍，一方面接受和整编入伍的新兵。后来成为太平天国忠王的李秀成就是在此时加入太平军的队伍，从一个小兵卒一步步成长为太平天国的重要首领。

　　水窦离永安州城十八华里，是城南的军事要隘，由平乐协副将阿尔精阿领四百清兵据守。9月23日下午，罗大纲率先锋军风驰电掣进抵古眉峡，强渡湄江。阿尔精阿的守军猝不及防，被打得晕头转向，不到半个时辰，就败了阵。阿尔精阿挥剑左劈右砍，好容易摆脱太平军的纠缠，带领

残军狼狈窜回永安城。

太平军顺利地占领了水窦。在取得水窦的胜利后,又占领了永安。

永安代理知州吴江自尽。

战斗只持续了两个时辰,到黄昏时分,永安城就安静下来。这一仗,太平军歼灭清军千余名。

永安,是太平军夺取的第一座州城。

10月1日,攻克永安的第七天,洪秀全乘轿进了永安城。永安城旌旗飘舞,锣鼓喧天,全城军民夹道欢迎太平天国的最高领袖,万岁呼声不绝于耳。

从此,太平天国开始了每日早朝的制度:五更时分,文武官员云集于天王府外肃立,天亮后,引赞传呼登朝,众官按尊卑进入天朝。洪秀全端坐龙椅,众官跪拜,山呼万岁,洪秀全说声"平身"之后,众官起立,议论国事,然后退朝,一如历代王朝。洪秀全对这一套礼仪十分陶醉,在他看来,仪式至少有两方面的功效:其一,这是建立良好秩序的手段,它使每个参加者都明确了各自的地位和职责,从而明确了自己的行为规范;其二,在庄严的跪拜过程中,造成群臣对君王的崇敬感,从而树立君王的神圣形象。

早在太平军进驻东乡的时候,洪秀全就产生了一个关于天国礼仪的构想,因那时戎马倥偬,故未能成文。现在时机成熟了,便参照《周礼》,亲自起草,撰写了《太平礼制》,然后交给冯云山整理修改,并印刷颁行。《太平礼制》颁行的时候,冯云山撰写的《太平天历》和《太平军目》已经重新整理定稿,并呈给洪秀全洪秀全审阅。

安定下来之后,洪秀全想着该选一些妃子了。

东乡称王的时候,仓促之间只选了四个妃子,当时颇觉受用,现在看来,真够寒碜的。刚进永安的时候,韦昌辉和蒙得恩就多次上奏,苦谏选拔嫔妃,充盈后宫,以求上承天意,下合民心。不管怎么说,这两个臣子还是知道体贴主子寒暖的。韦昌辉有军务在身,这件事交给蒙得恩去办。

官村大捷后,太平军挥师北上。因向荣新败,乌兰泰就成了一支孤军,他虽有六千兵众,却害怕重蹈向荣的覆辙,不敢放胆追赶,只率侍卫开隆阿、云南昭通镇总兵经文岱、镇远镇总兵秦定三、团总江忠源等部尾随其后。听到太平军攻克永安的消息,乌兰泰急命部下在夏宜村驻扎,休整了两天,才慢腾腾地向永安移动。

9月底,当乌兰泰的部队刚刚来到州城西南十二华里的佛子村准备造筑营盘的时候,冯云山的部队突然冲出,杀死清军几百人。从此乌兰泰不敢再贸然前进。

再说向荣,官村大败之后,赛尚阿奏请朝廷革去向荣广西提督之职,由川北镇总兵刘长清代统其军,仍责令向荣随军效力。向荣从此灰心丧志,躲到了平南县城,后来又跑到藤县,接着又跑到梧州,越跑离太平军越远。赛尚阿对向荣东跑西窜的行径十分恼火,连连下令,催促他到永安集结,向荣也不敢过于造次,只好带着残兵败将前往。

10月中旬,向荣来到永安东面的大峒,命古州镇总兵李瑞到州城以东的古苏冲扎营。不料这里是石达开的防地。李瑞到达的第二天,营垒未就,便被石达开打了个落花流水,尽弃粮饷军械而逃。向荣闻讯,饭都不敢吃,急令部下退到平乐,然后把队伍交给巴清德,自己跑到桂林找赛尚阿诉苦去了。

赛尚阿又向朝廷请拨军费一百万两,并请调河南河北镇总兵董光甲、湖北郧阳镇总兵邵鹤龄南下作战。咸丰帝准奏,至此,清军各路兵马总数已达四万人。

赛尚阿将部队分成南北两路:南路以乌兰泰为主将,统领全玉贵、田学韬、经文岱、秦定三诸将,另有江忠源所率义勇,进逼水窦、莫村。北路由巴清德统领,有天津总兵长瑞、副将博春、参将成林、游击瞿腾龙诸将,还有川北镇总兵刘长清、临元镇总兵李能臣所部,进驻城北十四华里的古排塘、龙眼塘一带。赛尚阿又令广西按察使姚莹任大营翼长,为南北两路总理,驻军城北的新墟。另以大头羊张钊等水勇防守湄江。这段时间,太平军与清军不断发生冲突,规模都不大。清军始终不能接近永安城。

11月初,赛尚阿率兵四千,自桂林移驻阳朔,以便就近指挥。这一阵子,他心如一团乱麻,咸丰帝的上谕像雪片一样,不断催促,今天叫他"探悉贼情",明天教他"多用间谍",又要"设伏诱擒",又是"内外夹攻",搞得他手足无措。因此,他来阳朔的第二天,就主持召开了一次军事会议。

"今天,请诸位前来,是商讨围剿永安事宜。'知彼知己,百战不殆'。皇上一再询问发逆实情,这是剿贼的根本。"赛尚阿先说了几句开场白。

巴清德首先发言:"听说贼首洪秀全没进永安城:已经乘小船顺湄江

逃走了。"

董光甲纠正道："贼首怕是韦正,现正在城中。"

经文岱冒出了一句："据我所知,太平王是胡以晃。"

长瑞补充道："还有个叫罗大纲的,不久前逃到荔浦去了。"

向荣听着这些不着边际的议论,好容易忍住没笑出声来,他觉得不值得在这种场合多费口舌;乌兰泰则觉得追究贼首姓名没什么意思,在他看来,太平王是谁无关大局,把他们剿了灭了,才是正题。因此两个人都不开腔。

赛尚阿听着这几个将领的议论道三不着两的,而向荣和乌兰泰又不赞一词,就赶紧转换话题,让诸将领各述剿敌之策。

乌兰泰是个急性子,抢先发言："发逆人众号称两万,能打仗的不过六七千而已。我军有四万之众,围困乃是上策,像铁箍一样封锁永安城,待其弹尽粮绝,一举可歼。"

赛尚阿认真地听着,觉得很有道理,轻轻地点了点头。

向荣认为乌兰泰这一番议论陈腐不堪,就反驳道："坐困之法,官军对发逆已经用过四次了,官军四次坐困,发逆四次突围。如今,发逆非但没被困死,声势反倒较前更壮了。目前之计,只有三面攻城,放开一路,使发逆奔逃,然后在前面设伏兵堵截,后面派追兵掩杀,方可置敌于死命。"

赛尚阿觉得也很有道理,又轻轻地点了点头。

乌兰泰不以为然,轻轻地"哼"了一声,说："发逆突围,我等证论其罪,充其量是坐困不严,倘若网开一面,一旦不能全歼,岂不是纵敌他窜?论其罪,恐怕在座的各位都无力承受。"

赛尚阿如顿开茅塞,重重地点了点头。

"永安城可不是金田村,发逆至少可以坚守半年之久,这半年,官军除了消耗时日,一无作为。到头来,发逆还是免不了趁我不备,远走高飞。"向荣指出了坐困的后果。

赛尚阿顿时愕然,又重重地点了点头。

接下去,将领们七嘴八舌,各陈己见,主张迭出,莫衷一是。赛尚阿听得头昏脑胀,便摆了摆手,让众将暂退,只留下大营翼长姚莹。

"众将各持一端,姚翼长见解如何?"赛尚阿问。

"卑职以为,只宜用坐困之法。"姚莹回答。

"坐困，"赛尚阿想起了向荣的话，问道，"坐困到哪一天呢？四万人马就在这里坐吃军饷吗？"

"眼下官军与发逆各有长短。"姚莹说。

"什么长短？"赛尚阿有些奇怪，问道。

"人心齐，地理熟，胆气壮，这是发逆之所长我之所短；火器精，粮饷足，兵勇众，这是我之所长发逆之所短。而我之所短者，人心不齐最为致命。"

"诸路将领，来自天南海北，各怀一己之心，也是情理中的事，不足为怪。"赛尚阿说。

"在诸路将领中，唯向荣和乌兰泰两支人马可与发逆接战，其余各路均不堪一击。乌兰泰秉性耿直而急躁，有勇而寡谋，屡吃败仗而不思教训。向荣谙习敌情，用兵却过于持重，进战不敢，围攻不能，唯有纵敌尾追，然后虚报粉饰、取巧敷衍而已。二人秉性心术不同在其次，而互相嫉恨却是最堪忧虑的。在中坪圩，乌兰泰吃了败仗，险些丧命，向荣坐视不救。官村一战，向荣几乎全军覆没，乌兰泰遥遥相望，不发一兵。如此看来，向荣和乌兰泰这两支兵马，只能顶一支来使用。所以卑职以为，官军虽说号称四万，却无速战之力，唯坐困一策而已。"

听了姚莹的一席话，赛尚阿大彻大悟，便说："就按你的意思办吧。"

自从进了永安城，洪秀全就时常思考着一件事如何奖励屡立战功的天国将士？

办法无非两种：一是提高功臣们的职衔爵位，二是赏赐给他们金银玉帛。第二法显然是行不通的，因为天国物资紧缺，无力赏赐广大将士，更重要的是，天国建立了圣库制度，一切财产收归公有，也就不能像清军那样，打了胜仗就赏十两白银或二两大烟土。天国所能采取的办法，只有第一种。

这样，在职衔之外，还要构思出适当的爵位。职衔拥有实际权力，爵位享受名声荣誉。

五军主将的决策地位已经确立了，在天国的范围内，可以说是位在至尊了。封什么爵号呢？

最荣光的莫过于王了。封五军主将为王，既可以使他们因身价的提高而百对我这个天王感恩戴德，又可以炫耀天国的威仪。

五军主将称为了王,会不会侵夺我的王者气派?不会。我毕竟是天王,他们的地位显赫了,我的声誉只会更加光焕灿烂。

于是,1851年12月17日,洪秀全以天王的名义颁布了封王诏令:褒封左辅正军师杨秀清为东王,管治东方各国;褒封右弼又正军师萧朝贵为西王,管治西方各国;褒封前导副军师冯云山为南王,管治南方各国;褒封后护又副军师韦昌辉为北王,管治北方各国;褒封石达开为翼王,羽翼天朝。所封各王,俱受东王节制。

诏令强调,只有天父皇上帝才是"上",才是"帝",臣下对天王只称"主"即可。

关于臣下对诸王的呼称,作了如下排列:天王称万岁,东王称九千岁,西王称八千岁,南王称七千岁,北王称六千岁,翼王称五千岁。

又封秦日纲为天官丞相,封胡以晃为春官丞相,封罗大纲为检点。

封王之前,洪秀全是跟待封的诸王商量过的,都无异议,唯"所封各王,俱受东王节制"一句是洪秀全后来加上去的。

自金田团营至今一年多的战斗岁月里,杨秀清的领导才干已经显露出来。他勤于国务,严于治军,在广大将士中有很高的威信,太平军之所以战绩卓著,这与他的指挥调度是分不开的,让他节制诸王,可以说堪当此任。

洪秀全不跟任何人商量就宣布让杨秀清节制诸王,还有一层用意,那就是以这种武断的方式施恩于杨秀清,显示自己对他的高度赏识和器重。

对于这一点,冯云山却有些担心:这会使杨秀清权力过重,以致养成独断独行甚至飞扬跋扈的脾性。但冯云山也想到,如果不这样做,也可能形成诸王意见不一、各行其是的局面。因此,洪秀全这样做或许是有道理的。

但真正使他担心的却是:从眼前的情势看,洪秀全把权力放给杨秀清,并不全是为了发挥杨秀清的才干,这里面隐藏着懒于理政的心理。洪秀全一进永安城,就催促修缮天王府,忙着选妃。他急于抛出《太平礼制》,这无非是为了摆摆君王的排场,只有把国事军务交给别人,他才能从繁琐的事务中摆脱出来,尽情地享受这一切。大事业未成,就着力铺排场面,贪图安逸;既成之后,又当如何呢?

更令人焦急的是,洪秀全似乎并没有意识到这一点。

想到选妃的事,冯云山觉得胸口有些隐隐作痛。洪秀全太不珍惜天国军民对他的拥戴和崇拜了。在东乡选了四个娘娘倒也罢了,这次又要选二十四个,把个永安城弄得沸沸扬扬。反对选妃的声音没有听到,起义之初,天国蒸蒸日上,首领的任何过失,都会被他的功绩所掩盖。即使个别明眼人看出这些过失,也会埋在心头,缄默不语。然而,等到天国越过鼎盛岁月之后,情形就不同了,这类笑话就会在民众中流传,并且添枝加叶,更加绘声绘色,令人捧腹……可惜洪秀全想不到这一点。

所以,做君王的,尤其是开国之君,要事事做万民的表率,不可一丝一毫放松自己。宵衣旰食、励精图治都未必能料理好国事之万一,更何况贪图浮华、沉溺于女色呢!

最叫冯云山气恼的是,有个叫秦立娟的姑娘,哭着哀求他说,她已经跟一个叫常万林的旅帅订了婚,让他说说情。冯云山将此事对蒙得恩说了,听说洪宣娇也向蒙得恩求过情,结果蒙得恩还是糊里糊涂地把她选进宫里去,真是糟糕透了!

冯云山回到莫家村营地,还没吃午饭,马健就进帐禀报:"殿下,有个叫冯元友的在帐外求见。""冯元友?"冯云山一时想不起来。"他说是殿下的远房侄儿。"马健说。冯云山还是想不起来,就说:"叫他进来吧。"一个瘦骨嶙峋、面挂菜色的青年走了进来,见了冯云山,就叫道:"山叔!"

这张面孔是那样熟悉,是谁呢? 噢,想起来了! 在花县的时候,他还是个十一二岁的毛孩子,七年没见,已经成人了。冯云山百感交集,脱口道:"穗子!"

"山叔!"冯元友又叫了一声,"扑通"跪在地上,抽泣起来。

冯云山急忙把冯元友扶起:"别哭,说说你是怎么来的。"

冯元友哭得更凶了,抖抖地从怀里掏出一封信,信封揉搓得不像样子,上面没有字,折角处已经撕裂,冯云山拆开一看,是大儿子冯癸方的亲笔。

读完信,冯云山泪下潸然。

金田起义以后,官府派人搜捕洪秀全的家属,那时洪秀全全家已经被接到金田去了。后来有人告发了冯云山,官府又来搜捕冯云山一家,冯云山的母亲胡氏、弟弟冯戊科、次子冯癸茂都被捕入狱。当时妻子练氏正带着长子冯癸方、幼子冯癸华回了娘家,侥幸地躲过了这次搜捕。得到消息后,母子三人就藏在清远县谷岭冯云山的妻舅家中。

亲友们对冯家的遭遇十分同情,他们自动筹集银钱,委托洪仁玕转交给了冯氏母子,洪仁玕早有心投奔太平军,就带着冯癸方前往广西,不料走到浔州,清军盘查太严,只好折回广东。

冯癸方在花县与洪仁玕分手后,就去清远县找母亲,到了那里,才知道母亲也被人告密而入狱了。冯癸方无家可归,只好到处流浪。今年春天,冯癸方来到广州,恰好遇到在广州一家布庄学徒的远房哥哥冯元友,他听说冯元友还要随布庄庄主去广西藤县,就写下了这封信。冯元友来到藤县后,才得知太平军正在永安。他早受够了庄主的气,就瞅了个空子跑了出来。

叔侄二人感叹嘘唏了一阵之后,冯元友问:"山叔,能不能领着太平军打回广东,把婶子和弟弟救出来?"

泪水又从冯云山眼眶里流出来,他哽咽着说:"不能。"

"为什么?山叔如今不是已经封王了吗?"

"你还不懂。"冯云山回答,一面把马健叫来,吩咐他带冯元友去吃午饭。

冯元友带来的消息,冯云山一直没对洪秀全讲起,他把痛苦深深地埋在心底。

3月下旬的一个傍晚,天国的首领们来到天朝,参加洪秀全、杨秀清主持的紧急军事会议。

一场大雨刚过,天边又隐隐地响起了雷声。天朝大厅里,潮湿的空气发出浓重的霉味儿。御座两侧各燃着两支蜡烛,是给担任记录的蒙得恩和曾天养使用的。

"今天召诸胞弟和众爱卿到天朝来,商量天国的下一步行动,大家各抒己见吧。"洪秀全说了句简短的开场白。封王诏令发布不久,诏令中强调了诸王俱受东王节制,因此他有意让杨秀清来主持这次会议。

杨秀清严肃地说:"自太平军开进永安以来,大战没有,小战不断,最近得到的消息说,赛尚阿又向清廷要了大批银饷,并调各路清妖赶赴永安,如今在州城四遭已经聚集了四万兵马。这些,均不足惧。我方最困难的是粮食、盐、红粉短缺,各位可有良策?"

韦昌辉先说话了,声调很低沉:"去年秋天,我军在城外各地抢收了一批富豪的庄稼,粮库充实,自清妖围城以后,粮食逐渐紧缺。如今,全城食粥已经有两个月了,加上缺盐,没有蔬菜,十之三的士兵和百姓患上了水肿病。"

"现在食盐比粮食更短缺,每馆一天只能发二两,士兵早晚两餐只吃淡食,只在午餐里里加少许食盐。"杨秀清补充说。

"近两个月的食盐全赖南王之力。"韦昌辉说。

"我带人到盐馆去,刮掉墙皮,挖出地土,然后用水煎熬晾晒,得盐四十多斤。"冯云山说了几句。

"取陈壁断墙熬制火硝,也是南王的主意。"胡以晃补充道。

"火硝倒是熬出了一些,只是得不到硫磺。派人外出联络,只有昭平的一些乡民翻山越岭送来了十几包硫磺。"冯云山说。

"山胞真是挖空心思啊!"洪秀全说,语气里充满了赞许。

对于冯云山,杨秀清一向是敬畏和妒忌的心理成分兼有的,如今自己已经位居冯云山之上,总该居高临下地表彰几句,况且冯云山的确立了大功,加之天王已开口夸赞,于是就附和了一句:"南王鞠躬尽瘁,心志可嘉。"

冯云山谦逊地说:"些许小事,不足挂齿。"

诸王们一致认为,熬盐熬硝确实都解了燃眉之急,但毕竟不是长久之计。要使天国摆脱困境,只有一条路,那就是突围。

4月1日,杨秀清命罗大纲率领两千人为先锋,冒雨来到城东十八华里的古苏冲。这时古苏冲由贵州安义镇总兵王梦麟把守。罗大纲把队伍分成两路,第一路在冲口山槽埋伏,第二路抢占了玉龙关右侧的制高点,居高临下。三更时分,第二路首先炮轰清军大营,刹那间,清军筑设的木卡堑坑二十多处被炸平。这时第一路伏兵向清军发起袭击,清兵惊魂未定,全无招架之力,太平军趁势掩杀,清兵横尸枕藉。四更时分,战斗结束,太平军歼敌三千名,缴获火药十余担。接着,罗大纲率军向昭平大峒疾进,为突围的太平军大队开路。

4月4日(天历壬子二月三十日),天王洪秀全发布了《永安破围诏》:

天王诏令:通军男将女将,千祈遵天令,欢喜踊跃,坚耐威武,放胆诛妖。任那妖魔千万算,难走天父真手段……男将女将尽持刀,现身着衣仅替换;同心放胆同杀妖,金宝包袱在所缓;脱尽凡情顶高天,金砖金屋光焕

第五章 洪秀全永安封王 咸丰帝派兵逼围

焕。高天享福极威风,最下最卑尽绸缎;男着龙袍女插花,各做忠臣劳马汗。钦此。"

与以往诏令强调纪律不同,这一道诏令为广大军民描绘了一幅光华灿烂的、乐观诱人的前景,来激励太平军将士的斗志。

4月5日午夜,一场暴雨刚刚过去,太平军两万多人无声无息地撤离了永安城,向古苏冲突围,然后向北,穿过峡谷奔向龙寮岭。这道峡谷长达八华里,层峦叠嶂,道路崎岖,尤其是中间的玉龙关,更是险要,号称"铁打天下第一闸",已有清将寿春在那里把守。

直到次日中午,清军才发觉太平军已经撤离。赛尚阿听姚莹之计,急令乌兰泰、刘长清、长瑞、长寿、和春率兵从古苏冲追赶,又命向荣由富玉山冲抢占昭平堵截太平军去路。这老谋深算的向荣向来以尾追为能事,情知拦截必为太平军所击溃,竟没有从命,却想了个取巧的办法:跟在乌兰泰屁股后面随同追击。

与此同时,赛尚阿又派兵勇涌入永安城。

由于大雨滂沱,太平军的两万军民走得很慢。秦日纲率两千人马在玉龙关断后,清军穷追不合,太平军且战且退,直到黑夜。

太平军的队伍如同一条长龙,绵延数里,罗大纲的先头部队已经进抵大峒,秦日纲的断后部队尚未走出平冲。

平冲是七华里长的峡谷,两边是高山峻岭,中间尽是乱石苔藓,除了沿溪小道外,别无他路。溪畔杂树丛生,即使是白昼行走其间,亦阴暗不见天日。

7日凌晨,乌兰泰率天津镇总兵长瑞、凉州镇总兵长寿、河南河北镇董光甲、湖北郧阳镇总兵邵鹤龄四个总兵和四千清军抢占了龙寮岭高地。他站在山顶,看着太平军扶老携幼在平冲缓缓地行进,得意地笑了:"长毛走了两夜一天,才磨蹭到这里,安能不败呀!"说完,当即命令部下架炮。

邵鹤龄虽然年过五旬,却生得一双好眼,他远远地看见山下太平军队伍中有一面黄底红字水红边的三角大旗,上面写着"太平天国天官丞相秦"几个大字,就对乌兰泰说:"是秦日纲的队伍。"

"秦日纲?听说太平王是胡以晃,八千岁是罗大纲,七千岁叫范连得"乌兰泰说,"没听说有个姓秦的,大概是个不知名的喽啰。"

邵鹤龄暗自吃惊:这个缺心少肺的东西,跟发逆纠缠了这么久,却连谁是太平王都没弄清。这样懵懵懂懂像瞎子一般,还打什么仗?我虽说所知不多,却也晓得太平王是洪秀全,再下面就是杨秀清、萧朝贵一干人。这样想着,却不便于当面纠正,就喃喃地说:"看他那面旗,想来是个要紧的人。"

"不管他是什么人,现在已经成了瓮中之鳖。"乌兰泰大咧咧地笑着说

山下,是太平军的尾队,多是妇女、老人和儿童,再后面是秦日纲的断后部队。

"秦丞相,看!"旅帅甘有富忽然喊了起来,一面用手指向山顶。

秦日纲和身边的众兵将向山顶看去,山顶飘扬着清军的旌旗。

"江旅帅,你去告诉前面尾队,把队伍散开,快步行进。"秦日纲对旅帅江元魁吩咐道。

江元魁策马向前奔去。秦日纲高声呼喊:"清妖要放炮冲扑,弟兄们,做好准备!"

话音刚落,山上的炮声就隆隆响起。

山下烟尘四起,尾队的妇女老幼一片一片地倒下。

听到前面的尾队传来声声惨叫,秦日纲忧心如焚,但他无可奈何,只有等待。他知道,清军是急行军抢占山头的,弹药不会太多,他也知道,炮火停下以后,清兵从高处向下冲扑,地形上是非常有利的。他所面临的,将是一场残忍的肉搏战。

果然,炮火不久就停了,密密麻麻的清兵从山上俯冲下来,杀声大起。太平军拥挤在谷低,要吃大亏的,秦日纲果断地喊了一声:"打小百鸟阵!"

训练有素的太平军立即分散开来,每三个人一组,向山腰的清军迎面冲去,很快地,太平军就穿插到清军队群里了。这种战法,同组的三人必须相背,互为犄角,这样,敌方最多能凑近三五个人,余者均无法接战。但是,倘若同组的三人有一人倒下,另外两人就非常危险了,他们必须向附近的一组靠拢,形成五人组。这种阵法可以打乱敌方地势高而我方地势低的布局,而且在敌众我寡的情况下,能够发挥每个人的力量,同时也能牵扯敌方较多的兵力。尤其是在掩护撤退的时候,能够长时间地缠住敌方。

然而秦日纲也知道,这是一盘令人提心吊胆的险棋,一旦使用了这种

阵法,想要撤出战斗是十分困难的,因为每一组都会被敌兵缠住,无法脱身。

面对两倍于我的清军,每一个天兵知道,要取胜是不可能的,他们只有一个念头:拖住清兵。

秦日纲的部下多是龙山矿工,个个都是斗志顽强的好汉,接战了一个时辰,天兵阵法不乱,几乎没有伤亡,倒是清兵不断地做了刀下鬼。

无奈清兵众多,伤亡者不断得到替换,太平军仍然处于劣势。

在等待援军的情况下,小百鸟阵是最好的阵法。然而援军是没有的,太平军在缠住清军的同时,也消耗着自己。

看着眼前的这场厮杀,秦日纲心里不住地盘算着前面尾队行进的里程。

由于清兵无法全部接战,时间一长,便显示出优势,他们可以轮换接战,轮换休息,而天兵们却在不住地拼杀,体力渐渐不支。

"换大百鸟阵!"秦日纲对身边的师帅马成安命令道。

命令很快地传了下去。

阵法的转换是十分困难的,在两司马的指挥下,"小百鸟"缓慢地互相靠拢,以两为团组,聚成一个个大的圆圈,在每两的二十五人当中,一半人守圈面敌而战,另一半人在圈内休息,吃随身带的干粮,然后听两司马的号令替换。

日头偏西了,双方都打得疲惫不堪。秦日纲约莫尾队已经走出了平冲,就决定撤退。他知道,要把大百鸟阵转变为方阵撤退,会造成较大的伤亡;然而他也估计到,在乌兰泰后面,可能还有向荣或其他的尾追部队,一旦他们赶到,自己的这支天兵就有可能全军覆没。

秦日纲果断地发出了撤退的命令,天兵们开始向三角大黄旗靠拢,他们好不容易汇聚成一个凌乱的长形方队。在这段时间里,有好几个"大百鸟"阵被击溃了,天兵们成了散兵游勇,失去了战斗力,最后又一个个地被清军吃掉了。

太平军开始了艰难的撤退,方队的后沿不断有人倒下……

一天的激战,太平军男女老幼伤亡两千多人,这是太平军起义以来损失最为惨重的一次战斗。

乌兰泰在龙寮岭得了便宜,颇有些忘乎所以。他决定马不停蹄,乘胜追击，一举歼灭太平军。因此，一夜过后，就要拔营起寨。

这时，洪秀全、杨秀清、冯云山正在大峒六内村的临时营帐里，商量下一步的行动路线。地面上铺了一张席子，那张广西地图就在席子上展开，上面有些字几乎看不清了，但村镇的位置还不难辨认。

杨秀清用手指在地图上指画着说："从这里到桂林有两条路，一条是东路，走昭平、平乐；一条是西路，走瑶山、马岭、高田、六塘。东路是大路，西路是小路。"

洪秀全说："避实就虚，还是走小路好。"

杨秀清说："我也这样想，梁贵儿几个探路回来说，小路没有清妖驻守，一路畅通无阻。"

忽然，陈承瑢走进营帐，报说太平军尾队在龙寮岭遭到乌兰泰伏击，伤亡了两千人。

洪秀全因一路颠簸，心神劳瘁，听到这个消息后，耳朵里"嗡"地响了一声，头胀得斗一般大，两股鼻血顿时喷了出来，洒在了地图上。冯云山急忙命人把洪秀全扶到椅子上，仰着脸，再用毛巾蘸了凉水，盖在他的前额上。但鼻血还是不住地流，好一会儿，才慢慢地停住了。

"教训乌兰泰，给死难的兄弟姐妹报仇。"洪秀全闭着眼，尽力克制心中的悲愤，说话的声音很低。

冯云山说："乌兰泰是个急功近利的人，龙寮岭得逞之后，必定率众追赶，我军在仙回岭设伏，教训教训他。"

杨秀清立即动员全军，伐木运石，埋雷设伏，在平冲经仙回岭到大峒之间，布置了一条长达三十里的长蛇阵。每一座山上，都装置石棚、石笼、滚木。天兵们还在木桶里装进硝药木炭，外裹干草、棉花，插入导火索。

怒火中烧的天兵们严阵以待。

山涧里浓雾弥漫。谷风吹过，偶尔可以看见清军的旌旗在缓缓地向北方移动，很快地，旌旗又淹没在浓雾之中，但清兵说话的声音却不断地传过来。

天兵们屏住呼吸，等待着命令。

足足有两个时辰，清军的先锋才进入大峒，而尾队仍在平冲。

寂静的山谷里，三声重炮突然响起，这是伏击战的信号。

刹那间，石头、滚木、装有硝药的木桶一齐从山上轰轰隆隆地滚下。

清兵身在谷底，无处躲藏，加上地湿苔滑，人马拥挤，浓雾遮目，枪炮不能施放，一个个只能哭天唤地，坐以待毙。木石不断地砸下来，硝药桶一个接一个地爆炸……

伏击战进行了两个时辰，日头稍微偏西时，战斗结束，谷底的雾散尽了。

冯云山站是仙回岭上，对秦日纲说："真是上天有眼，倘若大雾早散两个时辰，清妖还可以用枪炮抵挡一阵，伏击就不会如此顺利。"

"清妖无道，上天震怒，乌兰泰是咎由自取。"秦日纲怒火未消。

冯云山命令天兵打扫战场。

这一仗，歼灭清军死五千人，天津镇总兵长瑞、凉州镇总兵长寿、河北镇总兵董光甲、湖北郧阳镇总兵邵鹤龄四个总兵及副将林成、田学韬阵亡，董光甲全身被烧焦，邵鹤龄身伤七处，尸首分离……

乌兰泰因跌入深涧，未被太平军发现，故逃得了性命。向荣因在后面跟随，所得三声炮响之后，早已魂飞魄外，等到木石滚下，向荣便带了几个随从溜出了战场。

败讯传到朝廷，咸丰帝又生了一顿闷气。当初命赛尚阿为钦差大臣真是所用非人，此人在发逆面前百无一策，攻不克，战不胜，围不成，追不利。于是降旨：赛尚阿降四级留用，向荣、乌兰泰革职。

大峒之战后，太平军挥军直指桂林。为了避免沿途与清军正面交锋，杨秀清命令部队沿瑶山、马岭、高田、六塘的山径小路进军，但马岭已有清军把守，于是改走阳朔。一路上毫无阻挡。

却说半年来清军把主要兵力都集中在永安战场，因此桂林十分空虚。布政使劳崇光正在外"剿匪"未归，按察使姚莹则在永安，桂林城内城外守军总共只有六个营，人数不超过三千，广西巡抚邹鸣鹤独自坐镇。

为了避免消耗，罗大纲决定智取：命师帅武云雄领马队百人用大峒之战缴获的清军军服、军旗乔装成清兵飞驰桂林，打算赚城而入。

武云雄一行马不停蹄，于4月17日中午到达桂林城下。

武云雄见城楼上有许多人在走动，其中有几个身穿官服，边高声喊道："向大人回来了，速开城门！"

无巧不成书，此时向荣恰巧正在城楼之上，哈哈笑了几声，说道："我就是向荣。我早就看见尔等乔装官军北上，故先行一步，今日凌晨就已进城,在此恭候多时了。"话音刚落,乱箭就从城楼上雨点般地射下来。武云雄急令部下撤离。

原来向荣在大峒一败涂地之后,料定太平军必取桂林。他知道桂林防御空虚,危在旦夕,就急忙拿了一把雨伞,带上几十个随从顺小路日夜急行。走到阳朔县内金宝墟的玉龙桥时,远远看见一支清兵骑队在向北移动,心中不免生疑,稍加寻思,便断定这支清兵必是太平军乔装,说了声"桂林危矣",就急忙抄小路走塘头、会仙,于这天凌晨赶到了桂林城。

向荣比太平军抢先了半天。

再说太平军未能赚城,就准备武装进攻。主力军赶到后,设大营于文昌门外,并控制了象鼻山和古牛山等高地。

却说乌兰泰从山涧里爬出来以后,纠集了逃窜兵众七百人,割臂滴血于酒中,共同饮下,痛哭誓师,部下感其精诚,愿拼死相随,于是赶赴桂林。乌兰泰一行来到城外,见城外已有太平军驻守,心中好不气恼。未经思索,就要从南门夺路进城。千总李登朝上前劝道:"不如暂驻城外,与城里官兵相呼应,以待援军。"

"勇则生,怯则死,待何援军?"乌兰泰说,"跟我杀进城去!"

有勇无谋到了如此地步,也就该当命绝了。当乌兰泰率众冲到将军桥时,即遭到太平军伏击,一炮飞来,乌兰泰翻身倒地。李登朝上前护救,指挥部下将乌兰泰拖回,自己却中箭身亡。乌兰泰因铅丸陷入肉内,热毒内侵,医治无效,不几天就死于阳朔。咸丰帝闻讯大恸,赐谥"壮武"。

4月22日,太平军开始攻城,在象鼻山架炮,向城内轰击,铅丸密集如雨,纷落城中,街巷院落烟尘四起。巡抚邹鸣鹤不得不调集兵勇和百姓救火,忽然,一声轰响,抚署大堂被击塌,吓得他不敢在里面居住,仓皇搬入民宅。发出这一炮的,正是绰号叫"苏一炮"的那个苏乃良。

城中原有大炮三十余尊,但半年前为了剪除发逆而运赴永安,等到太平军兵临城下的时候,城里已无炮可用,守军只好捂着耳朵闭着眼挨打。

炮声响过之后,太平军从西门、南门和城东南的文昌门同时攻城。天兵们冲到城下,几百根绳索的铁钩挂到了城垛,几十架云梯贴紧城墙,天兵们奋不顾身,攀缘而上。

城墙上,向荣亲自督战,指挥守军砍断绳索,向城下投掷石块,又将油烧得滚烫,向城下浇泼。太平军虽然来势猛烈,几近成功,但最终仍未能登上城墙。

几日后,太平军改用新制作的吕公车攻城。吕公车用大竹制成,长宽各一丈余,下面安有四个车轮,车中贮放火器,又特制二丈长的喷筒,外面用障板遮蔽,数十人隐藏于其中,车顶架设云梯,高度与城齐平,可以从水平方向攻打城上的守兵。但吕公车推近城墙时,城上的守军连放枪弹,投掷火把,又用长竿缚火烧车,登城又遭失败。

正在这个关口,清兵在城里昭忠祠偶然掘得明代所埋铜炮二十余尊,就把它们分置城上,炮口向外,从城墙伸出。太平军远远看见,不知是废炮,还以为清军添置了新炮,于是就谋划挖地道炸城。但桂林是个山水环绕的城池,城东有漓江,南面是漓江的支流,离城墙都太近,西有小山小河,北面也是山,加上城墙宽厚,墙根多坚石,因此掘地道是难以奏效的。

攻城进入了胶着状态。

这期间,咸丰帝命前任湖南提都余万清赴广西迎击太平军;不久,赛尚阿、姚莹在永安屠城后,移营阳朔;署临元镇总兵王锦绣、署徐州镇总兵松安、镇远镇总兵秦定三、泗城府知府李孟群、右江道张敬修、侍卫开隆阿相继率兵前来,江忠源、张钊也奉命而至。这样,桂林城内外的清军总数已达三万多人。

恰在这时,邹鸣鹤向咸丰帝申请的一百五十万两军饷拨发下来,有了这笔钱,邹鸣鹤顿觉腰粗气壮,兼之城外各路援军已到,再不做出点业绩来,似乎不好向圣上交代,于是决计出城痛击发逆,借此光一光自己的脸面。

次日,邹鸣鹤强令兵勇出城袭击太平军,结果真如向荣所料,清兵一战即溃,战死三百人,余者皆狼狈逃回城中。

这一败,使邹鸣鹤羞愧难当,从此再也不敢提出战之事。

太平军的首领们又一次意识到自己的失误,作为军师的杨秀清心情最为沉重,自举事以来,太平军从未受到如此巨大的挫折。城池高且坚,而向荣又老于军务,守城得法。云梯、吕公车攻城都失败了,挖地道行不通。虽说清兵出城这一仗太平军打胜了,但这不过是小胜而已。太平军因兵力不足而没有能形成真正的包围,北门未能封锁,因而城里之所需接济不断,倒是太平军自己已被各路清军包围起来,给需成了问题。最近得到情报,城里仓库空虚,粮草匮乏,这样的话,即使付出惨重的代价攻克下来,也是很难防守的。

实际上,在乔装清兵的先锋部队知道向荣已经进城的时候,太平军就应该绕过桂林,另作他图。杨秀清想,心里很有些后悔,向荣虽不能野战,但坐守却是颇有章法的,当初我为什么没想到这一层呢？现在醒悟,为时已晚。但为今后计,必须当机立断:撤围。

当杨秀清在会议上提出这一主张的时候,得到了所有首领的赞同。

5月19日,在围城三十三天之后,太平军主动撤离,从斗鸡潭过漓江挥师向北。

满城官兵保住了性命,相互庆祝,巡抚邹鸣鹤向朝廷请功,保举了无数的人,满朝的文武百官讥之为"烂羊头"。

相庆争功之余,上下官兵就放任太平军北上,没有一人提出追击。

向荣初进桂林城的时候,讥讽之语不绝于耳,向荣只好暂时忍下这口气,等到守卫城池的时候,向荣亲自指挥,不乱方寸,调度颇有章法,讽刺的声音就渐渐听不到了,对他刮目相看。后来,邹鸣鹤出击失败,心中也不得不服向荣。恰在这时,赛尚阿催促向荣尾追太平军。群僚就唆使绅民致书挽留,邹鸣鹤亦在赛尚阿面前苦求,说省城安危波及全桂,非向荣不能保全云云。赛尚阿无奈,只得命提督余万清、总兵刘长清率所部兵勇七千人赴全州,又加和春提督之衔使为翼长领带向荣之兵,布政使劳崇光亦为翼长,一同追击太平军。

第五章　洪秀全永安封王　咸丰帝派兵逼围

第六章

太平军损失两王　杨秀清稳当军师

太平军北上路过兴安县,知县商昌和大小官吏很早就听到太平军到来的消息而逃得不知去向,只留下一座空城。太平军经过的时候不杀一人,不扰百姓,住了一日之后直奔全州。

全州位于桂林东北二百五十里,旁边就是湖南道州零陵县。这时守城的兵丁只有三百余人,由知州曹燮培、参将杨映河统领;这时候,湖南宝庆协都司武昌显率兵勇四百路过,也入城助守;加上临时招募的丁勇,总数在千人左右。

太平军计划路过全州,进军湖南,所以他们排着长队从城外西北郊的柳山向北行进,并没有攻城的打算。

心中一直忐忑不安的曹燮培站在西门城楼上,远远见太平军的队伍缓缓走近,又悄悄离去,心中不胜欢喜,他松了一口气,说道:"只要全州城没事就好。"

经过了一个多月的桂林围攻战,太平军的士兵们显得很疲惫,队形是松散的,几乎所有的旗帜都没有展开。但曹燮培心里十分清楚,这只是雄狮在厮斗之后瞬间的喘息,最好不要惹得它吼叫起来。

"轰——"附近传来一声巨响。

炮声来得如此突然,曹燮培吃了一惊,怒喝道:"谁在打炮?"

就在同时,炮弹在太平军的队伍里爆炸了,一乘黄色的轿子翻倒在地。

"全州休矣!"曹燮培顿足失声叫道。

这一炮是守城士兵董三千发出的,他看见太平军队伍中出现了一乘黄轿子,断定里面是太平军的首领,于是未接到命令就先开了炮。

乘坐黄轿的是太平天国的开国元勋南王冯云山。

洪秀全闻讯,大惊失色,急忙唤了国医李俊良一起骑马返身赶回尾队。冯云山躺在地上,闭着眼睛,脸色蜡黄,身边的地面红了一大片,满脸泪痕的马健用手使劲捂着他的右腹。李俊良翻身下马,替冯云山包扎着伤口。洪秀全单腿跪下,扳起冯云山的肩膀,叫了一声"云山兄弟——",泪水便簌簌地落在了冯云山的脸上。

像决堤的河水,身边正在抽泣的将士们一齐放声恸哭起来。

片刻,洪秀全站起身来,脸色铁青,斩钉截铁地喊道:"传旨,停止行进,踏平全州城,为南王报仇!"

"为南王殿下报仇!"将士们吼声如雷。

这时,冯云山无力地睁开眼,嘴唇动了一下。马健忙抬起头,说:"天王陛下,南王殿下有话要说。"

洪秀全又蹲跪下来,耳朵贴近冯云山的嘴巴。冯云山少气无力地说:"二兄,我们……在桂林耽搁的时间……已经太多了,用兵……贵在神速,倘能马不停蹄,北进湖南……经永州、衡阳直扑长沙,则……则大功可成;若延误时日……清……清妖有备,事则难为。此处……不可逗留。"说完,便昏厥过去。

又一股泪水从洪秀全的眼眶里涌出。

洪秀全心里明白,冯云山的话是深中肯綮的,但他无法压制胸中的怒火。这时杨秀清也赶到了,这杨秀清更是个不肯吃窝憋气的人,洪秀全攻城的命令与他的意向一拍即合,他把牙咬得格格直响,吼道:"我军本无意取全州,曹燮培这个狗官竟放炮伤我开国功臣,这口气要是忍下去,还有什么脸去面对全军将士?"

全州攻城战立即打响了。

曹燮培便开放太平军未攻打的北门,放百姓出城。

洪秀全、杨秀清在城外江西会馆指挥,6月3日,太平军挖地道至城墙脚下,塞进火药十六石,轰然一响,城墙崩塌两丈有余。太平军蜂拥而入。

百姓早已出城,怒火中烧的太平军向所有清军兵勇冲扑而去,见人就杀,连那些丢掉兵械跪地投降者也不例外。除二三十人隐藏逃匿,守城的千余兵勇无一漏网,曹燮培、杨映河、武昌显、余连升均被乱刀斩杀。

在太平军的战史上,这是一次被后人称为"屠城"的战役。

全州之役的胜利并没有使太平军的士气得到鼓舞,在将士们看来,千把个妖孽的性命根本抵不上他们心目中所崇敬的领袖的高贵生命之万

第六章 太平军损失两王 杨秀清稳当军师

一。因此,全州城里的最后一个清妖被砍倒的时候,天兵们胸中的愤怒和仇恨丝毫没有得到宣泄,却相反地陷入了更大的悲伤和哀痛之中。

6月5日,太平军离开全州,沿湘江顺流北上。因为刚获得了二百多只船,这次是分水陆两路并进。

十天前太平军从这里路过,现在又从这里起步。然而心境却大不相同了,疲惫之军变成了伤痛之师。

冯云山斜躺在肩舆上,尽管抬肩舆的马健和周松的脚步走得十分平稳,他仍然觉得天旋地转,因流血过多,他的全身几乎不能活动。冯云山知道,自己的生命已经走到了尽头,他想,临死前总应该做点什么,但现在显然已经无所作为了,或者应该说点什么,但又想不起有什么话要说。他想起自己刚受伤的时候,曾苦劝洪秀全不要在全州逗留,以免贻误大事,但后来还是攻打了全州城,耽搁了十天。这一来,清廷就有足够的时间调兵遣将在长沙布防了。不过事已至此,再说也无用了。

忽然,前面响起了震耳欲聋的炮声。炮弹在江中、在岸边爆炸,太平军的船只接二连三地被炸翻,水柱直冲到半空,在炮声的间隙中,夹杂着密密麻麻的枪声,天兵们相继倒下……

原来太平军撤离桂林后,江忠源即率丁勇千余人尾追。他是湖南人,又屡次入桂,故熟悉两省的山川地形。他断定太平军回顺湘江直下,攻克衡阳,这样长沙就危在旦夕了。于是就抄小路赶到蓑衣渡。

蓑衣渡出全州城北十五里,山峦起伏,江路狭窄,水深数丈,水流湍急,渡口有丛林,大树参天,极有利于设伏。江忠源原想打木桩塞河,但水流太急,便来到渡口北面三里远的水塘湾。这里,湘江拐了个大弯,水流缓慢,浅水可徒步涉水而过。江忠源命令部下砍伐竹木,打桩拦船,并带兵在岸边的狮子岭把守,一面飞函致翼长和春,约他在东岸截击太平军。

太平军猝不及防,只得匆忙应敌,杨秀清指挥军民退回东岸。这一仗太平军伤亡惨重,牺牲七八百人,所获船只全部丢失。

却说翼长和春代统向荣军后,因资望不孚,故威令不行,指挥不灵,更兼此人一向怯战,效法向荣取巧避战之手段,接到江忠源的信后,并未派兵在东岸截击,而江忠源也不敢过江追击。这样,太平军有了喘息机会,整顿队伍,向东行走数里来到扁担坳。

冯云山在撤离蓑衣渡时就已经离开人间,天王在扁担坳主持了他的葬礼仪式。掩埋了冯云山的尸体后,洪秀全因痛失股肱而显得六神无主。杨秀清命人把他扶上轿舆,率领全军向湖南进发。得知太平军进入湖南的消息后,原本驻节衡州的官员都卷起行李细软,相率奔窜。湖南提督余万清本来带兵在湘桂边境防堵,听说衡州的官员都逃了,急得像热锅上的蚂蚁,他寻思太平军不会到偏僻的湘南来,而必定取湘水北进,就带了他的六百清兵退回道州躲藏起来,谁知太平军偏偏向道州进军,逼得他没法,只好又溜到江华;但他还觉得不保险,又逃至蓝山,再逃到嘉禾,最后逃到衡州。署知州王揆一也弃城而走,游击瞿我谦更是逃得不知去向了。

于是,太平军兵不血刃地占领了道州。

由于炎热,疟疾流行,加之蓑衣渡受挫,洪秀全决定在这里休整一段时间。

像在其他地方一样,太平军一到道州,各路清兵就向这里聚拢:和春的一万五千兵勇驻扎在道州北,兼顾东路;刘长清防守江华;副将邓绍良扎营水南……

这期间,以杨秀清、萧朝贵的名义发布了"三谕":《救一切天生天养谕》宣传信仰上帝,反对传统迷信;《奉天诛妖救世安民谕》宣传尊崇上帝,禁拜邪神,呼吁天地会投效革命,也呼吁名儒学士、英雄豪杰奋而起义《奉天讨胡檄布四方谕》历述清朝罪恶,伸张民族大义,唤醒人民,投奔革命。三篇檄文,义正词严,笔力雄健,气势磅礴,在民众中引起强烈的反响,天地会的起义军纷纷加入了太平军,太平军的队伍扩大到五万人。尤其是耒阳矿工加入,为以后的穴地攻城战术提供了更有利的条件,太平军的"土营"就是在此时建立的……

现在,摆在太平军面前的问题是下一步该向何处去,洪秀全决定召开一次会议,让首领们对此进行讨论。

对这次会议最看重的是杨秀清。

冯云山死后,杨秀清的心境产生了奇妙的变化。

一方面,是失落和空虚。过去,决策性的主张大都是由冯云山提出的,他不但能做出决策,而且能诉诸笔墨,《太平军目》《太平天历》都是他完成的,《太平礼制》实际上也赖他之力。杨秀清尽管位在冯云山之上,但他对冯云山渊博的学识和敏锐的目力还是十分佩服的,对他的稳健谦和的人格也是非常敬重的。那时,杨秀清这个军师比较容易做,决策由洪秀全、冯云山来定，杨秀清只是个参与者，而决策确定之后，出头露面、发号施令的却是杨秀清，因此他觉得心里很踏实。冯云山最可贵的品质是，决策性的主意总是事先跟杨秀清商量，把思路提供给杨秀清，并由杨秀清在会议上提出，而他从不张扬自己，对于这一点，杨秀清内心是充满感激的。冯云山一死，杨秀清觉得像是走在铁索上被抽掉了扶手，失去了依靠。毕竟自己是个目不识丁的人，要做好军师，并不是单靠威势和权力就能压服众人的，还必须有学识，每一项主张都要持之有据，而这正是自己所欠缺的。然而，既然是军师，就要凡事拿出个主意来，这是无法推脱的。因此，他心中产生出一种莫名的负担，他害怕自己在重要的场合中说话说不到点子上儿被人嗤笑，尽管在表面上没有人敢这样放肆，但人的内心是无法测量的，也是无法控制的。现在可好，权力得到了，默无声息地出主意的人却不在人间了！

另一方面，杨秀清又体验到一种如释重负的感觉，这个冯云山目光过于犀利，学识也过于丰厚，在他面前，杨秀清更显出自己的浅薄，每次跟冯云山商量问题，自己的思路就堵塞了，也就不敢贸然发表见解。平心而论，杨秀清认为自己是个有主见的人，这一点他是十分自信的，然而，在冯云山面前，这些主见跑到哪儿去了呢？因此，冯云山一死，他觉得笼罩在自己头脑上空的云雾消散了。更重要的是，冯云山与洪秀全是情同手足的兄弟，这两个人拴在一起，我杨秀清事事都是有所顾忌的。而现在，洪秀全失去了有力的臂膀，这就意味着我杨秀清在天朝中的分量大大加重了。

然而，杨秀清也想到，冯云山死后，他杨秀清这个军师如果拿不出有分量的主张来，就很容易勾引起满朝文武对冯云山的怀念，这是最败兴、最伤脑筋的。

有了主张，还需要用精当的话语表达出来，这就更难了。必须物色几个知权谋、善笔墨的人在身边。知权谋，则能提出主张；善笔墨，则能诉诸言辞。

他物色的第一个人是曾钊扬。曾钊扬原是书塾先生，金田起义后，做了右史，记天王言行，各项文檄，他都参与撰写。此人忠实可靠，虽不能说有权谋，却善笔墨。

当杨秀清向洪秀全提出调曾钊扬到东王府做事的时候，洪秀全痛快地答应了。

尽管天国以前开过许多会,但对杨秀清来说,这次会议却意味着他第一次亮相,他能否在重大决策上取代冯云山,就决定于这次亮相。为此,他苦思冥想了整整两个昼夜,把太平军各种去向的利弊都做了仔细的揣摩……最后,他思考成熟了,并把意思告诉了曾钊扬,让曾钊扬为他斟酌词句。

实际上,曾钊扬在洪秀全身边,已经零星地听到各个首领对太平军何去何从这个问题的见解,因此他在起草杨秀清的讲话腹稿时得心应手。

军事会议如期召开。

长久的沉默,没有人说话。冯云山不在场,与会者好像失去了期待的对象。

这种气氛使洪秀全觉得有些尴尬。以前开会,冯云山总是能以最恰当的方式挑起人们说话的欲望,而他又能对每个人的话洗耳恭听,并且对其中的合理之处报以惊喜的表情,尽管这是他早已作过更深刻思考的,或者在不伤害对方自尊的情况下,提出一些关键性的疑问。这样,每个人都争着讲话,而冯云山则常常把自己的想法用别人说过的话,哪怕是只言片语表述出来,使发言的人都觉得自己的话有合理之处。他就是这样,把自己深思熟虑的论断巧妙地归功于他人。

现在冯云山不在了,会议就像没上油的车轮,转不动了。

为了打破沉默,洪秀全开口了:"朕先说几句,也算抛砖引玉。前天,派往广东打探消息的人回来了,一路上没有官兵把守。广东是富饶之地,足资军需,等立稳脚跟之后,再图北进。"

杨秀清心里"咯噔"了一下,这个洪秀全是怎么回事,竟然发表了如此不经思考的见解?他是至高无上的天王,他这么一说,别人怎么好意思反驳?这时他注意到,首领们的目光转到了他身上。

怎么办?顺着他说,当然不行;反驳吧,洪秀全太丢面子,也显得自己没有涵养。他想了一会儿,说:"二兄所言,自有道理。不过,天兵现今在湖南,如往南退至广州,再挥师北上,这就多了一层波折。"杨秀清本想既肯定洪秀全的话"自有道理",又指出它的不合道理,正误各半,以示委婉,不知怎么的,话一说出来,自己都觉得十分生硬。

洪秀全毕竟是有胸怀的,豁达地说:"清胞所言极是,大家畅所欲言。"

杨秀清的发言给众人壮了胆,洪秀全的话又鼓励了大家,于是,与会者就七嘴八舌地开腔了。

"要论地形熟悉,民众亲近,还是广西最好,我军可以从灌阳打回去。"韦昌辉说,他显然没作什么思考。

"这不也是多了一层波折吗?"秦日纲粗声粗气地说。

"湖北地处华夏的中央,西连秦蜀,东控吴会,南入湘越,北达中原。若以武汉为据点,然后步步为营,向四处扩张,则最为稳妥。"胡以晃说。

"历代王朝,从未有在武汉建都之先例,况且武汉居华夏中央,就更容易为清妖所围困。为今之计,当风驰电掣,挥军北上,直取河南、直隶,攻下北京。只要端了清妖的老窝,各路地方兵马均不足虑。"罗大纲对这个问题思索很久了。

洪秀全接言道:"罗总制的见解,朕也考虑过,这是最上策。"

石达开说:"当年诸葛亮对刘备论说荆州之利,以为荆州北据汉沔,利尽南海,东连吴会,西通巴蜀,是兵家用武之地。四川向来被称为'天府之国',高祖因之以成帝业,前人之所为,今人之所鉴。"

杨秀清见众首领的意见讲得差不多了,就决定力排众议:"回广西的动意,是眷恋故土所致。"他停顿了一下——其实他认为洪秀全提出回广东也是如此,只是不便直言罢了——接着说,"我天军现今已经骑上了虎背,既不能反顾,也不能停步。有消息说,河南河北有清妖重兵屯守,难有成功之望;诸葛亮论荆州之利,是因为那时孙权已经虎踞江东。当今天国,上上之策,是舍湘粤而不顾,直前冲击,循江而东,略城堡,舍要害,专意金陵,据为根本。金陵是古代名都,与北京、西安、洛阳齐名,物产丰富,文化璀璨,又有长江之险,在此立足,然后遣将四出,分扰南北,即使将来不能统一中原,黄河以南,也尽归我有。"

这一席话,语意准确,言辞精练,句句相扣,锋芒逼人,使所有的与会者都对杨秀清刮目相看了。

当一种主张无可辩驳的时候,不论是谁,都要承认它。今天的讨论,杨秀清占了上风,靠的不仅是权力。

杨秀清已经拥有了一人之下、万人之上的权力,今天,他又以锋芒毕露的言辞赢得了声望。

7月底,太平军撤离道州,攻取江华,再克永明、嘉禾县、桂阳州,于8

月17日攻占了郴州。

西王萧朝贵早就派人探知长沙虚实,得知城守薄弱,城外民房尚未拆除。因此,太平军攻取郴州的当天,洪秀全、杨秀清即派萧朝贵为先锋,率军北上进攻长沙。洪秀全、杨秀清仍留在郴州继续扩军。

萧朝贵受命后,率领御林侍卫曾水源、林凤祥、总制李开芳等部精兵两千人,以新加入的天地会会众为向导,间道北上。

勇敢刚强,冲锋第一的太平军西王萧朝贵率兵北征,官军无不闻风丧胆。8月下旬,当萧朝贵的金黄大方旗飘扬在湘东山路上的时候,它的光彩已经放射到了将要抵达的一连串的城池。清兵纷纷潜藏逃匿,乡民成群前来投奔。8月底,太平军攻克永兴,杀知县温德宣。不久,李光德所领导的起义军占领了安仁,迎接太平军入城;9月初,太平军又先后拿下攸县、茶陵州、醴陵等地,一路上势如破竹,所向披靡。当萧朝贵抵达长沙城下的时候,他的队伍已经扩充到五千人。

但太平军已在湘南转战了三个月,清军有了足够的调兵遣将的机会,各路兵马陆续赶到。萧朝贵远远地望着长沙城,已是崇垣屹立,旌旗如林。

9月10日,萧朝贵的轻骑在长沙城南十里外的石马铺落脚。这里有陕西来的援军两千余人驻守,由西安镇总兵福诚、潼关协副将尹培立、参将萨保、都司塔勒坐镇指挥。

尹培立对福诚说:"我军以逸待劳,发逆远道而来,趁其立足未稳,打他个措手不及。"

福诚说了声"尹将军之言有理",立即整顿队伍。

与此同时,曾水源向萧朝贵进言,道出了与尹培立几乎同样的见解:"清妖以静待动,我军劳师袭远,要不要休整一下,再做道理?"

"大可不必,"萧朝贵笑了笑说,"陕西兵到这里来,一不服水土,二不明地理,别看他们个个彪形大汉,心中却毫无斗志,只管冲杀无妨。"

没有片刻停留,萧朝贵就率领天兵将士冲入敌营,清兵早有准备,迎头接战。

这一仗,只打了两个时辰,陕西军两千余人全部覆没,只有十几个人逃脱。

次日,萧朝贵军进逼长沙南门、小西门外,占据妙高峰和鳌山庙,向城

里炮击。

炮弹几乎和福诚全军覆没的消息一起扑进长沙城里,湖南巡抚骆秉章、提督鲍起豹大惊失色,他们原来估计太平军必从耒阳、衡州正路而来,断不致如此迅速,等到他们闻讯后登城一看,南门外已是旗帜蔽天,剑戟林立。

9月11日,萧朝贵亲自率领太平军将士来到城南门外,指挥攻城。这时骆秉章正在城楼上督战。

这时太平军群炮猛轰,铅码像雨点一般飞落到城墙和城里。骆秉章见城外太平军中有一面金黄色的大旗,旁边是一顶黄色伞盖,伞盖下一个英俊的青年手持长矛骑在马上,衣色炫耀,精神抖擞,他断定这一定是西王萧朝贵。听逃回来的士兵说,就是他把所向无敌的福诚掀下马来的。骆秉章当即下令,三门炮同时向萧朝贵瞄准,片刻,炮声响了,其中一弹恰好落在萧朝贵身边,萧朝贵登时翻身落马。林凤祥、李开芳大惊失色,一面指挥炮手轰击城楼,一面命人把萧朝贵抬回营帐。

爆炸的弹片击中了萧朝贵的前胸,并从背部穿出,左肩也被弹片击伤。他当场就昏迷了,眼神呆滞,口不能言,唯有跳动着的脉搏证明他还活着。

曾水源、林凤祥、李开芳立即派西殿指使常万林将萧朝贵中炮的情况飞报杨秀清,并下令暂停攻城。

几天后,萧朝贵离开了人间。

太平军首领又一次因外观上的自我炫耀而付出了沉重的代价。

洪秀全、杨秀清得知萧朝贵身受重伤的消息,立即率军离开郴州,赶赴长沙。上路不久,即听到萧朝贵的死讯。

龙辇在山道上颠簸着,洪秀全陷入极度的悲痛之中。

在洪秀全痛惜的情感中,还隐存着一丝忧虑。当初为了防止杨秀清专权,苦心孤诣地把自己的妹妹嫁给了萧朝贵,想借此限制杨秀清。虽然杨秀清与萧朝贵是同乡,是情同手足的兄弟,但洪秀全跟萧朝贵有了这层亲缘关系,萧朝贵就成了洪秀全与杨秀清之间的桥梁。萧朝贵一死,桥梁坍塌了。洪秀全和杨秀清就像两座独立的山峰,相望而不相通。

像洪秀全一样,杨秀清也觉得萧朝贵是黏合剂,有了他,杨秀清心里就踏实些,自己哪怕在言语上对洪秀全略有冲撞之处,洪秀全也不会放在心上,有了他,洪秀全也不会对杨秀清产生多大的猜忌。萧朝贵一死,"伴君如伴虎"的感觉莫名其妙地向他袭来,他第一次意识到自己的安全面临着威胁。但另一方面,不甘屈居人下的性格又使他感到自己可以丢掉情面上的顾虑了,是的,萧朝贵就像一张情面制成的纸,这张纸一旦撕掉,杨秀清也就可以更自由地做他想做的事了。

以往,冯云山在谋略上笼罩着杨秀清,萧朝贵则在情面上束缚着他,现在好了,这些人都不在了,下一步,他与洪秀全的较量将是公开的、赤裸裸的了……

10月13日,洪秀全、杨秀清统领大军到达长沙。

然而,这时离萧朝贵中炮受伤已经一个月了,清军各路兵马已经陆续赶到:张亮基接任湖南巡抚后,急忙调集兵勇五千人,于10月2日赶到长沙。赛尚阿派总兵王家琳、副将邓绍良、瞿腾龙率四千人来援,清廷又调和春、江忠源前来助战,向荣的部队从桂林尾追太平军跟到了长沙;黎平府知府胡林翼也奉命前来……

长沙城内外的清兵已达十万之众。

更何况,长沙城墙之高之坚,是全州无法相比的。

太平军面临着一场严重的消耗战。

这一战能不能取胜,洪秀全和杨秀清心中都没有多大把握。攻打桂林劳而无功的教训记忆犹新,而那时桂林的守备远不如现在的长沙,因此,打长沙要比打桂林不知要困难多少倍。

拿不下长沙,似在意料之中,拿下了长沙,恐怕要靠侥幸。

冯云山、萧朝贵死去不久,洪秀全和杨秀清都想与对方建立起一种和谐的关系。洪秀全决定让杨秀清作出定夺,杨秀清是军师,应该独当一面了。他不想表明自己的态度还有一层原因:冯云山是他的挚友,中炮负伤时,杨秀清毫不犹豫地下令攻打全州,为冯云山报了仇。现在,自己的妹夫又死在长沙了,如果主张打,就有报一己之仇的嫌疑;如果不主张打,又觉得怒火难消。

杨秀清此时的心情是异常沉重的。全州之役是出色的,那一仗不仅是为洪秀全的好友报仇,也是太平军全体将士的共同意愿。那么,萧朝贵的仇要不要报? 如果要打,则消耗的时日要比打桂林还要多,这就完全违背自己提出的"略城堡,合要害,专意金陵"的宗旨;如果不打,洪秀全会怎么看？太平军的将士会怎么看？刚刚兵临城下就撤围而去，太丧志气了。再说，长沙毕竟是省城，它的分量要比二十个州城还要重。此举成功，既可壮天国之威，又可扬一己之名。太平军自来湖南后，队伍毕竟壮大了，而且有了土营，攻克长沙也不是没有可能的。

思虑再三，杨秀清终于作出了攻打长沙的决定。

杨秀清的考虑不是没有道理的，然而他却没有料到，在清军数不胜数的昏聩无能的官僚中，颇有几名既有胆气又有谋略的硬汉，他们恰好正在长沙城里。除了不计名权的骆秉章和老于军务的向荣外，还有新上任的巡抚张亮基和布政使潘铎。

张亮基与潘铎精诚合作，立誓与长沙共存亡。这张亮基很有些魄力，上任伊始，先以酒肉犒劳将士，并许诺：率兵出城杀敌者赏银五十两，在城墙上杀一登城发逆者赏银五两。有人问他："这样岂不把库钱分撒净尽？"他却说："如果城破，则库钱尽为发贼所有，现在我用发贼的钱，赏给我的士兵来杀发贼，有何不可？"虽说刚刚入秋，张亮基却已给士兵们发放了冬衣。为了确保城池无失，张亮基每夜都睡在城楼上，以防太平军攻城。潘铎则亲自走街串巷，鼓励各行业主安心营业，不罢市，以稳定民心。

城外，太平军炮轰的同时，从不同方向挖掘地道……

城里，守军用大炮还击的同时，将巨瓮埋在城垣附近，雇盲人潜伏其中测听，辨明方向后，即挖坑截断地道，向里面灌水……

有七八处地道被守军破坏了，但太平军仍有四次炸城获得了成功。

第一次是10月底，太平军轰陷南城，清副将清德自行摘去顶戴，藏匿民房，而骆秉章却率军拼死抵抗，太平军未能登城。

第二次，太平军轰塌南城魁星楼侧城墙四丈余，清千总赵继宗中弹身亡，太平军两千多人登上城阵，张亮基命协副将邓绍良赶赴缺口拼力堵击，太平军攻城失败；张亮基又命知府仓景恬亲督民夫掘街巷石条、树木、泥土填补城墙缺口。

第三次，太平军以地雷炸裂城外金鸡桥，用船造浮桥攻城，张亮基命副将瞿腾龙登城拦击，攻城再次失败。

第四次是11月下旬，太平军炸毁西城墙两丈余，太平军奋力登上城头，向荣戎装督战，亲自击鼓呐喊，太平军攻城不克……

像桂林之役一样，战斗又出现了胶着状态。

攻之不克,弃之不忍,杨秀清陷入了两难境地。他现在很有些后悔了:速战速决乃是太平军之所长,而旷日持久的消耗战则是太平军之所短,自金田起义以来,每一次突围战都是在粮尽弹绝的情况下发起的。如今,太平军竟然又一次面临着这样的局面。

11月29日,杨秀清指挥太平军发动了一次猛烈攻势,再次轰炸魁星楼,城崩八丈有余,然后展开大规模的攻城战。到夜里,突然冒着小雨悄悄地撤离围攻了八十一天的长沙。

这次撤离,太平军再次使用疑兵之计,先派一支部队南下。清兵哨探不明底细,报说是太平军的先头部队,向荣仍然故伎重演,以尾追敷衍,令各镇将带兵赴湘潭追击,等到了湘潭,全无太平军踪影,才知中计,只好折回。

再说太平军撤围后,城内众官群僚闻讯,一个个竟默然呆然,且愕且惧,无有敢道喜言赞者。他们心里都明白,保守城池之功并不能掩盖纵敌他窜之罪。

早在洪秀全、杨秀清抵达长沙的第二天,咸丰帝就以"身为统帅,调度乖方,总由号令不严,赏罚失当,以致劳师糜饷,日久无功"之罪将钦差大臣赛尚阿革职拿问,另派徐广缙为钦差大臣,并署理湖广总督。

这位徐钦差受命后,即动身赶路,一路上慢慢腾腾,走一日歇两日,八百里的路程竟走了 个半月,等到他从湘潭抵达长沙时,已经是太平军撤围后的第十二天了。徐钦差这样做会有什么后果呢?他不是没考虑过,他在给朋友的信中,就以"屏息以待雷霆"之语描画了自己等待皇上盛怒的恐慌心理。

太平军是向西北撤离的,四天后攻克了益阳。正停泊在这里的数千艘民船的船户,全部参加了太平军。太平军乘坐民船,横渡洞庭湖,扬帆北去,向岳州进发。

岳州,位于湘鄂交界处,地属湖南,是南北水陆的要冲。但因为太平军是向北推进的,因此湖南的官吏此时并不关心岳州的安危,他们只盼着这些发逆在岳州停留三五日之后继续北上,只要发逆出了湖南地界,就与他们毫无干系了。而湖北官吏则对岳州的命运倍加关注,因为岳州是湖北的门户。早在太平军围攻长沙之际,湖北的大小官员就已经坐立不安,忙给皇上呈折子,请求把岳州交给湖北设防。咸丰帝恩准,命湖北巡抚

常大淳亲往岳州布防。常大淳原是平庸无能之辈，且已年过六旬，风烛残年之际受此重任，心坎儿里自是恐慌多于荣耀的。他一路颠颠簸簸来到岳州后，作了两项决定：一、将许多大船装满石头，沉入水底，把洞庭湖的土星港塞死；二、派湖北提督博勒恭武驻防岳州。

这里博勒恭武不敢怠慢，便在四乡强拉民夫，折腾了整整一个月，把那土星港塞得如石堤一般。以为这样一来，太平军就"片帆不得飞渡"了。

太平军来到土星港，停止了前进。

杨秀清正为航道被堵塞而犯愁，忽报当地漕运粮船水手唐正才求见，便急忙将他召进船舱。唐正才是个三十上下的汉子，体魄健壮如牛，虽然已是初冬，却只穿一件背心，赤着双脚。见面后，杨秀清不提进军攻城，先问饥饱寒暖。原来这里的船工以运粮运盐为业，一年四季冒严寒，犯酷暑，顶风踏浪，鹑衣枵腹，而劳动所得被官役弁兵克扣大半。他们早就有心投靠太平军，不想太平军正好路过这里。常大淳堵塞土星港耗时一个月，结果有五千多只民船被遮留在湖面上，进不能，退不得。

杨秀清听了，喜出望外，有了这些船只和船工，太平军的水营就无敌于天下了。他问唐正才："港口堵塞，船道不通，如何是好？"唐正才笑了笑说："做船工的，奔波江湖，成帮来，成帮去，万人一心，一呼百应。不出两日，土星港就畅通无阻。"

原来这唐正才是这一带漕运粮船水手的首领，他把水手中的几十个小头领召集起来，只说了三言两语，小头领们就动员了上万名船工。入冬了，天气格外寒冷，但船工们毫不犹豫地纷纷跳下水去，打捞石头和沉船。附近数万乡民也前来协助，结果，只花了一天的工夫，石头和沉船就全部被搬掉，湖口打通了。

看着眼前壮阔的场面，杨秀清既欣喜又惊愕，有好几次，他的眼睛湿润了，他对这些自动帮助太平军的船工和乡民充满了感激和钦佩。

太平军增加了水营的力量。杨秀清增设了典水匠一职，级别与将军等同，由唐正才担任。

博勒恭武闻听土星港被打通，害怕在土星港丢掉性命。这位湖北最高军事长官丢下了城防，连夜逃到武昌。第二年，潜逃入京，终咸丰帝查获斩首。

太平军不费一兵一卒就进入了岳州城，并且获得了吴三桂存放下来的大批武器弹药。

太平军在岳州驻扎四天之后,于12月17日分水陆两路挺进湖北。才六天,石达开率领的先锋部队就来到了汉阳城下。

第六章 太平军损失两王 杨秀清稳当军师

第七章
太平军势如破竹　洪秀全修天王府

太平军攻克岳州的时候,一直躲在武昌的湖北巡抚常大淳不知所措。这时武昌守军约有五千余人,这时江南提督双福赴任途中路经武昌,常大淳知道自己对军务一窍不通,所以奏请皇上让双福协助,把兵权全都交给他。谁知道双福和常大淳一样,非常懦弱胆怯。太平军还在湖南的时候,双福就认为,湖南地势多险,而且有洞庭湖阻隔,所以发逆断不能打到湖北来,但是听到岳州失守的消息,吓得全身发抖。他想到太平军肯定进犯武汉,所以就派人到乡下搜刮粮食运进城里,强拉民夫加修城墙。

武汉包括汉阳、汉口、武昌三镇,杨秀清的思路是"先易后难,各个击破",决定先攻汉阳。

24日下午,林凤祥、李开芳、罗大纲率部向汉阳集结。瑞元向常大淳进言道:"汉阳城内仅有三百名官兵,无力抵挡发逆,汉阳一失,武昌必危,愿请兵救援。"常大淳早已不胜畏葸,他犹豫了一会儿,道三不着两地说:"调兵遣将,乃军机要务,慎之又慎哪!"

这一仗,太平军没费吹灰之力,只打了半天,当晚就占领了汉阳。斩杀了知府董振铎、副将朱翰、参将朱廷瑞、长庆。

五天后,太平军又一举攻克了汉口、武昌。

武昌是太平军攻克的第一座省城。

武昌失守之后,咸丰帝命向荣为钦差大臣,湖南巡抚张亮基署湖广总督,湖南布政使潘铎署湖南巡抚。

1月17日,洪秀全、杨秀清进入武昌。以原抚署为天王府,杨秀清居布政使署,韦昌辉居按察使署,石达开居学政署。

杨秀清进城后,首先命部队清理战场,修复城墙,一面张贴告示,安定民心,严明军纪。士兵秋毫无犯,百姓无不欢悦。

与此同时,杨秀清在武汉三镇部署兵力,每天都去视察各大城楼和城外关卡的防务。

太平军撤离长沙后,经益阳、岳州到武汉,百姓不断加入,攻克武昌后,又有许多人参军,队伍已经发展到五十万人。为了使如此众多的成员保持良好的秩序,杨秀清在韦昌辉的辅佐下,把刚入伍的新兵编入各军旅,同时设立男馆、女馆,又为负伤残疾人设立了能人馆,每天发给粮食、油、盐、蔬菜、衣物、用具等,并派专人访查,勿使短缺。

攻克武昌后,获清库金一百六十万两,兵械、火药、米盐、布匹、珍宝无数,杨秀清组织人力进行清点,归入圣库。

新加入的成员将自己的财产缴出,许多市民也自愿捐献了大量钱物。杨秀清设立了"进贡公所",将民众所献物品登记注册,并以杨秀清的名义发给执照。

新兵缺少起码的军事知识和作战技能,杨秀清安排石达开在阅马厂对他们进行基本的军事操练。

杨秀清日理万机,宵衣旰食,很快就把武汉三镇治理得井井有条。

此时洪秀全的心境却另有一片天地。

早在太平军攻克汉口时,洪秀全就掩饰不住自己的兴奋心情,刚一住进汉口的关帝庙,就命工匠铸造了一尊闪闪生辉的龙头金玺。武昌克复后,洪秀全更加踌躇满志,立即命蒙得恩操办两件大事:一是选妃,二是举行大型庆典活动。

选妃时间定在 1853 年 2 月 2 日,这天是天历壬子二年除夕。

这次选妃的气派远非永安那时可比。永安时,选妃主要是在女兵中进行,现在不同了,更多的是武汉三镇的民女。蒙得恩颇能体察洪秀全的心思,女兵中确实有不少佼佼者,但毕竟长年行军打仗,风吹日晒,脸面不免有些黧黑粗糙,又因持拿武器,双手也普遍生茧。反正,女兵总有些农家女的味道,虽然淳厚质朴,却缺少娇嫩细腻的气质。那时候,选妃没有什么标准,只凭蒙得恩目测而已,现在不同了,特别找了六名精于此道的中年妇女对参选者作仔细的体格检查,参选者须经三级选拔才能定盘。

这天早上,天王府美女如云,参选者是各个女馆的卒长推荐来的。她们大都衣裳鲜亮整洁,民女的脸上都化了妆,多数女兵们也从民女那里借了粉脂涂抹描画了一番,有少数女兵没有化妆,她们的表情很冷淡,不知是因为自己没化妆而自惭形秽,还是根本就不愿意入选。

赖春苗被点了名,同馆的女友都说她长得好看,定能入选,硬是扳着她的肩膀替她画眼描眉……

前殿全腾出来了,在东厅进行初测,在西厅复测;正殿的东厅也腾了出来,是终测。

初测由蒙得恩主持,参选者一个挨一个地站立在他的面前,正面、侧面、背面都看过了之后,蒙得恩觉得满意,就伸出左手食指示意,身边的女宣诏书就喊:"去西厅。"如果不满意,就抬起右手示意,女宣诏书就喊:"回馆待命。"

蒙得恩表现出极大的敬业与耐心,对每一个参选者都作了仔细的端量,生怕任何一个真正的佳人落选,以致误了人家的前程;也唯恐任何一个不够格的人入选,以致坏了天王的好事。他坐在那里,整个上午都一动不动,连口水都没喝。姑娘们一个又一个地站到他的眼前,然后一个又一个地离开了,他始终尽职尽责,乐此不疲。

前殿西厅,放着四个大炭火盆,把整个屋子烤得暖烘烘的。参选者一律脱光衣裳,检查有没有口臭、狐臭、脚气,有无癣疥斑疹,是不是平脚板。

最无心计的是赖春苗。今天早晨她在来天王府的路上,正碰上梁贵儿带着几个伍卒沿街巡查。他用异样的眼神看着她,起初她还没觉察到其中的原因,等到两人擦身而过,她突然意识到自己化了妆。"他大概已经猜到我要去参加选妃了。"这样想着,一面怯怯地回过头来,那梁贵儿呆呆地站在那里,两眼正盯着她,神情里已经充满惊惧了。赖春苗急忙又回转头,两颗泪珠顿时夺眶而出。她只是在金田古营盘和牛排岭两次见过梁贵儿,但他的身影却在她的脑海里徘徊了两年之久了,甚至有几次她还幻想着与他喜结良缘呢。真是不巧,今天竟然在这样的情势下见面了。从刚才他那惊惧的表情上,她断定他同样也钟情于她。

赖春苗想:如果他知道我去参加选妃,会怎么想?不要紧,我会向他解释这不是自愿的,他要是个男子汉,就应当体谅我。但愿我能落选!

然而,可怜的赖春苗却思考不出什么计策。

在正殿东厅,赖春苗又一次脱光了衣裳。这一关是检查头发是否滋润,皮肤是否细腻,乳房是否挺托,是不是处女。尽管面对的是妇女,赖春苗仍觉羞愧难忍。在进行处女检查时,她差一点哭出声来。

赖春苗入选了,与她一起入选的还有另外三十五个姑娘。

这天晚上,梁贵儿坐在营帐外的一棵大柳树上,茫然地望着远处城垣的女墙。自从在金田古营盘与赖春苗会面以后,他几乎每天都盼着见到她,却总是见不到。牛排岭一战,他意外地替她解了围,两人近在咫尺,气息相感。那以后,他更加迫切地希望见到她,千百次地幻想着下一次偶然相会时的场面。不料,今天在大街上真的碰上她了,他立刻明白她要去干什么,就在那一瞬间,他完全绝望了,他知道,他们之间的缘分已经被永远地切断了。有人在唱着湖北渔鼓,声音婉转而略带凄哀,爆竹声零零星星地掺杂于其中,又为凄哀的歌声装点了几分喜庆……

太平军驻扎武汉期间,首领中又出现了只言片语的议论:主张太平军北上,进军河南,直捣京津。

杨秀清心里多少有些动摇了,道州会议以后,他不止一次地听到这种议论,说得最多的是罗大纲,洪秀全也支持这种主张,石达开原是主张以四川为立足之本的,现在也认为罗大纲的意见有道理。在他们的议论中,有一条根据杨秀清是很难推翻的,那就是:历代王朝凡是偏安江南的,下场都不好。这些历史知识,杨秀清本不知道,现在慢慢地清楚了,也就对自诸葛亮、周瑜凭长江之险,火烧赤壁,打垮了曹操八十万大军,气势是何等壮阔,但最后蜀国和东吴还是被司马氏灭掉了;东晋和南宋的下场也一样。倘若天国以金陵为首都,会不会重蹈它们的覆辙?

但天国毕竟拥有强人的水师,沿江东下,直扑金陵,成功的把握是最大的。

北上还是东进?杨秀清犹豫不决。

再说太平军占领武汉后,咸丰帝惶惶不可终日,仓促之间,作了如下部署:命向荣为钦差大臣,专办两湖军务,此外又任命了两个钦差大臣:一个是署河南巡抚琦善,一个是两江总督陆建瀛。向荣一路防堵南线;琦善在河南信阳驻扎,防堵北线;陆建瀛防堵赣皖,扼守东线;另调云贵总督罗绕典驻荆襄,以塞西出之路。又调副都统明庆、察哈尔都统西凌阿、陕甘总督舒兴阿、山东巡抚李僡各路兵马到湖北布防。调动兵力之多是太平军起事以来所仅见的。

太平军在武昌住了一个月,1853 年 2 月 9 日,洪秀全、杨秀清在阅马厂举行了阅兵仪式,精神抖擞:步伐整齐的马队、炮队、大刀队、梭镖队、女兵队、童子军队相继从观礼台经过,天王王频频招手,天兵山呼万岁。最

第七章　太平军势如破竹　洪秀全修天王府

后鸣炮誓师,天王作简短讲话,激励天兵奋勇杀敌,直捣金陵。

誓师结束后,洪秀全、杨秀清先行登舟,以石达开为先锋,主力部队分水陆两路:水路由东王杨秀清、北王韦昌辉督天官丞相秦日纲、指挥罗大纲、典水匠唐正才等顺长江向东进发,水师艨艟万艘,帆樯如云;陆路由春官丞相胡以晃、地官正丞相李开芳、天官副丞相林凤祥率领,沿两岸夹江而行。两路人马已达五十万之众。

长江水面及两岸旌旗蔽日,气势浩荡。

清军方面,琦善领钦差大臣之衔后,却屯军信阳按兵不动,这使太平军得以从容东进:陆建瀛情知长江下游紧急,便溯江北上迎击,但他所带的兵勇不过五千人,到了九江以后,并未组织设防,只派总兵恩长沿江拦截太平军,自己却呆在九江徘徊。恩长在广济县老鼠峡与太平军相遇,被打得几乎全军覆没,恩长自己也沉江而亡。

陆建瀛闻讯,又见太平军万船乘风而下,其势排山倒海,一时惊慌失措,急乘小船逃命。

太平军一路再无阻碍,到九江时,上千名守城士兵夺门而逃,太平军未经交战而进入九江。

石达开下令尽取城中物资,休整两天,沿江东下,克湖口、彭泽,直逼安庆。

早在太平军进武昌时,安庆就人心惶惶,迁避颇多。安徽巡抚蒋文庆将家属迁走,兵民听说后更加恐慌。清廷调琦善、周天爵来救。但远水不救近火,太平军一到,蒋文庆派按察使张熙宁在小孤山拦截。小孤山为安庆门户,其地有险可守。然而张熙宁原无战心,一见太平军船帆,早失肝丧胆,结果只放了一炮,即落荒而逃。这个可怜兮兮的张熙宁逃到东流,太平军旋至,张熙宁又逃到徽州,徽州守军不接纳;又逃到休宁,再次被拒于城门之外,最后躲进建德城里去了。

小孤山一失,安庆就失掉了屏障。蒋文庆急命狼山镇总兵王鹏飞,参将嵩瑞率兵顽抗。这时各路援军均未见踪影。恰好陆建瀛奔逃路过这里,蒋文庆在城陴上看见,就高声呼喊,苦求他留下来同守安庆,哪知这位陆钦差在城下连连摆手,说了声"贼势浩大,万不可敌",就匆匆躲进船舱,遁回南京。

蒋文庆苦告无门,绝望之际,只好闭城固守。谁知太平军一到,大炮轰然响起，满城兵勇早从北门逃匿。蒋文庆只好带身边的几十个随队迎战，刚至西辕门，就被斩杀。

安庆是继武汉之后被太平军攻克的第二座省城，蒋文庆是继常大淳之后被太平军斩杀的第二个清朝巡抚。

太平军在安庆得库银三十万两以及大批粮秣、军火、炮械后，继续东进这时太平军已发展到七十万人。根据洪秀全、杨秀清的指令，石达开在安庆只住四天，即挥师东下，连克池州、铜陵、芜湖、太平府。一路上风驰电掣，势如破竹，于3月8日抵达南京城下，在城南善桥扎营。

南京原有守军不过五千人，城里由八旗驻防，约两千人，江南提督福珠洪阿率兵一千守城南雨花台，江守副都统霍隆武、徐州镇总兵程三光各率一千在城外防守。自太平军从武汉扬帆东下以来，清廷就调兵遣将，布置南京防务，调山东兵二千，命苏松太道吴健彰溯江而上，拦截太平军。太平军克安庆后，清廷又以祥厚为钦差大臣兼署两江总督，令向荣赶赴南京同时命两广总督叶名琛、广东巡抚柏贵调水师北上增援。

南京又称"金陵"，清代正式名称为"江宁"，位于长江南岸，东靠钟山，南临雨花台，城墙分两层：外城墙周长一百二十余里，穿城四十里，城门十八座；内城又称"满城""皇城"，城门十三座。城墙高而坚，易守难攻。经明代开国皇帝朱元璋的精心修筑，它更成为一座华夏名城，城里高楼鳞次栉比，道路四通八达，经济、文化均居江南之首。

太平军先锋部队赶到南京城下的第二天，李开芳就率军占领了雨花台，清兵的军械全部落入太平军手中。当晚，李开芳指挥天兵们将西天寺里的五百罗汉搬到雨花台山坡上，星罗棋布地排列起来，插旗数十面，悬灯点烛，然后让数百名天兵高声呐喊。守城清军以为太平军要趁夜攻城，急忙开炮，炮声彻夜不止。直到次日见城外并无动静，才停了下来。

3月12日，太平军主力赶到，战船万只，自新洲戴胜关起，至下关七里洲，严密封锁了长江江面。陆路大军在城外筑垒二十四座，并控制了城外所有的高地。水陆连营，纵横六十余里，将金陵团团围住。

且说陆建瀛于2月25日夜半只身逃回南京，一般豪绅富商闻讯，大为恐慌，纷纷迁徙出城。陆建瀛则从此避居内堂，足不出户，亦不见同僚。

竟不料这位钦差与太平军缘分难解，他前脚来，太平军后脚就到。看来躲是躲不过去了，听说太平军主力已逼近城下，只好带领众官登城观阵。谁知刚登上聚宝门，两腿顿觉酥软，站立不住，幸好从人急忙上前搀扶，才没有跌倒。城外尽是一望无际的红头人、迎风飘舞的黄色旌旗、寒光闪闪的刀枪，更令他气馁的是，太平军如此众多，却井然不乱……

陆建瀛想，要抵挡这样的大军，无异于螳臂当车。绝望之中，居然萌生出祈求神灵的念头，当即下令：城中人家一律焚香，每天三时跪地祝祷。弄得众官莫名其妙，面面相觑。

令陆建瀛大惑不解的是，南京城里居然真的有神灵自天而降，不过这神灵助的不是陆建瀛而是太平军：次日清早，城里家家户户门墙上都写着"天"字或"洪"字，有几处还写着"洪从天降""太平天国""肃清妖氛"等字样。市民百姓三人一团，五人一伙，议论纷纷。又有人报说，各庙里神像的眼睛都被挖掉了。

原来杨秀清早在半个月以前就派了潘四狗带领三百名天兵扮作和尚混进了南京城作为内应。因太平军进入湖北后，焚烧庙宇，和尚四散，流入南京的也不少，守城官军不加怀疑，三百天兵得以顺利入城，而陆建瀛却蒙在鼓里。

又过了一天，太平军从城外四周将大量告示射进城里，告示写明：定于3月19日（癸好三年二月十四日，农历二月初十）破城，劝人民闭户安居。

这一来，南京城的军心彻底瓦解了。

从3月13日开始，太平军连日攻打仪凤门（即中兴门）、水西门、旱西门、通济门、洪武门，两百尊大炮和一千支抬枪一齐开火，弹下如雨；同时在仪凤门外静海寺掘地道，直达城根……

3月19日清晨，仪凤门地雷轰然爆发，炸开城墙二丈多，守军皆散。天官副丞相林凤祥所部数百名天兵冲进北城。

"呜——呜——呜——"登城的天兵吹起了号角。

在做内应的"和尚"的引领下，登城的天兵分成两股，一股冲向鼓楼，一股循金川门、神策门经成贤街直奔小营，这是外城的两个重要据点。

一则惊人的消息在清军中迅速传播开来：钦差大臣陆建瀛已被太平军斩杀。水西门、旱西门等处的守军闻风逃遁。

内应"和尚"动员了百姓搬走塞在各大城门的土袋，城门一个接一个地被打开。

太平军冲进了各个街巷……

陆建瀛没有死,他乘坐在一顶绿呢四人大轿里,以壮勇数十人为前导,直奔小营,恰好林凤祥所部太平军赶到,轿夫弃轿而逃,太平军一拥而上,将陆建瀛从轿中拖出,这位清廷派遣的第五个钦差大臣身受六创而死。

已革广西巡抚邹鸣鹤总办筹防局事务,城破后由公所逃至大功坊大街,正遇洪宣娇所率女兵,被当场杀死。

钦差大臣祥厚于外城失陷后,退入内城,巷战中马足被砍落地,身受数创而死。

副都统霍隆武在小营督战,被钩落马,死于乱刀之下。

提督福珠洪阿守仪凤门,城破,苦战于鼓楼北,又救南门,李开芳率天兵至,将其斩杀。

粮道陈克让守旱西门,城破,苏三娘率女兵登城,陈克让大叫:"堂堂须眉岂能死于粉黛裙钗之手!"遂自坠城下而死。

江苏巡抚杨文定见事不妙,潜回苏州,又去了无锡,继而又赴江阴,江阴官绅不纳,再返回苏州。

太平军克复南京后,又一鼓作气,拿下了镇江、扬州等重地。

太平军永安突围那时节,赛尚阿被降级留任,向荣、乌兰泰被革职留任;太平军占领道州,湖南提督余万清被革职拿问;太平军克郴州,向荣被革职,发配新疆;太平军攻长沙,赛尚阿、骆秉章被革职拿问,向荣改为随军效力,徐广缙荣膺钦差大臣;太平军占领武汉,徐广缙被罢官,钦差大臣的头衔落到陆建瀛和向荣的头上;太平军打南京,祥厚成了钦差大臣,陆建瀛则又被革职,然而圣旨未到,陆建瀛已命归黄泉。

这一天是1853年3月29日。

水西门已经用红漆刷过,上绘龙凤图样,城门外的空地上花团锦簇,彩绸飘舞。诸王及百官早就等候在这里,迎接天王入城。

诸王的服装格外鲜亮耀眼。杨秀清头戴兜鍪式金冠,正中有"东王"两个金字,缀两龙一凤,凤翔云中,盔顶竖一缨枪,四周皆珠宝璎珞;身上穿黄缎袍服,绣八龙;脚穿方头黄缎靴。韦昌辉的金冠与杨秀清的相同,只是顶部不是缨枪而是小黄盖,中写"北王"二金字,缀双龙单凤,凤栖山冈,身穿黄袍服,绣七龙,穿方头黄缎靴。石达开的金冠也相同,但冠额有别,两边各绣一蝶,上绣单凤,凤栖于牡丹花上,中缀"翼王"二金字,身穿黄缎袍服,绣六龙,穿方头黄靴。

文武百官亦锦绣衣装,翘首以待。

在水西门到总督府长达十里的街道上,簇拥着十万天兵和无数民众,他们都以急切的心情等待着,等待他们所敬仰、所崇拜的至高无上的天王从他们身边路过时,好一睹圣颜。他们小声交谈着,不断地踮起脚跟张望。

日上三竿的时候,鞭炮声、鼓乐声骤然响起,全体臣民的精神立即为之一振。

长长的仪仗队伍从水西门开始进发了。

走在最前边的是一百六十面金黄大旗,然后是十二日干和二十四节气正副侍卫,再后面是典天乐二百名,吹奏着笙管唢呐,击打着鼓锣铙钹。典天乐过后,就是天王洪秀全的黄缎轿舆,轿顶五鹤朝天,由十六名典天舆抬着,典天舆们均穿黄马褂,戴黄帽,个个精神抖擞。

轿舆里,洪秀全头戴一顶金冠,上绣满天星斗,下绣一统山河,中留空格,镶"天王"两个金字,缀双龙双凤,冠后翘立两扇金翅,身上穿一件黄缎袍服,绣九龙,脚穿方头黄缎靴,每只靴亦绣九龙。

洪秀全多次经历过万众敬拜的场面了,在金田古营盘、在永安、在武昌,但那几次都是在戎马倥偬的岁月里享受这种愉悦的,打江山的重任压在肩头,总觉得连呼吸都不能随心所欲,兵民的欢呼意味着要求他这个天王把他们带进"小天堂"。因此,在他听来,欢呼声既是颂赞,又是敦促。今天的情形却不一样了,我洪秀全果然不负众望,终于打开了半壁江山,为黎民百姓营造起一片人间天堂。我可以心安理得地接受人们的赞美和讴歌了。看着街道两旁跪着的人群,他想,是我把他们领到天堂里来的,他们无论怎样对我敬拜都回报不了我的恩情之万一。

当人生愿望达到的时候,那种乐趣是不可言喻的。"十年寒窗无人知,一举成名天下闻。"没有人能料到,当年广州街头失魂落魄的书生,如今已经成了名扬华夏的人物了。

江宁府学廪生张继庚也挤在人群里。几天前,他曾带领团练二百多人与太平军巷战,结果不到两袋烟的工夫,团丁们就一个个做了刀下鬼,张继庚见事不妙,及早溜出,当时夜幕已落,没有人看清他的面貌。今天,他混进欢迎队伍，是想探探太平军的阵势，好计划下一步的行动。当天王的轿舆经过他眼前的时候，他恨不得手里能有一包炸药，点上引信扔过去。他知道，现在什么也不能做。他冷眼看着那乘金黄色的轿舆，心想："世无英雄，遂使竖子成名。"一介知寡才疏的书生，因屡试不第，愤而谋反居然南面称王，猴子坐了龙椅，可见世道大坏了。

洪秀全进南京后，即以南京为太平天国京城，改名"天京"。

杨秀清进城的第二天，就发出了一道诰谕：严令太平军安民之家，安民之地，无论官兵，敢入民房者，左脚踏入民家门口，即斩左脚，右脚踏入民家门口，即斩右脚。天京百姓无不称赞叹服。

迎接天王洪秀全入城以后，杨秀清立即动手布置天京防务。

首先是修复城墙，将低矮的部分加高加厚，女墙上放置竹筐盛满石块，以备战时抛掷。各大城门均加堵砌，使通路狭小，门楼架炮数门。城外，所有的据点都筑起土垣，土垣上留出孔洞，安置火器；土垣外设置栅堑，挖掘壕沟，沟内密布竹签荆棘。

为了便于观察敌情和传递情报，京城内外构筑了许多望楼。望楼高约五丈，分三层或四层，每层设一梯，缘梯而上，顶部四面空敞以供瞭望，下层居住士兵。每座望楼由五人看守，轮流击鼓以报更次。有紧急情况则吹角摇旗。

最高的望楼是东府望楼和北府望楼。因天京城防由韦昌辉负责,因此北府望楼更显重要。北王住中正街前湖北巡抚伍长华宅，街对面是,北殿承宣居所，望楼就在其院内，高六丈余，顶部四周架红色栏杆，上置一面大鼓和各色锦旗。

一天早上，杨秀清只带东殿右丞相曾钊扬和吏都尚书李寿春微服外出，视察京城防务。他们首先来到北王府，韦昌辉正在为全城守军头领讲授军令：一闻城外吹角报警，北府望楼立即击鼓，各馆将使、听使均须起身准备拒敌。是为一通鼓，二通鼓响起，将使、听使均须到北王府听令。三通鼓各馆头领率兵分出各门，四通鼓各馆书使及牌尾整装待命，五通鼓各馆姐妹起身备战。听明白了吗？"

"明白了！"众头领齐声回答。

韦昌辉继续讲道："再讲明旗帜警报信号：见望楼挥动青旗，就是敌兵从东方来；挥动红旗，是敌兵南来；挥白旗，是敌兵西来；挥黑旗，是敌兵北来。如果敌兵攻城紧急,则在旗尾加拖黑布数尺。旗号可曾明白?"

"明白!"

"夜间各营须出营一里设伏路把卡,每日更换一次口令……"

听韦昌辉讲得井井有条,杨秀清满意地笑了,不声不响地退了出来。

三人来到城南聚宝门,这里有一条买卖街。市民百姓熙来攘往,太平军各馆炊事也来这里购买油盐佐料。

"栅栏门、神策门、太平门以外都有市场,阴历逢五逢十,交易格外繁忙。"曾钊扬说。

"这里的买卖货样齐全,玉玩、绸缎、布匹、米粮、蔬菜、茶点,烟酒却是禁止的。经营者一律持有天朝发给的文凭,不准私卖。"李寿春接言道。

"太平军刚进城,为了避免清妖奸细混进城里,只能在城外做买卖,过一段时间,城里的店铺商行都要开放。"杨秀清说。

"鼓铸钱币的地方选在朝天官,已经初步设计了钱币的材料和样式钱。"

"币分银钱、大钱、小钱三种,正面铸'太平天国'四个字,背面铸'圣宝'两个字。图样定好了以后,就给殿下呈上。"曾钊扬说。

"百工衙筹划得怎样了?"杨秀清问。

"铅码衙设在武定桥下炭煤店中,十天前就开工了。典炮衙设在评事街,昨天也开工了。弓箭衙、旗帜衙、典木衙、玉器衙、典石衙、豆腐衙、茶点衙正在筹备。"曾钊扬答道。

"百工各衙的头领一律职同指挥。"杨秀清说,又问,"镌刻衙和印刷书衙呢?"

"刚刚选了地址,镌刻衙在复成仓大街,印刷书衙在文昌官后檐。"

"要赶紧办,"杨秀清说,"下一步我们不但要印刷天朝的公文,还要印孔子、孟子的书。"

"是。"曾钊扬下意识地应了一声,心中却暗暗吃惊:太平天国不是以反对孔孟起家的吗?怎么又印起他们的书来呢?他不觉向李寿春瞟了一眼,只见那位尚书吓得连眼珠子都不会转了。

杨秀清似乎猜到了两个下属的心情,便继续说下去:"当初拜上帝会反对孔孟,是因为满清朝廷推崇孔孟,如今天朝打下了一片江山,就必须招揽天下的读书人,再反对孔孟就伤害他们的感情了。况且,我虽然不识字,却知道孔孟的许多话是有道理的。寥寥几句话,说得李寿春心悦诚服,心想:这位目不识丁的东王,居然能够领略到古代圣贤的真实分量,靠什么? 大概是超人的悟性。

发逆攻陷金陵并在此定都的消息传到北京,咸丰帝又吃了一闷棍。但头脑晕眩了半日之后,居然惊魂渐定,他舒了一口气,喃喃地说道:"感谢上苍。"

身边的人大感不解,唯有御前大臣肃顺猜透了皇上的心思,便进言道:"发逆建都金陵,从此转攻为守,作茧自缚,此患已去大半,正可以放胆击剿。"

于是,太平军攻克南京的十几天之后,新任命的钦差大臣向荣率军便跟踵而至,扎营于孝陵卫、沙子岗一带,辖兵一万七千人,是谓江南大营。清廷又调福建将军怡良为两江总督,令湖北按察使江忠源帮办江南大营军务,任许乃钊为江苏巡抚,协助向荣。与此同时,以署河南巡抚琦善为钦差大臣在浦口到扬州一带扎营,统兵一万人,是谓江北大营,又派直隶提陈金绶和内阁学士胜保帮办军务。

南北两大营共有十万兵众。老奸巨猾的向荣情知金陵无法攻取,就上了道折子,提出了一个方案:不如缓攻金陵,先从水上去其船只,使江宁、镇江、扬州三城之贼首尾不能兼顾,然后可以制其死命。查三城形势,镇江最为扼要,盖京口(即镇江)与瓜洲遥遥相对,而京口又为上海兵船进攻的必由之路,先复京口,则扬州、江宁之贼,应援自多中阻。"

向荣的这个方案是精打细算之后才作出来的,他想,自己的进攻目标既然是金陵那么攻取镇江必定另派他人。镇江有太平军的猛将罗大纲驻守,必不能克,镇江不克,攻不下金陵也就怪不得我了。

谁知咸丰帝一方面派了江苏巡抚扬文定攻打镇江,一面多次敦促向荣务必拿下金陵。向荣只好做做样子,攻打了几次。但他知道自己无功可建,便又上了道奏折,要求咸丰帝将他"从重治罪"。咸丰帝早看透了向荣的这一套把戏。就降旨发出警告:"汝所请治罪,又系汝之取巧故智,勿谓朕不能看出……总之,若能迅克金陵,则汝功最大,前罪都无;若仍吃紧时巧为尝试,则汝之罪难宽,朕必杀汝,凛之。"

向荣接旨,心中连连叫苦,明知攻城无望,却只得打点精神,今天打几阵鼓明天放几声炮,以示尽心效力。

5月,太阳照得大地暖洋洋的,长江两岸百花盛开,东风徐徐吹来,江面上泛起一层均匀而细密的波纹。

一千多艘战船停泊在扬州以南的长江水面,船上两万名天兵整装待发。

在一艘朱红色的艨艟舱内,天官副丞相林凤祥与地官正丞相李开芳的谈话已经接近了尾声。

"看来,北伐之举只是防守而不是进攻。"林凤祥说。

"我看就是这样。"李开芳表示赞同。

"以两万之众,纵贯中原,直捣北京,孤军深入啊!"林凤祥叹了一口气。

"建都天京以后,天王仍然有进军河北的打算。一个月前的一次朝会上,罗大纲就向天王进言:'欲图北方,必先定河南。陛下大驾驻河南,大军方能北渡黄河。或者先平定南方九省,消除内忧,然后向北挺进。若悬军深入,犯险而无后援,则必败无疑。'可是东王对罗大纲的话不置可否。"李开芳的话语之中已经对杨秀清隐含着些许微词了,但林凤祥是跟自己交情极深的老搭档,也就无所顾忌地说了出来。

"罗大纲是读了不少书的,《明史》里的《太祖本纪》他借给我看过,有些话我还能背下来。明太祖朱元璋北伐时,没有听取大臣常遇春直捣北京的主张,他认为'悬军深入,馈饷不前,援兵四集,危道也'。于是就确定了稳步进军的方略:先取山东,撤彼屏蔽;移兵两河,破其藩篱;拔潼关而守之,扼其门槛。天下形势入我掌握,然后进兵元都。一直等兵力达到二十五万人的时候,才攻打北京。"林凤祥说。

"加上吉文元的五千人,现在我们的兵力只有朱元璋的十分一,无异于以卵击石啊!"李开芳叹了一口气。

"北伐,只不过是想把一部分清兵拉到天京以外的战场上去,来减轻天京的压力。"

"不过天王说过,我们打到天津后,天京会派出援军。"李开芳似乎捕捉到了一线希望。

"我看很悬。"林凤祥摇了摇头。

"何以见得?"李开芳问。

林凤祥下意识地看了看四周——其实身边没有任何人——低声说

道:"天王本来就想占领中原,因此对北伐是很关切的,指示我们'师行问道,疾趋燕都,毋贪攻城糜时日';东王却不一样,他看重的是西征,对北伐是不太上心的,他只在诰谕中叫我们统握兵权,放胆灵便,不必悬望,却没提出任何具体主张。你想想,如果东王看重北伐,何至于只派出两万五千兵马?最要紧的是'不必悬望'四个字,那就是不必指望援军。"

"我也觉得奇怪,那天王为什么不提出多派兵力?"李开芳问。

"天王恐怕有难言之隐。东王是军师,大权在握。"

李开芳默然。

"所以此番北伐,你我怕是有去无回。"林凤祥的语气很深沉,却毫不伤感。

伍长刘顺明走进来:"丞相大人,辰时已到,是否开拔?"

"起帆吧。"林凤祥说。

圣角呜呜地吹响,千艘战船上的白帆一齐升起。

林凤祥跟李开芳一起出了船舱,走向船头,江面上满是白帆、旌旗和刀枪,声势博大而豪壮。

"以天国的精良之师,投入凶多吉少的战斗。"林凤祥说。

北伐的船队在东风的鼓动下,浩浩荡荡向西挺进。在天京,林凤祥、李开芳与春官副丞相吉文元的五千兵马汇合,一起踏上了北伐的征途。

洪秀全进入天京的一个月后,就动手建造天王府。

天王府的城墙分内外两层,外城叫太阳城,内城叫金龙城。太阳城城墙高两丈余,厚四尺,正门向南,称"真神荣光门",门两侧的两面大红色木牌上各写着十五个金色的大字,是天王自撰的一副对联:

天命诛妖杀尽群妖万里山河归化日

王赫斯怒勃然一怒六军介胄逞威风

门内东西各有一座供奏乐之用的吹鼓亭,顶端铺琉璃瓦,四柱雕五色龙。内城正门称"真神圣天门",两旁列两面大鼓,叫作"登闻鼓",为臣下在紧急的情况下启奏天王而设。门内为朝房,东西各数十间。经甬道向北数十步,树立起一块木牌坊,雕龙凤狮象,再向北数十步是正殿,即荣光大殿,又称作"金龙殿",高耸巍峨,栋梁皆涂赤金,四壁绘龙凤祥云禽鸟花草。殿门均用黄缎裱糊,绘双龙双凤,两侧悬挂着一副对联,也是天王的手笔:

众诸侯自西自东自南自北

予一人乃圣乃神乃文乃武

顺正殿后长廊向北,依次是基督殿、真神殿、福安殿。诸殿的两侧,是东花园和西花园,园内各有一个巨大的池塘,池塘里各有一艘石舫,西花园另设消夏处和机密房。福安殿北面,是一座九层高楼,名曰"步云楼",两侧各建一座五层阁楼,东曰"怡心阁",西曰"藏珍阁",王府的最北面,是后林苑,地盘广阔,可以乘车游览,种着一片小树和竹子,假山后种一棵合抱粗的大山茶树,亭、台、桥、洞棋布于其间。

天王府首先建的是外城墙,城墙立起以后,府内的景象一般人就无法看到了,因为荣光门外有洪秀全亲自题写的二十个朱笔大字,天京的臣民都知道它的含义:

大小众臣工,

到此止行踪。

朝奏方准入,

否则雪云中。

"雪云中"是"云中雪"的倒置,"云中雪"是刀的隐语,也就是杀头的意思。这就不仅使人肃然起敬,而且更让人望而生畏了。

太阳城外的建筑是一般人都可以看到的:两旁设东西朝房两所,高大宽敞,往南十余丈开了一道河,二丈宽,称"御沟",御沟建一条石桥,名"五龙桥"。五龙桥南立了一面金色大匾,上面刻着"天朝"两个大字。再往南一里左右,搭造起一座高台,名"天父台",天王生日或其他吉庆节日,天王领众臣登此台敬谢上天。再往南,是一面宽十余丈、高数丈的照壁,上绘双龙双凤,是用来张贴天榜、诏旨的。照壁两侧各竖立一座牌坊,左边写着"天子万岁",右边写着"太平一统"。牌坊外面是两面下马牌,东西各一。

洪秀全对宏伟壮观、华美绚丽的天王府十分满意,他在《御制千字诏》中发出了由衷的赞美:

京都钟阜,殿陛辉鲜,

林苑芳菲,兰桂叠妍。

宫禁焕灿,楼阁百层。

廷阙琼瑶,钟磬铿锵。

洪秀全住进天王府后,从此深居不出。

吃了晚饭,洪秀全来到自己的书室。这段时间,他一直忙于整理先前的著作,准备刻印颁发。《原道救世歌》《原道醒世训》《原道觉世训》《天条书》只修改了个别字句,而《三字经》《千字文》几乎是重新写的。

这几天在杨秀清的建议下,天朝成立了删书衙,由曾钊扬司其事,何震川、卢贤拔等人协助,删改六经。洪秀全亲自改定了《诗经》,题名为《诗韵》,作为其他经书删改时的样本,为此,洪秀全还专门拟了一道诏旨,今天下午才草草写成。现在拿起来,又读了一遍:

咨尔史臣,万样更新,《诗韵》一部,足启文明。今特诏左史右史,将朕发出《诗韵》一部,遵朕所改,将其中一切鬼话怪话妖话邪话一概删除净尽,只留真话正话,抄得好好缴进,候朕披阅刊刻颁行。钦此。

看完后,觉得很满意,明天可以送到删书衙了,就放在一边。

他喝了一口茶,将《天朝田亩制度》的草稿拿到眼前,斟酌起来。

两千多年了,华夏大地无数次改朝换代,变更王旗,但农民种地主的地,向他们交租的惯例却是一成不变的。富者自富,贫者自贫,富者贪婪,欺压敲诈贫者,于是贫富日益悬殊,到了贫者衣食全无着落的时候,就铤而走险了。历代王朝,总是先盛后衰,多则数百年,少则数十年,便会亡于兵火,坐龙椅的就换了姓氏。可悲的是,历史至今还是在不同王朝兴亡盛衰的交替中循环着……

要使国家长盛不衰,就必须消除贫富对立。农民的生命,始终维系在土地上,那么要想均贫富,就应当设计出一套周全合理的田亩制度。下面的文字就是基于这种考虑而产生的:

凡分田,照人口,不论男妇,算其家人口多寡,人多则多分,人寡则寡分,杂以九等。如一家六人分三人好田,分三人丑田,好丑各一半。凡天下田,天下人同耕,此处不足,则迁彼处,彼处不足,则迁此处。凡天下田,丰荒相同,此处荒则移彼丰处,以赈此荒处,彼处荒则移此丰处,以赈彼荒处。务使天下共享天父上主皇上帝大福,有田同耕,有饭同食,有衣同穿,有钱同使,无处不均匀,无人不饱暖也。

这样,就做到了耕者有其田。至于鳏寡孤独废疾,则必须保证他们的衣食给养。

围绕着田地的,还有钱物,天国已经建立了圣库制度,应当在广大农

村中推广实行。

　　与平分土地相关的,是管理机构的确立。农村组织应该像军队的编制一样,但起关键作用的是基层官员两司马,在两司马所在的地方,设立一个圣库,一个礼拜堂,两司马管理圣库的收入和支出,又要负责给下属们讲道理。如有争讼,由两司马听其曲直,不服可以逐级上告……

　　按照这个设想,天国将会开辟出一个全新的、与历代任何王朝都迥然不同的天地,这里的臣民将会过着富庶安康、幸福平等的生活,这种生活必定会无止境地延续下去,直至千秋万代!

　　洪秀全兴奋地阅读着草稿,逐字逐句地修改着,润色着,觉得自己完成了一部空前绝后的鸿篇巨制。

　　当他改完草稿的时候,感到眼睛有些发涩。这段时间总是埋头于书案,以致近日夜不能寐,食不甘味了。他决定今晚放松一下,就站起来走回寝宫。

　　刚到门口,秦立娟就跪奏道:"陛下,方才蒙丞相送来一本书,说只供陛下御览。"

　　"又是书!"洪秀全有些不耐烦,预备参加科考的那些年月,什么书没读过?连外国译过来的《圣经》都翻了不知多少遍,还有什么书可读呢?这样想着,就走到桌边来。书用黄绸包着,似乎很珍贵,打开一看,却脏兮兮的。肯定有许多人翻看过,封面已经被撕掉,四周边缘也被磨烂了。洪秀全觉得很腻味,但还是把书拿起来,草草一翻,立即发现书中有一些裸体插图,他一愣,下意识地向四周环顾了一下,见秦立娟和另外两个宫女正在门口侍立,就说:"你们下去吧!"

　　秦立娟几个走后,洪秀全重新把书翻开,眼涩的感觉一丁点儿也没有了。裸体插图是说明男女房事不同姿势的,第一幅的名称叫"龙翻",画一女子仰面平躺,一个男人趴在她身上;第二幅叫"虎步",画一女子撅起臀部,男子跪在她身后交媾;后面还有"猿搏""蝉附""龟腾""凤翔""兔吮毫""鱼接鳞""鹤交颈",一共是九法。"鱼接鳞"一法居然是女子骑在男子身上,两双胳膊拉在一起。最奇的是"兔吮毫",男女胸腹紧贴在一起,方向相反……

　　看了这些图画,洪秀全心中颇觉惭然,自己已逾不惑之年,且早已是嫔妃成群了,用过的却只有一法,全不知男女之间还有这么多花样,真是

井底之蛙,枉过了大半生。再看那文字,就更觉引人入胜。一段是:

黄帝问:"愿问动而不施,其效如何?"素女曰:"一动不泻,则气力强;再动不泻,耳目聪明;三动不泻,众病消已;四动不泻,五神成安;五动不泻,血脉充长;六动不泻,腰背坚强;七动不泻,尻股益力;八动不泻,身体生光;九动不泻,寿命未失;十动不泻,通于神明。"

这便是合欢时间持久的奥秘了,真是茅塞顿开,先前为什么没想到呢?再看下面一段:

"阴阳者相感而应耳,故阳不得阴则不喜,阴不得阳则不起",男女欢爱是相辅相成的,"男欲求女,女欲求男,情意合同,俱有悦心"才是最佳境界。最叫人败兴的是"男欲接而女不乐,女欲接而男不欲,二心不和,精气不感,加以猝上暴下,爱乐未施"。

床笫之事本是同享同乐的,王者的孤独和寂寞正在于此。嫔妃服侍君王枕席,只不过是献身而已,未及相见,早已战战兢兢、不胜惶恐了,哪里顾得上什么欢爱?对君王来说,拥抱着的也只不过是一堆皮肉罢了,毫无情趣可言。记不清是哪一个妃子了,只知道她才十六岁,同房时她自始至终地闭着眼,浑身打着哆嗦,那以后洪秀全再也不想见她了。唐明皇之所以"三千宠爱在一身",唯独钟情于杨贵妃,恐怕是只有她才不把唐明皇视为皇帝而只将他看作一个男人吧。

前朝不少帝王有狎妓的癖好,原因也在这里。当他们来到青楼的时候,妓女并不知道他们的身份,只把他们当作阔气的嫖客,这才能够情意缠绵、魂魄游荡。一旦她们得知身边睡着的是一位真龙天子,那令人痴迷的万种风情就会像水水蒸气一样顿时消散净尽了。

君主嫔妃虽众,却难得床笫之欢啊!洪秀全深有感触地想。

不过,这种局面也是君王自己造成的。他在嫔妃面前,就像在其他臣民面前一样,是居高临下的,这就无法消除她们的恐惧感。就拿刚才来说,如果我洪秀全是一介平民,得到这本书以后必定会跟妻子一起来看的,而且要一面看一面讨论,但刚才我却把身边的人都赶走了,仿佛只有我才有资格看这本书。其实,更准确地说,是害怕她们知道自己所崇敬膜拜的天王竟然在阅读着如此乌七八糟的东西,从而使自己在她们面前失去原有的光辉。

洪秀全翻到书的尾页,才知道这本书叫《素女经》,他立刻对这位黄帝

时代的博学女性肃然起敬。

　　蒙得恩真是深得朕心,投我所好,但是并没有当面交给我,而是故意趁我不在的时候送了过来。说实话,蒙得恩考虑得非常周到,如果当面送给我,不仅我尴尬,他也是尴尬的。

　　从此以后,洪秀全与蒙得恩从没有提过这本书,好像从来没有这件事。

第八章

赖汉英寡断失城　江忠源死守庐州

北伐军向北挺进十天之后，杨秀清派春官正丞相胡以晃、夏官副丞相赖汉英率领殿左一检点曾天养、殿右八指挥林启容、殿右十二指挥白晖怀等骁将向皖赣进发，开始西征。

太平军水师进入了鼎盛时期，千艘战舰浩浩荡荡溯江而上，整个江面都被太平军的水师控制住了。清军几乎没有一舟一筏可以出来迎战。西征军一路势如破竹，所向披靡：5月19日攻占了安徽和州，25日占领安徽西梁山，6月5日拿下池州，10日克复安庆……

西征军以安庆为大本营，由第一主帅胡以晃坐镇，主理军政，第二主帅赖汉英则挥军进入江西。赖汉英是赖莲英的弟弟，他第一次领导如此浩大的行动，心里有些测不准深浅。他知道，部下的将士之所以踊跃效命，在一定程度上是因为他有"国舅"这个特殊身份；但他也想到，一旦自己在征战中出现疏漏，那么天王的脸面也不好看。因此，国舅这个身份，倒成了一个沉重的负担，即使打了胜仗，人们也会说是借了天王的圣威。这种处境是很令人烦恼的。

身份是无法改变的，唯一的行动准则是谨慎稳妥。

还好，将士们很能给主帅争气：6月13日，攻取彭泽。18日，夺得湖口；22日，当赖汉英、曾天养的队伍开进南康时，南康人民把知府恭安、知县罗云锦捆绑起来欢迎太平军；23日，太平军进占江西吴城镇，百姓纷纷以钱米鸡豚犒师，一就这样，太平军一步步逼近了南昌。江西巡抚张芾不胜惶恐，恰好已升为湖北按察使的江忠源奉朝命赴向荣江南大营帮办军务路过此地，于是张芾便飞函邀请他前来协助守城。江忠源见南昌危急，来不及奏请皇上，就统领部下一千三百名楚军三昼夜疾驰四百里，赶赴南昌。他下令焚烧城外民房之后，将队伍开进城里。

6月24日，赖汉英、曾天养率军赶到南昌城外，比江忠源晚到了两天。

看到南昌城外的遍地烟火和高竖在城头的楚军旌旗,赖汉英失声叫道:"这个混账的江妖先来了一步。""江忠源是清妖头中的一员悍将,在蓑衣渡时天军就吃过他的亏,如今又狭路相逢了,等攻下城来,非剥了他的皮不可。"曾天养恨得咬牙切齿。

"连古代名胜滕王阁也被江妖头烧毁了。"林启容惋惜地说。

太平军依然使用习惯的方法——挖地道。江忠源知道这种攻城方法的威力,便亲自登城督战。当他来到德胜门的时候,一颗炮弹在他身边落下两个侍卫登时毙命,众侍卫苦劝他离开城楼,他断然不从。楚军见状,更加死命守城。

7月9日,德胜门被轰塌六丈余,巨石飞空,守城楚军死伤无数,江忠源督楚军及时修复缺口,太平军未能得手。

二十天后,城垣原缺口处又轰塌二十多丈。恰好南风壮盛,烟尘直扑城里,太平军趁势持械扬旗,攀堞登城,不料,刹那间风向陡变,烟火反扑城外,太平军站不住阵,只得退却。

江忠源自知城中兵力不足,难以持久坚守,便向骆秉章、向荣求救。

骆秉章收到江忠源的求援信以后,深知湘赣两省唇齿相依,南昌有失,长沙必受威胁,于是派出知州朱孙贻、训导罗泽南率湘军千人进援南昌,又命江忠源的六弟江忠淑率楚军两千人继其后。这时,向荣也派出了云南镇总兵音德布率兵来援。

就在清军调兵遣将的同时,天京方面派出的援军由国宗石祥祯、韦志俊、石镇仑、石凤魁率领开进江西。

为了满足给养,迎击清军援兵,赖汉英采取了剪裁枝叶的战术,派检点曾天养连续攻占了南昌周围的县镇,丰城、瑞州、饶州、乐平、景德镇、浮梁、都昌、丰城、彭泽等地均为太平军所占领。

这时,清军援兵陆续开到。但高邮一战,江忠淑的楚军弃舟先溃。曾天养乘胜攻克瑞州、饶州。当太平军开往乐平的时候,官员尽逃,百姓杀县令李仁元献城。

枝叶剪除之后,太平军准备集中力量进攻南昌。

这次,太平军在章江门挖通了两个地道,布雷已毕。城外的天兵严阵以待。

"轰——"城墙坍塌了十余丈,城楼的一角也炸飞了。

天兵们紧握刀枪,焦急地等待着第二声轰响。

没有一丝声息,缺口处那团浓浓的硝烟久久不散。

"赖丞相,"曾天养说,"有硝烟掩护,是攻城的好时机。"

"再等等。"赖汉英很犹豫。

过了一阵,缺口处出现了楚军的身影,他们在修复城墙。

"赖丞相,不能再等了。城墙一旦修复,攻城就无望了。"曾天养又一次催促。

"现在攻城,要是第二雷响了,岂不伤了自己人?"赖汉英说,心里却更加着急。

城上的楚军越来越多。第二雷仍然没响。

"不对头!准是第二雷响不了了,"曾天养叫了起来,"赖丞相,再不攻城,我们就没有机会了。"

"你怎么知道第二雷不响?"赖汉英问道。

"赖丞相,你想想,两个雷同时点燃引信,爆炸时间怎么会差这么久?再说,就算是我们攻城的时候爆炸,那我们的一些天兵也是跟修城墙的楚军同归于尽,这个损失要比丢掉攻城机会小得多。"

赖汉英这才顿悟过来,急忙喊道:"吹圣角!"

几十支圣角呜呜地响起,天兵们高喊杀妖,蜂拥登城。

然而太平军丧失了时机,此时城墙已经修复;太平军所期待的第二声雷永远不会响了,因为楚军用瓮听法发现了那条地道,并向地道里灌了水。

当攻城的太平军败退下来的时候,赖汉英为自己的优柔寡断懊丧不已。

然而,此时南昌外援已经断绝,清军疲惫不堪,人心涣散。对太平军来说,此役胜利在即。

赖汉英在懊丧的同时,心中浮升起一种期待胜利的焦灼感。

正在这个关口,杨秀清失去了耐心,以南昌久攻不下而改变了计划,决定进攻湖北和皖北,遂命令赖汉英撤南昌之围。

9月24日,太平军在围困南昌九十三天之后,撤围北上。

太平军撤围之后,于9月29日占领九江,由殿右八指挥林启容驻守。

西征军主帅赖汉英因劳师无功而被杨秀清革职,调回天京,带着无限

第八章 赖汉英寡断失城 江忠源死守庐州

的遗恨入删书衙删编"六经"去了。

石达开被一通震耳的鼓声吵醒了，他睁开眼一看，天还没亮。他正想问个究竟，就听到门厅里有人吵闹。

"我们要见翼王。"

"翼王正在安福，不许闲杂人等肆意叫嚣，这里是天朝府衙。"是翼殿右四参护李凤先的声音。

"天朝不是有登闻鼓的章法吗？"

登闻鼓，是太平天国仿照古代先例建立的制度：在各级府衙厅堂上悬鼓，臣民在紧急情况下可以通过击鼓使下情上闻。

安庆果然不太平。石达开立即起身，穿好衣裳，把寝室的门打开了。殿左二十九检点张遂谋正好站在门口，想进来又不想进来的样子，见门开了，就说："殿下，是刁民闹事，是不是把他们都抓起来？"

"别胡来，去告诉他们，我这就出去。"石达开的语气很坚决。

张遂谋走了，喘两口气工夫，外面静了下来。

安庆是军事上的险关要隘，是天京的门户，也是西征军的重要据点。然而杨秀清派石达开到安庆来，总理大江南北军民两政，并不全是为了军事上的原因，更是因为这里的"刁民"反对圣库制度，也反对刚刚颁布的天朝田亩制度，有些地方甚至打伤收缴钱物的圣库人员。太平军所辖的其他地区，也出现了同样的情形。为此，东王召集群臣讨论过，有人认为安徽之地乡民刁顽，不受管束，有的认为是地方豪绅捣乱，妄图赶走太平军。因此，石达开这次到安庆来，一是为主持军务，二是为平息民事纠纷。

这是太平天国头一次碰到的，又是十分棘手的事。先前，太平军每到一地，就派人"打先锋"，就是没收豪绅财主的钱粮，动员百姓进贡。由于太平军从广西到天京，一路上只攻不守，所到之处，"打先锋"只有一次，所以，这办法行之有效。现在不同了，太平军要在很多地方长期住下去，这就出了麻烦。

"看来打天下跟坐天下大不一样，但诀窍在哪里呢？"洗脸的时候，石达开想。

来到前厅，已经有十几个人等候在这里，地官又副丞相刘承芳和夏官又副丞相曾锦谦正在与他们攀谈。从装束上看，来者可谓三教九流，士绅、书生、商人、匠人、农民各色人等无所不有。

一个留着八字胡的老头带领众人向石达开行了跪礼，石达开谦和地让他们就座。没有什么寒暄，谈话就进入了正题。

八字胡先站起身来，一身浅蓝色细绸衣裤表明了他的士绅身份："小民名叫魏元庆，祖上留下了几亩薄田，聊以为生。半年前太平军路过安庆的时候，小民献出了四十石粮食，有贵军进贡公所发给的执照为凭。"

说着，就拿出一张保存得平平整整的执照，往前走了几步，向石达开展示了一下，然后很礼貌地退回原地，继续说："如今太平军再次光临敝地，又要收敛钱物尽归圣库，说是'天下皆是天父上主皇上帝一家，天下人人不受私，物物归上主'。敢问翼王殿下，似这样下去，小民百姓还能有惨淡经营，勤俭致富的心思吗？"

过了一会儿，一位书生模样的中年人说："小民姓贺，名润渊。不揣冒昧，斗胆直言几句。天朝的告示上说：'天下农民米谷，商贾赀本，皆天父所有，全应解归圣库，大口岁给一石，小口五斗以为口食而已。'又说：'凡当收成时，两司马督伍长，除留足二十五人所食可接新谷外，余则归国库。凡麦、豆、苎、麻、布、帛、鸡犬各物及银钱亦然。'这样做，实在是扫荡百姓资产，使家家户户财物为之一空。古往今来，未有以此策治国平天下者也。且成大业者，必审时度势，量情而行，起义之初，立足未稳，设圣库制度，方能严法令，明军纪；如今天国拥有一方天地，则应调动乡民百工，使之全力生产，悉心经营。民富足方能有益于军，进而有益于国。倘若再行圣库一法，恐怕不出今年，安庆就变成不毛之地了。"

来访者你一言我一语，一直议论了大半晌。石达开觉得事关国策，干系重大，很难当即作出承诺，就让刘承芳把来者姓名记下，等以后再约请他们商讨此事。

人们走后，曾锦谦疑惑地说："真是怪了，土财主跟贫民说到一起了。"

刘承芳说："这种情况以前不多见。"

"说不定那个贫民受了财主的挑唆。"竹曾锦谦又说。

"那倒不像，"刘承芳说，"他说的是实情，分粮只按人头，不按劳苦所得，确实有些弊病。"

石达开一边思索着，一边说："有钱的人反对均等，这是自然的事。贫民在开始造反的时候，是喜欢均等的，把富豪的财产抢过来分了。但分了之后就吃掉了，花掉了，以后再怎么办呢？那就要生产劳作，这时候，每个

第八章　赖汉英寡断失城　江忠源死守庐州

人对自己生产出来的东西就格外爱惜,就不愿意拿出来平分。今天我们听到财主跟贫民说出了同样的话,道理就在于此。"

对于石达开的见解,刘承芳和曾锦谦是心悦诚服的,但正因为这样,他们才陷入了更大的困顿。

刘承芳提出了疑问:"可是圣库制度已经实行三年了,能随便改动吗?天朝田亩制度刚刚颁布,怎能立即废止?"

曾锦谦也说:"天朝田亩制度是太平天国的治国总体方略,把它扔在一边,我们岂不是跟历代帝王一样?还算什么天朝?"

这正是石达开感到犯愁的事。如果把天朝田亩制度弃置不问,天王洪秀全会怎么看?这是他一手炮制和谋划的"小天堂"画谱,难道我石达开走出天京所干的第一件事就是跟天王作对?这样做,天朝的文武百官会怎样议论?在一般人看来,贫民是主张均等的,因此,弃置天朝田亩制度就意味着背叛和出卖贫民,投靠地主士绅。

然而,当一种决策和方略不能真正付诸现实的时候,我们还要固守它的条文吗?今天乡民来访,只不过是一次总爆发而已,石达开来安庆后,曾微服走访过一些乡村、匠房和商行,已经听到了不少这样的声音。这是他在天京时想都没想到的。既然天朝田亩制度这张饼不能充饥,强令推行,秩序必定紊乱,而安民,乃是治国的第一要义。

经过了十几个昼夜的苦苦思考,石达开终于下了这样的断语:"照旧交粮纳税,这就是国策。"

他把自己的设想书面报告了北王韦昌辉和东王杨秀清,同时开始行动:一是在各村镇选拔有声望的乡民出任乡官,主持日常公务;二是按照田亩征收钱米;三是在各星桥设立关卡,向来往商船收税。

仅一个月,安庆的钱米就源源不断地送往天京,而安庆百姓则"颂声大起"。

石达开的设想得到了韦昌辉和杨秀清的赞同,三人一起给天王上了一道本章,请准施行照旧交粮纳税的决策。

洪秀全看了本章,迟疑了好一阵,终于把它搁到书案的右角边上。

自从永安封王以来,臣下的本章一律是由杨秀清审阅之后再送到洪秀全手中的,洪秀全看完,则一律写上"御照:胞等所议是也"之类的字样旨准实行。他这样做,基于两方面的考虑:第一,用人不疑,疑人不用,旨准,就是对杨秀清的完全信任,也就是相信从杨秀清的手中呈上来的本章必定是经过他的周密思考的。第二,国务军机上的事务常有许多细致而复杂的环节,永安以后,洪秀全觉得自己对这些东西越来越陌生、越来越插不上话了,如果不旨准,就要提出理由来,这理由应当是极有说服力的,这是件十分困难的事,弄不好,会闹出笑话来,因此最佳、最省心的办法是顺水推舟。

今天的情况却不同,天朝田亩制度刚刚印行,石达开就反其道而行之,搞什么"照旧交粮纳税",这岂不是在替旧有的制度招魂?记得冯云山先前说过,石达开喜欢打天下,创一番事业,他佩服我举义的气魄,但对拜上帝会的教义却并不盲目信奉。看来,佩服我是假的,看重他自己的主张才是真的。石达开这个人,表面上是平和的,谦逊的,骨子里却藏着几分傲气。他一跑到安庆,就把我亲自起草的天朝田亩制度抛到一边去了。

难道整个天朝就没有愿意认真执行天朝田亩制度的人?

奇怪的是,他的主张居然得到了韦昌辉和杨秀清的赞同!

同样奇怪的是,安庆的钱粮丝帛已经大批地运至到天京来了。

或许,天朝田亩制度仅仅是我的空想?不,大概是这种制度眼下还不宜在天国推广。

或许,照旧交粮纳税也是一条可行的国策。既然这个办法能让百姓有饭吃,又能给天国带来利益,我为什么要反对呢?

想到这里,洪秀全将本章又拿到眼前,提起朱笔写道:"御照:胞等所议是也,即遣佐将施行。"

南昌撤围后,西征军分成了两支:一支由胡以晃、曾天养率领经略皖北;另一支由国宗石祥祯、韦志俊统辖,自九江沿江西上。

这时曾天养已经升为秋官又正丞相,但他仍然视胡以晃为上司,对其尊敬有加,他一向钦佩胡以晃机敏果断。胡以晃与曾天养同路北上,心里也很高兴,他非常赏识曾天养骁勇善战。太平军对这两位统帅十分敬仰和拥戴,斗志格外高涨,因此一路上所向披靡,先后攻克集贤关、桐城、舒城,年底,兵围庐州(今合肥)。

望着城头上高竖的红地黑边大旗,胡以晃似有所感,对曾天养说:"庐州是安徽临时省治,也是通往河南的门户,是历来兵家必争之地。料想清妖必定调集各路军马来此增援,所以围城打援乃是上策。"

第八章 赖汉英寡断失城 江忠源死守庐州

"胡丞相说得极是,"曾天养说,"这个守城的江忠源凶顽狡悍,必定拼死守城。我们须强力攻打,却不能急躁。只要城里与援军不能相顾,待其疲惫,便一举可歼。"

这时,城头上出现了十几个人,一看穿戴,就知道是州府的一干官员。曾天养望了一会,叫道:"胡丞相,那张尖嘴鼠眼的黄脸子就是江忠源。"

"行将就木。"胡以晃蔑视地吐出了四个字。

这位新任的安徽巡抚江忠源刚刚赴任,走到六安的时候就身染疟疾,身体虚脱得只剩下一张皮。亲兵们劝他就地休养,他不听从,带领兵勇日夜兼程赶到庐州。

庐州知府胡元炜早有归降太平军之意,闻听胡以晃军前来征讨,心中暗自欣喜。不料想江忠源忽然到任,降城的事搁浅了。

江忠源虽然不知道胡元炜有降城的打算,但见面不久,就觉得这位胡知府是个白吃朝廷俸禄的人,一无战心,二无谋略。于是干脆撇开他,一面与布政使刘裕珍协力布置城防,一面四处求援。

今天,江忠源带领众官巡城的时候,正与城外的胡以晃、曾天养遥遥相望。

江忠源明白眼前形势的险恶,于是,一下城楼,便动员全城百姓,或捐军饷,或送茶饭,或搬运石矢,或登陴望风,而他自己则亲自清点弹药库,检查士兵们的兵械,过问他们的饮食、起居和疾病,不敢有一息懈怠。

因此,像在南昌一样,太平军先后三次轰塌城墙,都被江忠源率众拼死守住。

清军援兵从四面八方赶到了:寿春镇总兵玉山驻扎于拱辰门外,陕甘总督舒兴阿屯兵冈子集,滇军总兵音德布设营于枣林……

但胡以晃早有防备,一方面在庐州的七个城门之外构筑木城土垒,使守军不得出,一方面攻打各路援军,使他们无法靠近城池。

整日价炮声轰鸣,飞弹如雨,烟火弥天,角声遍野……

江忠源固守月余,终于心力交瘁,再次身染重病。他躺在木榻上,一种不祥之感向他袭来,这一次,远非当年在蓑衣渡时那样得心应手,也不能与守南昌时相比。唉,时过境迁了,庐州本来就兵力不足,如今已是粮尽援绝,再说,在发逆方面,胡以晃这个对手毕竟不是赖汉英。看来,庐州之地,真是岌岌乎殆哉了!恼人的消息不断地传来:寿春镇总兵玉山被胡以晃击毙,其军全溃。滇军总兵音德布的援军也被击退;舒兴阿的一万五千名援军居然两次败北,和春的援军只在城外游弋徘徊,无法靠近城池,朝廷命曾国藩赴援,而曾国藩却奏说战船、大炮、水手均未就绪,要等到从广东购买洋炮千尊方可动身。

一切都无可指望了,只好作困兽之斗。江忠源深恐危难之际军心有变,便拖着病体,强提精神再次登城,日夜坐卧水西门城楼,衣不解带。

1854年1月14日凌晨,大雾迷漫,咫尺莫辨,地雷轰破水西门城墙,太平军奋力攻上,守军大乱,纷纷溃退。

江忠源抱病指挥巷战,且战且退。这时大雾已经变成簌簌细雨,亲兵忽然报说刘裕珍已经战死,知府胡元炜投降了发逆,江忠源仰天叹道:"大势已去,死期至矣!"说着便要自刎,亲兵急忙将他的剑夺下。一群太平军冲杀过来,亲兵卞六子背起江忠源疾步奔逃,刚过了金斗门,江忠源猛然在卞六子肩头上咬了一口,卞六子不备,"啊"地呼叫一声便松了手,江忠源脱身后。一头扎进了古塘。

庐州既克,胡以晃进城,布告安民,号召"士农工商,各执其业",人心大定。消息传到天京,天王大喜,封胡以晃为护国侯,不久又改封护天侯。

西征军的另一支由石祥祯、韦志俊率领,沿江西上,进入湖北。1853年10月1日占武穴,15日在田家镇半壁山大败清军,进至蕲州。右四军正典圣粮陈玉成进据漕河,17日太平军占领黄州,20日攻克汉口、汉阳,因扬州形势紧张,杨秀清将部分西征军调回救援。暂时撤出汉口、汉阳,事毕仍回军西征。

1854年2月12日,石祥祯等率太平军自湖北黄州绕道出城堵清军后方纵火焚烧清军大营,湖广总督吴文镕投水死,副将德亮战死。16日,太平军第三次克汉口、汉阳,留国宗石凤魁镇守。

紧接着,石祥祯乘胜率军进入湖南。2月27日克岳州,3月4日占湘阴,7日陷靖港,11日取宁乡。这时太平军离省城只有六七十里,长沙为之大震。

不料,正当太平军在湖南初战告捷的时候,突然碰上了一支前所未闻的、比绿营军强硬得多的军队,它就是后来成为太平军劲敌的湘军。

石祥祯知道这支队伍声势浩大,就决定暂避其锋,命令太平军撤出靖港、宁乡,伺机智取。

第八章 赖汉英寡断失城 江忠源死守庐州

这支湘军的头目名叫曾国藩。曾国藩号涤生,湖南湘乡人,是道光年间进士,选翰林院庶吉士,后历经升迁,官至礼部右侍郎、刑部右侍郎。清咸丰二年(1852年)十二月,曾国藩因丧母在家乡守制,清廷命他协助巡抚办理本省团练。

曾国藩确立了一套独特的章法。他认为治军的关键在于选将,他手下的主要将领都是湘乡人,而选将的标准是有治民之才、不畏死、不急名利、耐辛苦。军队以营为基础,士兵由营官自己招收,所收者均是亲戚、同乡、邻里、友朋、师生,这样,官兵就结成了生死相依的关系,从而避免了绿营兵"将不知兵,兵不用命"的弊病。士兵的选拔,曾国藩也有严格的要求:"年轻力壮,朴实而有农夫土气者为上",那些油头滑面,有市井气、衙门气的人一概不收。

湘军的军饷从优,士兵每月多达四两银子,足以养家糊口;而营官每月二百六十两,更可发家致富。重金之下,必有勇夫,曾国藩对这一点是深信不疑的。

曾国藩坚持"治乱世用重典"的古训,对敢于犯上作乱者从不留情,一律格杀勿论。团练成立之初,十旬之内,便搜捕剿杀盗匪二百余人。一时地方秩序稍静,曾国藩却因此得到了"曾剃头""曾屠户"的绰号。

曾国藩在训练陆师的同时,又在衡州、湘潭建立船厂,造成快蟹四十号,长龙五十号,舢板一百五十号,拖罟(坐船)一号,又将许多民船改为战船。

到1854年初,一支水陆兼备的大军已经初具规模,总数达一万七千人。水师由褚汝航统领,陆师由满人塔齐布统领。

曾国藩任用塔齐布,不但是因为他身先士卒,操练时虽遇大雨而无惰容,也因为湘军是汉人的队伍,容易引起满人的猜忌,塔齐布在朝廷任游击之职,让他统领湘军陆师,正可以消除许多诽言谤语。

开初,成立团练仅仅是为了"搜剿土匪,安定地方",但因为八旗、绿营均不堪一击,朝廷就开始重视地方团练了。当安徽、湖北告急之际,清廷屡次下诏催促曾国藩赴援,但曾国藩均未应命。结果,庐州被太平军攻破,江忠源投水而死,吴文镕也投水死,汉阳失守。

"哥哥屡次不肯听命,倘若朝廷怪罪下来,如何是好?"六弟曾国华有些担心。

"如今官场无人，朝廷正有求于我，不会轻易降罪的，"曾国藩胸有成竹地说，"湘军问世，朝野注目，只有取胜，方可立足。而取胜之诀，在于有备。如若仓促上阵，一旦败北，岂不失笑于天下？"

曾国华对哥哥的稳健持重大为叹服。

然而，朝廷仍然三番五次地催促曾国藩动身，就这样，一条湖南地头蛇悍然出洞了。

要想有所举动，必须先正名。曾国藩深知舆论的威力，必须拟一份布告四方的檄文。

但是这篇檄文一定要言之有理，避其锋，攻其隙，文章之道也。发逆之误，在于反对几千年的规矩和秩序，这是天下人所看不惯的，他们反孔学而倡西教，这便得罪了天下读书人；他们进而反对一切被人们崇拜的偶像，这就连平民百姓的心也刺伤了。对，就从这里入手。曾国藩顿觉思路清晰，于是欣然命笔：

……君臣、父子、上下、尊卑，秩然如冠履之不可倒置。粤匪窃外夷之绪，崇天主之教，自其伪君伪相，下逮兵卒贱役，皆以兄弟称之，谓惟天可称父。此外，凡民之父皆兄弟也，凡民之母皆姊妹也。农不能自耕以纳贼，而谓田皆天王之田。商不能自贾以取息，而谓货皆天王之货。士不能诵孔子之经，而别有所谓耶稣之说，新约之书。举中国数千年礼义、人伦、诗书、典则一旦扫地荡尽。此岂独我大清之变？乃开辟以来名教之奇变。我孔子孟子之所痛哭于九采，凡读书识字者，又乌可袖手安坐不思一为之所也？……嗣是所过郡县，先毁庙宇，即忠臣义士，如关帝岳王之凛凛，亦皆污其宫室，残其身首。以至佛寺、道院、城隍、社坛、无庙不焚，无像不灭。斯又鬼神所共愤怒，欲一雪此憾于冥冥之中者也。

曾国藩飞快地写着，此刻，他文思如泉，下笔有神，一发而不可收。屎盆子、尿罐子一股脑儿扣到了发逆头上，一腔仇恨得到了淋漓尽致的宣泄。

当曾国藩将一千二百字的《讨粤匪檄》写完时，天色已经大亮。

早饭后，上百名嫔妃和宫女集中在天王府东内朝房。当自鸣钟一连敲完八下的时候，詹云蕙走上了讲台，坐下来。

"是詹副月宫。"有人在窃窃私语。

原来宫里的娘娘是按序号称呼的，洪秀全自比太阳，妻子就称为月

第八章　赖汉英寡断失城　江忠源死守庐州

宫。他的第一个妻子钟吉凤是正月宫,结婚不久便死去了;赖莲英是他的第二个妻子,称又正月宫;詹云蕙名列第三,称副月宫。

詹云蕙,广东香山人,精通诗文,善于辞令,还会说外国话,在天王宫中掌管内廷文书。按名分,她的地位排在又正月宫赖莲英之后,但赖莲英识字不多,因此讲道理的重任就落在了她的肩上。她性情温和,宫妃们都尊重她,喜爱她。

"谢嫔娘,点一点人数。"詹云蕙吩咐道。

谢嫔娘叫谢玉花,按入宫次序,她排第十九,故称"十九月宫"。前天天王按等级给嫔妃们加了封号:上等的嫔妃称'娘',又分嫔娘、爱娘、嬉娘娘、宠娘、娱娘五品,谢玉花属于第一品,因此今天詹云蕙便以新新的封号相称。

"加封的宫人全部到齐。"谢玉花禀报说。

詹副月宫微微一笑,然后坐下,朗声说道:"先背诵《天父诗》。第一首'天父下凡又几年',念!"

"天父下凡又几年,天兄护降苦同先。耶稣为尔救世主,尽心教导本仍然。"众人齐声背诵道。

"好。背诵第二首'瞒天莫道天不知',念!"

"瞒天莫道天不知,天量如海也无迟。看尔些有无胆志,不做忠臣道何时?"

"董姣女,你说说,'看尔些有无胆志'是什么意思?"

董姣女名董秋菊,宫中的下等嫔妃称'女',又分好女、妙女、姣女、妍女、娉女、够女、姑女、娟女、媚女九品,董秋菊是第三品。她虽然喝墨水不多,但自从进宫以后,对拜上帝教教义十分痴迷,《原道救世歌》《天条书》《天父诗》《幼学诗》背得滚瓜烂熟,因此詹副月宫每次讲道理时都喜欢提问她,以便给众嫔妃做个榜样。她像是有了被提问的心理准备,立刻就站起阿里,口齿伶俐地回答:"这句话的断句是前三后四,意思是看你有没有胆志。'些'字无义。"

"很好,坐下。下面一起背诵《天父诗》第二百七十八首'一分逆天一分哭',开始!"

"一分逆天一分哭,一分敬天一分福。十分逆天十分哭,十敬天十分福。"

"下面再背第十七、十八首'十该打',开始!"

"一服事不虔诚,一该打;硬颈不听教,二该打;起眼看丈夫,三该打;问王不虔诚,四该打;躁气不纯净,五该打;讲话极大声,六该打;有喙不应声,七该打;面情不喜欢,八该打;眼左望右望,九该打;讲话不悠然,十该打。"

朱九妹和朱幺妹姐妹正在走神,她们俩对这一套很乏味。这两个金陵绝色女子被选进宫以后,深得洪秀全宠爱。最近一连三四个礼拜,洪秀全都抛开了其他嫔妃,轮流与她们俩过夜。就在前天,姐妹双双被册封为爱娘,在宫中的地位顿时显赫起来。昨夜,姐妹俩一起服侍洪秀全,龙凤颠倒之欢现在正占有着她们的全部记忆。

"副月宫娘娘!"董秋菊站起来说。

"什么事?"詹副月宫问。

"我想润泉。"董秋菊说。润泉是隐语,意思是小便。

嫔妃们发出喊喊的笑声。

董秋菊见詹云蕙不吱声,知道她允许了,便一转身脚不点地向外跑。刚跑出朝房,就憋不住了,看看左右前后没人,就解下腰带,在朝房北墙根蹲下来。

过了好大一会儿,董秋菊一身轻松地站起身。"啊——"她猛然倒抽着气喊了一声,原来年满五岁的幼主洪天贵福在她的面前。

"你怎么没长小鸡?"洪天贵福天真地问道。

董秋菊顿时羞得满脸通红,不知说什么好。

"小青,快去看看,小万岁又跑到哪儿去了?"是又正月宫赖莲英的声音。

董秋菊吓得魂不附体:要是叫赖娘娘知道了我在这里润泉,我不死也得剥层皮。

"你怎么不去化关房?"洪天贵福又问了一句。化关房是厕所的隐语。

董秋菊灵机一动,抢上前一步抱住了洪天贵福,恳求道:"小万岁爷,千万别说在这里碰上了我,我也算是你的母后。"说完,在洪天贵福的腮帮子上狠狠地亲了一口。

董秋菊刚要起身,却见楚小青来到跟前了,她慌忙叮嘱了一句:"快把她领到别处去,什么也别说。"便转身逃走了。

第八章 赖汉英寡断失城 江忠源死守庐州

董秋菊回到朝房,忐忑不安地坐下来……

董秋菊和姐姐都是在武昌时进宫的,到现在一年多了,又正月宫赖娘娘的脾性她是知道的,这个醋坛子最恨的就是受天王宠幸的人。自从进了天京以后,哪一个宫妃为天王侍枕,第二天就准被派去干最重最脏的活儿。这段时间,天王最宠幸的是朱九妹和朱幺妹,其次就是我和姐姐董春兰了,结果朱氏姐妹天天都要去挖水塘,我跟姐姐则去西望亭搬砖。眼下正是三九,天寒地冻的,谁不打怵?可是也真怪,不管我们心里有多少委屈,却没人敢向天王诉说。每个人都似乎隐约地意识到,那样做恐怕是要以性命为代价的。她们所能做的,只有小心加小心,谨慎再谨慎。

没有错儿都要吃九分苦,若是有什么把柄,就更休想逃脱赖娘娘的手掌。一个月前,有个不知叫什么名字的宫女在西花园润泉,结果当众被脱裤子打化关(屁股)二百杖,那个宫女当夜就跑到机密房后投水自尽了。

董秋菊心里不住地翻腾着,她暗自祷念:"皇上帝保佑,小万岁爷千万别向他的母后问为什么有个娘娘没长小鸡,一问,就全完了。"讲完道理以后,詹副月宫指着朝房里的大自鸣钟说:"休息半点钟。"

宫人们笑着叫着涌出朝房,来到后林苑,踢毽子、跳绳、捉迷藏,这是她们全天中最自由、最畅快、最没有拘束的一段时间。下午,她们就要参加夯土、挖池塘、铺地板、贴壁绸、缝门帘、剪窗花、扎灯笼一类劳动,投入天王府未完的工程。

董秋菊失魂落魄地跟众人一起出来,一眼就看见楚小青领着洪天贵福向北走去,她急忙跑了过去,问:"小青,你去哪儿?"

"送小万岁去读书。"楚小青说。

董秋菊弯下腰,亲热地摸了摸洪天贵福的脸蛋儿。他仰起头,贴着董秋菊的耳朵小声说:"母后很凶,我不告诉她那事。"

董秋菊听了洪天贵福的话,就像遇到救命恩人一样,差一点儿跪下来谢谢这个小孩。

董秋菊的心里总算是一块石头落了地,因为害怕,她的眼睛里蓄满了泪水。

第九章

杨天父下凡夺美　张继庚谋划叛乱

天刚放亮,北王韦昌辉和顶天侯秦日纲及文武百官按照惯例到东王府给杨秀清请安,礼毕,各回府衙。

众人走后,杨秀清端坐于内殿。不到半个时辰,天父忽然下凡。杨水娇、胡九妹几个承宣急忙赶来,在杨秀清面前跪下,齐声说:"天父劳心下凡,小女等前来聆听天父教导。"杨秀清一脸怒气,不说话。女官们又请求说:"小女实在有过错,万望天父赦宥,请天父息怒。"三番五次哀求之后,杨秀清方才说道:"你们既然知道有罪,速传北王,听从吩咐。"

杨水娇几个哪里敢怠慢,旋即跑到二府门鸣鼓,将命令传达给殿右二十六承宣高云海。高云海翻身上马,驰向北王府。

韦昌辉刚刚脱下龙袍,就接到高云海的传令,他立即将袍服重新穿上,率领随从再赴东王府,一面派人通知秦日纲。

这里杨秀清早已等得不耐烦,向杨水娇几个女承宣交代说:"朕运作乾坤宇宙,日理万机,不能久候。现在你们北王未到,朕吩咐你们,将圣旨转告你们东王,命他启奏天王,要他宽大为怀。你们天王性情像朕一样刚烈,胸怀也应当像朕一样宽广。"说到这里,杨秀清觉得与其让属下在天王面前转达天父的意旨,还不如亲自到天王宫再一次表演天父附身的把戏,那样会更有权威性和震慑力,于是就住了嘴。

杨水娇等估摸天父已经说完,就应声道:"小女遵旨,自当将天父圣旨禀奏东王,请天父放心。"

杨秀清道:"朕回天去了。"说完,闭上了眼睛。

须臾,杨秀清睁开眼,问道:"方才天父有何教导?"

杨水娇把天父刚才说的话复述了一遍。

这时韦昌辉、秦日纲已经赶到,他们不知道天父已经回天,就在东王府外跪地祷告:"小子屡犯过错,致劳天父下凡,恳求天父赦罪开恩。"

门口男承宣鸣鼓传女承宣。杨水娇闻鼓跑了出来,见北王已到,就禀报说:"适才天父劳心下凡,现已回天,北王殿下同顶天侯大人平身。"

韦昌辉站起身,问道:"天父开恩下凡,有何教导?"

杨水娇说:"天父命东王殿下去天王府奏事,北王殿下和顶天侯大人等陪同前去。"

韦昌辉、秦日纲应诺。

韦昌辉事先不知道要去天王府,因而没带仪仗队。他只安排了自己和秦日纲手下的几十个扈从在前面开路。

过了大约一个多时辰,杨秀清的仪仗队才布置停当,开始动身。

现在,他要到天王府去办理一件重要的事情。昨天晚上,与杨水娇云雨过后,杨秀清虽然有些疲倦,却感到十分满足,心想:这女子情柔似水,娇媚无比,真像她的名字一样。杨水娇把脸贴在杨秀清的耳畔,轻柔地说:"杨长妹、石汀兰、朱九妹、朱幺妹都是跟我很要好的朋友,她们在天王府挖塘挑砖两个多月了,天这么冷,姐妹们身子又单薄,殿下把她们调到东殿来歇息几天吧。"

"小事一桩,好说。"杨秀清痛快地答应下来,一面在杨水娇的大腿上拍了两下。

听说朱九妹、朱幺妹有国色天香之容,正好借此机会把她们弄到身边。

仪仗队忽然停了下来。原来,杨秀清为了显示气派,昨天命令典舆衙的工匠们把车轿加宽了一丈,来到拐弯处,就无法通过。

没有人敢把这个情况报告杨秀清,但又不能有片刻停留,怎么办?众人一时没了主张,所有的眼睛都盯在蔡思胜的脸上。蔡思胜急得从马上跳了下来,观察着轿身和路面的宽度,也觉得无计可施。恰好北殿左二十七承宣陈德松来到轿旁,他几乎没有任何迟疑,就指着拐角处的小屋喊了一声:"拆掉它!"

像一声命令,仪仗队和附近跪在地上的兵民一哄而上,用长矛、大刀、扁担、木杠向小屋紧锣密鼓地砸去,一袋烟工夫,小屋"轰"地一声倒塌了。

仪仗队继续行进。

蔡思胜骑上马之后,心中好生奇怪:一个小小的北殿的承宣,怎么敢在东殿的扈从面前指手画脚、发号施令?反过来说,这一群人,怎么会那样乖乖地听从陈德松的命令？或许，东王无形的威慑力使他们都不约而同地意识到应该这样做，只等着一个能够让他们统一行动的信号出现，这时候，随便一个什么人的"识时务"的言语，都会立即把他们调动起来。

刚才他注意到有个老人始终跪在地上，没有参与拆屋，他大概就是屋子的主人。屋子拆了，老人怎么办呢？这样想着，就不觉回头看了一眼，老人仍然在那里跪着，眼眶里已积满了泪水，雪白的胡须被西风吹得格外凌乱。

"蔡指使大人——"

蔡思胜急忙回过头来，是陈德松在他身边。"北王殿下让小卑职来请示一下，东王殿下的车轿抬到朝房，还是一直抬到金龙殿？"

蔡思胜知道杨秀清的脾气，就回了一句："东王殿下在舆内安福，不敢惊驾。"

陈德松没敢再问，骑马向前方去了。他追上了韦昌辉，低语了几句。

韦昌辉顿然意识到自己的失误，这件事怎能派一个小小的承宣去问？便慌忙翻身下马，徒步向后跑去，他气喘吁吁地来到杨秀清的轿舆前，高声说道："方才小弟考虑不周，叫下人惊动四哥，望四哥海涵。"

轿舆里传出杨秀清的声音："他是谁？"

"是小弟的承宣陈德松。"

"从明天起，叫他到东殿来做事。"

韦昌辉一愣，摸不着头脑，却不敢问，只是照习惯连连称诺："是，是。"

"金舆一直抬到金龙殿。"杨秀清在轿内加说了一句。

韦昌辉又连连称诺而去。

蔡思胜的眉头微微皱了一下，他知道东王调陈德松来东殿做事的原因。

洪秀全听说天父劳心下凡，急忙步出朝门，将杨秀清接到金龙殿。杨秀清坐上龙椅，双目紧闭。洪秀全、韦昌辉与群臣一齐跪下。

"这家伙不知中了哪门子邪，又要无故惹出事端来。"洪秀全心里骂道。

片刻沉默之后，天父附身了。

"秀全！你知道自己的过错吗？"杨秀清声色俱厉。怎么头一句话就追究天王的错处？在场的群臣全都惊呆了。"小子知错。"洪秀全一怔，立

第九章 杨天父下凡夺美 张继庚谋划叛乱

即应声。他知道,这是自己现在所能说出的唯一回答。

"既然有错,就责打四十杖。"杨秀清的语气更加严厉。

在场者更加大吃一惊。他们目睹过多次天父下凡,但天父下令杖责天王却是头一回。面对眼前的情势,不知如何是好。

洪秀全也感到事态的严重,但不知道杨秀清这次替天父代言是什么用意,他心想:杨秀清诡称天父附身已经五六年了,我和天国臣民都承认了,这一次也不能例外。如果他真能指准我的过错,我是无话可说的;如果他有意要逞逞威风,以后就有跟他计较的那一天。

听到天父要责罚洪秀全,韦昌辉全身战栗了一下。他知道眼前这个时刻,自己的言语举动是至关重要的。天国坐第一把交椅的人跪在地上,坐第二把交椅的人正在替天父传言,坐第三把交椅的我该怎么办?一要服从天父,二要维护天王,但现在,天父和天王剑拔弩张了!自己倒向任何一边,都会在极大的程度上得罪另一边。但如果不出面说话或者有所行动,那么两边都要得罪。

必须快速作出反应,晚一瞬都不行。

"哇——"韦昌辉突然号啕大哭起来,他跪着向前爬去,一直爬到杨秀清脚下,他一面匍匐在地,叩头不止。一面泣不成声地哀求说,"乞,乞请天父开恩。我主的错……归根结底……是小子的错,小子愿意代主受杖。"

在韦昌辉的感染下,群臣一齐匍匐在地,哀求道:"卑职愿代我主受杖。"

杨秀清依然怒气未息,对群臣的要求毫不理睬。

这时洪秀全说道:"各位爱卿不可违背天父的意旨,天父要开恩教导我当自受,哪有代受之理。"说完,就趴在地上,等待受刑。

洪秀全这么一说,韦昌辉和群臣的求饶声反而更高了,而且求饶声立即转化为一片凄惨的哭声。

杨秀清原想通过这一招试探试探人心所向,现在见眼前出现了如此场面,觉得应当适可而止,就说:"秀全既然遵旨,就不必杖责了。"众人齐声谢恩。停了一会儿,杨秀清说:"近日石汀兰、杨长妹协理天事,劳体伤神可让她们安享天福。"石汀兰是石达开的胞妹,杨长妹是杨秀清的族妹。杨秀清觉得不应太骨露,就有意把石、杨两个放到前面来说,作为陪衬。

洪秀全答道："小子遵旨。"

杨秀清继续说："朱九妹、朱幺妹两姐妹也有不少功劳,应准许她们到东王府安享天福。"

洪秀全这才明白杨秀清的来意。他实在舍不得朱氏姐妹,却又不愿为此惹出什么是非,就只好应声回道："小子明天就送石汀兰、杨长妹和朱氏姐妹去清胞府。"

"朕回天去了,剩下的事你清胞会一一交代的。"

过了喘三口长气的工夫,杨秀清恢复了东王的身份。他急忙离开龙椅,疾步走向洪秀全,诚惶诚恐地将他从地上扶起来,让到龙椅上坐下,自己站在龙椅的旁边。

洪秀全向群臣说道："天父慈悲,劳心下凡教导我辈,情恳意诚,我辈当铭记在心,感激天恩。"

群臣山呼万岁。

杨秀清俯身低首,问道："敢问二兄,方才天父有何教导?"

洪秀全答道："天父要对朕责杖四十。"

韦昌辉插了一句："天父已经开恩赦免了。"

"既然天父已经开恩赦免,就当遵天父圣旨,二兄可放宽心。"杨秀清说,然后启奏道,"适才天父在小弟府内下凡,命小弟登朝启奏二兄。"

洪秀全问："天父有何圣旨?"

杨秀清说："天父命二兄好好教导幼主,使他一言一行,一举一动都合乎规范,不可任其心意所向。譬如,天父降雨时不要让幼主外出玩耍,以免雨淋身湿,导致病恙。"

洪秀全知道杨秀清先提幼主只不过是一个铺垫,就应付了一句："天父对晚辈关切备至,小子实在感恩不尽。"

杨秀清说："并非小弟考虑周到,都是天父、天兄圣明,也因二兄鸿恩优容。"

洪秀全对群臣说道："众爱卿须知东王所言,就是天父所言,皆当欣遵。"

群臣齐声应道："遵旨!"

"应该收场了。"杨秀清想,就提高了声音说道,"二兄的刚烈性情,是子肖父性,并非气量狭小。自今而后,望二兄放眼宽怀,坐享天国万寿

第九章 杨天父下凡夺美 张继庚谋划叛乱

129

无疆。"

韦昌辉、秦日纲及群臣山呼万岁，礼毕而退。

在回东王府的路上，杨秀清的心情很有些低落。仪仗队的脚步听上去远不如来的时候那样整齐有力，吹鼓乐也奏得有些凌乱，或许是因为日近晌午，大家都困乏了吧。总之，他觉得这支队伍拖泥带水，倒不如乘坐一顶四人抬的小轿子更快捷利索。然而不行，他只能接受王族礼仪所应有的前呼后拥的气派，率领庞大而臃肿的仪仗队慢腾腾地行进。

杨秀清想：当我借天父的名义要责罚洪秀全的时候，百官的求饶呼声竟是那样高涨，那样急切，可见天王虽然足不出朝门，龙威却深播于群臣之心，不可侵夺。幸亏我及时刹了车，否则，怕要引起众怒的。

"一定要把事情办得更妥善些。"杨秀清心中已经有了主张。

回到内殿，杨秀清刚更衣完毕，杨水娇就领着石汀兰几个前来谢恩。杨秀清瞟了朱氏姐妹一眼，果然柔情似水，清秀娇娜。杨水娇早就留意到杨秀清的眼神，等她们退下后，又单独唤住朱九妹，将她推入杨秀清的内室。杨秀清急不可耐地把朱九妹抱上金榻，那朱九妹知道是杨秀清专程去天王府把她要回来的，自然心存感激，于是殷勤服侍，万般温存，直把杨秀清弄得心颠神倒，魂飞魄荡。

为了免生猜忌，杨秀清当天就把朱九妹派到绣锦营去任一名检点。一个月后，才把她调到东殿来做了承宣，这是后话。

次日，东王杨秀清带着韦昌辉、秦日纲又来到天王府，

相见礼毕，洪秀全问道："清胞登朝，有何事启奏？"

杨秀清回答："小弟特来恭请二兄御安。"

洪秀全说："为兄安康无恙。"

杨秀清笑了笑说："昨日小弟言语多有冒犯，望二兄恕罪。"

洪秀全也用平和的口气说："清胞直言启奏，谈何冒犯？"

"天父昨日劳心下凡，虽是教导二兄，其实却是教导天下万国弟妹。"杨秀清说。

"是为兄果然有错处，天父才劳心下凡的。"

韦昌辉插言道："二兄没有错处，总是我们为弟之错。都是因为我们弟妹有过错，天父才借教导二兄，以为天下弟妹法则。"

杨秀清接着说："二兄之过亦属难免，都是因为天下子民未合天心，连

累了二兄有了些小过错。譬如二兄想不到的事,我们为弟者应当想到,登朝启奏,方为忠君敬兄之道。"

洪秀全说:"昨日清胞所奏皆合天情。"

杨秀清说:"都是天父天兄教化所致。二兄曾经上过高天,天父亲自教导,然后差遣二兄下凡为万国真主,二兄今日有错,天父又劳心下凡,此谓'慈父教其子'也。小弟直言二兄之过,乃是'忠臣谏其君'也。古人云:'木从绳而得直,君从谏而得正。'君臣同德,上下一心,斟酌尽善,实乃一国兴旺之根本。"

一番话说得洪秀全心悦诚服,昨日君臣之间出现的小小缝隙完全弥合了。他高兴地说:"清胞所奏,字字金玉,实在是朕的贤弟良臣啊!"

"二兄果然有海底量,如此,为臣方能知无不言,"杨秀清也兴奋起来,"眼下国都初定,战事纷乱,将士在外作战极为辛苦,枕戈而眠,冒雪而征;京城之内,钱粮短缺,军民只能喝粥度日。如此情势,为王为臣者亦应当诸事从简。"

"清胞说得极是,节俭乃治国之本,"洪秀全顺势说下去,"朕这里有些锦缎绸帛,做袍服用不了许多,诸位贤弟可拿去享用。"

韦昌辉接道:"二兄为天下万国真主,富有四海,袍服虽然够用,也要时时缝制。"

杨秀清反驳道:"五弟之言差矣,袍服既然已经够用,何必再时时缝制?二兄解用爱人,方显君王盛德。小弟直言,望二兄赦罪。"

洪秀全称赞地说:"清胞真是古往今来所谓骨鲠之臣,昌辉虽然爱朕心诚意恳,终究不如清胞正直耿贞。今后你们应当效法清胞,直言无隐,以尽为臣之道。"

杨秀清恳切地说道:"自古以来,为君者常多任其气性,不纳臣谏,甚至误伤臣下,致使国政多乖,后悔莫及。"

洪秀全笑道:"清胞所奏,句句是金玉药石之论,事事皆至情至理之言。"

杨秀清谦让地说:"小弟所言,称不上金玉药石,二兄从谏如流,堪称万世之英主,这是天国臣民的福气。"

洪秀全当即命设御宴,款待杨秀清等人。席间,杨秀清把派朱九妹去绣锦营的事顺便说出,洪秀全没有什么反应,他好像已经忘了这件事,而

第九章 杨天父下凡夺美 张继庚谋划叛乱

韦昌辉、秦日纲则流泻出无限敬佩的目光。杨秀清暗暗庆幸自己办事的周密。

宴毕，杨秀清等谢恩出朝。

刚入夜，侯府后街就悄无声息了。张继庚出了宅院，就一直向北走去。这条偏僻的小巷子，白天都很少有人来的，所以他断定不会有人盯梢。

自从金陵落入发逆之手以后，张继庚就在北典舆衙栖身，内心里无时无刻不在谋划接应官军进城的事。半年前，他发现唐正才所统辖的水营都是湖南人，他们不是住在船上，就是住在岸上的临时营帐里，而广西老兄弟则多分布在京城大小宅馆之中。待遇上的不平等显然是发逆料理事务的漏洞，于是他便有意跟水营中的官兵结交，并巧妙地提醒他们：水营与陆营待遇不同，是因为东王厚待广西老兄弟，薄待湖南新兵。果然引起了水营将士的不满，这样，就轻而易举地秘密联络了八百多人，准备待时投奔清营。

这些人显然是不够的，最近，他又与织营总制吴长松取得了联系。吴长松原是个富商，太平军攻克金陵时，他迫于情势，将家产进了贡，但心中却恨透了发逆。恰好殿前丞相钟芳礼为各王府搜求绸缎，吴长松趁机进言：金陵的纺织刺绣为华夏之首，居民半数长于此道，若将他们招集起来，则足供诸王服御之用。钟芳礼当即禀奏杨秀清，于是成立了织营，任命吴长松为总制。吴长松在织营这个机构中，容纳了大批落魄之人，又联络了其他百工衙的人。他在等待着，准备着，一旦时机成熟，就组织行动。

现在张继庚正要到吴长松那里去，商讨这件大事。他已经派贴身耳目牛摆子叫钱守正去了，钱守正是水营里的一名师帅，是策反队伍的头目，地道的拼命三郎，他如果今晚到场，水营的事就可以拍板了。

前面来到大行宫街，街口有两个伍卒在那里巡夜，他大步迎过去，熟练地掏出腰牌，一面笑着说："二位弟兄辛苦了。"

两个伍卒草草地看了一眼，说："去吧！"

来到城北一枝园，张继庚前后看了看，没有人，就急步跨进园子。西屋是织营的账房，里面的灯亮着，张继庚没有敲门，一步闪了进去。

吴长松已经在这里了，他身边还有两个人。

吴长松站起来介绍说："这位是萧保安，后四军水四总制陈子丰的书手,这位是翁月峰,陈桂堂部下军帅张沛泽的书手。"张继庚向二人点了点头。

吴长松又对萧保安和翁月峰介绍说:"这位是叶芝发先生。"

叶芝发是张继庚的化名。

张继庚向这两个陌生人注视了一会儿,简短地吐出了几个字:"长话短说。"

萧保安说:"陈总制正驻守朝阳门,我跟他交谈过,他愿意归降大清。"

"张军帅也愿意。"翁月峰接着说。

"我已经给向帅(向荣)写了七封书信,"张继庚说,"咱们原来的计划是献神策门,向帅的意思是他的队伍在城东孝陵卫,到北面的神策门接应不方便,让我们设法打开朝阳门。我想,朝阳门是发逆的军事重地,防守严密,很难得手。现在有陈子丰和张沛泽加入,这对我们很有利。正好陈子丰现在正把守朝阳门,我们可以说成功在望了。"

"在织营,我们大约有一千人,此外,铅码衙、天茶衙、豆腐衙也有我们的人,三百多。"吴长松说,然后问道,"水营那边怎么样?"

"水营那边,我已经发动了八百多人,力量足够了,"张继庚说,"行动的前一天,我就把免死牌和白布标给你们带过来。"

"什么时候行动?"吴长松问。

"这要看向帅的意思。"张继庚回答,之后对萧保安说,"你回去对陈总制说,三天后,也就是初五的上午,我要到朝阳门城楼去一趟,让他行个方便。"

"这好办。"萧保安说。

"要万无一失。"张继庚严肃地强调了一句。

萧保安意识到自己刚才答应得太快,因而显得话的分量太轻,于是十分郑重地点点头。

忽然,门被"轰"地一声撞开了,牛摆子扑了进来,气喘吁吁地说:"叶先生,钱师帅不能来了!"

"怎么啦?慢慢说。"张继庚非常吃惊,难道事情败露了?

"水营怨言四起,说天朝不公,薄待湖南新兄弟。事情闹到北王那里去了,北王派了个叫张子朋的承宣前去平息此事。谁知张子朋来到水营以后,不问青红皂白,大打出手,一连杖责了二三十个士兵,连钱师帅也被他抽了一鞭子。这一来,把水营的人全都惹恼了,他们一齐闹着要离开天

第九章　杨天父下凡夺美　张继庚谋划叛乱

京,开船回湖南老家去。"

"好!火上加油,张子朋帮了咱们的大忙。"张继庚喜形于色地说。但他立即担心起来:愤怒的情绪一旦煽动起来,最容易坏事,弄不好,钱守正可能贸然提前行动。

"我得去看看!"张继庚说完,就匆匆走了出去。

早饭后,刚听完讲道理,就有一个不相识的童子来找常万林,告诉他,他的妹妹常翠花生病了,让他去看看。今天恰好是礼拜天,是允许男女亲人互相探视的日子。常万林急忙来到东王府,叫上了蔡思胜一同前去。

走进狭窄的马家胡同以后,常万林看看周围没有人,就对蔡思胜说:"在金田的时候就说,到了小天堂,允许夫妻团聚,现在我们进小天堂已经一年多了,你跟我妹妹还是这么别别扭扭的。"

"天王深居不出,东王日理万机,好像都把这件事忘了。"蔡思胜说完,叹了一口气。

"等我妹妹病好了,想法把她叫出来,你们聚一聚。"常万林说。

"不行,"蔡思胜摇了摇头,"冬官又正丞相陈宗扬犯下了夫妇同宿罪,两人一同被斩首了。丞相尚且如此,何况我们?"

"不过,镇国侯卢贤拔也犯了这样的事,却没有斩首,而只是革职了事。"

蔡思胜前后看了看,压低了声音说:"他是东王的妻兄。"

"原来是这样,"常万林恍然大悟,"事情传开,很多人不服,东王也察觉道了,不得已,才借天父下凡,命令女官杖责自己五十大板,平息了这件事……"

对面有两个人走来,蔡思胜住了口。

来到说书场,里面已经坐满了人,掌朝仪黄期升端坐于讲台,铜钟般的声音传遍会场的每个角落:"你们是有幸之人,生逢天王降世。天王是天父第二爱子,下凡拯救世人,你们都要知道报恩。怎样报恩呢?打仗杀妖,是报恩的第一件事。现在已经建立起小天堂,天京城内,无妖可杀了,怎么办?仔细想来,你们有女儿,就要敬献给天王……"

听到这里,蔡思胜与常万林对视了一下,转身离开了。

两人都觉得无话可说,因为不论是谁,一开口就会刺伤对方的。常万林想,刚才蔡思胜与常翠花近在咫尺,却不得相聚,而天王却又在大张旗鼓地选妃……

蔡思胜想,一听到选妃,常万林不会不想起自己的未婚妻秦立娟,她正在宫里服侍天王,恐怕今生今世无缘与常万林相见了……

"二位哥哥要到哪里去?"身后有人叫道。

两人回头,同时喊道:"傅云虎! 你怎么来天京了?"

"翼王从安庆回京住几天,我也跟着来了。"

傅云虎今年二十一岁,自幼习武,去年他参加天国的科试,武试得了第三,被翼王石达开选中,当了翼殿参护。

三人从旱西门出了城,过了石桥,来到秦淮河西岸的操练场。操练时间已过,场子空无一人。

傅云虎忽然有所发现似的说:"真凑巧,咱们三个人,分别在三个王府里做事,都是当参护。"

蔡思胜说:"云虎跟我想到一块儿了。南王捐躯于全州,西王阵亡于长沙,现在天王之外,只剩下三个王,他们是天国的栋梁,咱们在三王身边做事,是难得的缘分。我看咱们就在此结拜为兄弟,今后携手共勉,可好?"

"太好了!"常万林和傅云虎同声应道。

三人登上操练场的指挥台,蔡思胜说:"跪下起誓吧。"

二人并排长跪。蔡思胜带领起誓:"小子蔡思胜!"

常万林接道:"小子常万林!"

傅云虎接道:"小子傅云虎!"

三人同声:"跪在地下!"

蔡思胜高声宣诵誓言:"当今妖孽横行、万方危急之秋,我等三人患难相助,携手共济,结成生死之交。今日结拜为兄弟,自此而后,愿以驽马不畏千里之遥、劣鸟不避风雷之险的雄志,为天国终生效力。"说到这里,他拔出佩剑,高举头顶:"出生入死,护卫东王!"

常万林拔剑高举:"出生入死,护卫北王!"

傅云虎拔剑高举:"出生入死,护卫翼王!"

三人同声:"托救世主转求天父上主皇上帝俯准所求,心诚所愿。"

三人起立后,蔡思胜说:"天王已经昭示天下,天兄耶稣是独一大哥,除了他以外,谁也不准用此称呼,今后咱们就以名字相称吧。"

东王府内殿东侧的耳房,傅善祥在案桌旁整理书籍文卷。她是金陵

第九章 杨天父下凡夺美 张继庚谋划叛乱

人,自幼饱读诗书,今年二十二岁,相貌秀丽,举止端庄。不久前,天国招贤,她前往应试,文章在女子中得了第一名。消息传开,天京的百姓都称她"女状元"。她来到东王府,担任簿书,帮杨秀清起草诰谕,审阅和批复各种奏章。

柴小妹手里拿着一本《太平礼制》,一面背诵着,一面走了进来。她今年十九岁,参加过金田起义,没打过仗,只是跟着太平军跑了不少路。进天京后,就入了绣锦营,前几天傅善祥才把她要到东王府来,准备让她做一名承宣。她没有念过书,但很好学,总爱向一些粗通文墨的大人们问这问那,因此在太平军中混了三年,竟识得不少字。

"你们在这里呀。"杨秀清出现在门口。

傅善祥和柴小妹一起行跪礼,说:"小卑职跪迎东王殿下九千岁千岁千千岁。"

"起来起来。"杨秀清和蔼地说,然后随便在一张椅子上坐下。

傅善祥站起身,柴小妹也跟着站起来,心里很紧张。

"善祥,你把昨天各地送来的本章给我念一念。"杨秀清说,一面把脸转向柴小妹,"我五岁的时候就死去了父亲,九岁上,母亲也死了,我是由伯父养大的,家里穷,上不起学,不识字。起义以后这几年,只要一有文字,都是簿书念给我听,我也能听得懂。"

傅善祥在书案边坐下,念了起来……

约莫一个时辰,傅善祥念完了。杨秀清吩道:"这些本章都可以批准,然后盖上王印,送到天王府去。"

杨秀清走后,柴小妹说:"都说东王很厉害,人人都怕他,听说连天王他都要责罚,可我看他脾气挺好的。"

傅善祥说:"东王能勤于军务政事,办事机敏果断,日理万机,又是个雷厉风行、威严刚正的人,他之所以能把天国治理得井井有条,多半靠着这两条,一是勤,二是严。不过他对身边做事的人总是很谦和的。"

门外鼓声响起,柴小妹赶忙跑了出去。过了一会儿,她慌慌张张地跑了回来,说:"善祥姐,太平军水营要哗变了。"

"真的?"傅善祥大吃一惊,"你快去禀奏东王殿下。"

看到傅善祥严肃的表情,柴小妹转身跑了出去。

第十章

傅善祥智劝东王　小天堂男女开禁

吃了早饭,张继庚离开了住所,他的脸上阴云密布。今天是初五,他要到朝阳门去取向荣用箭射来的密信。

张继庚正在谋划中,但是也没有想到,杨秀清会这么快得到消息。那杨秀清连夜赶到现场,将北殿承宣张子期打了一千杖,又以用人不当、玩忽职守罪将北王韦昌辉责打了三百杖,打得他都爬不起来了。之后又把唐正才接到东王府,重赐金帛,加封丞相衔,并送了大批粮米猪羊犒劳水营。于是,哗变的事悄无声息了,而钱守正则被调到铅码衙去了。传说杨秀清机敏果断,雷厉风行,从这件事看来,真是言之不虚。现在,举事献城只能靠织营的人了。一千三四百人是少了些,但只要做得机密,行动迅速,成功还是有把握的。现在只等向大帅指定日期了。

刚来到朝阳门下,张继庚的衣裳后襟就被拽住了。他吃了一惊,回头一看,原来是牛摆子。

"什么事?"张继庚问。

牛摆子把他拉到小胡同里,低声说:"朝阳门守将换人了。"

"啊!"张继庚失声叫道。

"陈总制去了水西门,叫我等在这里告诉先生,"牛摆子继续说,"今天守这个城门的是东王府的指使蔡思胜。"

完了! 张继庚差一点瘫倒在地上。为什么偏偏在这个时候换了守将? 我们的计划是否露出了蛛丝马迹? 必须立即找到萧保安或是翁月峰问问清楚。他急忙转身往回走,牛摆子却拽住了他的衣襟。

"什么事?"张继庚问。

牛摆子伸出一只脏兮兮的手,张继庚从衣袋里掏出五枚"太平圣宝"小钱,牛摆子接过,一转身,跑得没影儿了。

张继庚刚走了几步,就又停住了。不行,卯时已到,是取密信的时候了,要是我离开,那支箭岂不要落到发逆的手里?汗珠子从张继庚的前额上忽忽地冒出,顺着下巴滴到前襟上,此时,他觉得发逆的大刀仿佛已经架在自己的脖子上了。忽然,他打定了主意,用袖子抹了抹脸上的汗水,坦然地向城楼走去。

蔡思胜在朝阳门城楼上刚查过岗哨,就见常翠花带领一群女兵走来。一问,才知道是受了东王之令,前来修城的。意外的会见使两个人都非常激动,迟疑了一会儿,蔡思胜就把常翠花带到谯楼的石阶坐下。守城的天兵很知趣,都离得远远的。蔡思胜看着常翠花,不知从何说起。沉默了好一会儿,才叫了一声:"翠花!"

"嗯?"

"咱们的事……"

"胜哥,别提这些了。"

"为什么?"

"我觉得这事成不了啦。"翠花的语调有些凄然。

"别这么说。天王和东王不是说了吗,等太平军统一了天下,就准许将士们婚配。"

"从金田举义的时候就是这么说的,可是到现在已经三年多了。北伐军没有音讯,天京被围困,谁知道哪年哪月能统一天下呢?"

"对,三年了,过得真快呀!三年前,我去接你,可是在半路上听到团营的消息,你一下子就从花轿上跳了下来,拉着我的手说:'走,到金田村找洪先生去!'赶到金田的时候,你头上还插着花呢。"

常翠花"嘿"地一声笑了起来:"那时候一心想有个出头之日,别的什么也顾不得了。"

一阵风吹来,常翠花微微抖了一下。

"你又受凉了?"蔡思胜问。

"上次受凉,到现在还没好利索。"

蔡思胜解下披风,披在常翠花肩上。不约而同地,两人都贴近了对方,拥抱在一起了。

一箭飞来,正中旗杆。但此刻蔡思胜与常翠花正陶醉在情感的热浪中,没有听到。

张继庚蹑手蹑脚地走近旗杆,伸手就要拔箭。但他却没留意,自己的影子正好投到蔡、常两人身上。

蔡思胜警觉地抬起头来,喊道:"什么人?"

张继庚吃了一惊,但立刻镇静下来,上前几步,行了跪礼,然后答道:"北王府典舆衙听使张继庚参见蔡大人,祝大人高升高升高高升!小卑职有腰牌在此,请大人查审。"

说完,随即将腰牌摘下,站起身,递给蔡思胜。蔡思胜接过腰牌,看了看,没有差错。但他觉得有些蹊跷,便问道:"你身为典舆衙听使,不在本衙里管车轿的事,跑到这儿来干什么?"

"回大人话,天国之制,职别与实际分工并不相合。比如,天官丞相本来是应当掌管吏部事务的,可是历任的五位天官丞相没有一个是管吏部的,林丞相不是率军北伐去了吗?地官丞相本应掌管户部事务,可三位地官丞相都没管,李丞相也带兵北伐去了。三位春官丞相也都没管礼部的事。从近处说,蔡大人身为东殿指使,自当以护卫东王为己任,可现在不是也到这里来守城了吗?说到小卑职,当然也是如此,眼下战事紧急,置办车轿的事暂时停止。因此小卑职奉北王殿下之命,沿城搜集清妖射来的箭矢,送到弓箭衙翻造。"张继庚说得一板一眼,词句流利,神态镇定。

蔡思胜一时竟无言以对了,他沉思了一会儿,问道:"听说前天清妖放了很多的箭,你来了吗?"

"小卑职没来。"

"可惜,"蔡思胜说,"今天没放箭,你倒是来了。"

"清妖何时放箭,小卑职怎么能知道呢?再说,今天也不是没放箭……"说到这里,张继庚意识到自己的失误,急忙收住口。

张继庚的话提醒了蔡思胜,他越发感到奇怪:"清妖为什么孤零零地放出这一支箭来?"想着,就向旗杆走去,伸手拔箭。不料那支箭牢牢地钉在旗杆上,箭羽被拔脱了。他拆开箭羽,发现了一小块白色细绢,上面密密麻麻地写满了字。不用说,这是密信,蔡思胜不由得大吃一惊。

当蔡思胜抬起眼逼视张继庚时,看到的是一张恐慌不安的脸,心中完全明白张继庚的来意了,便严厉地说:"我们寻找私通清妖的奸细已经两个多月了,没想到你今天自己送上门来。你干得不错,东王早就想见见你。"

就在这短短的几句话的工夫里,张继庚就已经调整好了自己的心态。

他知道,事情无可挽回地暴露了,必须孤注一掷地采取攻势。于是,他一反刚才的谦恭态度,用强硬的语气说:"蔡大人,你以为把我交给东王就能官升一级了吗?我倒觉得咱们是独木桥上碰了头:互相让一步,你我都方便,要是彼此过不去,那就——"

"怎么样?"

"方才蔡大人跟这位女军帅言谈举动,我都听见了,也看见了。"

"怎么,你在偷听?"常翠花惊叫道。

蔡思胜向常翠花做了个制止的手势,然后说:"听见看见又怎么样?我们是光明正大的夫妻。"

"十款天条第七款明文规定:'不好奸邪淫乱。'连'丢邪眼,起邪心'的都算是违犯天条。天国禁令中又多次申明:虽是夫妻也不得幽会。别说大人官不过将军,就连秋官正丞相陈宗扬夫妇,不也因为犯了同居罪而杀头的吗!听说,蔡将军跟常军帅虽然立过婚约,坐了花轿,可是还没拜过天地呢,这怎么能算是光明正大的夫妻?我可不是吓唬二位,天国的兄弟姐妹栽在这件事上的,已经有上百人了,有枷杖的,有杀头的,有五马分尸。对广西的老兄弟责罚就更加严厉,恐怕是要——点天灯。"他把最后三个字说得格外钝重。

张继庚的一席话说得蔡思胜和常翠花张口结舌。

沉默了片刻,张继庚继续说:"见过点天灯吗?用棉花、粗麻把身体裹起来,挂在树上,浇上油,再点一把火。嘿嘿,要烧到半个时辰才能升天呢!"

常翠花"嗖"地抽出剑来,喝道:"你恐怕没有开口的机会了,我这就先杀了你这个老贼!"

张继庚毫不惧怕,他身子一歪,将脖子伸向前来,用讥讽的腔调说:"死在姑娘的手里倒是一件美事,姑娘,来呀!"

这句话更激怒了常翠花,她举起剑就要砍下去,蔡思胜急忙抬起手臂,挡住了她。他知道,眼前这个人太重要了,他关系到天国的安危,只能把他活着送给卫国侯黄玉昆。

"还是蔡大人聪明。"张继庚站直了身子。

"你往下说。"蔡思胜的态度很平和。

"依我看,"张继庚心中已有几分得意,"蔡将军武艺超群,前途无量。

要是为了这么一块小布条丧了命,也太不值得了。我料想蔡大人是不会出此下策的。"

"你的意思是——?"

"两全其美为妙。"

"你想让我把这封密信交给你?"

"我保证对二位的事守口如瓶。"

"哈哈哈!"蔡思胜畅快地大笑起来,"张继庚,你聪明过顶了。你拿男女之禁来威胁我,以为我会贪生怕死。你忘了一点,我死了,对天国不会有多大损失;可是,如果这块小布条上的密谋一旦得逞,整个天京就可能落到清妖手里,到那时候,我也活不成,你说是不是?现在,我要是能用自己的性命来惩治奸贼,挽救天国,倒是心甘情愿的。"

张继庚心中暗暗吃惊,这回遇上不怕死的了。没等多想,蔡思胜早喊了一声:"来人!"

蔡思胜派常翠花带人去搜查张继庚的宅馆,自己押送张继庚到卫国侯黄玉昆那里,恰好韦昌辉在黄府督察公务,就当即下令审讯。

"小卑职冤枉!"张继庚跪下后哭叫着。

黄玉昆问道:"有清妖的密信在此,你有何冤呐?"

"什么?"

"小卑职前往各个城门拾取废箭,可是刚到朝阳门,就看见——"

"看见什么?"

"看见蔡指使跟一个女人——"

"怎么样?"

"搂抱在一起亲嘴。"

蔡思胜默不作声,他早就预料到这一着。

黄玉昆一惊,又有些疑惑,就试探地说:"你在撒谎。"

"蔡指使怕小卑职告发他和女人的奸邪行为,就加害于小卑职。"张继庚斩钉截铁地说。

黄玉昆向蔡思胜问:"当真吗?"

蔡思胜答道:"禀报大人,方才女军前一军军帅常翠花带领女兵来朝阳门修城,小卑职只不过跟她说了几句话,至于亲嘴之事,纯属捏造。"

"大人,小卑职是亲眼看见的,要是有半点假话,上天叫我瞎眼烂

舌头。"

"住嘴!"黄玉昆厉声喝道。

韦昌辉严肃地说:"蔡思胜,你是广西的老弟兄,连这点规矩都不懂吗?几年来,天朝对男女之禁三令五申,可是你身为指使,却带头违犯,按天国刑律,当解往市曹,斩首示众。卫国侯,你说呢?"

"眼下天京战事紧急,妖兵未破而先斩主将,会不会使军心有所浮动?况且,城墙之上,前有男兵巡视,后有女兵修筑,谅他二人也不敢有过分之举。只凭张继庚一面之词,恐怕未能断其真伪,望殿下三思。"黄玉昆说,心里有些慌乱。

"治军之道,贵在法纪严明。主将违法而不惩治,军心又岂能安定?再说,我也并非只听一面之词,蔡思胜本人也承认没有他人在场,真伪难道还不分明?"

黄玉昆还想辩解,韦昌辉看出了他的心思,就说:"这件事让东王裁决吧。"

正在这时,常翠花双手捧着包裹走进黄府,行了跪礼之后说:"女军前一军军帅常翠花跪禀北王殿下并卫国侯大人,小卑职奉蔡指使之命前去搜查奸细张继庚的宅馆,搜出清妖向荣发给的免死牌四百面,白布标两千块,呈交北王殿下并卫国侯大人明鉴。"

一名北殿承宣接过包裹呈递给韦昌辉。

"一起带下去吧。"韦昌辉说。

四名北殿参护将蔡思胜和常翠花带走了。

事有凑巧,就在蔡思胜押解张继庚来黄府的路上,意外地遇上了萧保安。萧保安见张继庚被押,心里很害怕,他想,一旦这家伙招了供,自己受到牵连,脑袋恐怕就要搬家了。于是就跟着来到黄府。正当黄玉昆开始审讯张继庚的时候,他在门口敲鼓,被传进去以后,就把策反的事一五一十地说了。

萧保安被带走后,黄玉昆说:"原来叶芝发就是你。你的主子向妖在密信里写的什么,你想知道吗?他要你今天夜里举火为号,开朝阳门迎接妖兵入城。真是可惜,你已经无所作为了。说吧,你的同党有谁?"

汗珠子又一次从张继庚的前额上冒出,他浑身就像筛糠一般,颤抖不止。

"说!"黄玉昆厉声喝道。

"奴才说,奴——奴才愿说。"张继庚抖得更厉害了。

"就你这点胆量,还想策反?"韦昌辉插了一句,"说呀!"

"人太多,奴才一时记不全,可把官册拿来,奴才一一指出。"

韦昌辉当即派右二十承宣许宗扬前去诏书衙领官册,不一会儿,许宗扬回报:诏书衙不肯发册,说岂有将官册交到叛贼手中之理。

"那你就把能记得的名字写下来。"韦昌辉说。

一个时辰以后,韦昌辉将破获张继庚及其同党一案和蔡思胜常翠花违反男女之禁的两份文卷派许宗扬送到东王府,东王府承宣高云海转交给柴小妹,柴小妹将文卷拆开看了,然后将内容禀奏给正在拿着放大镜看地图的杨秀清。

杨秀清没抬头,说:"按名单捉拿有关人犯,一律斩首。蔡思胜,唉,真不争气!按老例子办吧。"

柴小妹将杨秀清的话传达给高云海之后,慌忙来找傅善祥。傅善祥一听蔡思胜和常翠花犯了事,大惊失色。她在屋子里转来转去,一时拿不出主意;又怯怯地走到杨秀清的门口,看见他正聚精会神地在地图上寻找什么,就没敢惊扰,悄悄地退了回来。"善祥姐得赶快想办法!"柴小妹十分焦急。

恰好这时仆射马万宝端着一盘茶走来,傅善祥灵机一动,上前接过说:"我送去吧。"傅善祥把茶盘放在八仙桌上,见杨秀清依然没有抬头,便顺手拿起刚送来的丈卷,翻看起来,忽然,她情不自禁地叫了起来:"糟了!"

"什么事?"杨秀清吓了一跳。

"殿下快来看张继庚写的这份叛党名单。"

杨秀清走了过来,傅善祥边念边说:"周北顺,是翼殿的尚书;严定邦是东试的翰林,在顶天侯身边做事;邓辅廷,是广西人,好像是个总制,现正守仪风门,刘春山,是国医……"

杨秀清恍然大悟,失声叫道:"不好,这些人都是跟随太平军多年的老兄弟,哪有背叛天朝的道理?我们中了张继庚的奸计。速传令给北王,一干人犯,一律莫杀;张继庚,五马分尸!"

然而晚了,韦昌辉接到杨秀清的前一道命令后,立即将名单上的三十

第十章 傅善祥智劝东王 小天堂男女开禁

· 143 ·

四个人全部处决了。

晚饭,杨秀清只喝了一碗莲子羹,然后把碗推到一边,两眼瞅着桌面发愣。

他从来没有像今天这样气馁,三十四名老兄弟不明不白地做了天国的刀下鬼,他们的英灵在九泉之下是不能瞑目的,他们死得太冤枉了。

这一恶果全是由于自己的疏漏造成的,唉,当时为什么没看看那份名单呢?自己平日对文武百官何等严厉,稍有差池,便施以重刑,唯此才得以百令畅行。如今自己出了这样的失误,谁来责罚?陈宗扬因夫妇同居罪被自己处决了,但卢贤拔犯了同样的罪,却放过了,为此,自己借天父下凡责打自己五十板。这件事虽然暴露了自己处事不公,但自我责杖至少能在一定程度上掩人耳目。即使事情传到老百姓当中去,他们也会从全部过程中看到自己知过能改的成分。这一次却不同,这是三十四条人命。怎么办?再用责杖自我的办法,人们会原谅我吗?

更恼人的是,这次失误不但关乎人命,而且关乎自己的名声。一个天国的最高军事统帅,居然被清妖中的一介顽儒所蒙骗,所戏弄,太丢人了。这个张继庚真该千刀万剐,早知如此,当时就该点他的天灯!

看来,这件事不能张扬,最稳妥的办法是不了了之。时间就像流水,慢慢地,会把这段不光彩的一笔冲刷干净。

然而这样一来,三十四个人就不但丢了性命,还要背上叛国降妖的臭名,这个臭名却是永世都冲不掉的。

怎么办呢?真是进退两难。

杨秀清不愿再想下去了,就走出屋子,来到庭院。天已经黑下来,月牙儿挂在树杈上。他漫无目的地走着,哪里都不想去,谁都不想见。然而,不知为什么,他竟来到了紫霞阁,傅善祥就住了这里。

也许今天的事由于傅善祥的提醒,使杨秀清与她的心灵拉得更近了,也就不自觉地来到她的住处。然而,正是由于她的提醒,才显出了自己的疏漏,他又觉得不应该进去,于是就转身往回走。不料,傅善祥挡住了他,真不知道她是从哪里冒出来的。

"殿下,进屋坐坐吧。"傅善祥说,声音是那样轻柔。

杨秀清的烦恼顿然消失了一半,他犹豫了片刻,便跟着傅善祥一起走进屋里。

傅善祥像是摸透了杨秀清的心思,开头便说:"殿下不必为今天的事伤神,人死不能复生,想他也无用。这件事不能张扬,也不用保密,更不用对百官解释。等过上三五个月,人们淡忘了,再好生慰抚一下他们的家眷,安排他们的儿子到各个王府和侯府做事。这样,既可以宽慰这些人的在天之灵,也能避免人们对他们的仇恨和歧视。"

"还是善祥心细,想得周到。"杨秀清释然地笑了。

这时,傅善祥取来一杯温水,递给杨秀清,说:"殿下晚上不敢喝茶,将就着喝点白水吧,是我自己烧的。"

杨秀清端起杯子,一饮而尽,他觉得五脏六腑舒畅极了。

"殿下真的要将蔡思胜和常翠花处死吗?"傅善祥问道,她知道这是杨秀清的又一心事。

"按老例,应该是明天解往市曹,斩首示众。"杨秀清说完,长叹了一口气,"唉——"

这一声长叹分明地标示出杨秀清的犯难程度,傅善祥趁机进言:"在男女禁令之下,未婚的男女不准结婚,已婚的夫妻不能相聚。虽说夫妻每个礼拜可以见一面,可又不能两人单独相处。在小卑职看来,这是不近人情的。"

"女人之见!"杨秀清笑了,"能靠人情打胜仗吗?太平军不同于别的军队,男女老少都是兵,只有实行这条禁令,才能使每个人都摆脱家庭的拖累,提高将士们的斗志。在你这样一个文弱女子看来,这样做不近人情;但在一个军事将领看来,这正是克敌制胜之道。""太平军进天京之前,东征西讨,行军频繁,这项禁令确实是必要的。可是,在进京两年后的今天,它未免有些严酷了。太平军中为这件事被杀头的,已经不少了。有个姓雷的大姐,丈夫胳膊受伤,药品缺,伤口化了脓,雷大姐听说唾沫能去毒,探视的时候,她就用嘴给丈夫吸脓水,不料被女稽查看见了,罚了她三百杖。西华门有几个女馆,家人探视的时候居然用竹帘子隔开,夫妻连面都不能见。殿下,这样的禁令是不是太过分了?"

"你说得不是没有道理。但法令一旦确定下来,怎么能随便更改呢?"

"可天朝最重要的法令不是已经更改了。"

"你说什么?"

"天朝田亩制度是天国的国策,没有比它再重要的了。可是制订以后

就从来没有实行过,我们不是照旧缴粮纳税吗?"

杨秀清一时无言可对,想了想,说:"那是因为天朝田亩制度行不通,非改不可。"

"那么男女禁令为什么就不能改呢?"

"这不是一回事。照旧缴粮纳税使我们的粮米有了保障,而开放男女之禁,却必定导致人心涣散。"

"现在人心倒是已经有了涣散的苗头了。"

"涣散的苗头?"

"人们议论说,东王不讲信用,起义的时候,说到了小天堂就允许男女婚配,夫妻团聚,如今我们进了小天堂快两年了,男女之禁仍未废除。言而无信,怎么能服众呢?人们又议论说,天朝之内,人和人不一样。"

"怎么不一样?"

"小卑职不敢说。"

杨秀清似乎已经猜到她要说什么了,他害怕她说出来,但又估量她不敢说出来,抱着一线侥幸,他决定显示一下对下属的宽宏:"说吧。"

"人们说,有人不但不守男女禁令,反而妻妾成群?"

"她到底还是说出来了。"杨秀清想,他很想躲开这个话题,但他更想试探试探自己的威严究竟会不会受到侵犯,便厉声问:"谁?"

"天王、北王、翼王,还有——,还有殿下。"

"放肆!"一腔怒火顿时在杨秀清胸中燃烧起来,他顺手抽出挂在墙上的一把佩剑,指向傅善祥的心窝,吼道,"你转弯抹角地说了半天,原来是为了教训我!你以为自己读过一点儿书,能写几个字,就可以自作聪明,对我这个目不识丁的烧炭佬随便愚弄吗?"

"殿下——"傅善祥跪下了。

"人家叫你一声女状元,你就忘乎所以、目空一切了,连对我你都敢这样评头论足。你,你,你知不知道,你今天已经踩到我的头上来了?"

"殿下息怒。像我这样一个柔弱女子能在殿下身边做事,心中感到无上荣幸。殿下雷厉风行的气概、卓越非凡的才能、名扬四海的功德,都使我十分敬佩。今天我的话使殿下这样生气,罪当千刀万剐。可是,我说的这些,全都是真话!"

杨秀清的嘴唇动了一下,却没有说出话来。

146

"殿下不是一向喜欢我说真话吗？"

杨秀清似乎觉得有些理屈，但仍然紧紧握住了手中的剑。

"这些话我埋在心里已经好久了，看见殿下日夜操劳，一直没敢说。只是今天听说要把蔡思胜和常翠花处死，才冒死说了出来。现在将士百姓中已经有了不少怨言，要是再杀掉他们俩，恐怕人心就更要浮动了。"

杨秀清感到无话可说了，但不知怎的，又冒出了一句："拿他们做榜样，才能杀一儆百。"

"殿下愿意天国的臣民永远愁眉苦脸地生活吗？自古以来，得人心者得天下，失人心者失天下。保天京，灭清妖，拯神州，安四海，不光仰仗诸王的运筹帷幄，还要依赖全体将士的戮力同心，黎民百姓的敬服拥戴。"

杨秀清聚精会神地听着，等待她继续说下去。

"眼下清妖围困天京，为了收买人心，清妖煽动说一旦打开天京就允许夫妻团聚，男女婚配，殿下不觉得这对天国很不利吗？殿下为什么不能顺应人心，让大家情绪畅快、同心同德地开创天国的大业呢？"

"别……别说了。"

"我今天顶撞了殿下，殿下尽可以把我处死，可是蔡思胜和常翠花是没有罪的，殿下放了他们吧！"说到这里，傅善祥放声恸哭起来。

"当啷——"杨秀清手中的剑掉落在地上，他想说点什么，终于没说，转身走出了紫霞阁。傅善祥摘下挂在墙上的披肩追了出去，把披肩披在杨秀清的身上。杨秀清站住了，低声说："传我的命令，把蔡思胜和常翠花放出来，然后起草一份诰谕，开放男女之禁。"傅善祥激动地跪下："叩谢殿下宏德金恩！"

听说薛小宝领到了合挥，旧日的难兄难弟们一同前来祝贺，都想看天国发的结婚证书是什么样子。

薛小宝已经升为卒长，领到合挥后，分到了一间不大的平房。屋子还没收拾，只有一张方桌和两条长凳。潘四狗、梁贵儿、宋三宝、侯启明都来了，还有些别的兄弟。

卒长潘四狗一进门就说："薛小宝这家伙，有福气也有本事，把邢元香这个漂亮妹子拐过来了。"

两司马侯启明说："可不是，邢元香可是百里挑一的姑娘，听说在武昌的时候，差一点儿就选到宫里去选妃。那天她塞了一嘴臭豆腐，人家嫌她有口臭,才没去成。"

"真的?侯启明怎么什么事儿都知道?"卒长梁贵儿说。

"梁百长,你还不知道?侯启明是有名的女人通,你以后有女人的事不明白尽管问他。"卒长潘四狗说。因卒长管辖一百个伍卒,所以又叫"百长"。

"小宝,把合挥拿出来给他们看看,叫他们过过眼瘾。"潘四狗说。

"合挥叫元香拿走了,她的女友们都争着看,这阵子快还回来了。"薛小宝说。

"那就等着吧,咱们先聊聊天。"潘四狗说。

"别看咱们进天京快两年了,可还是忘不了旧情,从永安到武昌,咱弟兄们住一个帐篷,那真是患难与共、风雨同舟的交情。"梁贵儿说。

"这话说得好,这种交情一辈子也丢不下,"侯启明接言道,"不过,天底下没有不散的筵席,咱们也一样。潘百长本来就有老婆,搬到新居去住了。薛小宝领到了合挥,也得拜天地入洞房了。唉,各奔前程啦!"

"你们都行了,可就苦了我们这些光棍汉。"两司马宋三宝说。

"从金田造反到如今,整整四年光景,连女人的头发梢都没碰过,你说可怜不可怜?"威武伍长陶永年说。

"现在好了,太平军里的姑娘有的是,尽挑尽拣。"侯启明说。

"不过,我可要告诉你们这些毛小子。你们知道吗?"潘四狗故作神秘地说,"男人想女人,女人哪,也想男人,这些妹子早就盼着出嫁呢,所以你们动作要快,晚了一步,妹子们就叫人抢光了。"

几句话说得大家都乐了。

"那应该挑个什么样儿的呢?"侯启明问。

"结婚就像吃橘子,总想挑个甜的,是不是?"潘四狗说。

"我看江南女子最好,温存,水灵,细皮嫩肉的。"侯启明说。

"说得对,老婆毕竟天天厮守着,白天看,晚上看,总要顺眼才是。"宋三宝说。

"对对对!"这话立即引起一片响应,话题立刻转到女人的相貌上来。

"我告诉你们,女人的美,有两条,一是脸皮儿要白嫩,二是身板儿要苗条。脸皮儿就不用我说了,那什么叫苗条?苗条就是细长,但这还不够,还要有起伏,胸要鼓,腰要细,臀要宽,像葫芦一样。"侯启明说得绘声绘色。

又是一阵大笑。

"侯启明真是把女人的全身都琢磨透了。"薛小宝说。

"你们别笑,听我往下说,这样的身板不光好看,还有用处,臀宽能生大胖孩子,胸鼓孩子有奶吃。"侯启明又说。

"天朝科考要是以女人的身板儿为题,侯启明准能中状元。"宋三宝说。

这时薛小宝手下的刚强伍长黄九和捧着一面大镜子走了进来,见了众人,急忙鞠了个大躬,问候道:"潘善人、梁善人、侯善人、宋善人吉祥,祝各位普人高升高升高高升。"按太平礼制规定,下级见了两司马至师帅的长官一律要称"善人"。

薛小宝走过来,跟黄九和一起把镜子倚在墙脚下。"侯启明对女人这么挑剔,得先看看自己的长相,"梁贵儿说,"正好,镜子来了。"

侯启明真的走到镜子面前,自我端详了一会儿,说:"模样还行,就是这酒糟鼻子有点儿碍事。"

"就是有这样好身板的姑娘,人家能愿意跟你?"潘四狗说。

"这倒是,"侯启明说,"不过也说不准,董永娶了七仙女,天上的织女不是嫁给牛郎了吗?"

"得了吧,那都是古人编出来的故事,"潘四狗说,"你是想入非非,癞蛤蟆想吃天鹅肉。"

"依我看哪,我老婆又不是买花瓶,光摆着好看,长得俊有什么用,想成家,最要紧的一条是老婆会过日子。"黄九和说。

"光会过日子还不行,还要对脾气。我看还是广西妹子好,过日子的习惯一样。"宋三宝说。

"这话说得对,咱们从广西打到天京,虽说平时不见面,但究竟风风雨雨的走了几千里地,酸甜苦辣都一起尝过,感情是最深的。"梁贵儿说。

"喂,李有旺,怎么不说话?你想找个什么样的?"潘四狗问道。

果毅伍长李有旺生过天花,脸上留下了十几个麻子,自知貌不出众,就懒洋洋地说:"我看你们都挑三拣四的,我可没有那么多毛病。"

"总得有个想法吧?"薛小宝追问道。

李有旺慢吞吞地回答:"只要是蹲着尿尿的就行。"

"哈哈哈哈——"众人的笑声顿时迸发,侯启明和宋三宝都倒在地上,捧着肚子打滚儿。

门"吱"地一声响了,邢元香站在门口。

笑声戛然而止,侯启明和宋三宝急忙从地上站起来,扑打着身上的土。

"潘哥,你们都来了!"邢元香先开了口。

潘四狗说:"元香,把合挥给弟兄们看看。"

侯启明从邢元香手里接过合挥,大家一齐凑了上来。合挥是一张黄色的纸,大约有一尺长,半尺宽,原是分成左右两半的,"合挥"两个大字写在中央,因右边的一份留在婚娶官那里,所以两个字就只剩下了左半边,上面盖着龙凤图记。图记旁边,竖写着两行字。

"都别急,我来念一念,"侯启明说道,"薛小宝,广西省贵县人;配妻邢元香,河南省信阳人。

侯启明念完后,大家又传着看了一阵。

潘四狗说:"咱们走吧,也好叫薛小宝和邢元香说说话。下午咱们都过来,帮小宝收拾屋子。"

众人齐声响应。

侯启明倡议道:"要不咱们一起去看看水月嫂子怎么样?"

潘四狗说,"老夫老妻有什么看头,我给你们出个好点子,咱们一块儿到蔡指使家去,着看他跟常军帅的好戏。"

"对对对!"众人嚷着,把潘四狗推着,走了出来。

第十一章
曾国藩兵败跳水　石凤魁武汉失守

曾国藩发布了《讨粤匪檄》之后，立刻率领水陆近两万湘勇从衡州启程，踏上了东征之路。经过长沙时，众官群僚见湘军阵容如此盛壮，纷纷前来道喜肯贺，都说此番出征必定所向披靡，旗开得胜。曾国藩虽然不得不自谦几句，但欣喜之情却也禁不住溢于言表，他在长沙只停了两天，就向岳州进发。

这时太平军早已撤出靖港、宁乡，当湘军行至离岳州城三十里处时，探马报说岳州的发逆已逃得无影无踪了。

"发逆惮于我军之声威，不战而逃。"曾国藩得意扬扬地对塔齐布说。

"区区流寇，不堪一击。"塔齐布应和了一句，心里却有几分疑惑：官军弃城而逃之事是屡见不鲜的，发逆却绝少此例，其中莫非有诈？但又想，曾大帅城府之高深是人所共知的，自己乃一介武夫，何必班门弄斧？就没再说什么。

曾国藩兵不血刃地占领了岳州之后，乘胜进击，派部下李续宾率兵开往武昌。一路无阻，湘勇更加骄纵。不料，夜宿羊楼司时，冬官正丞相罗大纲挥军杀入，李续宾大败而逃。祸不单行，是夜狂风大作，洞庭湖波涛汹涌，湘勇战船一下子就翻了二十四艘，撞伤了四十多艘，上百名水勇溺水而死。国宗石祥祯趁机攻打岳州，曾国藩抵挡不住，仓皇逃回长沙。

4月24日下午，春官又副丞相林绍璋率领太平军七千人攻打湘潭。湘潭守军只有五百人，长沙协右营守备崔宗光无力守城，湘潭落入太平军手中。

湖南巡抚骆秉章急坏了，亲自来找曾国藩，要求他夺回湘潭。

曾国藩正因岳州失守退居长沙而懊恼，听到湘潭陷落的消息，更加叫苦不迭。他何尝不想一举夺回湘潭，把太平军斩尽杀绝？然而自己首战告败，已经无颜面对圣上和天下人。骆秉章主张夺回湘潭，自有他自己的打算，然而对曾国藩来说，却不一样，攻打湘潭，取胜则可，一旦失败，还有何面目活在这个世上？何况，湘潭的太平军有七千之众，与之接沾，恐怕是凶多吉少的。

曾国藩又想：太平军主力既然集中在湘潭，那么岳州必然空虚，打岳州乃是最省力、最轻便的一步棋，对皇上也好有个交代。

曾国藩把这个想法对幕僚陈士杰和王闿运说了，二人听说曾国藩要打岳州，都感到很惊讶。陈士杰说："现在我们只能集中兵力援助湘潭，即使不利，还能保住株州、衡阳，可图再举。倘若不顾根本，只图进取，一旦进鄂再败，岂不置自己于死地？"

曾国藩大悟，当即派副将塔齐布、蓝翎守备周凤山带一千三百人赴湘潭，又派候补知府褚如航等率五营水师前往，同时决定第二天亲自领两千人马增援。

当天晚上，长沙县团练有个叫郑学孔的士绅忽然来到湘军大营，报说：驻守靖港的太平军只有几百人，未有丝毫防备，若及早派兵，则一举可歼。他还说，团练已专门修起了浮桥，以待湘军。

这个意外的消息一下子吊起了曾国藩的胃口，他想：收复被七千发逆盘踞的湘潭恐怕多半不会成功，但歼灭靖港的几百名太平军却是轻而易举的。更何况，攻下靖港，可以阻止太平军援救湘潭。于是决计袭击靖港。

那个自称郑学孔的报信士绅是天国国宗石祥祯手下的书手楚敬尧，曾国藩却蒙在鼓里。

再说李元度闻听曾国藩突然改了主意，极力劝阻，他认为最好等攻湘潭的部队取胜后，再酌情行事。曾国藩不听，认为自己有五千人，以石击卵，必胜无疑。当然，他也想到，塔齐布、周凤山、褚如航这些骁将都已开赴湘潭。为了表示自己将生死置于度外，他特地写了一份遗疏和两千字的遗嘱，委托李元度说，自己一旦战死，就将遗疏交给湖南巡抚骆秉章代为上陈，将遗嘱交给他的几个弟弟。

靖港在长沙以北，位处沩水入湘江口，水流湍急；江对岸是铜官山，山势陡峭，树林茂密。国宗石祥祯率兵两万驻守在这里，石祥祯是石达开的哥哥，骁雄绝伦，冲锋陷阵，无坚不摧，人钦其勇，称他为"铁公鸡"。

4月28日中午，曾国藩率领湘军水陆人马及当地团丁共五千人赶到靖港,却见街上空无一人。正在纳闷,突然炮声四起,烟尘腾空,湘军队伍顿时大乱。埋伏在铜官山的两万名太平军如猛虎一般,奋勇杀出。团丁先乱了阵脚,弃甲而逃,湘军陆师也慌了神,转身奔窜。曾国藩见状大怒,离船登岸,来到浮桥桥头,他命令侍卫插上一面旗,然后挥起佩剑,高喊道:"有退过此旗者,斩!"

然而,溃兵如同潮涌,前面听到喊声的逃兵止不住脚步,后面的根本没听见,湘勇们你拥我挤,夺浮桥而逃。忽然,浮桥被挤塌,湘勇们纷纷跌落水中。水师见陆师大败,不等号令,一面毫无目标地乱向对岸开炮,一面升起风帆,狼狈撤退。

曾国藩见败势已不可挽救,便慌忙爬上了拖罟。无奈地随着溃船退却。不料,这时西风大起,船只无法逆行。

曾国藩见兵败如山倒,一时六神无主了,他平生第一次经历如此惊心动魄的恐怖场面,第一次感到自己经受了不可言状的奇耻大辱,心想一旦真的被活捉,不但没法向圣上交代,而且会在父老乡亲中间传为笑柄,不如一死了之。于是急步奔出船舱,侍卫阻拦不及,曾国藩一头扎进了江水之中。

虽说已经是晚春时节,曾国藩还是觉得五脏六腑都凉透了,在这一瞬,他万念俱灰,心境反倒平静了,因为他从此可以离开这个纷乱嘈杂、刀光剑影的尘世了。

他等待着死亡。

忽然,自己的头发被什么东西提了起来,接着,周围的水贴着身子迅速向脚下流动,不一会儿,脑袋猛地露出了水面。他本能地吸进了一大口气,没等多想,就被七八只手提到船板上了。

救曾国藩的人是他的幕僚章寿麟,此人不但武艺高强,而且水性出众。原来李元度见曾国藩执意要攻打靖港,料想他必败,败则必死,曾国藩一死,则湘军也无法生存。因此就派章寿麟前来,暗地里保护曾国藩。不想正好在这个节骨眼儿上救了曾国藩一命。

次日,曾国藩收拾残兵败将,狼狈逃回长沙市郊的南湖港。

此时曾国藩的窘况难以言状,一连数日无法入寐,自杀的念头又一次浮上脑际。然而就在这个紧要关口,他得到了湘潭大捷的消息,真是天不亡我,自杀的念头立即从脑际飞逝了。

第十一章 曾国藩兵败跳水 石凤魁武汉失守

原来林绍璋占领湘潭之后,立足未稳,塔齐布、褚汝航便率湘军陆师水师赶到,由于湘军拥有战船和洋炮,太平军则只有民船和土炮,加上林绍璋缺乏军事才干,指挥不利,结果全线溃败,两千多艘船只付之一炬。

这天,洪秀全正在阅读本章,先是靖港大捷,真令人拍案叫绝!曾国藩居然被打得跳水自杀,出尽丑态。洪秀全得意地呷了一口茶,继续读下一道本章。糟糕,湘潭大败,全军覆没。洪秀全气得猛地将本章摔倒案桌上。坏消息总是跟好消息掺杂在一起,没有个叫人舒心的时候!

忽然,秦立娟喜气洋洋地跑进来,奏道:"恭喜万岁陛下,谢嫔娘生了,是王四殿下千岁,请陛下起个名字。"

洪秀全顿时心花怒放,把湘潭之败的烦恼全抛到九霄云外去了,他"腾"地站起来,连连说道:"好,好,太好了!王四殿下,名字就叫洪天明!走,看看去!"

说完,便三步并作两步地跑向福安殿。此刻,他觉得周身热血奔涌,畅快无比。金田起义以前,赖莲英为他生了第一个儿子,就是幼主洪天贵福,第二年又生了洪天曾,不幸半年后就夭折了。前年,十二月宫陈芙蓉生了第三子洪天光,现在十九月宫谢玉花又生了第四个。

晴川阁矗立在汉阳龟山东麓的禹功矶上,长江之水从它的脚下向东北流去,不舍昼夜。这正是早春时节,剪刀般的东风带着东湖、沙湖和长江凝重的水汽吹来,使人觉得寒冷透骨。

韦志俊、韦以德、石祥祯、石镇仑、石凤魁聚集在这里,商讨破敌大计。说也凑巧,这次率兵进攻武昌的全是国宗,韦志俊是北王韦昌辉的弟弟,韦以德是韦昌辉的侄子,石祥祯、石镇仑都是翼王石达开的哥哥,石凤魁是石达开的堂兄。

首领们似乎对这样的合作都不太习惯,由于身份都相当,不好说谁指挥谁。在楼阁里见了面,不必行礼,只是寒暄几句了事。石凤魁年龄最长,又粗通文墨,说话就随便些,他扶着栏杆,遥望江面,似有所感地说:"这个晴川阁,名字来自唐朝诗人崔颢的《黄鹤楼》,其中有两句是'晴川历历汉阳树,芳草萋萋鹦鹉洲'。"

石镇仑接吉道:"没想到我们这些领兵打仗的粗人,也有机会道这种地方来,附,附,雅风……怎么说来着?"

"附庸风雅。"韦以德提醒他。

"对对对,附庸风雅。"石镇仑大笑起来。

"不是附庸风雅,"石凤魁说,"等攻下武昌,咱们还要到蛇山登黄鹤楼呢!"

这时韦志俊先入座了,大家也跟着入了座。每人的眼睛都盯着自己面前的那一杯茶,沉默着。

韦志俊是奉杨秀清之命领导这次行动的,但他觉得石祥祯戎马经验比较丰富,很希望他能先说话,就把目光投向他。但石祥祯这时只顾低头喝茶。不得已,韦志俊只好先开口了:"武昌为天京屏障,兵家所必争,这一层道理不必多说,东王派我等前来,是下了武昌势在必得的决心。"

说到这里,他转头向东方,众人也不知不觉地顺着他的目光望去。隔江便是武昌城,城头旌旗如林,井然有序。

"清妖自然也明白,必定有重兵扼守,"韦志俊继续说,"武昌城高楼固,强攻速攻都很难,因此只能采用围困的战法。如今天军已经在汉口、汉口屯驻重兵,可以阻挡鄂北清妖南下,在武昌上游六十里的金口、下游七十里的白湖镇,正东六十里的豹子澥,我们都已经部署了兵力,足以切断武昌与外面的联系和接济。望列位国宗各尽其责,固守阵地,待机攻城。话虽简略,却已经说尽了,他人没有异议。不到两杯茶的工夫,会议就草率地结束了。

国宗们丝毫没有意识到自己的失误:他们没有事先侦察一下,因此也不知道,武昌城里的守兵只有一千人。

于是,旷日持久的围困战开始了。

新任湖北巡抚青麟见发逆重兵聚集武昌,先是惊叫了一声"吾命休矣",后来竟不见攻城动静,便知发逆要困城,他一面感谢上苍,一面调动兵勇守城。

城中兵单将寡,抚镇之师均在城外,除了等待外援,别无他法。

这期间,朝廷仍照老例,调兵遣将,拆东墙补西墙。

然而,凉州副都统魁玉、高州镇总兵杨昌泗两路援军被天军阻挡,逗留在洪山,仅能自守而已。西安将军固伦保、固原提督桂明开到应山,却不敢南下进援;荆州将军官文也受天军牵制,爱莫能助。

一天,两天,一旬,两旬,一月,两月……守军坐吃山空。青麟将家中金玉珍宝全部拿出,充作赏赉,不久就吃光了,再献出衣裳,很快又吃光

第十一章 曾国藩兵败跳水 石凤魁武汉失守

了。到第三个月,已经无粮可炊了,青麟便亲自与士卒一起吃糠咽粞,士卒感激,不忍逃离……

四个月了,太平军围攻武昌仍无结果。

杨秀清对国宗们行动迟缓非常气恼,从天京发来诰谕,严令韦志俊等加紧攻城。

韦志俊当即率兵攻打洪山清军营盘,逼近武昌,又命水师从鹦鹉洲攻鲇鱼套。然而,当石凤魁率太平军强攻武昌城的时候,却遇到守军的拼死抵抗。

石凤魁从未独立带兵作过战,又是个性情急躁的人,他争着攻城,要立头功,但一连几次都未能成功。

忽然,侍卫进帐报说典圣粮陈玉成求见。典圣粮职同监军,在石凤魁看来,这个等级的职衔太卑微了,是不配进帐跟他这个国宗议论军事的,但对陈玉成则要另眼相看,这个毛小子在上一次攻打武昌的时候带领五十个小牌尾首先登城,是个不怕死的家伙。眼下正是束手无策之际,不妨听听他的想法,于是就把陈玉成传了进来。

陈玉成是一年前被任命为典圣粮的,但他不愿意做后勤事务,坚请出征,杨秀清非常赏识他,但因他年小,没有立即调他赴前线。直到今年春天,才让他随大军西征。他进帐后,跪礼问安:"小卑职左四军正典圣粮陈玉成拜见国宗兄大人!"

"免礼。"石凤魁笑了笑说,他看着陈玉成那张稚气的脸,问道,"陈监军今年多大了?"

"十八岁。"陈玉成回答。

"少年有为,少年有为啊!陈监军来此,必有良策,直言不妨。"

"小卑职探知武昌东南防御空虚,特来请求国宗兄拨五百壮士给小卑职指挥,明日缒城而上,武昌一举可下。"陈玉成说,接着又补充了一句,"国宗兄只须派兵在北门西门虚张声势攻城作为掩护即可。"

石凤魁听了,喜出望外,他从椅子上站起来,拍着陈玉成的肩膀说:"真是好样的!就照你说的做。"

陈玉成一走,石凤魁的一腔闷气顿时消散了。不知为什么,他对陈玉成的话深信不疑,既然陈玉成说了,他就一定能够做到。成功在望的喜悦使石凤魁有些不能自已,他一回头,才意识到周林凤站在身边一直为他打扇,这孩子因为天热,把大红绣花上衣的领扣解开了,露出了白皙的脖子。一股爱怜之情在石凤魁心头油然而生,他猛地将周林凤紧紧抱住,不停地亲着他的脸蛋儿……

原来太平军除了诸王以外,男女之禁十分严厉,因此有的侯、国宗、丞相便豢养了一些俊美少年,叫作"娈童",他们像女子一样穿红戴绿,被呼作"大姑娘",他们伺候主子的饮食起居,也是主子的玩物。

次日,石凤魁率领天军攻打城北门和西门,枪炮齐鸣,烟尘翻滚,旌旗飞舞,杀声震天……

将近正午时分,忽见城头守军大乱,石凤魁知道陈玉成已经得手,便立即命令天军登城,刹那间,天军顺着云梯、攀梯、钩绳蜂拥而上。

原来昨天深夜,陈玉成趁着月明,率领五百壮士,只带二十根钩绳,每人一把大刀,轻装从武昌县进入梁子湖,绕道来到武昌省城东南,潜伏在城边的杂草丛中。等到天亮北门西门枪炮响起,陈玉成一声令下,壮士们以二十五人为一组,攀缘钩绳,奋勇登城,然后一齐杀向北门,在北城楼插上了太平天国的黄色大旗。

这一天是 1854 年 6 月 26 日。

陈玉成打开城门,石凤魁挥军冲入,清军一败涂地,布政使岳兴阿、按察使曹懋坚、粮道李卿毅均被天军斩杀。

青麟见城池已破,仓皇逃出城外。恰好遇上副都统魁玉、已革职的镇总兵杨昌泗带败兵奔逃,众人于情势紧急之际商定,一同前往长沙避难。却不料清廷早已得报,当他们转赴荆州时,荆州将军官文奉旨以弃城越境罪将青麟等人正法。

陈玉成攻武昌立首功,越级提拔为殿右三十检点,统领陆师后十三军及水师前四军。

石凤魁是攻城主将,也立了大功,杨秀清令他镇守武昌,并督理湖北全省军务。

武昌失守,清廷震动,急忙调集各路军马,以期收复失地。

曾国藩重整旗鼓,风烟滚滚,由湘入鄂。7 月,兵犯岳州。天国秋官又正丞相曾天养不敌,撤出岳州,退守城陵矶。8 月 9 日,曾国藩派登州镇总兵陈辉龙、广东游击沙镇邦带水师直趋城陵矶,又调知府褚汝航、同知夏銮助战。

这时南风大作,水急风顺,湘军水师的战船布满江面,自上游攻下,船行如飞,气势浩荡。

曾天养站在城陵矶城头,见敌船乘风破浪,蜂拥而来,笑了笑说:"敌船从上游来攻,行走如此之快,进得容易,退起来就难了。"

再说陈辉龙在拖罟上看见沙镇邦率领前队急驶而下,全无顾忌,一颗心便提到嗓子眼儿上来了。他害怕沙镇邦有失,急忙指挥拖罟前往救护。

当湘军船队来到旋湖港的时候,突然,岸边炮火轰鸣,三十艘战船当即中炮,相继下沉,接着,太平军的战船拦腰冲出,喷筒火箭在空中此起彼落,湘军又有十几艘战船起火……

湘军水师乱成一团,前面的船已经跑得老远,想返身回救却逆流顶风动弹不得,后面的船则与伤沉的船相碰撞,堆积在江面上。

一颗炮弹落在沙镇邦所乘的舢板旁边,冲起的水柱立即将舢板掀翻了。湘勇们将沙镇邦从水中救起,拖到另一个舢板上。恰好曾天养乘舢板赶来,一声令下,天兵们奋勇扑上,乱刀砸下,沙镇邦重新跌入江中,这一次没能再浮上来。

这时风势更大了。陈辉龙忙向桨工下令停止前进,无奈拖罟因船身重大,惯力太强,竟一时完全失去控制,接连撞翻了好几条伤船,像醉汉一样,晃晃悠悠地向前扑去。陈辉龙慌了,就命令桨工反划,拖罟立即稳稳地停住了。瞬间的惊喜之后,陈辉龙顿觉有些不对劲,恐怖随即袭上心头,果然,传来了哨官的嘶喊声:"大人,座船搁浅啦!"

"我命休矣!"陈辉龙顿足哀呼。

话音未落,就见一个白发苍须、身材魁梧的老将跳上了拖罟,手挥长柄大刀,飞步赶上前来,陈辉龙想夺路进走,曾天养早将大刀伸道他的脖子上,只一挑,那颗脑袋便被弹到空中。

拖罟成了曾天养的临时指挥台。

后队的褚汝航、夏銮知前队遭到伏击,急忙前来救援。只见大江只上水柱四起,烟火弥漫,褚汝航偶然发现巨大的拖罟停在江面上,就对夏銮说:"真不知沙游击和陈总兵这仗是怎么打的,不赶快撤退,偏在这里等死。"夏銮说:"你我一起上座船,劝他们收兵。"两人下了快蟹,乘上舢板在几只舢板的护送下,划向拖罟。

两人顺利地接近了拖罟,才发现拖罟已经搁浅了。褚汝航仰头看去,见有四名湘勇站在船边,正将攀梯放下来,两人便顺着攀梯登上舢板。

"沙游击,此时不撤兵,更待何时?"褚汝航刚爬上船板就喊了起来,一抬头,却见曾天养手持大刀威风凛凛地站在他跟前,顿时魂飞魄散,失声叫道,"夏同知,快跑!"

一刀劈来,褚汝航人头落地。

夏銮听到叫喊,四肢顿时失灵,从攀梯上摔了下去,跌入江中,水从鼻孔呛入,当即毙命。

城陵矶一战,湘军折损四将,曾国藩闻报,如雷轰顶,伤心陨涕,一整天茶饭不进;而湘军水师,则一个个缩头蔫脑,毁志丧胆。

两天后,曾天养乘胜率三千人自城陵矶舍舟登岸,扼险扎营。

这时,一名伍卒进帐报说,清妖头塔齐布率兵来犯。

一听到塔齐布的名字,曾天养就立即想到林绍璋在湘潭的惨败,禁不住怒火中烧,恨不得将塔齐布剁成肉酱。他当即披甲上马,持刀赴阵。

塔齐布知道曾天养是个久经沙场的老将,又听说前天的水战中,曾天养亲手斩杀了陈辉龙和褚汝航,就很有些怯阵,但又想,曾天养毕竟是六十开外的人了,胆气便壮了许多。于是,当两军相遇时,他手提双剑迎上前去。

"擂鼓!"曾天养和塔齐布不约而同地喊了起来。

鼓声大作,曾天养和塔齐布同时驱马杀向对方。或许是双方都受了《三国演义》的影响,也或许他们都想跟对方作一番单独的较量,总之这一刻,将领在阵前厮杀,士兵们在两边呐喊助威,双方将士一起回到了一千多年前的古战场。

曾天养使的是长柄大刀,因此在每一回合交手时都注意跟塔齐布闪开一点距离;塔齐布心里也清楚,自己的兵器短,接手时必须防身,但只要能挡过去,两人距离一靠近,对方就被动了,因为距离越近,短兵器就越有威力。这样,曾天养每每先发制人,塔齐布都拼力躲过,而塔齐布每次想靠近曾天养,曾天养则总能靠长柄刀将他拨开。

军旗在空中摇摆,鼓声、呐喊声震荡四野……

三十回合了,仍然不分胜负。曾天养心想,自己已经年过六旬,比耐力是不占上风的。于是,当两人再次交手时,他忽然使了个"反大刀花刀"从下方抡上来,正中塔齐布坐骑的脖颈,那马登时倒地,塔齐布每次出了好几丈远。曾天养拨马回头,正要收拾塔齐布,不料塔齐布顺势摔明魁窜出阵来,这边曾天养已赶到塔齐布跟前,挥刀就要砍下,黄明魁急忙将手中的铁槌抛出,正中曾天养前额,曾天养翻身落马,黄明魁赶上来要救塔齐布,这边屠武冬却射出一箭,穿透了黄明魁的喉咙……

双方士兵蜂拥而上,展开了一场激烈的混战,直打到日落西山。

曾天养被抬回军营时,已经死去。

西征军为之茹素六日,悼念这位军功卓著的老将。

消息很快就传到了天王府。虽然在拜上帝教看来人死为升天,是好事,但洪秀全还是泪下潸然,喃喃地说:"曾天养是最早入会的老兄弟,在朕身边做过御林侍卫,诸王之外,他是天国的第一骁将,他一死,朕的臂指断矣!"

无独有偶,曾天养死后的一个月,在天京外围,竟重演了一幕与城陵矶之战极其类似的古战场戏剧。这一战,以太平军另一骁将石祥祯不幸身亡而落幕。

石祥祯在靖港大败曾国藩以后,杨秀清赏识他的才干,将他调回天京,以加强抵御江南大营的力量。

石祥祯早就知道,江南大营的第一骁将是张国梁,此人原名张嘉祥。道光末年在广西贵县率领天地会起义,后投降清朝,改名张国梁,隶属钦差大臣向荣,做了守备,张国梁感激向荣的恩德,拜他为契爷,第二年就升了都司,第三年又升为游击。官做得越大,他就越死心塌地地为向荣老爹卖命。石祥祯想,如果能将张国梁剪除,那么江南大营就垮了一半,于是,便日夜寻思除张之计。

终于有一天,石祥祯独身来到孝陵卫向荣大营跟前,用箭射出一纸战书,是给张国梁本人的,大意是:久闻张国梁将军武艺高强,有万夫不当之勇,倘果真如此,则愿于闰七月十八日在天京城南上方桥决一雌雄,双方不准带领一人。料想将军必欣然前往,取我石某之头;如不敢出,则非懦夫即阉人也,此后不必再言战云云。箭是被一个绿营兵发现的,他展开以后,遍示众人,然后逐级上交,最后送到张国梁手中。这样,一传十,十传百,不到两天,整个江南大营已经无人不晓了。

1854年9月10日这天,正是夏历闰七月十八日,张国梁如期前往上方桥,他与石祥祯战不数合,便招架不住,正要逃脱,却被石祥祯一把扯下马来。石祥祯单手提着张国梁,返身向天京飞奔。未出百步,一根绳索将他的坐骑绊倒,他与张国梁一起跌到地上。路边跳出四个蒙面人,飞扑上去,将石祥祯乱刀砍死,随即便消失在丛林中。

当天,"张国梁单骑斩发酋"的佳话就传遍了江南大营。

再说湖北战场,曾天养死后,曾国藩决定挥军大举进攻武汉,在金口临时的营帐里,他召集了湘军提督塔齐布、知府罗泽南、荆州军魁杨昌泗、岳州知府李续宾等首领,一起商讨用兵大计。

"曾天养丧命,发逆士气一落千丈,这对我军是个大好时机。镇守武昌的主将是伪国宗石凤魁,此人浮躁寡谋,刚愎自用,这也是上天有意助我,"曾国藩首先开言道,"此一战,只宜速决,倘贻误时日,成坐困之势则必定劳师无功。"

罗泽南说:"我军水师占上风,因此第一步要以水师肃清江面,切断武昌与汉阳的联系。"

"罗知府言之有理,但最好是水陆同时进击。"

曾国藩说完,就不再吱声了。"速决"这个大的方略,他是经过深思熟虑的,就用富有自信的语气说了出来,但对具体作战方案,他觉得没有把握,说多了反而不好。他端着茶杯,慢条斯理地喝了起来,显出一副若无其事的样子,耳朵却在聆听着每个人的见解。

将领们凑在地图旁边,你一言,我一语,各抒己见,有时争吵辩论。

一个时辰后,曾国藩的思路终于理清了,他胸有成竹地讲出了攻打武汉的具体作战部署:塔齐布率兵进驻纸坊,攻打洪山;罗泽南与荆州知州李光荣攻打东岸花园;荆州军副都统魁玉、总兵杨昌泗占领西岸虾蟆矶,抢夺汉阳;水师道员李孟群、游击杨载福、守备萧捷三肃清长江江面,拿下鹦鹉洲。行动时间是四天以后,即农历八月二十一日。

在场的将领们对这个天衣无缝的方案心悦诚服。

会后,各路将领分头准备,湘军秣马厉兵,整装待发。

正在虾蟆矶巡查防务的天国地官副丞相黄再兴闻讯,急忙骑马奔向武昌城里。杨秀清命石凤魁镇守武昌以后,石达开对自己的这位堂兄很不放心,就特地把黄再兴调到武昌来,协助守城。黄再兴原在诏书衙做事,又当过左史,克复南京后,升地官副丞相。为人机警有智谋,深得石达开赏识。

第十一章 曾国藩兵败跳水 石凤魁武汉失守

石凤魁的侍卫冯树开在门楼里看见了黄再兴,就向他走了过来。行礼问安之后,黄再兴说:"你去禀报一声国宗兄大人,说我有急事要见他。"

"回丞相大人,国宗大人贵体欠佳,不能见客。"冯树开说。

"病了?"黄再兴问,心想这位国宗体壮如牛,从来没听说他生过什么病。

"好像是。"冯树开嗫嚅道。

"什么病?"黄再兴觉得有些蹊跷,追问了一句。

汗珠从冯树开的前额上渗了出来,他低下头,一声不吭。

"不用你禀报,我自己去!"黄再兴有些恼火。

冯树开吓得"扑通"一声跪在地上,死命地拉住黄再兴的马缰,哀求道:"大人,万万不可!大人要是进去,小卑职就没命了!"

"说!怎么回事?"黄再兴厉声问道。

"小卑职只能对大人一个人说。"

黄再兴向左右看了看,身后的十几个扈从都向后退了好几丈远。

冯树开仍然害怕别人听见,他扯着马缰站了起来,翘着脚对黄再兴小声说:"国宗大人正在打铜鼓。"

打铜鼓是隐语,意思是鸡奸;铜鼓,是"童股"的谐音。

"胡说!"黄再兴怒斥道。

"小卑职不敢撒谎,今天国宗大人又选了六个娈童……"

黄再兴不想再听下去了,他掉转马头,右手扬起马鞭,"啪——",那马登时撒蹄飞出,扈从们立即紧紧跟上,他们的身后,扬起了一片尘土。

一个时辰后,冯树开告诉石凤魁说黄再兴来过,石凤魁骂道:"无事生非的家伙。"

黄再兴回到宅第,立即给杨秀清写了一道奏章,请求调殿前四十九指挥陈桂堂前来武昌代替石凤魁,秘密派人送往天京。

密信送走后,黄再兴立即部署城守。

然而就在这时,意外的事发生了:李孟群、杨载福、萧捷三指挥湘军水师以迅雷不及掩耳之势飞流而下,冲过了盐关,直达鹦鹉洲。分泊在盐关两岸的天军水师来不及阻拦,敌船早已从眼前溜过,于是仓促解缆开船下救。谁知刚才下驶的只是敌船的前班,天军水师的船一开动,敌船后班自上游排袭而来。这样,天军水师上下受敌。只打了一个时辰,盐关太平军船队二百号便全部被毁。接着,湘军水师连破汉关、白沙洲、金沙洲、攻至鲇鱼套口。天军火药船起火,延烧众船,损伤惨重。

这时,守卫在武昌上游二十里远的花园的太平军,遭到罗泽南、李光荣所率四千湘勇的猛烈攻击,三座营垒被毁,守军败退武昌。

魁玉、杨昌泗率四千人由西路攻虾蟆矶,虾蟆矶守军败走,湘军乘胜进攻汉阳。

次日,湘军又攻汉阳、汉口,太平军又被毁三四百只船,武汉江面的太平军水师全线崩溃。

城外据点尽失,只有洪山还有少量守军,而他们正面临着塔齐布的猛烈攻击。在火烧眉毛之际,石凤魁命天军缒城前往洪山作战,但接战不利。当他们退回武昌的时候,归路却被塔军截断。

当湘军开始进攻武昌城的时候,守城天军早无战心,逃者甚多,石凤魁亲自挥剑斩杀数十人,仍然无效。不得已,自率溃军开东门仓皇撤离。……黄再兴闻石凤魁已退,知城不可守,便留一千名精兵断后,在西南城摇旗放炮,掩护天军撤退。然后,向洪山突击,救出被塔军拦截的天军和洪山的守军,一起东撤。湘军不敢紧迫,断后部队安全退往田家镇。

第二天中午,李孟群、罗泽南率军进城,武昌即告陷落。这一天是1854年10月14日。

当天,汉阳守将三十九指挥古隆贤亦率军退出,杨昌泗带湘勇由南门入城。

出乎曾国藩的预料,湘军竟然只用了两天的时间就把武汉攻下来了。黄再兴向杨秀清上报之后,杨秀清一刻不迟疑地派陈桂堂前往武昌救援,但是已经晚了,当陈桂堂赶到田家镇的时候,黄再兴正好从武昌撤离。黄再兴伤心地涕泪纵横,哀叹道:"陈指挥若早来一步,武汉必不失陷。"

杨秀清得到武汉失守的消息,心里那个气呀,正好桌子上有个银茶壶,他顺手抄起,不管不顾地猛地摔了出去,心头的怒气才稍稍缓解。

这还不够,杨秀清立刻拟出诰谕,让燕王秦日纲带到田家镇,把石凤魁和黄再兴押回天京,二人以要地失守罪的罪名被杨秀清处决。

黄再兴的死讯传到田家镇,驻守武昌幸存的将士为天国又多了一个冤魂而失声恸哭。

第十一章 曾国藩兵败跳水 石凤魁武汉失守

第十二章
石达开克复武昌　杨秀清赏罚不明

田家镇处于武昌和九江之间，湖北广济县西南八十华里的长江之北。南岸有很多山，最大的一座山是半壁山。江水从北而来，遇山陡折向东，故水流湍急，为长江上游第一军事要塞。1853年10月15日，西征军夺取了田家镇，由燕王秦日纲统理军务。武汉失守以后，战场不可避免地转移到田家镇来。在情势紧急之中，杨秀清派东殿左七承宣涂镇兴先后送来五座木排水城。木排水城又叫"龟船"：将大木排数架连接在一起，外树木城，四周以牛皮为屏障，城上开设炮眼，密架枪炮，中间搭建望台。

从田家镇到蕲州长江北岸四十里的地带，秦日纲又建起沿江土城，安设炮位。在半壁山上，建立五座营垒，引湖水为壕沟。在田家镇与半壁山之间，架设横江铁索六条。铁索节节用小船承起，杂以三座大木排，以铁钩钩于船排之上，船排的头尾均用铁锚沉于江底。铁索以东和以西，列战船四十余艘，普通船只五千艘，船只绵延江面，长达六十里。

双方都在等待着不可避免的恶斗，这将是一场势均力敌的消耗战。

战前，湘军又一次显示了计划的周密。在金口曾国藩的营帐里，将领们讨论着作战方案，虽然已经是午夜，与会者却毫无倦意。

"半壁山地势险峻，北面临江，炮火足以居高临下地控制江面，"刚晋升为浙江宁绍台道的罗泽南说，"这里已被发逆盘踞，如不拿下此地，想打田家镇就全无希望。"

"攻半壁山并不难。"李续宾说，他已经升了直隶知州。

"我军在下，发逆这上，怎能说不难？"塔齐布诘问道。

"半壁山南面坡缓，北面陡峭，沿坡冲上，则发逆逃遁无路。"李续宾胸有成竹地说。

"对发逆来说，只要守住半壁山，就能控制全局，"罗泽南说，"但对我军来说，拿下半壁山，只能算打胜了一半，还必须肃清江面。"

提到肃清江面，水师参将杨载福接言道："这次发逆架设的铁索不同于三国时候东吴的成式。东吴于两岸凿石穿铁，横架锁链，无物承载，因此只要将其中一节熔断，那么整条锁链便沉于江底，发逆的锁链以铁钩钩于船排之上，船排的头尾均用大铁锚沉于江底，因此尽管我们切断其中一节其他各节仍旧牢系如故。肃清江面是非常困难的。为此，我和彭同知召集各位营官哨官屡经切磋，设想了一个方案，下面由彭同知说说。"

　　同知彭玉麟接下去说："水师分成四队，第一队斧椎皆备，专断铁索；第二队以炮火掩护第一队；第三队等第一队打开铁索后，驶向下游，向上纵火，燃烧贼船；第四队扼守老营，以防贼军上犯。"

　　听着属下的发言，曾国藩高兴极了，他甚至被他们周到全面的思考所鼓舞，所激励，湘军出师才九个月，这批将领就如此成熟，如此老练了。有这些人在身边，发逆何愁不平？会议开到最后，还是曾国藩一锤定音：先攻南岸，次扫江面，然后合攻北岸。

　　11月20日，湘军方面罗泽南、李续宾、游击彭三元率军开往半壁山，太平军方面已革职春官又副丞相林绍璋、殿左三十一检点曾凤传与之接战。湘军以密集的炮火向山上轰击，同时发动猛烈的进攻，但遭到太平军的顽强抗击。血战竟日，双方伤亡惨重，湘军千总何如海被太平军击毙。

　　三天后，国宗韦志俊、石镇仑、韦以德率增援部队自芜湖开到田家镇。次日，秦日纲在半壁山亲坐将台，高声发令，指挥两万天军与罗泽南、李续宾展开了对于双方来说都是前所未有的一场鏖战。

　　湘军用重炮持续不断地向山腰轰击，使山腰以上的天军不能下顾，同时集中兵力攻打山腰以下的天军。这一招很灵验，山根的天军渐渐被蚕食，不得不向山腰退却。

　　湘军步步为营，向山腰逼近天军施放枪炮火箭，抛掷滚木巨石，湘军横尸山谷……

　　十几个湘勇从乱石堆里爬出来，丢下兵器，没命地逃窜。李续宾带上几个扈从飞马追回，当众陈述其临阵脱逃之罪，然后全部斩杀，湘勇无不悚然。当李续宾挥剑高呼剿贼时，湘勇们齐声嘶喊号叫，拼力向山上攀去……

　　韦以德在山顶上看到这一场面，焦急地跑到秦日纲身边说："燕王殿下，湘妖封锁山腰，我军火力集中在山顶，无法展示，必须调动火力下救。

秦日纲见情况有变，当即拨炮三十门，命韦以德带领一支天兵下援。然而，当他们接近山腰的时候，湘军炮火轰击的位置已经上移了。炮弹在他们身边连续不断地炸响，韦以德急忙命天兵架设炮位。忽然，一颗炮弹飞来，韦以德顿时毙命。

天近正午时分，湘勇已经打到了山腰。看到山下遍地是清军的旌旗，秦日纲焦急万分，他亲自挥动令旗，指点山顶的炮手，顿时，一阵激烈的轰鸣使整个半壁山都晃动起来，湘军又一次尸体横陈，旗倒戈弃……

不料，正当太平军集中力量打击山南的湘军时，山北的江面上出现了罗泽南的一支敢死队，他们在四艘快蟹的护卫下，乘着舢板驶向拦江铁索，用大斧大锤拼命砍砸。

秦日纲命令天军调转炮口轰击江面，湘军有两艘快蟹先后起火下沉，十几条舢板被炸飞，但湘军敢死队仍砍砸铁索不止。

山南，隆隆的鼓声又响了起来，漫山遍野的湘军高声呼号，向山顶冲来。

太平军再一次调转炮口，轰击登山的湘军。

这时，国宗石镇仑、殿左四十七指挥黄凤岐已领一支天军从田家镇乘一艘快蟹和二百只舢板扑向水上湘军，一霎时，烟火笼罩了整个江面。湘军敢死队纷纷中弹中箭落入江中，一艘快蟹和四十多只舢板上都着了火……

然而，很快地，天军的弱点便显露出来了：原来湘军的每只舢板上都安设了一门八百斤的头炮，一门六百斤的梢炮和两门五十斤的腰炮转珠，而天军方面，只有一些大的舢板才能架设小型的土炮和铜炮，而小的舢板则只能施放火球火箭，不能架炮，因为开炮时强大的挫力会把船身掀翻。依仗炮火的优势，湘军得以百般肆虐。

站在快蟹上的石镇仑，眼看着天军的舢板一只只被炸沉，却无计可施。忽然，身边的黄凤岐喊道："湘妖把六道铁索全砍断了！"

失去了承载铁索的几百条舢板的遮拦，水流立刻加快了，双方的船只开始你顶我撞地向南挪动。这时，所有的人都打红了眼，只管向敌方施放炮火，而没有留意到，江水是折而向东的，因此右侧靠半壁山以便水流迅急，左侧靠田家镇一边水流和缓。直到双方都有十几只舢板沿右侧驶下，在半壁山撞得粉碎，人们方才惊醒过来。于是，枪炮声突然间稀少了，士兵们都极力抡动船桨,向江面左侧靠拢。然而,由于天军舢板的船身小,大多被湘军挤到江的右侧。

黄凤岐在快蟹上看得分明,他跳上一只舢板,赶上前去,高声呼喊道:"天军弟兄们,把铁锚抛到湘妖船上,和他们同归于尽!"

说完,他与另一名天兵合力举起船上的铁锚扔到一只湘军的舢板上,拉紧缆绳,两只舢板飞流而下,直扑山脚,"吭——"若干船板碎片抛到了半空。

刹那间,无数铁锚从天军的船上抛向了湘军舢板,搬不动铁锚的就将攀城钩绳甩向敌船,湘勇们手脚慌乱地上前砍剁绳索,但浸过水的绳索格外结实,三刀五刀撕扯不开,而这时船身早已卷入激流之中了。

一对又一对舢板在半壁山脚下摔成碎片……

枪炮又密集起来,也许湘勇们意识到,与其被发逆拖向死路,还不如先将他们的船击沉。

一颗炮弹落在石镇仑的快蟹上,船身剧烈的颠簸了几下之后,开始下沉。石镇仑改乘一只载有大铜炮的舢板,急速向湘军的快蟹驶去。混乱之中,居然一路无阻,离敌船只有四五丈远了,石镇仑亲自开炮,正中敌快蟹船腰,快蟹登时裂成两半,但同时,舢板也中弹,石镇仑落水身亡……

残阳如血。天空一片浑浊,分不清哪是烟,哪是云。

半壁山上,天军的弹药已经用尽,而湘军火力未减,秦日纲只得命令部队撤离。北殿右八承宣吉志元请求断后,秦日纲给他留下了八百名天兵。

从尸体堆里爬起来的三千名湘勇,在炮火的掩护下,一步步向山顶逼近。经过了一个时辰的短兵肉搏,断后的八百名天兵全部牺牲。

夜幕垂落下来,半壁山疲倦地匍匐长江南岸,江水冲刷着山脚,哗哗作响。

壁山失陷,太平军退守田家镇。双方各自整顿队伍,补充弹药,调集米粮,整修船只,准备新的一场较量。江面上,被湘勇砍断的铁索又被太平军连夜架设起来。

12月2日的血战,对于双方来说,都带有孤注一掷的意味。

拂晓,湘军在半壁山上居高临下,向江面上太平军的五座木排水城密集开炮,直打了整整一个时辰,水城碎成无数木片,顺江漂流。

接着，湘军水师按照参将杨载福、同知彭玉麟、哨官守备孙昌凯拟定的计划，将战船分为四队：第一队由哨官刘国斌率领，各船备有烘炉、铁剪、大椎、大斧，驶近拦江铁索，一炮不发，只管熔斫铁索。太平军从江北田家镇和江面战船上猛烈开炮轰击，湘军舢板一个个被炸翻，烘炉沉江，水汽喷射半空，湘勇的尸体有的挂在铁索上，有的随水漂去，活着的依然低头用火钳夹住铁索烧熔砍砸……湘军水师第二队驶近铁索，用重炮反击田家镇营垒和太平军炮船，烟火、水柱、雾气、船板碎片在江面上空搅成一团。湘军的一艘快蟹和一艘长龙被炸毁，太平军的两艘快蟹也被击沉……

刘国斌亲自操着铁剪将一根铁索夹起，提到烘炉上，其余湘勇被这个不怕死的哨官所鼓舞，拼命地在铁砧上砍砸铁索。太平军射出密密麻麻的火箭，许多湘勇的号衣着了火，皮肤被烧焦，但他们仍然奋力挥动着斧椎……

一条，又一条，六条拦江铁索都被熔裂斫断了，承载铁索的小船上的铁锚缆绳也被砍掉，当江面再一次被打通的时候，湘军水师第一队的湘勇几乎全部丧生。

第三队先以快蟹、长龙开路，向太平军发动猛烈轰击，排炮打得密不透风，太平军不敌，开始溃退。这时，湘军上千只舢板从上游直冲下来。太平军见湘军舢板越过铁索，顿时旗靡舟乱，不成阵势。

湘军舢板依靠炮火的优势向太平军的船只肆意轰击。

杨载福急忙对哨官孙昌凯说："如果我们先轰击上游的贼船，那么下游的贼船就逃窜远去了。速传令下去，按原计划穷追到下游，从下游向上延烧贼船。"孙昌凯忙叫传令兵呼喊各船依计而行。

于是，奇特的、人类水战史上罕见的场面出现了：四千多只太平军舢板布满江面顺流东下，而湘军的千余只哨船像飞梭一样纵穿于太平军的群船之中。一点儿都不像打仗的样子，湘军不放一炮，而只是与太平军比赛速度，太平军也不敢开炮，因为江面上太平军船多而湘军船少，一开跑就很容易伤了自己人。双方气息相闻，却居然相安无事，一路同行。

就这样，飞速行船三十里，来到武穴地方，湘军的船全部赶到前面了。

就在这个关口，意外的情况发生了：东南风忽然铺天盖地地刮了起来。杨载福惊喜地叫道："天助我也！这要比当年诸葛亮借来的东风还及时。"说罢,便命令湘勇们施放火箭,投掷硫磺草球。不一会儿,大火便在太平军群船上燃烧起来。

土八副将军梁修仁见情况紧急,大呼道:"天军弟兄们,向湘妖开炮!"

太平军在慌乱中得到几分镇静,纷纷向敌船开火,四五十艘湘军舢板翻倒在江中。然而这时,更猛烈的炮火从湘军船上射出,太平军有上百只舢板被炸毁。

"轰——"一声巨响,一艘太平军的火药船飞上天空,周围的二十几只舢板也被炸成碎片。

头部受了伤的梁修仁忍着剧痛跳上了另一只火药船,命令两司马孙大贵说:"快,冲向敌船!"孙大贵明白梁将军的用意,急忙从邻船又唤来四名水手。十二名水手拼命划动,火药船迅速地向湘军船队逼近。

湘军哨官孙昌凯远远看见,大叫:"不好,这船上是火药,赶快打沉它!"

数十发炮弹同时飞来,可惜火药船开到离敌船十丈远的地方就被炸毁了。

这时,武穴江面上太平军的四千多只战船全部被焚。十几里之内,江面烟焰蔽天。

半壁山失守,水师丧尽,秦日纲心知田家镇已不可守,便命部下自焚营垒,东退黄梅。忽报殿右三十检点陈玉成、殿左三十一检点曾凤传在蕲州栅栏山大败湘军都司杨名声、教谕唐训方,又在三溢桥大败魁玉、杨昌泗,秦日纲颓然地说:"我军大败而小胜,田家镇既失,陈玉成、曾凤传在蕲州难以立足,传令他们退兵广济。"

湘军主帅营帐,疲惫不堪的罗泽南站在曾国藩跟前,欣欣然地向他报说发逆退出田家镇的消息,他见曾国藩脸上全无笑意,就加了一句:"半壁山和田家镇这两仗,我军歼灭发逆六千多人。"

曾国藩连头都没抬,冷冷地问:"我们呢?"

"我们?"罗泽南迟疑着,不知该怎样开口。

"说吧。"曾国藩的声音很低,语气却十分威严。

"我们……死亡人数,跟,跟发逆大致相当。"罗泽南吞吞吐吐地说。

曾国藩闭上眼睛,痴呆了半晌,忽然以袖掩面,放声哭号起来,一面说道:"自湘军举事以来,歼敌从未有如此之多,而丧师亦从未有如此之惨。"

说罢,又顿足大哭了一阵。

此时的杨秀清,正深陷于悔恨和自责的心境之中:西征军受挫,用人的失误恐怕是个重要原因,这方面自己是难辞其咎的。林绍璋、石凤魁真是所用非人。记得两年前太平军攻克岳州时,林绍璋以功升为监军,洪秀全就说过,林绍璋忠勇兼备,但终无大才,当时我并没有在意。更大的失误是让石凤魁镇守武昌,督理湖北全省军务,这一漏洞连石达开都看出来了,他不放心这位粗枝大叶的哥哥,就把自己的得力部下黄再兴调到武昌去协助守城。黄再兴也是个有慧眼的人,他送来密奏,推荐了陈桂堂。当初我为什么就没仔细掂量一下呢?

现在想这些已经晚了。石凤魁、黄再兴都以要地失守罪处决了,这是又一失误。从后来获得的情报看,黄再兴是不该杀的,他没有任何过错。其实杀石凤魁也未必妥当,当时只是为了杀一儆百,鼓励将士用命,以保证田家镇的胜利,谁知结果竟然相反。现在怎么办?难道还要杀秦日纲?当然不行。他已经封了燕王。再说,如果丢了城池就要杀,那么湘潭失守时为什么没杀林绍璋?

杀一儆百显然没有获得预期的效果,太平军继续败退,湘妖越发甚嚣尘上。

懊悔、惭愧都无用处,关键是如何挽回眼前的残破局面。调兵吧,无兵可调了,清妖的江南、江北两大营正围困天京,连北伐的援军都接济不上。再说,拨给秦日纲调集的兵力不算少了,两万人哪!结果让他丢了六千多,三分之一。

"兵不在多而在勇,将不在勇而在谋。"古人的见解是何等深刻!

石达开!这个名字突然在杨秀清脑海里闪现。这是个真正的将才,打天京是他直接指挥的,这还不算什么,因为太平军一路征战,胜利颇多。使石达开威望大振的是安庆抚民一节,他居然不怕冒犯天王,提出"按亩输钱米"的决策,照旧交粮纳税,与天朝田亩制度背道而驰,其胆略是非同寻常的,甚至叫人琢磨不透。果然那以后安庆地饶民富,人心大定石达开也随之颂声四起。

从那以后,杨秀清就将石达开闲置不用了。安庆的局面是他开出来的,就让他在那里维持这个局面好了。一次功劳所带来的荣耀也只有一次,随着时间的流淌,它会消磨净尽的,只要不再给他第二次立功的机会就行。

但是现在,这个机会非给他不可了!

却说湘军在湘潭一战告捷后,又一鼓作气,克岳州、陷武昌、夺田家镇,一路屡战屡胜,势不可挡。到年底,曾国藩率湘军水陆两师直扑九江而来。太平军屡战屡败,失地千里,消息传开,天京震动,在此紧急关头,杨秀清派石达开赴西线督师。

曾国藩的老谋深算,石达开是早有所闻的。湘勇异军突起,远胜于绿营,更使他感受到曾妖头这个对手的分量。

"先避其锐,后折其锋。"石达开心中打定了主意。

这时,曾国藩已经发起攻势了,但首战就遭到九江守将殿右二十检点林启容的痛击,其部下悍将童添云毙命,曾国藩又攻打湖口,东殿左三十一承宣黄文金用铁索封锁江面,排战船数百艘御敌,湘军寸地未得……

石达开偕冬官正丞相罗大纲来到九江以后的第二天,就与林启容、黄文金等将领登上九江城头,湘军的快蟹、长龙、舢板密密麻麻,布满了江面,绵延数十里。

"果然阵容不凡,"石达开吃惊地说道,"难怪林绍璋在湘潭吃了败仗,天国的水师远比不上湘军。"

"咱们的战船多是民船改造的,只能运载货物,却难用于水战。"罗大纲也有同感。

"我在安庆赶造了六十只战船,"石达开说,接着问林启容,"你们这里多少船。"

"原来只有二十几艘,前几天又从清妖手里夺得一百余艘和七百门小船。"林启容回答。"很好,够用了。"石达开说。

众人困惑不解地看着他:湘军大小战船不下两千艘,我们这百十艘小船怎么就能够用?

"湘妖连打胜仗,兵将骄横,骄横则必定浮躁,这就是失败的先兆。"石达开说,他好像没注意到众人的困惑表情,命令说:"林检点仍守九江,黄承宣还守湖口,罗丞相驻守西岸的梅家洲。白天各处人马坚壁高垒,不准与敌军交战,夜里使用疲敌战术,以小船施放火箭惊扰他们。"

此后,每天夜里,太平军的一百来艘小船或二三只一联,或五六只一联,在江面上穿来穿去,不断地把火箭、火球射向敌船。又是,用小船拖着小木筏,木筏上堆满柴草,中夹硝药,灌以膏油,点燃之后,即砍断绳索,将木筏推向敌船。太平军有限的炮船则猛烈轰击,两岸的太平也向湘军水师开炮、施放火箭……这一来,闹得湘军彻夜不得安宁。

到了白天,疲倦不堪却又复仇心切的湘勇们燥舌号叫,跳跃抢械,攻向太平军。无奈太平军早在湖口镇的山上厚筑土城,密设炮位,居高临下地控制着江面;在对岸的梅家洲则筑起了两座新城,城墙设有三层炮眼,城边插满了木桩和竹签,外围又挖了数道壕沟,沟里埋下地雷。依靠森严的壁垒,太平军则坚守不出,只用炮火阻击,以逸待劳。而湘军方面,经历了半壁山、田家镇两次血战,勇气和筋力似乎已经用尽,再无熔斫铁索的敢死精神,因此每每不能得逞。

就这样,整整折腾了一个月。

终于有一天晌午,太平军的一百多条战船突然主动出击,枪炮、火箭、火球直射敌阵,一霎时,湘军战船浓烟四起……

萧捷三当即命令湘军的五十艘长龙打出两排重炮,炮弹在太平军战船所在的水面上炸响,顿时就有十几艘战船被炸翻了,剩余的战船早已溃不成阵,纷纷掉转船头,夺路向鄱阳湖逃逸。

"追!"萧捷三一声令下,湘军水师的上千艘舢板如箭离弦,飞快地尾随太平军,驶进了鄱阳湖。

进入鄱阳湖的太平军战船在罗大纲的接应下,驶入梅家洲的港湾。湘军的舢板则迷失了方向,在湖中游荡徘徊。

就在湘军舢板刚刚驶进鄱阳湖以后,石达开指挥太平军筑垒堵塞了湖口。

湘军舢板的出路被切断了,湘军水师被肢解了。

留在长江水面的笨重快蟹和长龙,一时失去了舢板的保护,变成折了翼的大鸟,断了腿的巨虫。

这时,太平军的二十余只小划在水面上往来如梭,火箭喷筒,迷离施放,湘军的快蟹长龙调运不灵,纷纷起火,船上的湘勇非死伤,即落水,剩下的忙于扑救大火,全无还击之力。到夜半,太平军又用小划三四十艘,向敌船施放火箭,烧毁湘军快蟹三艘,长龙九艘。

夜三更,趁月色阴暗,云雾迷漫,石达开、罗大纲、林启容再次派轻舟三十余只,以火箭喷筒攻击湘军,焚毁湘军大小战船百余艘。湘军乱成一团,慌忙挂帆驶向上游,粮米辎重,尽皆遗失。

这时,曾国藩正坐在拖罟的大舱里,见自己苦心经营了两年的水师居然在朝夕之间灰飞烟灭,碎心断肠之痛自难言说。忽然,他看见有五六艘发逆舢板直冲自己的座船而来,眨眼工夫,就贴近了船身。他直着眼发愣,一时没了主意,却见十几个发匪已经跳上了拖罟的尾板。刹那间,一股与他的身份、年龄、城府完全不相称的冲动控制了他的躯体,他猛然抽出身边一个侍卫腰里的佩剑,向发匪奔去。不料刚跑了三四步,左脚就踩住了自己的长袍前襟,一个跟斗摔在了船板上。把总刘盛槐吓出了一身冷汗,慌忙上前将曾国藩扶起,推到一旁,自己挺身与发逆格斗。

此时的曾国藩已觉得无地自容,恼羞万分,正在不知所措之际,忽然瞥见水师统领彭玉麟乘舢板向这边驶来,他灵机一动,当即仰天大呼道:"身为朝廷命官,置生死于度外,不成功,便成仁!"喊完,大步抢到船边,一头栽到了江水里。彭玉麟在舢板上看得清楚,急命士兵驶船赶上前来,将曾国藩捞起,拖上舢板,趁混乱之际逃逸。

这边曾国藩乘着彭玉麟的舢板,逃到陆师主将罗泽南的军营暂避了一些日子,之后,又仓皇逃至南昌。

太平军乘胜进击,于1855年4月3日第三次克复武昌。

1854年,发生了一件事震动了天京。

这天,杨秀清的同庚叔杨庆彪带领一群随从在中正街游逛。经过燕王府时,恰好秦日纲手下的牧马人宋六坐在府门前,他不认识杨庆彪,只觉得是个有身份的人,还没来得及站起来,就被杨庆彪发现了。杨庆彪勒住马,用马鞭指着宋六,高声喝道:"大胆的东西,抓起来。"

从人不由分说,扭着宋六的胳膊,把他拖到杨庆彪的跟前。

"你知罪吗?"杨庆彪怒气冲冲。

"小的奉命去安庆解了一百六十匹战马,今天早上刚回到天京。因半路遇到清妖伏击,腿上受了箭伤,行动不灵便……"

"放屁!问你的罪,你他娘的倒报起功来了。"

"不是小的报功,小的确实有箭伤,请大人验看。"宋六说完,就想低头撩起裤脚。

这时早有一个耳光打在了他的脸上:"放肆,不长眼的东西,不知道是国叔吗?"

第十二章 石达开克复武昌 杨秀清赏罚不明

宋六这才感到事情的严重,他扑通一声跪在地上:"小的有眼不识泰山,望国叔恕罪。"

"打二百鞭!"杨庆彪根本没听见他的话。

宋六立即被翻倒在地鞭子从两边轮流着噼噼啪啪地抽了下来。

路边行人都默默地看着这个惊心动魄的场面,连大气都不敢喘。他们在想什么?是惊异?是恐惧?是愤怒?只有他们自己知道。

杨庆彪觉得鞭打宋六不足以发泄这一肚子怒火,就大声嚷道:"这个秦日纲装聋作哑,鞭子响得紧锣密鼓,他却假装听不见。去,把他叫出来!"

其实,早就有人禀报了秦日纲,秦日纲哪里敢怠慢!因此,杨庆彪的话音刚落,秦日纲就出现在门前了。

秦日纲听到了杨庆彪刚才的叫嚷,对他的蛮横十分不悦,却只好耐着性子赔笑道:"原来是国叔,请到敝舍稍歇。"

杨庆彪根本没有理睬秦日纲,他好像正在聚精会神地执行惩罚犯罪者的使命。

鞭子一声接一声地响着,在场的人都注视着宋六受刑的场面,也等待着这个场面的结束。此刻,人们最关心的是,杨庆彪要把事情闹道什么程度,会不会引起东王和燕王之间的冲突,没有人去揣测宋六的心理活动,因为他太微不足道了。然而,这场纠纷中如同草芥的宋六,求饶无效之后,早已蓄满了一腔仇恨,在难以忍受的疼痛中,他心里萌生出一个念头:要是有朝一日与这个姓杨的混账东西狭路相逢,非一刀捅了他不可。可悲的是,他永远不会有这样的机会了!

鞭声停止了,已经打满了二百下。但杨文炳的怒气却更盛了,他恼怒的是,在整个行刑过程中,宋六竟然没有一声求饶,这本身就是一种不满和蔑视。

"绝不能轻饶了这小子。"杨庆彪暗想,一面抬起眼来看着秦日纲,问:"你说怎么办?"

秦日纲早就对杨庆彪鞭打宋六心怀不满,又听他不按礼节称"燕王殿下"而直呼为"你",就更加厌烦,但怯于杨秀清的权力和威势,只得忍气吞声,他犹豫着,不知该说什么才好。

"既然主子护短,就把这个挨千刀的家伙送到黄玉昆那里去!"杨庆彪一声令下,一千人马立即拖着宋六呼呼啦啦地远去了。

秦日纲看着杨庆彪的背影,暗暗地骂了一声:"狗仗人势的东西!"

杨庆彪一行来到卫国侯黄玉昆的府第,不待通报,就一直闯了进去。黄玉昆正在审阅案卷,见杨庆彪一伙怒气冲冲地拥进门来,急忙迎了上去,说:"是国叔驾到,快请坐。"扶杨庆彪坐下后,又命人送上茶来。杨庆彪怒犹未息,指着瘫倒在地上的宋六说:"这个东西不知礼数,不知敬上,你说该怎么处置啊?"

黄玉昆看到宋六的脊背已经血迹斑斑,已经明白是怎么一回事了。就委婉地说道:"国叔胸怀博大,不必跟这般人计较……"

"你说什么?"杨庆彪瞪大了眼,盯着黄玉昆。

"卑职是说,既然国叔已经行刑,卑职就无须再加杖了。"

"轰隆"一声,黄玉昆的公案被杨庆彪掀翻了,批文卷宗撒了一地。

"黄玉昆,"杨庆彪气急败坏地叫嚷起来,"你别不知好歹,把这个罪犯送到你这里来,是看得起你。你主持天朝的刑部事务,不处置犯上僭越之徒,你就犯了渎职罪……"

黄玉昆实在忍不住了,心想:这个杨庆彪也太不成体统了,仗着自己是东王的长辈就忘乎所以。我是翼王的岳丈,也是国叔,你凭什么这样嚣张。于是就打断了他的话:"国叔并不主持刑部事务,却私自对臣民施行鞭刑,岂不是有越职之嫌?国叔掀翻公案,是不是扰乱公务呢?"

杨庆彪万万没想到在黄玉昆面前碰了一鼻子灰,他简直气疯了,语无伦次地指着黄玉昆的鼻子嚷道:"好,你厉害,你有种,你有能耐,我这就到东王那里去告你,我就不信治不了你!"说完,把手一招,一干人又呼呼啦啦地涌出了大门。

黄玉昆摇了摇头,叹道:"国法朝纲都坏在这帮人的手里。"

东王府。杨秀清听了杨庆彪的状告之后,勃然大怒,当即命令兴国侯陈承瑢:"你去告诉翼王,叫他把黄玉昆抓起来,现在天京城内的大小事务归他管。"

陈承瑢略有难色地看着杨秀清,杨秀清瞪了他一眼,喝道:"去!"

陈承瑢不敢怠慢,慌忙带上几个随从奔向翼王府。

"真晦气,传达命令的差使偏偏落在我的头上,我该怎样对翼王说呢?"陈承瑢想着,已经来到了翼王府。

陈承瑢被引到了前殿东厅,一进门,墙上的八个行书大字就扑入陈承瑢的眼帘,字写得流畅洒脱,他认出这是石达开的亲笔,也许是对它的内容感到有些吃惊,陈承瑢竟不知不觉读出声来:"揣而锐之,不可长保。"

这时石达开走了进来,接言道:"金玉满堂,莫之能守。"

陈承瑢极力调动着自己的记忆,噢,想起来了,便背出下句:"富贵而骄,自遗其咎。"

"功成身退,天之道也。"石达开作了结束。

"卑爵没想到殿下喜欢读老子的书。"陈承瑢说。

"老子的《道德经》博大深邃,远不是我等所能望其项背的。不过,'揣而锐之,不可长保'这八个字对我而言,堪称座右铭,锋芒太尖锐,是难保长久的。"

陈承瑢心中不由得升起了几分敬意:这个翼王真不可小觑。是的,东王功利心切,故锋芒太锐太露,北王卑躬屈膝,竭尽阿谀逢迎之能事,不过是在等待时机,后发制人,这种人心地阴忍叵测,一旦得势,必定横行肆虐,无所顾忌。东王和北王都痴迷于权柄,因而都陷在迷雾之中,他们不读书,不知道老子,唯独翼王是清醒的。他淡泊名利,故能置身于局外,静观天下事,他写的这八个字显然是有所指的,他已经窥见了如日中天的东王所面临的危险。

陈承瑢说明了来意以后,石达开沉思了片刻,说道:"请佐天侯回去禀奏东王殿下,近日我小有不适,他的生日庆宴不能去参加了,礼物我派人送去。"

这是怎么说的?简直是答非所问,话不对题!说的是抓黄玉昆,怎么就冒出个"生日庆宴"来?陈承瑢愣住了。

"说这些就够了。"石达开注意到陈承瑢为难的表情,又补充了一句,"佐天侯要是觉得不好复命,可以加上一句:石达开不是韦昌辉。"

陈承瑢心中暗暗叫绝:"这位翼王不卑不亢,果然是个有骨气的人。"

陈承瑢回到东王府,杨秀清仍然怒气未息。簿书傅善祥愣在一旁,见陈承瑢来到,立即坐下,笔墨伺候。

陈承瑢将石达开的话禀奏给杨秀清,当然,他没有转述"石达开不是韦昌辉"这句话。

这个结果是杨秀清没有料到的。他感到自己的权威受到了不小的挫折,甚至可以说是碰了钉子。

长期以来,他一直觉得石达开是个很难对付的人。他没有谋取高位的野心,却总是能够在军民中赢得威望。他从不违抗命令,而且做事总是十分出色,无可挑剔,但对我却从来没说过一句颂词赞语。重用他时,他毫不感激,抑制他时,也全无怨言。他不卑,这就很难叫人赏识,他不亢,这又叫人无法合弃。韦昌辉为了维护我的尊严,将自己的亲哥哥五马分尸;而石达开连把自己的岳父抓起来都不肯。此人有一种不可驯服的秉性,他不来惹你,而你也休想去惹他。即使我如今权倾朝野,也对他无可奈何。

杨秀清不得不承认石达开的才干,但对石达开那种不卑不亢的态度又感到十分气恼。更叫杨秀清难堪的是,满朝文武都以能参加我的生日庆宴而感到荣幸和自豪,可石达开却如此轻慢地丢弃了这个机会。

杨秀清现在觉得自己像捧了个刺猬一样:生日这天,要是石达开不来,我就会在群臣眼前丢了面子;硬叫他来吧,就好像我有求于他,同样要丢面子。而对黄玉昆,石达开不肯处置,我已经丢了面子。

"简直是犯上作乱,"门外传来杨庆彪的嘶喊声,"欺负到东王殿下的头上来了,秦日纲、黄玉昆、石达开串通一气,对抗东王,这是要造反!"

杨秀清心头的闷火陡然升起,一股脑儿撒了出来,当即下令:"秦日纲责杖一百,黄玉昆责杖三百,宋六——五马分尸!叫北王去办!"

承宣陈德松应诺而去。

傅善祥打了一个寒噤。

陈承瑢万万没想到事情发展如此地步,这简直是乱了天国章法,威镇四方的东王,怎么做出如此荒唐的决断?在天国的律例中,只有叛国通敌者才能施五马分尸的大刑,宋六充其量是礼节上的疏忽,竟然落到这般可悲的下场!燕王、卫国侯无罪而受杖,怎能服众?想到这里,就"扑通"一声跪到地上,哀求道:"祈请殿下收回成命!"

杨秀清正为陈承瑢传谕石达开失败而不满,听他求饶,更觉得他跟秦日纲、黄玉昆一个鼻孔出气,他最容不得存有二心的下属,便从喉咙里发出了沉闷而钝重的声响:"嗯?"

这一声"嗯"带有不祥的震慑力。陈承瑢觉得头皮猛地胀了一下,心中颇有些胆怯,但话已出口,无法追回,就决定说到底:"卑职以为燕王、卫

第十二章 石达开克复武昌 杨秀清赏罚不明

国侯无罪,不当受杖,宋六——"

杨秀清打断他:"你是说本军师赏罚不明?"

"殿下明察秋毫,万民共知。卑职只是以为——"

"以为什么?"

陈承瑢迟疑了一下。

"说!"

"卑职以为殿下犯不上为一己之亲情开罪于天国重臣。"

"放肆!"杨秀清忍无可忍,咆哮起来,"拉下去,打二百杖!

陈承瑢喊道:"直言无罪,打我不公!"然而还是被拉下去了。

傅善祥的膀胱猛然鼓了起来,她急于想小便,却吓得什么都不敢说,紧紧夹住双腿,呆坐着,右手拿着笔,吓得直打哆嗦。

天王洪秀全听到了这件事,他脸上浮现出一丝难以觉察的微笑。

第十三章
曾国藩被困南昌　太平军收复江南

天历乙荣五年七月二十七日,杨秀清三十二岁的生日到了。东王府张灯结彩,一派喧哗富贵的景象,杨秀清是炙手可热的人物,天京城里各个王侯将相、大小官员都来到东王府。东王府的人流就没有消停过,川流不息,送礼的差役熙来攘往,天京城里的百姓也拥挤在道旁,府门外水泄不通。

这么多的人,杨秀清肯定接待不了,所以只在前殿接待来访的诸王,侯爵以下的拜访者一律由佐天侯陈承瑢、扶天侯傅学贤等人在中殿应酬接待。

韦昌辉来得最早,他给杨秀清的礼物是一顶大水轿,轿子的底部是一个方形玻璃缸,四尺见方,三尺高,缸里注满了清水,二十多条不同花色的金鱼在水草之间来回游动。轿身四周蒙着半透明的黄色细绢,轿的顶部,四条金雕的长龙伸向四角,龙爪上垂下红色的流苏。水轿在市民的啧啧赞叹声中抬进了东王府,杨秀清一见,乐不可支,笑道:"五弟见外了,何必如此费心劳神?"

韦昌辉见杨秀清高兴,顿时满脸堆笑,说道:"哪里哪里,些许小礼,不成敬意。四哥为天国日夜操劳,不分寒暑,小弟看在眼里,痛在心上。眼下天气酷热逼人,小弟搜索肚肠,设计了这项水轿,叫匠人们赶制出来。四哥坐上这顶轿子,一来可以纳凉舒体,二来可以观鱼悦心。"

"难为五弟一片诚意。"杨秀清感激地说。

"蒙丞相大人到——"门口传来承宣的喊声。

承宣杨水娇知道这是特殊客人,便喊道:"请蒙丞相大人进前殿!"

春官又正丞相蒙得恩带着十名如花似玉的少女来到前殿,韦昌辉、秦日纲立即向杨秀清施礼告辞。

"别忘了晚上的庆宴!"二人退到门口时,杨秀清嘱咐道。

蒙得恩行礼毕,说:"按天朝的惯例,卑职在殿下大寿之日,特选小女六名,给殿下送来,望殿下笑纳。"

六名姑娘向杨秀清施跪礼,齐说:"小女向东王殿下九千岁千岁千千岁请安!"

"那么另外四名——"杨秀清心里明白,却仍然礼节性地问了一句。

"也是惯例,是天王陛下的一点心意。"

"回去替我感谢天王陛下的盛情,"杨秀清说,"我也按惯例,留下一个,其余退还。"

这时杨水娇早已走到杨秀清身边,她端详了片刻,用手向一个尖下巴丹凤眼的姑娘指了指,杨秀清点点头,杨水娇走过去,牵着她的手,走开了。

蒙得恩向杨秀清告辞,带着剩下的三个姑娘离开了东王府。

"翼王殿下驾到——"

为了宋六的纠纷,石达开曾托陈承瑢转告杨秀清不来祝寿了,过后寻思,当时这句话不过是为了显示一下不为强权所屈的傲骨,并不能真的要断绝各王之间礼尚往来,再加上今日陈承瑢的再三劝说,于是就决定走一趟。

杨秀清一听石达开来到,分外高兴,他一直担心石达开真的不来了,弄得自己没有脸面。现在好了,石达开果然是个通情达理的人,没在今天这个好日子扫我的兴。

石达开送上一块金制怀表,杨秀清接过来,看了一眼,上面的洋字虽不认得,却挺好看,他也顾不上仔细端详,就放在耳边,其声咚咚,如铜铃煞是好听。高兴之余,他当即吩咐傅善祥拿来一对花色玉杯,作为回赠。王侯将相前来东王府送礼而得到回赠的,只有石达开一人。

1855年11月24日,石达开率护天豫胡以晃、卫天侯黄玉昆、春官丞相张遂谋、夏官又副丞相曾锦谦统天军五万人马,自湖北通城越幕阜山进入江西,一路势如破竹,相继克复新昌、瑞州、新喻、临江、峡江、万载、新淦、奉新、分宜、袁州等地。

正在南康的曾国藩心慌神乱,急忙召集部下商议对策。

与会者当中,左宗棠的身份有些特殊,他是湖南巡抚骆秉章的幕僚,主军事,司奏牍,颇受器重,因新近武昌战事吃紧,骆秉章派他送来一批银两和枪械。曾国藩很赏识他的才干,便邀他来一起商讨军机,并且把这位客人让到主座上。

曾国藩先开言了:"发酋石达开这次西来,不去解武昌之围,却突然窜入江西,这还是发逆围魏救赵的惯用战法。尽管我看破了他的意向,但他这次来势凶猛,南昌危机,所以我不得不把广东罗定协副将周凤山从武昌调过来,自从塔齐布死后,他就是湘军的主要将领。不过,石酋拿下了临江以后,不是向北去攻南昌,却领兵南下了,像是要去打吉安,这步棋就有些怪了,各位有何见解呀?"

众人都皱起了眉头。自从湖口之战以后,一听到石达开的名字,他们心里就发怵。

曾国藩把目光在众人脸上扫了一遍,看看没有人开口,就决定先请左宗棠说说,他是客人,主人应当讲究礼让:"想来季高兄必有高见。"

左宗棠很感激曾国藩对他的尊重,但他不想喧宾夺主,却又不愿驳曾国藩的一片美意,就说:"涤生兄太客气了。小弟胸无点墨,哪能在这里班门弄斧?不过,仁兄既然如此盛情,小弟就把骆巡抚的话转述一下。骆大人说:石酋要罢干止戈的时候,总是乍东乍西,倏隐倏现,来扰乱我方的计划。当他要有所行动的时候,总是忽弛忽骤,或分或合,以窥伺我方的疏漏。所以与官军交战,其诡计屡屡得逞。骆大人还说,这一次石酋肆扰江西,不急于直犯省会,而是先旁收郡县,到处设立伪官,挟制百姓,这样,不但有了粮钱,而且也扩充了兵源。他的意图,是想先落其枝叶,再撼其本根。"

"骆抚台所见真是一针见血。"曾国藩点了点头。

"石达开这个人诡计最多,颇有为善之资,表面仁慈不好杀戮。这次来江西,减税至半额,禁止部下屠宰耕牛,凡有暴行祸民者,必处以严刑,故能蒙蔽百姓。"赵烈文说。

曾国藩说:"江西的民风本来就柔弱,现在见各地州县落入贼手,就以为天覆地堕,不用等着发逆胁迫,就甘心蓄发,加入贼党,无非是想混个军帅旅帅什么的。"

"石达开的这些做法,正说明他并不以攻城略地为念,而是要笼络人心,他不光要得地利,更想得人和。因此,即使他现在的地盘以后被官军克复,人心还在他那一边。打个比方说,石达开所到之地,并不是在那里压上一块巨石,而是种上一棵大树。要搬动一块石头是容易的,但要挪走一棵树就难了,那得连土一起带走。两年前他在安庆搞'按田输钱米'的办法,那里的刁民至今颂声不绝。"宁绍台道罗泽南说,他正在湖北协同巡抚胡林翼攻打武昌,听说石达开入赣,便单骑来到南康,为的是向曾国藩面陈机宜。

"石达开今年才二十五岁,在发逆诸王中年纪最轻,可是文韬武略皆有过人之处,也真是奇了。"说话的是刘蓉,他是骆秉章的幕僚,这次随左宗棠一起来到南康。

曾国藩听了这话,觉得很不是味儿,他最讨厌别人说石达开年轻,这使他又勾想起湖口一战所蒙受的耻辱:自己以一个年近半百的长者惨败于年龄比自己小一半的毛小子手下,每念及此,切齿之恨便冲上心头。

曾国藩的愠怒表情被李元度注意到了,他觉得这是个讨好上司的机会,便摆出一副义愤填膺的样子说道:"身为朝廷命官,岂能称颂贼酋功德,长他人之威风,灭自己之志气?"

刘蓉的脸一下子红了,深悔自己失言。

"发逆的威风是他们自己打出来的,我们的志气也是自己灭掉的!"

是谁在说话?众人的目光都转向了门口,阳光下,人们只能看到一个黑色身影。过了一会儿,才看清这是个衣裤褴褛的叫花子。

"彭大人!"好几个人同时喊了起来。

来客是金华府知府彭玉麟,曾国藩等人急忙迎上去,让了座,端上茶。彭玉麟慢慢说起自己的来因:原来彭玉麟向朝廷告假回老家湖南衡州探望老母,闻听江西战事紧急,便伪装成游学乞食者,敝衣徒步走了七百里,赶到南康来,沿途经过数十道太平军的关卡,都未被察觉。来到曾国藩大营,只给了门子一两银子,说是曾国藩大帅的老相识,就进来了。

彭玉麟接着说下去:"方才听你们说'威风'啊,'志气'呀什么的,我这一路,可真长了见识。身上带的一百两盘缠,被官军搜刮得一干二净,倒是发逆给了我一些盘缠现今还在手里攥着。我能活着走到这里,还多亏发逆管了我九顿饭,要是一路上只碰到官军,我这把骨头还不知要扔到什么地方呢?你们说,是谁有威风,谁有志气?"

在座的人一个个瞠目结舌。

刘蓉心想:这个彭知府的话,说得比我还厉害,但众人连个屁都不敢放;我却受了李元度一番抢白,到底是人微言轻。

"难怪发逆所到之地刁民望风而从,官府如此贪赃枉法,肆虐横行,百姓岂有不反之理?百姓一反,官军就经不起打,这也在情理之中,各位说是不是?"彭玉麟又说。

众人无言以对。

曾国藩很有些着急:刘蓉的话音刚落,又冒出来个彭玉麟,这个话题什么时候才能煞尾?

"我这次步行七百里来投奔曾大人,就是因为曾大人纪律严明,有治国安邦之才,当此八旗、绿营腐败不堪之时,湘军能够一枝独秀,我等有望,天下有望,只要诸位同心戮力,何愁发逆不灭?"

彭玉麟语惊四座,众人一齐击掌叫好,曾国藩十分欣慰地笑了。

当晚,曾国藩设便宴招待彭玉麟、左宗棠、罗泽南、赵烈文等人。席上,罗泽南直言劝告曾国藩说:"剿灭发逆,关键在武昌,得武昌,则可以平定江苏、安徽,而且江西也有了屏障。倘若株守江西,就如同坐于瓮中,与发贼日夜搏战也徒劳无益。我看,还应当调集兵力北上,攻打武昌。"左宗棠也说:"我看江西民心全变,大势已去,很难有所作为。"

"二位说得有道理,不过,江西既然是皇土,且曾某已驻兵于此,就只得惨淡经营。罗道台回湖北以后,望能全力协助胡抚台攻打武昌。"曾国藩说,胡抚台指湖北巡抚胡林翼。

彭玉麟指着罗泽南说道:"曾大人何不把罗道台留在身边?大人转战南北,所依赖的无非是塔、罗二君。现在塔齐布公已亡,只有靠罗公了。让他远行湖北,万一这里有个缓急,又当如何?"

曾国藩摆了摆手说:"不不,罗道台果能拿下武昌,乃朝廷之大幸。到那时,我曾某就是困死江西,也倍感荣耀。"

罗泽南敬佩地说:"曾大人胸怀无量!"

3月1日,太平军攻下了吉安府,接着回军向北,直扑樟树镇。

樟树是赣江重镇,北上南昌之要地,曾国藩将其视为"两岸之关键,省城之咽喉",因此派周凤山的陆师五千人,彭玉麟的水军三千人在这里驻守。不料,当湘军看到翼王的金黄大方旗出现在镇头的时候,陆师先自乱了阵,一个个夺路而逃,太平军冲入敌群,如虎驱羊。周凤山骑在马上吼三喝四,无奈调度不灵,他自己也被如同潮涌的败兵裹挟着退出了四五十丈。周凤山号叫不止，不到半个时辰，就喉噪无声了。这时，太平军斩杀了知县马丕庆、训导林长春，歼灭湘军兵勇一千多人。周凤山见部下已溃不成阵，便领残部一溜烟逃往南昌。陆师既溃，水军独力难支，彭玉麟一面骂周凤山蠢笨无用，胆小如鼠，一面打点细软也躲进南昌城里去了。

樟树镇大败后的第三天，曾国藩也从南康仓皇逃往南昌。南昌城里的士绅居民，见显官贵人一个个狼狈逃回，心中大恐，纷纷扶老将雏，提箱负囊，夺门而走，相撞相践，死者伤者无数。

石达开进入江西后，仅仅三个月，江西省十三府中的八府五十余县便都落入太平军手中，占了江西的大半疆土。枝叶既除，太平军集中兵力把南昌围得水泄不通。

南昌城里原来的守军加上兵败逃进来的，总共不过五千，而城外的太平军有五万之众。此时的曾国藩，已如釜底游鱼。他有心调罗泽南前来，又害怕湖北巡抚胡林翼不放他，于是就给咸丰帝上了个奏折：

伏思军情有缓急，利害有轻重；两害相形，则从其稍轻者……与其屯兵坚城，攻遥遥无期之湖北，又不如移师腹地，救岌岌将殆之江西。

然而，出乎曾国藩意料的是，奏折还没送到北京，罗泽南就在武昌被太平军打伤，不治身死了。消息传来，湘军将士尽皆丧胆，士气不可复振。上奏朝廷的同时，曾国藩写信向参将鲍超、同知李元度求援。

一天晚上，彭玉麟来找曾国藩，曾国藩正在向赵烈文口授给湖北按察使李孟群的求援密信的写法。彭玉麟说："曾大人，得想别的法子，昨天大人给鲍参将、李同知的密信都被发逆搜去了。"

曾国藩吃了一惊：这应当是意料之中的事，我怎么昨天就没想到呢？

彭玉麟继续说："我们养的这些长头发信差太缺乏训导，他们冒充发逆，却不懂发逆的规矩。有一个被发逆捉住了，一见长官就行拱手礼，当场露出了马脚。还有一个，他倒是知道发逆视拱手礼为妖礼，被抓去后，见了发逆的一个师帅就行了跪礼，那个师帅并不怀疑，随便盘问了几句，就放了他，谁知他临走时说了声'谢师帅大人'，结果又露了马脚。"

"怎么又不对？"曾国藩奇怪地问。

"按发逆的礼仪，军帅以上的才能称呼'大人'，师帅以下的要称'善人'。"

曾国藩和赵烈文面面相觑。

"把密信交给我吧,我找人送出去,"彭玉麟从怀里掏出几粒蜡丸,说,"要写成蝇头小字,装在这里面。"

曾国藩顿悟似的点点头。

蜡丸密信送出去了。曾国藩一面布置守城,一面等待援军。

连日来,太平军向城里发射火箭、炮弹、四处挖地道、绑云梯,攻势凌厉。曾国藩每日登城,见城外太平军旌旗飞舞,人山人海,不觉心胆俱碎。

蜡丸密信果然一一送到,然而,鲍超、李元度的陆勇和李孟群的水师均被太平军挡在包围圈之外,无法接近城池。

南昌城外,石达开正骑在马上督天军攻城,张遂谋把刚截获的一封曾国藩求救密信递给了他,石达开浏览了一遍,笑着说:"曾国藩这个老妖头到了束手待毙的地步了,逃又逃不出去,援军又打不进来。用他自己的话说,是'坐困孤城,饷源日竭',他现在是呼天不灵,呼地不应。你看看,'道途梦梗,呼救无从,中宵念此,魂梦屡惊',一副可怜巴巴的窘相。不出十天,南昌便可拿下,曾国藩老贼,非死即擒。"

话音刚落,翼殿左一承宣何新金送来了东王杨秀清的诰谕,石达开急忙打开,看过之后,颓丧地长叹了一声,说:"天不灭曾国藩!"

张遂谋惶惑地从石达开手中接过诰谕,一看,原来是调石达开回援天京,破江南大营,便说:"我们这一走,曾妖头就绝路逢生了。"

石达开又叹了一口气:"这个曾国藩,今日放过他,日后恐怕要成为天国的一大祸患。"

早晨,寝宫里已经大亮。

沐浴完毕,洪秀全进了茶室,在藤椅上坐下,赖春苗为他梳头。

洪宣娇不声不响地进来了,洪秀全看见她,热情地说:"妹子,好久没到宫里来了。"洪宣娇没有应声,在洪秀全斜对面的一张椅子上坐下,停了一会儿,抽泣着说:"哥,罗大纲——过世了。"

"什么?"洪秀全忽地从藤椅上站了起来。

"伤势太重,"洪宣娇说,"国医李丞相尽了力,但救不了他。"

洪秀全颓然地坐了下来。罗大纲攻打芜湖受伤后,洪秀全立即派人把他接到天京,并让李俊良给他治伤,不想今天得到这样的噩耗。

"罗大纲是个有心人,"洪宣娇像是自言自语地说,"他一直挂牵着北伐的事。"

"对,他始终反对建都天京,主张挥军北上的。"洪秀全说。

"他派出许多人探听北伐部队的下落,"洪宣娇继续说,"临死前,他派出去的人带回来一个很坏的消息。"

"什么消息?"洪秀全急切地问。

"北伐部队全军覆没。"

洪秀全的眼睛里渐渐地蓄满了泪水,一眨眼,两颗泪珠流淌下来。

"前年冬天,北伐军眼看就要打到天津了,但他们粮食接济不上,又没有冬衣,就被清妖拦截在静海和独流,在那里鏖战了三个月,援军不至,只好南退,退到阜城的时候,平胡侯吉文元阵亡。后来,他们突围到了连镇,在那里又被僧格林沁的军队包围。僧军久攻不下,就破运河之堤,把连镇淹没。北伐军一直坚持到今年天历二月初,连镇终于被攻陷,林凤祥退入地道暗室,结果让他的娈童施绍恒出卖了,被押解到北京凌迟处死。"洪宣娇说到这里,掏出手帕来擦了擦泪,继续说,"李开芳先于去年四月从连镇突围到了高唐,在那里又与清妖苦斗了十个月,听到连镇失守的消息后,突围到冯官屯,又坚持了三个月,终于失败被俘,天历五月初五这天,在北京就义了。"

沉默了许久,洪秀全喃喃地说:"已经是四个月以前的事了,我们今天才知道。"

"音讯不通。要不是罗大纲,我们恐怕现在还不知道底细。"

"林凤祥、李开芳是天国最出色的骁将,孤军北伐,援军又接济不上,遭此大难是在预料之中的,我这个天王问心有愧呀!"洪秀全伤心地说。

"罗大纲派出去打探消息的斥候有十几个,都没有了下落,只有一个叫潘四狗的百长回来了。听他说,在清妖的辖区,他好几次碰上了咱们的斥候被捉拿,被杀头。"

"真是个铁血男儿,他叫什么名字?"洪秀全问。

"姓梁,"洪宣娇思索着,"当年清妖攻打花洲的时候,就是他跑了一百里到金田去告急。叫什么来着?想起来了,叫梁贵儿。"

这时赖春苗正在往洪秀全的发髻上插银簪,听了洪宣娇的话,眼前登时漆黑一片,两手失去了支配,右手持簪穿髻而过,正刺中左手手。她忍痛拔出左手,却没忘记捏紧拇指和食指,抹干净簪尖上的血迹,然后端起梳妆盘匆匆走了出去。洪秀全觉得这个名字有些耳熟,却又记不起什么来。

在后林苑的竹林里,赖春苗靠在一棵粗大的竹子上,泪如泉涌。哭了好久,她慢慢睁开眼,才看到竹子上淋漓的斑纹,噢,这是竹林里唯一的一棵湘妃竹。听詹副月宫讲过,相传舜帝南巡,葬于苍梧,其爱妃娥皇、女英哀痛不已,泪水洒于竹上,因之成斑,后人称为"湘妃竹",也叫"斑竹"。我无意之间扑在这棵竹子上,可见在意念中与梁贵儿是天合的一对儿。想到这里,赖春苗眼里又涌出一股泪水,她紧紧地抱着竹子,滑了下去,跪在地上。

1856年2月1日,天京东王府前殿东厅,杨秀清召见了燕王秦日纲。

"最近一年来,天军不很顺利,北伐军全军覆没,安徽重镇太平、芜湖、庐州相继失守,江苏巡抚吉尔杭阿剿灭了上海的小刀会以后,移师镇江城下,江北大营的主帅钦差大臣江宁将军托明阿正率军进逼瓜洲,准备配合江南大营合击镇江。这样,天京的情势就更加吃紧了。眼下,江北只有瓜洲还在天军手中,瓜洲一失,镇江必危。好在西线翼王在湖口大败湘军,且在江西攻城略地,战绩卓著。我已经向翼王发出了诰谕,让他率军东返。你即日启程,带兵东进,先要确保镇江,瓜洲平安无虞,然后方可进击江北大营。估计一个月后,翼王能领兵赶到,那时再合力攻打江南大营,以解京围。"

秦日纲当天即率冬官又正丞相陈玉成、地官副丞相李秀成、春官正丞相涂镇兴、夏官又正丞相周胜坤、夏官副丞相陈仕章自天京向东进军龙潭,不料兵到汤头时为清总兵张国梁所拒,双方相持四十余日,不分胜负,战局进入僵持状态。

第二天一大早,江边上备好了十艘舢板,八十名士兵整装待发。穿着士兵装束的陈玉成向士兵们发出郑重的谆谕:"今天前往镇江的八十名敢死之士,每人都是信使,只要有一个人活着到达镇江,就要把口信送到。今一日之举,事关整个战局,事关天京安危,大家务必戮力同心,放胆向前!"

"戮力同心,放胆向前!"士兵们高声响应。

陈玉成一声令下,自己先跳上一艘舢板,士兵们也麻利地跳上船去。

"兄弟——"秦日纲、李秀成同时喊了起来,一同跑过去,跳进齐膝的江水里,紧紧地拉住陈玉成的双臂,久久说不出话。

第十三章 曾国藩被困南昌 太平军收复江南

"燕王殿下、李丞相请回吧,我陈玉成能回来。"陈玉成语气坚定地说。

"千万保重!"秦日纲叮嘱道。

"我们等你。"李秀成说着,眼睛湿润了。

"放炮!"秦日纲发出了命令。

岸上,太平军的四十多门大炮突然向江面上清军水师发动了猛烈轰击,清军水师立即开炮还击。

十艘舢板像十叶小水瓢一样,在江面上顺流而下,很快地,这些水瓢就疾如飞梭,向东驶去。

清军起初没留意这些不起眼儿的小瓢,但不一会儿就醒悟过来,于是,炮弹、枪弹、火箭密密麻麻地射了过来。

"放烟!"乘坐在第三艘舢板上的陈玉成命令道。

十艘舢板同时向两侧五六丈远的地方施放哑炮,这种炮几乎没有声响在空中爆炸后散出黑黄相混的浓烟,一霎时,江面上烟尘弥漫。这时,舢板小队插进了敌军的船群之中,迅速穿行,清军失去了搜寻目标。清军他们偶尔发现一两艘,要瞄准开炮,舢板早已消逝了⋯⋯

越过清军的船群,小船队只剩下了八艘,它们又暴露在清军的视线之中了。

"追!"敌船上有人喊了一声。

三四十艘清军大舢板尾追而来,一面开炮轰击。

小船队后面的两艘舢板被击沉了。

这时,陈玉成惊讶地发现,他身后薛小宝的那艘舢板突然离开了小队,向大江的左侧驶去,同时又有两艘舢板跟了过去。他刚要命令他们归队,却见薛小宝撑起了一顶黄色的大伞盖。这是怎么回事?他是什么时候把我的伞盖带到船上来的?

几乎所有的敌船都向薛小宝的舢板追去。那三艘舢板一面飞驶,一面开炮还击,但他们很快就被敌船包围了。

"薛百长——"陈玉成呼喊着,一面下令,"赶快,掉转船头,去救他们!"

像是有了预谋,没有一个人理睬他的命令,士兵们反而更加拼命地向前划动着船桨。

陈玉成完全明白了,眼里顿时流出滚烫的泪水。

清军后来似乎意识到了黄伞盖出现得太突然，太莫名其妙，因此，当他们合力把薛小宝那三艘舢板炸得粉碎以后，还想继续追赶，然而已经晚了……

天历的二月十日，也就是阳历3月17日。会攻的前一天夜里，秦日纲、李秀成等率大军东进，赶到汤头，堵塞了清军的退路。

天刚亮，李秀成就登上了汤水以东的斑鸠山顶，在这里，可以遥望东方的镇江城头。陈玉成带着小船队离开龙潭后，再也没有消息。他能活着抵达镇江吗？一个月前，东王曾派总制熊步云带着一份诰谕前往镇江，结果走到高资就被清军俘虏了，陈玉成要穿过江面上敌军的数百艘炮船又谈何容易？万一……要是镇江今天不出兵，就说明陈玉成没有把信送到，那就准是葬身于大江之中了。这样，非但不能完成两军会攻的计划，天国更失去了一员出类拔萃的骁将，那就太不值得了。

天色更亮了些，镇江城里升起了一缕缕炊烟，再无其他动静。

他们该出城了！李秀成焦急起来。到现在还不出城，恐怕是凶多吉少！唉，当初我为什么没把他从舢板上硬拖下来呢？李秀成的心境很快地从焦急转为悔恨。

或许我的担心多余了，可能事情不至于这样严重。听到陈玉成要亲自去镇江送信的消息后，我就立即把我的得力部下薛小宝派给了他，我再三叮嘱薛小宝，要他尽全力保护这位年轻的丞相。薛小宝很机灵，又很忠诚，他会照着我的话去做的。

但为什么镇江还没有行动呢？李秀成不由自主地转身向北，长江江面几乎完全被清军的战船覆盖了，他不觉打了个寒噤：十艘小舢板要通过这群敌船是绝对不可能的！

"不能夹击，就单独打，一直打到镇江。"李秀成想着，便要下山。

但就在他向右转身的时候，突然惊呆了：在阳光的照耀下，从镇江城向西伸出了一条很长的黄带，那是大大小小的太平军战旗。

"太好了！镇江出兵了！陈玉成活着！"李秀成大喜过望，蹦着跳着跑下山去。

蟹钳子战术果然灵验，秦日纲、李秀成挥军东进，陈玉成、吴如孝出镇江西迎，在仓头、下蜀、汤头一线夹击清军，激战半日，大败江苏巡抚吉尔杭阿与总兵张国梁，捣毁清营十六座。秦日纲乘胜率军东下，一直抵达镇江。

天京与镇江的通路终于打开了。

早晨,秦日纲、陈玉成、李秀成、吴如孝一起来到镇江西北的金山。

这时肯能和汉斯气喘吁吁地跑了过来。

"燕王、陈丞相、李丞相、吴检点,你们都在这里,叫我们找得好苦。"肯能说。

"有事吗?"秦日纲问道。

"汉斯以商人的身份去江北待了两天,刚回来,侦察到了重要消息。"肯能说。

"是这样,"汉斯说,"旧历二月二十七日,西历4月2日,是江北大营帮办军务雷以诚的生日,各营将领都到雷营去为他祝寿,这对我们是个好机会。"

"旧历二月二十七,不就是今天吗?这个消息太及时了,真是上天助我!"秦日纲喜出望外。

"殿下身边还有外国兵?"吴如孝好奇地问。

"有四个。"秦日纲回答,然后介绍说,"这位是爱尔兰水手肯能,这位是美国船员汉斯,他们都身怀绝技,炮打得极好!"

当日深夜,在高资至金山之间,上百艘战船往来如梭,秦日纲的万余大军,一批批连夜渡江到瓜洲,同那里的太平军会合。长江以南,只留周胜坤一千天兵镇守高资、仓头一带。

4月3日清晨,太平军分两路袭击清营。因江北大营各部无将在营,故两路太平军所向披靡,锐不可当。

西路军五千人由陈玉成率领,从朴树湾北上,重炮轰击运河西岸的土桥之后,大军一齐掩杀过去,钦差大臣托明阿猝不及防,全线溃败,太平军破大小敌营一百二十座,托明阿只得领数百残兵退至邵柏镇。

东路军五千人由李秀成指挥,从瓜洲北进,破运河东岸的八里铺,然后直扑三汊河,清军如鸟兽散,清都司程余熊被斩杀,副都统德兴阿受伤,清军大溃,直隶提都陈金绶退往仙女庙。太平军缴获大炮六百尊。

4月5日,秦日纲一鼓作气,又占领扬州,杀知府浙龄,同知朱守让。托明阿再次撤退,躲进了扬州西南的蒋王庙。

江边,秦日纲骑在马上,望着东去的江水,心中有说不出的惬意。他从来没有像今天这样高兴,在他自己的作战史上,这是最出色、最能引以为荣耀的一次。永安撤围后的乎冲一战,虽然掩护了主力部队和全体百姓,但毕竟牺牲了两千人;半壁山、田家镇是一场少有的硬仗,打得确实很顽强,但还是失败了。现在的情况却不同了,只半天,就打开了天京与镇江的通路;又花了两天时间,便击垮了清军的江北大营;再用一天工夫,就二次克复扬州。攻城略地,就像古人说的,如同探囊取物。打这样的仗,太过瘾了!

不知什么时候,李秀成骑马来到他的身边,小声说:"殿下,汤姆阵亡了,汉斯受了重伤。"

秦日纲吃惊地看着李秀成,然后叹了一口气,说:"这些洋兄弟真不容易。汤姆生在美国南部的一个镇子里,世世代代是黑奴,农场主霸占了他的妻子,还要杀他,他逃了出来,到处流浪,不久前来到中国,没想到竟死于这场义战。听说他有个老母亲,要给她一笔抚恤金,托人捎过去。"

"肯能有很多朋友在上海。"李秀成说。

"对,这件事让他去办,"秦日纲说,"这两天,洋兄弟们打得很出色。走,咱们一起去看看汉斯。"

两人骑马奔向扬州城。

就在秦日纲率军与江北大营鏖战的时候,被击垮了的吉尔杭阿又重整旗鼓,反扑回来,重新占领了高资、仓头、九华山一带,夏官又正丞相周胜坤阵亡。

不久,秦日纲接到杨秀清的诰谕,命他率军南归,会合石达开击破江南大营。秦日纲退出扬州,从瓜州渡江抵镇江,然后向高资镇发起猛攻。吉尔杭阿从九华山来救,却被秦日纲包围在高资镇的烟墩山上。

吉尔杭阿站在山顶,山下遍地是发逆的黄旗,七八十座清军大营均被发逆焚毁,浓烟直冲半空。这一切来得太快了!在我剿灭了小刀会之后,皇上加头顶顶戴,赐法施善巴鲁图的那时节,名声是何等显赫?朝廷上下谁不争谈我的丰功伟绩?谁想一年之后,竟被可恨的长毛困在这里!真是兵败如山倒。突围,是绝不可能的,等救兵,张国梁的援军已经被打散了。万般无奈之际,吉尔杭阿学着汉族古人身处绝境时常说的一句话"天亡我也",便掏出洋枪,对准自己的脑门,扣动了扳机。

太平军拿下了高资、仓头、九华山,乘胜西进,屯兵于天京东北燕子矶

的观音门。

再说石达开接到杨秀清的诰谕,即率军两万回救天京,一路克复了宁国、芜湖,于5月18日抵达天京以南的秣陵关。

秦淮河边,石达开和春官正丞相张遂谋、夏官又副丞相曾锦谦一起散步,石达开很久不说话,两眼望着河水出神。

"殿下,"张遂谋终于憋不住了,他想试探一下石达开的意向,"燕王已经到了燕子矶,如果他能率军南进,东王出天京向东,我们挥军北上,三路合击,向荣的孝陵卫大本营则一举可下。"

"你这个方略我曾经想到过,是个挺好的思路,"石达开说,"但向荣盘踞孝陵卫有三年之久了,不但将强兵勇,而且工事坚固,炮械精良,要捣毁它,当然是有把握的,但天军恐怕要蒙受很大的损失。"

"殿下说得有理,敌守我攻,敌静我动,算起账来,还是我们费的气力更大。"曾锦谦颇有同感。

"那这一仗我们应该怎样打呢?"张遂谋问。

"把向妖头的兵力从孝陵卫调出来。"石达开说。

"调出来?怎么调?"曾锦谦问。

"声东击西,"石达开说,"孙子曰:'夫兵形像水,水之行,避高而趋下;兵之形,避实而击虚。'我们先打溧水,溧水是江南大营通往苏州、常州的必经之地,拿下溧水,就断了向荣的粮道,向荣必定调动各路兵马前来救援,孝陵卫就空虚了……""那时候再三路出击。"张遂谋抢着替石达开说了。"对!"石达开点了点头又说:"这个计划我已经禀奏了东王,东王说,天王也很赞成。"

6月13日,石达开派曾锦谦带四千人轻而易举地攻占了溧水。果然,向荣闻讯后立即调集兵力争夺溧水,派总兵江长贵统兵一千四百名,由句容前往又令明安泰横水桥一军三千人,自湖熟镇拔营来助;最后再调张国梁带精兵和马队一千六百人援救。

就在曾锦谦攻打溧水的当口,石达开率主力部队迅速北上,屯兵于天京外城的仙鹤门。

"这个格局太好了,我们在孝陵卫的东面,天京内城在孝陵卫以西,燕王的队伍在北边。"张遂谋高兴地说。

"现在江南大营已经很空虚了,估计守军不足五千,三路合击的时机到了。"石达开说。果然,这时秦日纲接到了杨秀清的诰谕:攻破孝陵卫,方准入城。秦日纲当即自燕子矶拔营南下,扎营于天京外城的尧化门。石达开则一面在仙鹤门筑垒,一面分兵西进,占领了黄马群,把包围圈缩小了。

向荣这才意识到自己的失误,一时竟六神无主了。慌乱之中,只好拆了东墙补西墙:把张国梁从深水调回救援,命都司冯子材领兵两千抢夺黄马群,又命副将王浚带两千人赴仙鹤门,以护大营后路。

谁知冯子材一军赶赴黄马群,只一仗,就被石达开打得七零八落,不敢再战。张国梁领兵赴溧水立足未稳,又奉命仓促赶回,因疲惫不能接战,只好在黄马群以南的青马群筑营;王浚则被石达开、秦日纲包围起来,成了瓮中之鳖。

6月20日,在杨秀清的指挥下,太平军展开了全面攻势。石达开率军击溃了青马群的张国梁军,又派兵西进,攻打紫金山清营……

秦日纲部奋力击垮王浚的部队以后,又围攻灵谷寺的清军,焚烧其营帐二十多座……

东王杨秀清派兵南出通济门攻七桥瓮清营,向荣大恐,但此时已无兵可调,只好亲率一千二百人前往策应。但这时,杨秀清又突然派兵东出朝阳门直扑孝陵卫大营……

日头稍偏西的时候,各个战场都熄火了。这一仗,清军死伤千余人,击伤悍将张国梁,击毙副将以下将领三十多员,攻破孝陵卫大营,烧毁总粮台,缴获红单船饷银五万余两,大营主帅向荣随残部狼狈逃至丹阳……

向荣遁入丹阳以后,从此一病不起。

这个年已六十五岁的老人,多年来鞍马劳顿,瘦长的身体早已伛偻,又因长期餐风饮露,胃病屡犯,不堪其苦。前年突患腿疾,连马都不能骑了,更兼连日操劳,损兵折将,越发觉得日子经磨蹭到尽头了。

向荣蜷曲着身体躺在床上,忧愤交集。心想我向荣一生经历了多次惨败,可从来没有像今天这样感到羞耻。精心培植经营了三年的江南大营,居然在四天之内就被杨秀清、石达开打得落花流水了。眼前的败绩,浮夸矫饰、虚报战功的伎俩是毫无用场了,只能闭上眼睛等待朝廷的责罚和天下人的唾骂。

朝廷上下,提起我向荣,总是鄙夷之声不断,呼我"常败将军",殊不知

大清王朝直道今日尚残存一丝气息,大半是赖我向荣之力的。当初发逆造反,我向荣独率孤军,千里追踪,紧紧扯住不放。虽则屡战不胜,却时时纠缠,处处牵制,终使发逆不得片刻喘息。从金田到金陵,我是一步一步跟着发逆走过来的。如果没有我的江南大营,发逆的北伐军早就派出去好几批了,说不定现在已经连朝廷的老窝都端了。这东南半壁江山,三年来不是我向荣在苦心奋力支撑着吗?

李星沅、赛尚阿、乌兰泰、徐广缙、陆建瀛,哪一个不是败在发逆的手下?只有我向荣能跟发逆周旋到今天。

力挽狂难的是我,挨罚挨骂的还是我!

想到这里,向荣心中感到无限悲酸,热泪不知不觉流了下来。当三更鼓敲响的时候,绝望的向荣怀着无限的愤恨和冤屈自缢而死……

向荣自缢身亡的消息传到天京,洪秀全兴奋不已,向荣一死,天国就除掉了一个大患。

现在没有什么不如意的了,天国进入了一个鼎盛的、空前辉煌的时期,江南二十三州已归我有,我们已经占领了清朝的半壁江山。

这种欣喜的心情,难以言表,洪秀全认为得到了整个江南大地,天国的位置就更高,天京就更高,而且没有任何地方能高过天王府。

第十四章

杨秀清逼封万岁　陈承瑢忍辱复仇

　　傍晚的时候，天京城被夕阳笼罩着，晴朗的天空中，一小朵黑云，投下了一片阴影，将天王府笼罩起来。

　　天京城里静悄悄的，这是晚饭的时间，一道道炊烟从各个院落徐徐升起，仿佛闻到了晚饭的香味。

　　忽然，得得得得……急促的马蹄声在城里的石板路上响起，引得路人纷纷把目光投向骑者，他手中的绿边黄色三角旗，分明标示着他是东王府里的人，人们急忙闪到路旁。

　　骑者是东殿左三十三承宣陈德松，他一路无阻，飞马来到天王府。进了外城的真神荣光门，就听到东西吹鼓亭管弦大作。他知道，这是天王府的三百名乐工在为天王进膳而奏乐，叫什么"钟鸣鼎食"。他没有理睬，驱马直奔内城的真神圣天门，向那里的女宣诏书传达口谕：天父下凡，命天王去东王府接旨！

　　洪秀全得报，立即扔下碗筷，换了朝服，戴上朝帽，匆忙登舆，来不及召集仪仗队，只带了百十个随从奔向东王府。

　　在洪秀全住进天王府之后三年的时间里，这是第一次走出宫廷的大门。

　　那这次天父下凡究竟是为了什么呢？洪秀全实在琢磨不透。

　　此时，对杨秀清来说，这是孤注一掷的关键时刻。他端坐在东王府正厅的龙椅上，静静地等待着洪秀全。近来他又犯了眼疾，右眼已经看不见了，再加上昨夜通宵未眠，左眼也肿得厉害，因此今天就戴上了一副墨镜。

　　从金田举义到如今，已近六年光景。这六年，对整个天国来说，是蓬勃向上、日趋辉煌，而对杨秀清来说，却是呕心沥血，惨淡经营。此刻，他心中涌出无限苦涩：从攻守城池到剪除内奸，从外交事宜到粮草调配，从封爵任官到民事纠纷，从奏章诰谕到删编典籍，哪件事没洒下我杨秀清的

血汗？我一个目不识丁的烧炭佬，一切文卷都须身边的簿书读给我听，每天处理的案宗却至少要在三百份以上，这其中的滋味只有我自己知道。

然而，有功之臣的可悲之处在于：他们过多、过快地施展自己的才力，不遗余力地帮助主子打天下，等到主子感到天下已经坐稳的时候，功臣就每每落到"狡兔死，走狗烹"的下场。张良是聪明的，功成之后隐身埋名；韩信不明白这个道理，结果惨死在吕后手下！

当初，广西的老兄弟揭竿而起，为的是什么？还不是为了加官受禄，封妻荫子！王爵官职有限，而觊觎者众，每一个做下属的都直盯着上司的职爵。觊觎着我的职爵的，不必说，就是韦昌辉和石达开。

当然，上下两股力量比较，来自上边的威胁更大。做君王的要"烹走狗"，首当其冲的就是那个坐第二把交椅的人。他会利用下属要登上更高的官爵的愿望并借助他们的力量来完成"烹走狗"的勾当，于是，这个坐第二把交椅的人就成了众矢之的，其命运也就岌岌乎殆哉了！

眼下，除了北伐军失败而外，各个战场均告大捷，天京城里欢声笑语，歌舞升平，正是君王遗弃功臣，群僚思谋高位的关口，我杨秀清便面临着这种危险。

如今已经是棋盘上过河的卒子，有进无退。必须进一步提高自己的地位，与洪秀全平起平坐。但是，怎么办呢？

自封万岁当然是不行的，那样会立刻把洪秀全跟韦、石、秦粘合在一起；废洪秀全而自立为天王，结果会更坏。唯一的办法是逼洪秀全加封我为万岁。万岁一封，韦、石、秦要反对，就不只是反对我杨秀清，也是反对天王洪秀全了。

逼封万岁，只有借助天父的名义。然而，这一次毕竟有些不同，洪秀全会答应吗？

被天父"附身"的杨秀清焦急地等待着。

下了御轿，洪秀全急忙跑进东王府，门口的东殿男承宣慌忙高声呼喊："天王陛下御驾到——"庭院里的女承宣紧接着向内殿传呼："天王陛下御驾到——"未等传呼完毕，洪秀全已经来到内殿正厅。

傅善祥见天王驾到，立即拿起笔来，准备记录。她现在成熟多了。两年前，东王一怒之下杖责秦日纲、黄玉昆、陈承瑢等人，吓得她差一点尿了裤子。今天天父为何事下凡，她不清楚，但东王彻夜未眠，她是知道的。

因此,她预感到将要有严重的事情发生。

由于刚从外面进来,洪秀全觉得厅内特别暗,但仍然能够影影绰绰地看到杨秀清坐在正中的位子上。按照惯例,洪秀全先跪下请安:"天父劳心下凡,小子洪秀全恭请天父圣安。"

没有回音,大厅里静得出奇。洪秀全匍匐着,如芒刺在背。

忽然,杨秀清代天父发话了:"秀全小子,天国之内,谁人最勤理王事?"

"勤理王事者以清胞为最。"洪秀全不假思索地奏道。

"你今天统领半壁江山,赖何人之力?"天父又问。

"全赖清胞之力。"

"你受朕的派遣,下凡举事,治理天国,可曾做到赏罚分明?"

"小子尽心去做,不敢稍有差池。"

"天国之中,有几个万岁?"

洪秀全愣了一下,觉得这一句问话有些后语不搭前言,却又来不及多想,便随即答道:"只有小子秀全是万岁。"

"果真如此吗?"

洪秀全想了想,答道:"果真如此。"

"可天国的玉玺上明明写着'八位万岁'的字样,不是吗?"

洪秀全又愣了一下,玉玺上的"八位万岁"是指天父皇上帝爷火华、天兄耶稣、我自己、还有我的子子孙孙。天父天兄是天上的神明,其万岁称号只是虚设而已;我让臣下称我那个刚满七岁的长子洪天贵福为"幼主万岁",但他只有在我过世之后才能成为万国之主;至于我的孙子,那更是猴年马月的事。说来说去,天国之内,还是只有一个万岁,那就是我。这一点天父应该是知道的,为什么偏要这样问?洪秀全弄不清"天父"到底要干什么,只好应声说:"是。"

"这么说,天国不止一个万岁了?"

"天父说得是。"洪秀全警觉起来,他略略抬头看了杨秀清一眼,杨秀清那副戴了墨镜的面孔显得特别阴森。

"秀清与你同为我子,他为天国立下了盖世之功,为何只称九千岁?"

洪秀全的下巴颤动了一下,最害怕的事终于降临了。如果认可杨秀清是万岁,日后结局将不堪设想,但如果不认可呢?恐怕眼下就有杀身之

第十四章 杨秀清逼封万岁 陈承瑢忍辱复仇

祸。现在洪秀全才明白为什么杨秀清把这次天父下凡安排在东王府,他猛然觉得刀斧的凉气在脖颈上蹭了一下,眼前的情势容不得他多想,便仓皇答道:"清胞打江山功不可没,也应当称万岁。"

"东嗣君何止千岁?"东嗣君指杨秀清的长子杨凤飞。

"清胞既然是万岁,东嗣君自然也是万岁,世世代代都是万岁。"

"何不就此加封?"杨秀清步步逼问。

"加封清胞万岁乃天国之极大幸事,八月十七日是清胞的生日,届时当举行隆重典礼,举国欢庆。"不知从哪里袭来的灵感,洪秀全想出了十分妥帖的缓兵之计。

"喔,你既然有此诚意,朕就放心了。"

大厅里没有一丝声息,连呼吸都听不到。洪秀全依然跪着,傅善祥浑身僵硬,好像被钉在了椅子上。

良久,杨秀清醒了过来,问:"下面跪着的人是谁呀?"

"是天王陛下!"傅善祥答道。

"原来是二兄,请起请起。"杨秀清慌忙从座位上跳下,跑向洪秀全,将他扶起来,让到自己的座位上,然后恭敬地站在洪秀全身边。

傅善祥把刚才天父说的话向杨秀清复述了一遍。

"原来是天父错爱小弟!依小弟的意思,不必封什么万岁,天国之内,有二兄一个万岁就够了,"杨秀清谦恭地说,"只是天父既然已经发话了,我们也不好违拗他老人家的旨意,小弟也只得勉为其难了。"

"四弟说得是。"洪秀全道。

从东王府回来,洪秀全的心情颓丧到了极点。他斥退左右,独自躺在御榻上,脑子里乱成一团麻。

事情真的发展到剑拔弩张、一决生死的地步了!杨秀清竟然逼我封他万岁,这将置我于何地?此人太狂傲了,不知天高地厚。永安封王时,我就把国务军事大权都交给了他,那以后,一切重大决策,我对他都是言听计从的。从实际权力上说,他早就凌驾于我之上了,按说也应该知足了。然而自入天京以后,他便越发甚嚣尘上、不可一世了,动不动就诈称天父下凡,管这管那。谁知他如此贪得无厌、得寸进尺?如今,他竟然把我逼迫到无路可退的地步!现在他做了万岁,下一步呢?他会借口一国不能有两个万岁而随心所欲地把我废掉。今天我答应封他为万岁,已经把自己送上了死路。

也怪我自己，自从天王宫建起以后，自己就从来没走出宫殿一步，不问军事，不理国务，杨秀清的一切奏章，只不过是例行公事地准奏而已，任杨秀清独自指挥千军万马。一个无功之君，何以为君？杨秀清的权力膨胀，不正是因为这一点吗？

圣角声从远方隐隐地传来，洪秀全心中微微颤动了一下，随即警觉地坐了起来。是杨秀清在调兵遣将吗？莫非他要来包围天王府？

"这是什么声音？"他下意识地喊了一声。

"启奏陛下，是吹号开城门。每天早晨开城门都要吹号的，"不知是谁回答。

洪秀全立刻冷静下来，他后悔自己的失态。对，每天早晨开城门都要吹圣角，为什么过去没有注意到呢？唔，怎么？天亮了吗？竟昏睡了一整夜？他突然感到嗓子干燥得要冒烟，就顺口叫道："茶！"

茶端上来了。他端起茶杯，将水一口喝尽，放回盘里，轻声说道："你下去吧。"

他重新躺了下来，竭力理清自己的思路：眼下杨秀清会不会存有杀我的念头？整个天朝的军权掌握在他的手里，天京城内的军队也归他指挥，天王府的两千多名御林军是没有自卫能力的。但即使如此，他现在也未必有杀心，如果他真想杀我，昨天在东王府早就下手了，何必现在再动干戈？他是逼我封他万岁，并没有自封万岁，这说明他希望得到我的承认。况且，他虽然大权在握，却不能不顾及韦昌辉、石达开、秦日纲他们。他心里明白，自封万岁是办不到的，韦、石、秦和满朝文武是绝对不会答应的。他逼我封他万岁，是想通过我对他的加封来压制群臣，只要我这个天王承认他是万岁了，别人当然也无话可说。

"他既然不想也不敢杀我，而我们已经到了势不两立的地步，那么就只有——"想到这里，洪秀全猛地从御榻上跳了下来，刹那间出了一身冷汗，为刚才头脑中萌生出来的念头惊恐不已。他环视了一下周围，宫人都不在身边，他舒了一口气。还好，此时整个天国没有人知道他们的天王在想什么。

云山、朝贵兄弟血洒沙场，万民悲悼，直到今天，追忆起来，人们仍旧感慨唏嘘。难道"功莫大焉"的杨秀清却要死在我的手下吗？那时，群臣

第十四章　杨秀清逼封万岁　陈承瑢忍辱复仇

百姓将会怎样议论我呢?

然而,事情到了这般地步,也顾不了那么许多了,难道还有别的路可走吗?我出此下策,实在是被迫无奈。杨秀清人头落地,乃是咎由自取。

这个杨秀清以威势震慑臣下,这也许正是天国军政大事井井有条的奥秘所在:天地会东征西讨,却终究不成气候,原因在于纪律涣散,太平军自金田举义,一路上雷霆万钧,势如破竹,只花了一年半的时间就打下金陵,拥有了半壁江山,靠什么?靠纪律严明。天国有令必行,实赖杨秀清之功。然而,杨秀清的威势太膨胀,而且常常用错了地方,因此深深地得罪了韦昌辉、石达开、秦日纲、黄玉昆、陈承瑢等人。他居功自傲,欺凌诸王群臣,无非是想造成人人自危的局面,使他们俯首听命。但结果,诸王群臣却积怨日深。

他的功劳被他的跋扈抵消了,却不知反省。

等到他上面的天王和周围的诸王都怒目切齿的时候,他的末日也就来临了。

可用的人只有韦昌辉和石达开,他们都拥有兵权。

正好,他们为了祝贺我的三儿子三殿下的生日来到天京,明天晚上我就秘密召见他们。

这天深夜,北王韦昌辉秘密来到翼王府。当他得知杨秀清逼洪秀全封他万岁的消息时,心里极度恐慌。他第一个念头就是找翼王石达开。石达开尽管位次排在韦昌辉之后,年龄也比韦昌辉小,但韦昌辉在内心的深处却很佩服他。韦昌辉从来没跟石达开作过深层交谈,更说不上肝胆相照。但他觉得石达开是个可信赖的人,即使这次交谈两个人的意见不一致,石达开也绝不会出卖自己。何况,今天杨秀清逼封万岁,这对他和石达开来说,都是严重的危机,石达开难道会无动于衷吗?只要石达开心怀不平,他是不会束手待毙的。从另一方面说,韦昌辉心里很清楚,要是没有石达开的合作,他也绝难单独采取行动。

石达开平时与韦昌辉很少来往,因韦昌辉年长位尊,石达开对他是礼让敬重的,但石达开看不起韦昌辉在杨秀清面前那副阿谀逢迎、低三下四的样子。因此,他与韦昌辉始终保持着一种疏远的关系,除了公务,几乎不打任何交道。

今天,石达开听到杨秀清逼封万岁的事,心中十分震惊。这是个不祥的征兆,火并之祸恐怕不久就会发生。对天王与东王的矛盾,石达开早已觉察到了,但他无法判定自己倾向于哪一方面。天王和善平稳却疏于朝政,东王雄才大略却飞扬跋扈。常言说:"二虎相斗,必有一伤。"其实到头来或许是二虎均亡。天王败,则天国可能亡于酷政;东王死,则天国将会败于涣散。想到天国的前程,石达开心里笼罩了一层阴影。

韦昌辉的突然到来,打断了石达开纷乱的思绪。他猜到了韦昌辉的来意,也明白韦昌辉是唯一能够与之谈论眼前局势的人。就屏退左右,将韦昌辉请到书房。

"咱们兄弟鞍马征战,走南闯北,难得见面,"韦昌辉说,"要不是为了恭贺王三殿下的生日,你我还真没有叙谈的机会。"

"就是,将在外,各据一方嘛!"石达开笑了笑。

"七弟,东王要当万岁了。"韦昌辉急切地进入了正题。

"我听说了,六哥。"石达开答道。

沉默,二人一起无言地承受既定的事实。

忽然,韦昌辉鼻子抽搐了一下,接着眼泪吧嗒吧嗒地落了下来,哽咽着说:"七弟啊,你是知道的,从金田团营到今天,这六年的光景,你六哥是把心提到嗓子眼儿里走过来的。对东王,我是战战兢兢,唯命是听,鞍前马后,扶舆接驾,从未有片刻怠慢。可是,为了水营激变的事,他,他打得我十几天爬不起来;为了我哥哥跟他的妾兄争宅子的事,我恐慌之极,把自己的亲哥哥都五马分尸了……哥呀!小弟愧对韦氏宗室啊!"说到这里,竟放声号啕大哭起来。

"六哥且莫过于伤心。"石达开劝说着,眼睛却有些湿润了。

"我每次见到东王,都胆战心惊。有一回,东王偶尔咳嗽了一声,吓得我差一点跪在地上。就这样,东王还嫌这嫌那,从来没给我个好脸。人为刀俎,我为鱼肉啊!"

"四哥高傲跋扈,这是人所共知的。"

"你的岳丈是天国的良臣,连天王都对他格外敬重,东王却无缘无故地责打了他三百杖。于理于情,都说不过去!"

韦昌辉的话挑起了石达开心中的隐痛:那次岳父黄玉昆被责杖之后,随即被革去侯爵,降为伍卒,交地官丞相罗苾芬监押。老人家不堪其辱,乘夜投水寻死,幸亏被罗苾芬救起。按天国刑律,凡自尽获救的人,都要

处以死刑。罗苾芬是他的好友，从未向外声张，此事只有石达开他们三个人知道。

"九千岁的东王尚且如此霸道，现在称万岁了，还有我们的活路吗？"韦昌辉的语调从悲戚转为愤怒，"七尺男儿生于天地间，忍辱负重也罢，委曲求全也罢，总要有喘一口气的时候。"

"可天王不是都忍了吗？"石达开试探地说。

"你真相信二兄心甘情愿地封他万岁？他是逼不得已！现在要是有人砍了杨秀清的头，二兄保准忙不迭地朝着他下跪。"言为心声，韦昌辉不知不觉把"东王"改叫"杨秀清"了。

石达开相信韦昌辉的话，但他仍然沉思着，没有回话。

韦昌辉觉得从个人恩仇方面很难打动石达开，就转换了角度："七弟，你我都知道，二兄最钟情的是三哥冯云山，再就是五哥，他的妹夫萧朝贵，对你我都平平。可他是天王，是一国之君，天国——不能没有他。"韦昌辉有意把"他"字说得特别重。

石达开用惊疑的目光询问着韦昌辉。

"你敢说杨秀清下一步不对天王动手？"韦昌辉一字一顿地回答了石达开的目光。

这正是石达开最担心的。他想：杨秀清逼封万岁，不仅是对天王的冒险试探，也是对韦昌辉和我的冒险试探，如果我们两人对此事无声无息，杨秀清更会肆无忌惮，说不定要干出什么蠢事。

"我想七弟是不会眼看着天国毁于一旦的。"

石达开早就摸到了韦昌辉的脉搏，但他不想先触及要害，就沉吟了一会儿，说出了一句不得要领的话："得设法保护天王。"

韦昌辉急得嚷了起来："调兵遣将的大权都在杨秀清一人手中，你我捆在一起也保护不了天王！"

"六哥可有良策？"

"杨秀清不除，天王、我、你，今后永无宁日！"韦昌辉终于说出了自己的想法。

石达开不得不承认韦昌辉的话有道理，但他想得更多，就问："天王那边呢？"

"你是说要启奏天王？那岂不是要让天王承担过河拆桥，杀戮功臣的罪名?"韦昌辉觉得石达开有些迂腐,就开导似的说,"想君王所想,把事情刚好做到君王的心里去,才是做臣子的本分,也是做臣子的诀窍。"

话音刚落,北殿左二十一承宣安子全前来禀报:"北殿薛王娘病危,叫北王赶紧回府。"韦昌辉匆匆离开了翼王府。

韦昌辉走后,石达开的心中波涛翻滚。韦昌辉说得对,洪秀全巴不得有人不声不响地杀掉杨秀清。但韦昌辉的目光太短浅,他没有看到,杨秀清不但权倾朝野,而且誉满天国,如果天王洪秀全不降诏,那么,谁杀了杨秀清,谁就会落得个"天下共讨之"的下场。到那时,洪秀全一身干净,杀杨秀清的功臣就要沦为"阶下囚"了。甚至,即使洪秀全发出了诛杨的话语,杀杨的人也难免沦为替罪羊,因为做国君的想要摆脱干系是最容易不过的。中国两千年的王朝更替,几乎每一朝都留下许多真假难辨的传闻。到头来做国君的不只是清除了政敌,有时也收拾了政敌的政敌。今天有人杀了杨秀清,等到民怨沸腾的时候,洪秀全就会跑到杨秀清坟上大哭"清胞惜哉,哀哉痛哉",那时杀杨的人将置身于何地?

"没有洪秀全的诏旨,我是不会有任何行动的。"石达开拿定了主意。

韦昌辉和石达开都不知道,安子全前往翼王府的路上,意外地碰上了东殿承宣陈德松。陈德松原是北殿承宣,与安子全混得很熟。这天夜里,陈德松偷偷来到北王府后院,与侍女桂香幽会,二人在树丛里温存了一番之后,陈德松就匆匆赶回东王府,恰与安子全相遇,并得知安子全要去翼王府找北王。

次日清早,陈德松就向杨秀清禀奏了这件事。杨秀清心中暗自吃惊:我太大意了!我原是趁韦昌辉和石达开不在天京之际逼封万岁的,那时没想到王三殿下的生日这件事,再说,他们两个人一向很少来往,然而,在回京后短暂的时间里,却有了这样匆忙的秘密会见,其话语内容是可想而知的。上天助我,让我及时得知了这个消息。

杨秀清立即分别向韦昌辉和石达开发出传谕,命他们火速返回自己的驻地。

晌午,韦昌辉动身回江西督师。

下午,石达开动身回武昌督师。

还没吃晚饭,洪秀全就听到了韦昌辉、石达开离开天京的消息,不禁倒抽了一口凉气,久久地仰望着阴沉的夜空。啊,未等我召见这两个人,

第十四章 杨秀清逼封万岁 陈承瑢忍辱复仇

杨秀清就把他们支派走了,行动来得太快了!洪秀全觉得自己像一只苍鹰突然折断了翅膀,笔直地跌下了无底的深渊。

杨秀清酣睡了整整一个下午。醒来之后,慢慢地坐了起来。

已经晋封为佐天侯的陈承瑢带着六岁的东嗣君杨凤飞和四岁的东二殿下杨凤翔进来给杨秀清请安。他们每人手里拿着一张字幅,是他们刚完成的写字作业,来请父亲审阅。自金田起义以来,杨秀清已经慢慢地认得了不少字,而且能写一些顺口溜。他虽然自己不写字,却能对别人的字品评三两句。他先看杨凤飞的字,上面写着一首诗《果然忠勇》:

我们弟妹果然忠,胜比常山赵子龙。
起义破关千百万,直到天京最英雄。

再看杨凤翔的字,也是一首诗,题为《果然坚耐》:

争先恐后各称雄,直破铜关百万重。
露宿风餐真耐苦,纲常顶起立奇功。

看完后,杨秀清喜从中来。这两首诗是他在率领太平军打江山的年月写下的,进了天京以后,渐渐地淡忘了。现在一读,倍觉亲切。两个儿子的字尽管显得幼稚一些,却也周正。他不觉看了陈承瑢一眼,眼神里流溢着赏识的柔光,这在他一生的表情中是绝难看到的。

杨秀清夸奖了几句之后,陈承瑢就带着孩子们离开了。

看着孩子们与陈承瑢相处得那么融洽,杨秀清心里十分高兴。两年前,陈承瑢为了宋六的事被杨秀清责打了二百杖之后,一直留在东王府做事,他除了尽心尽力地忙于公务以外,早晚的时间几乎都用来照看杨秀清的这两个儿子,教他们读书写字,陪他们游戏玩耍,连他们入茅厕解手都跟着脱裤解带。东王府虽然侍女成群,这两个孩子却最喜欢跟陈承瑢在一起。一个封了侯爵的人,居然像随身仆从一样甘愿做牛做马,实在难得。"像这样忠诚可靠的臣子太少了!"杨秀清想。

吃了晚饭,杨秀清觉得有些百无聊赖。他踱到书案旁边,又看了看凤飞和凤翔写的字幅,心中忽然升起一股怅然若失之感。人是多么奇怪的生灵啊,当年在广西烧炭的时候,苦苦挣扎,一心盼着有个出头之日。金田举义后,南征北战,东伐西讨,失败时从不气馁,取胜时又拼力去挣得下一个胜利。进入天京后,运筹帷幄,日理万机,击破清妖的江北江南两大营。如今,天国已统辖江南二十三州,这不正是举义之初一心向往的"小天堂"吗？

但是，这一切来得是多么不容易呀！就像烧炭，从山上砍来大捆大捆的木柴，等到从炭窑里取出后，分量就只剩下原来分量的十之三四了。只有我自己，才知道为了天国的大业曾经付出了怎样的努力。

天遂人愿，种豆得豆，我杨秀清就要做万岁了，这个小天堂是我一手建立起来的，万岁是当之无愧的。然而，今后做什么呢？一个人在爬山的时候，心里是充实的，因为他有目标；可是等到他爬上山顶以后，那种喜悦却是暂时的，因为他失去了更高的目标。

英雄的生涯大约都是跟目标一起结束的！目标达到，英雄就立即堕为无所作为的凡人，浑浑噩噩的年月也就随之到来。

现在应当做点什么呢？剩下的事，只不过是准备受封万岁的典礼了。

杨秀清来到正殿，见佐天侯陈承瑢等候在那里。两年来陈承瑢一直密切地注视着天王府中的动静，并且及时向杨秀清禀奏，杨秀清知道他有重要的事情要说。

"殿下，"陈承瑢恭敬地说，"东嗣君千岁和东二殿下万福已经安歇了。"

"难为佐天侯这样操劳尽心。"杨秀清笑道，等待着下文。

"天王听到北王和翼王离开天京的消息以后，在后林苑的亭子里坐了一整夜，不住地叹气。"陈承瑢禀奏道。

"哦。"杨秀清心里一惊，却不动声色地用手摸着下巴上浓密的胡须。

这个看来微不足道的情报实在太重要了，里面透露出洪秀全的心情和态度。想到洪秀全性格中暴躁刚烈的一面，杨秀清感到事态比原来料想的要更严重。

"卑爵以为，天王并不情愿封殿下为万岁，"陈承瑢接着说，"所谓八月十七日殿下的生日加封，只不过是缓兵之计而已。"

"你觉得天王会反悔吗？"杨秀清问道。

"卑爵以为，加封万岁是非同小可的事，天王生性急躁易怒，反悔是有可能的。"

杨秀清问："你觉得应当如何周旋？"

"天王答应加封殿下万岁，是畏殿下之威；不得不封，拖延时日，是思谋对策。如今当务之急，是启奏天王，要求提前颁诏加封，诏旨在手，北王

第十四章　杨秀清逼封万岁　陈承瑢忍辱复仇

和翼王就无话可说,那时方可高枕无忧。八月十七日只不过是举行仪式罢了。"

杨秀清心中豁然开朗,这个陈承瑢不但忠心耿耿,而且谋略精密,真是不可多得的帮手。他略加思索,试探地说道:"那就请天父再次下凡?"

"不妥,上次天父下凡,责承天王加封殿下万岁,天王说在殿下的生日这天加封,天父就回天了,这就是同意了天王说的加封时间,再次下凡更正,就显得有些缺乏主见了。"

"嗯。"杨秀清觉得有道理。他看了陈承瑢一眼,想:他的职责正好是传宣上达军事国务,派他去办这件事是最合适不过的。

陈承瑢似乎猜到了杨秀清的想法,就自告奋勇地说:"卑爵愿效犬马之劳。"

"有佐天侯出面,我就放心了。"杨秀清高兴地说,又一次向陈承瑢投以赏识的目光。

就像看错了韦昌辉一样,杨秀清把陈承瑢也看错了。

两年前,为了宋六的事,陈承瑢说了几句公正的话,结果被杨秀清打了二百杖。对杨秀清来说,这简直就不算什么一回事,连北王韦昌辉、天王的哥哥洪仁发都挨过他的杖罚,那至高无上的天王不是也差一点挨了打吗?陈承瑢只不过是个侯爵,打几下又有什么大不了的呢?然而,陈承瑢那次挨打却不同,头几杖下去,竟打在腰上,伤及了肾脏,杖刑之后的三个多月内,一直尿中带血。幸亏陈承瑢与国医李俊良素有交情,经他医治,渐渐痊愈。但从那时起,陈承瑢落下了腰痛的病症。这笔仇恨,也就伴随着身体的创伤,深深地埋藏在他的心里。他越是对杨秀清俯首低眉,百般殷勤,心中的仇恨就越强烈。这种心理很像韦昌辉,不过,韦昌辉对杨秀清的屈从除了行动以外,更多地表现在言语的阿谀逢迎方面,而陈承瑢则是一味地忠诚老实,勤理事务。他从不多说一句话,有话则能够说到杨秀清心里去。因此,杨秀清不但非常信任他,而且非常器重他。

次日,陈承瑢来到了天王府,洪秀全接见了他。

对陈承瑢近两年的表现,洪秀全是有所耳闻的,一个堂堂的佐天侯,竟堕落到给杨秀清看孩子的地步,真是可怜之至。最不能容忍的是,他居然充当杨秀清的眼线,时时窥探别人的行动举止。因此每次陈承瑢到宫里来,洪秀全都是冷眼相向的。但是洪秀全又想,在答应加封杨秀清万岁之后,陈承瑢进宫必有紧要的事,态度就稍微郑重一些。

陈承瑢在行跪礼的时候,双手和双膝同时扑地,自从他受了杨秀清的杖刑以后,总是用这个姿势下跪,双手早些着地,是为了避免弯腰的痛苦。

"爱卿的腰还未痊愈吗?"洪秀全发出一句关切的话,其实是想刺激一下陈承瑢内心的痛处。

"承蒙陛下挂念,卑爵一直在留心调养。"陈承瑢答道。

"爱卿这次来,是为了何事啊?"

"启奏陛下,卑爵请求以死报效天朝。"陈承瑢的话语中带着哭声。

"爱卿何出此言?"洪秀全十分惊愕。

"卑爵不敢说,只求一死。"陈承瑢哭得更厉害了。

"恕你无罪,说吧。"

"加封万岁的事,东王殿下害怕夜长梦多,要卑爵敦促陛下提前颁诏。"洪秀全猛地从龙椅上站了起来。他原想在杨秀清的生日这天加封,好争取时间思谋良策,如今良策未得杨秀清步步紧逼,时间上没有任何余地了。

"相煎何急啊!"洪秀全慨叹了一声。

"东王殿下还说,要是天王事务繁忙,无暇立诏,可将玉玺让卑爵带回东府,代为拟诏加印,然后再将玉玺送回。"陈承瑢无中生有地加了一句。

"更不成体统!杨——"洪秀全恼怒万分,刚要直呼其名地破口大骂,但想到陈承瑢是杨秀清身边的亲信,便立即忍住了。他努力使自己平静下来,然后低声说道,"要是没有别的事,你就先回去吧。"

"启奏陛下,卑爵回不去了。"陈承瑢跪着不动。

"你说什么?"

"卑爵回去,必死无疑。"

"为什么?"

"东王殿下说,拿不到诏旨或是玉玺,就让卑爵自裁。"陈承瑢又扯了一句谎话。

"反了!"洪秀全咆哮起来,踉跄地迈着步子,在殿上踱来踱去。

停顿了片刻,陈承瑢怯怯地问道:"卑爵放肆,敢问陛下,天王府中的侍卫总共有多少?"

洪秀全浑身上下都凉透了,他软软地瘫坐在龙椅上:"你是说,你们东

第十四章 杨秀清逼封万岁 陈承瑢忍辱复仇

王要对我下手?"

"不不不,"陈承瑢慌忙答道,"或许是卑爵多心了,东王殿下绝未向卑爵透露此意,要是引起陛下的误会,那真是卑爵的罪孽。不过——"

"不过什么?"

"有备无患啊!"

事态异常严重了,天王府中的御林军不过两千多人,而整个天京城的三万精兵强将都归杨秀清统辖。

"陛下欲解当前之危,非北王、翼王莫属。"陈承瑢又说。

洪秀全绝望地叹了一口气,说道:"他们一个在江西,一个在湖北,鞭长莫及啊!"

"陛下何不速降密诏,命北王和翼王回京勤王?"

这话说到洪秀全心里去了。然而,亲自下密诏日后会不会落下什么把柄?如果密诏送不出天京而被杨秀清截获,岂不生出祸端?如果韦昌辉、石达开接到密诏回京杀了杨秀清,天国的臣民会怎样看待这件事?不过,眼下顾不了那么多了,只有杀杨才能自救。因此,这一步棋太重要了。

"从送出密诏,到韦、石回京,至少要半个多月,而东王今天就等着要玉玺,你如何复命?"洪秀全顾虑重重。

"只能说陛下身患病恙,在宫中安福,卑爵未能仰睹圣颜。"陈承瑢答道。

到现在,洪秀全才完全相信陈承瑢与杨秀清是离心离德的,甘做奴仆只不过是他的韬晦之计。

"爱卿忠诚之心,可褒可嘉。"洪秀全充满了感激。

"为陛下,为天朝,卑爵肝脑涂地,万死不辞。"陈承瑢信誓旦旦。

洪秀全的眼睛眯成一条线,心想,在眼下这个生死紧要关头,陈承瑢倒是非常有用的人,便唉声叹气地说:"起草密诏之事,关系重大,一旦泄露,后果不堪收拾。宫闱之内,事无巨细,东王无所不晓,实无可托之人哪。"

陈承瑢此时复仇心切,来不及多想,就自告奋勇:"卑爵愿意效劳。"

后半夜,陈承瑢带着天王宫的两名通赞悄悄来到聚宝门,找到了他的侄儿炎十五、总制陈三水。在陈三水的帮助下,两名通赞缒城而下,很快就消失在夜幕中。

次日，陈承瑢回复杨秀清说：天王忽染重疾，卧榻不起，听国舅赖汉英说，天王恐是惊吓所致。后宫侍女忙着剪裁黄缎，似在准备后事。

杨秀清觉得洪秀全因惊吓而生病是情理之中的，却又有几分怀疑，就说："我应当去天王府拜慰一下天王。"

"卑爵以为，殿下还是不去为好。"陈承瑢料到了这一着，便从容答道。"这是为何？"

"殿下想啊，天王之病恙，概由加封殿下万岁一事引起，独一无二的地位动摇，这是人君不能承受的，患病也就在情理之中了。倘若殿下现在进宫，天王必然更受惊吓，要是有什么长短好歹，殿下恐怕就洗刷不清楚了。"

杨秀清仔细思考过陈承瑢的话后，默默地点了点头。

"殿下最好是佯作不知，天王一旦升了天，也与殿下毫无干系。到那时，殿下可举行隆重典礼，悼念天王，王侯将相自然心悦诚服。"

杨秀清很赏识陈承瑢思谋的精细，放心地说："佐天侯言之有理。"

第十五章
韦昌辉血洗东府　荣光门设计屠杀

韦昌辉在江西瑞州突然接到天王的密诏,喜出望外,立刻派人与正在丹阳督师的秦日纲联络,让他率兵一起回天京参加讨伐杨秀清的行动,一面调集三千精兵,乘二百多只木船,穿过鄱阳湖,日夜不停地直奔天京。1856年9月1日(天历七月二十六日)夜,天京城静静地睡在长江的南岸。秋风吹过,菊花的清香若隐若现,蟋蟀发出快乐的鸣叫,听了之后也不觉得讨厌,谁能想到将要发生的阴谋。

就在这一夜的子时,韦昌辉赶到天京江浦。

在陈承瑢的接应下,韦昌辉和三千名牌刀手顺利地从仪凤门进入城内。牌刀手左手持火把,右手持刀,但每两伍只点亮一支火把,这样,十人一组,各自排成长蛇阵,飞快地奔向东王府。

只有韦昌辉骑着马,马蹄被包扎起来,奔驰在石板路上悄无声息。身后的牌刀手们几乎跟马跑得一样快。

东王府格外宁静,男女老幼四千多人沉浸在睡梦里,守门的几个参护也蜷曲在石阶上打盹儿。

茴香阁里,杨秀清坐在藤椅上,恩赏丞相国医李俊昌为他解开了缠在右眼上的纱布。杨秀清慢慢地睁开眼睛,过了一会儿,他脸上露出了惊喜的神色,说:"看见了!"他还想进一步证实自己的感觉,就用手捂住左眼,又过了一阵,笑着大声说道:"看见了,看见了!"

李俊昌也十分高兴,问:"殿下,左眼还痛吗?"

杨秀清仍然掩饰不住内心的兴奋:"左眼也不痛了。李丞相果然身手不凡,眇而复明,着实令人称奇,倘扁鹊、华佗再世,亦不过如此。"

李俊昌说:"殿下过奖,殿下过奖。"

"我原是目不认丁的,阅读总靠别人来念,当时也不觉得怎么样。近几年零星地学了不少字,从去年起,不用别人来念,我自己就能批阅案卷了。这一阵犯了眼疾,靠别人念就不对劲了。也真怪,人一识字,就想自己看书,光听别人念就觉得心里发闷。还有,眇而复明的人,什么都想看看,明天我要到天京各大城楼去走走。"因为高兴,杨秀清的话多了起来。

"殿下眼疾痊愈,正可以大展宏图,这也是天国有幸。"李俊昌笑道。

"将来打下北京,你也有一份功劳。"

"卑爵只是尽职而已。天不早了,殿下赶紧歇息吧。"

"夜深了,你就在前院白雪楼里睡一会儿。叫水莲送你去。"

侍女水莲带着李俊昌走了出去。

在离东王府约一里远的地方,韦昌辉右手一抬,队伍停了下来。东王府有座望楼,守在那里的伍卒只要发现意外情况,就会击鼓,同时熄灭灯火,向周围军民和其他望楼报告。韦昌辉向身边的左一指使刘胜才使了个眼色,刘胜才飞快地跑上前去。他攀上望楼附近的一棵槐树,张弓搭箭,"嗖"的一声,望楼上的伍卒立刻倒下了。

韦昌辉带领队伍继续飞奔。

望楼上的伍卒叫马星亮,他想爬起来击鼓,但已经做不到了,他挣扎着,左手抓住吊灯的绳索,然后右手掏出顺子(短刀),用尽生命最后的气力把绳索割断,手一松,吊灯落到地上,熄灭了。傅善祥像往常一样,午夜起身小解,她偶然向窗外看了一眼,发现院子里特别暗,心中好生奇怪,因为往日望楼上的灯光总是照到院子里的。她走出去一看,原来是望楼上的灯今夜没有点亮,便警觉起来。她顺着梧桐树向上爬去,影影绰绰地看见远方有点点火光向这边移动。

"不好,怕要出事。"傅善祥想,便急忙从树上下来,跑回寝室叫醒柴小妹,柴小妹睡眼惺忪地问道:"什么事?"

"你赶快到旱西门去找傅尚书,让他带些天兵回府。"

柴小妹顿然清醒了,赶紧穿好衣裳。

韦昌辉的队伍将东王府包围起来,并封锁了附近的各个路口。

几个牌刀手越墙而入,杀死了守门参护,将府门打开。

一支火箭笔直地射向天空,刹那间,三千支火把全都点亮了。

傅善祥领柴小妹刚刚跑进院子,就发现东王府四周的天空已经通亮,立即意识到事情的严重,说:"你出不去了。后院的地下暗道你熟悉,从那儿出去,快!"

"那你呢?"

"我不能离开殿下。"

东王府外,韦昌辉在马上把手一挥,牌刀手们以迅雷不及掩耳之势,潮水般地冲进了东王府的各个角落。他们按照事先的命令,不管男女老幼,尽行杀戮。顿然间,惨叫声响成一片。

"快走!告诉傅尚书,让他派人去找翼王,说天京出大事了。"傅善祥并不知道,天王早就派人给石达开送去了杀杨的密诏。

柴小妹走后,傅善祥急忙奔向杨秀清的寝室。她想,要是能立即找到东王,从暗道里出去还来得及。

肯能和爱尔兰水手这一夜正住在东王府附近杨秀清妻舅的宅子里,他们是专为太平军训练炮手的外国志愿兵,听到喊叫声,就有几个人想出去看个究竟,肯能急忙制止他们:"不要出去,免得被误杀,天亮以后再说。"傅善祥来到杨秀清的寝室,见他不在,急忙又向西边的茴香阁跑去,那里是朱九妹的住处。

东王府内,惨叫声此起彼伏,床上、墙上、桌椅上溅满了血,地面上的血四处流淌……

韦昌辉带领常万林到处搜寻,匆忙地辨认着尸体,却不见杨秀清的踪影。

刘胜才走上前来,低声说道:"各个殿厅都搜遍了,没找到。"

"怪了,"韦昌辉抚摩着前额,自语道,"难道杨秀清不在府中?以前他经常去孝灵卫、雨花台这些地方去巡视的。"

"不会。"刘胜才说。

"你怎么知道不会?"

"卑职在白雪楼里发现了国医李俊昌的尸体,就想起东王近来犯眼疾,右眼失明,左眼肿痛,行动不便,今夜李俊昌一定给他看过病,因此断定他不可能离开王府。"

"对,杨秀清就在府中,"韦昌辉点点头,接着便嘶叫起来:"我就不信他能飞到天上去,挖地九丈也要搜到他!"

"不要搜了,我在这里。"杨秀清意外地从茴香阁的圆门走了出来,傅善祥跟在他的身后。

"杨秀清?"韦昌辉一怔。

"韦昌辉!"杨秀清异常平静。

"谢天谢地,总算见到你了。"韦昌辉狞笑起来。

"你早就觊觎我的位子,现在时机到了,是吗?"

"这是上天的安排,你在这个位子上作威作福这么久,也该换换人了。"

"你平时对我俯首帖耳,满口赞词,原来包藏着如此凶险的祸心。"

"忍耐是为了报复!"韦昌辉咬牙切齿地说,"我是从亲生哥哥的性命来作本钱的,这个代价也够大的了。"

"可惜你忘了,你不配坐在我的位子上。"杨秀清蔑视地说。

"何以见得?"韦昌辉冷笑道。

"一者,你的才能太平庸,太低下。远的不说,就说最近这一个月,天历六月二十六日,你在江西瑞河口被清朝知府刘于浔的水师打得一败涂地;六月二十八日,你带领三千兵马,又一次被清妖打垮,连自己的黄轿绣伞都被清妖夺走了,你孤身一人狼狈逃回了瑞州城;七月三日、六日、十一日,你又三战三败……"

"住口!"韦昌辉气急败坏地打断了杨秀清的话。他不得不承认,杨秀清戳到了他的痛处,他这次得到密诏后之所以迫不及待地赶回天京,除了觊觎权位和对杨秀清的仇恨以外,还起因于自己屡战屡败所造成的恐惧,他害怕杨秀清加罪于他。

"二者,"杨秀清继续说,"你的人格太卑劣,太丑陋,你平日在权势面前低三下四,所以在将士们的心中也就成了一条摇尾乞怜的丧家犬。猪狗之辈是统辖不了龙虎之将的,他们看不起你!除了溜须拍马、阿谀逢迎,你别无他能,天王是不会重用你的,所以我料定你在我的位子上不会坐得太久。"

一席话说得韦昌辉瞠目结舌,僵持了好一阵,才咬牙切齿地说:"可是天父皇上帝让你死在我的前面。"

"你说这话玷污了天父皇上帝!"

"你是说,我是瞒着天父皇上帝,瞒着天王,擅自回京来报私仇,是吗?"

"你总算说了实话。"

"哈哈哈哈……"韦昌辉狂笑起来,"杨秀清,我一向以为你是个聪明

第十五章 韦昌辉血洗东府 荣光门设计屠杀

绝顶的人，没想到你死到临头，还是这样执迷不悟！看在你我兄弟一场的份儿上，今天我让你死个明白。"

韦昌辉将左手一抖，亮出了明黄色的密诏。

杨秀清双目圆睁，黄缎上"天父上帝,恩和辑睦"的血红大印使他感到一阵晕眩，但他立刻清醒了，明白了自己的处境，无尽的悔恨顿然涌上心头：这是我多年来跋扈的恶果，也是我手软的下场。因为跋扈，才闹得众叛亲离；因为手软，我才从未萌生杀洪秀全的念头，而这一来，却把机会给了他，他终于腾出手来，对我刀斧相加了。只可惜，我一死，天国的大权落到韦昌辉的手中，颓败衰竭的结局就为期不远了！

"善祥，"百感交集的杨秀清握着傅善祥的手说，"我未能纳你良言，终成千古之恨！"

"殿下！"傅善祥泪如泉涌。

韦昌辉有些迫不及待了，喊道："常万林，动手！"

常万林缓步走向杨秀清，迟疑着。

"常万林，你要违背天王的意旨吗？"韦昌辉严厉地喝道。

常万林终于下了决心，拔剑出鞘。傅善祥急忙上前一步，护住杨秀清。常万林喊道："闪开！"

杨秀清把傅善祥拉到一边，从容地看着常万林。

常万林双目一闭，将剑猛力刺出。

当他抽出剑来的时候，却看见傅善祥捂着胸口，血流如注。

"傅状元——?"常万林惊恐地喊了起来。

韦昌辉急忙挥了挥手，一群牌刀手涌上前来，乱刀齐下，砍向杨秀清。

杨秀清跪倒在地上，他挣扎着仰起头来，脸上出现了终生未曾有过的恳求的表情，说道："六弟，你杀我，我不怪你，可千万不要……戕害天国无辜的将士。"说完，倒地死去。

韦昌辉阴沉地笑了一声，来到院子，韦昌辉猛然发出狂躁的吼叫："把杨逆的亲眷斩尽杀绝，不准走漏一人！"

天还没亮，肯能几个来到东王府，沿路尸骸横陈，东王府内更是惨不忍睹，在数不清的尸首中，他们认出了杨秀清。肯能带领水手为杨秀清作了简短的祷告，立即就有人走过来，让他们离开，说有紧急公务。当他们走出东王府的时候，北殿的牌刀手们已经开始搬运尸体，清洗街道了。

夜三更时分，柴小妹气喘吁吁地跑到旱西门，把东王府遭遇事变的消息告诉了扶天侯东殿礼部一尚书傅学贤。

傅学贤刚把柴小妹安排到城门楼里歇息，陈承瑢就带来了东王召见他的口头诰谕。

陈承瑢走后，傅学贤心里很纳闷：陈承瑢是东王的心腹，既然他来传谕，可见东王并没有死，也许是柴小妹过于惊慌，未探明情况就跑了出来。但在这里值勤的伍卒说，午夜子时有许多点起的火把在城里移动，东王府望楼上的灯也忽然灭了，那是天京城里两座最高的望楼之一，以前可从来没出过这种事。再说，方才陈承瑢的面容憔悴，神色忧郁，他身后的几个牌刀手也很面生，好像从来没见过。这里面一定有变故！

傅学贤立即派人飞报各城门守将，让他们谨慎从事，以防意外。可惜他晚了，除了守朝阳门的蔡思胜缒城逃走以外，守将们无一例外地领命前往东王府，并在那里遇害。

天刚破晓，傅学贤调集了旱西门、通济门、聚宝门的三千多名将士，火速奔向东王府。

看到东王府门前街道上尚未清洗干净的血迹，傅学贤明白东王已经遇难，他愤慨地喊道："弟兄们，清除逆贼，为东王殿下报仇！"

一声令下，东殿将士抱着雪恨之心奋勇向前冲去。巷战开始了。

尽管在人数上双方势均力敌，但东殿将士已经把死亡置之度外了，拼杀格外猛烈。很快地，北殿队伍就处于劣势。傅学贤将北殿队伍驱赶出了东王府，又指挥部下在蛾嵋营、虎贲仓扎下营寨，韦昌辉的队伍则步步退却，最后在小莹、大行宫街等地筑垒顽抗。

"活捉北贼，为东王报仇！"

"乱杀无辜，天理不容！""韦昌辉乱国，天下共讨之！"在一片喊打声中，东殿兄弟又向北殿营垒发起了攻势，北殿兵将伤亡惨重。尽管韦昌辉亲自指挥作战，小莹营垒仍然被击破，大行宫街的营垒也眼看招架不住。

春官副丞相黄启芳对韦昌辉说："殿下，天王府里有两千多御林军，三百多杆洋枪，应该立即向天王告急。"

"黄丞相说得有理，再这样打下去，我们怕是要全军覆没了。"刘胜才说。

韦昌辉望着弥漫的硝烟，没有答话。向洪秀全告急的主意他早就想

第十五章　韦昌辉血洗东府　荣光门设计屠杀

到了,他以大行宫街为据点,也正是基于这一考虑,但他思索再三,还是打消了求救的念头。金田团营以来,他除了献出自己的全部家财以外,几乎没立过任何功绩。此番来天京,他以迅雷不及掩耳之势血洗东王府,为天王(也为自己)除了一个大患,这是他从戎六年来最得意的一笔,这等卓绝的功勋是不能让他人分享的,哪怕是天王洪秀全。此时向天王求救,就等于承认自己无力剪除东党。封赏是与功劳相匹配的,一旦天王府的御林军掺和进来,他的功劳就被夺走了一大半,那样的话,东党平定后,他还有资格取代杨秀清的位置吗?想到这些,韦昌辉甚至害怕天王派御林军前来助战。东殿将士尽管凶悍,但毕竟杨秀清已死,傅学贤一个小小的尚书,他的这场顽抗行动也只不过是孤注一掷而已。诚然,北殿将士已经是精疲力竭,这样打下去,全军覆没不是没有可能的。

然而韦昌辉想:他们本来就是我谋取功名的垫脚石,只要我自己不死,那么我的部下伤亡越惨烈,我在功劳簿上的筹码就越沉重。自然,我的这些想法是不能对部下言说的。最犯难的,是那道密诏。我要是向洪秀全求救,就得亲自进宫,眼前这个关口,我在他面前算什么呢?一方面我是杀杨的功臣,一方面又是败军之将,这种红不红黑不黑面目最容易惹起他"卸了磨杀驴吃"的念头!再说,倘若他找什么借口向我讨回密诏,我就成为擅自杀杨的罪魁元凶了。因此,摆在我面前的只有一条路,固守阵地,等待秦日纲的到来。只有取得巷战的胜利,控制了天国的局势,洪秀全才不得不依赖于我。到那时,我就会主动地把密诏还给他,让他放心,他一定会感激我的赤诚。

想到这里,韦昌辉表情沉痛地说:"臣事君以忠,为君分忧,为君蹈火,逢危临难之际,有死而已,岂可惊扰圣上?"

黄启芳、刘胜才顿时被韦昌辉的忠心赤胆所感动,都默不作声了。

天王府破天荒地出现了一大批男人。巷战开始后,洪秀全把他的两千御林军调进了天王府的外城,他的大哥洪仁发、二哥洪仁达、妹妹洪宣娇、春官又正丞相蒙得恩等人也拖家带口地躲了进来。

宫外的枪炮声紧锣密鼓地响着,搅得洪秀全和他的亲贵们坐立不安。他们聚集于金龙殿东厅,议论着眼前的险恶情势。

"刚杀了杨秀清,又冒出来一个傅学贤,真是他娘的独有偶!"洪仁达不识字,但在太平军里混了六年,也学会了撇上几句文绉绉的雅词儿。

倘在往常,蒙得恩一定会挖苦取笑洪仁达一番的,这位国兄总是把古人的诗文和成语改得令人啼笑皆非,方才又把"无独有偶"丢了一个字。但眼前的气氛太紧张、太阴沉了,实在不是给别人挑毛病的时候,他瞥了洪仁达一眼,没有作声。

"杨秀清早就该杀,东党没有一个好东西!"洪仁发接言道。一年前,杨秀清责罚了他四十杖,他心里一直窝着一股子火。

"哥,"洪宣娇说,"都是天国的兄弟,这样打下去,只能两败俱伤,何不降诏让他们停火?杨秀清既然已经杀了,对东殿将士应当招抚才是。"

"天妹说的是。"蒙得恩附和了一句,他觉得自己应该说点什么。

洪宣娇的话说到洪秀全心里去了。同室操戈,不但自隳长城,而且惹天下人耻笑。现在,杨秀清这个眼中钉已经拔掉了,还打什么呢?只要下一道诏旨,说杨秀清被天父皇上帝召回到天上去了,东殿将士皆不问罪,傅学贤自然会罢干止戈。

但洪秀全想的比洪宣娇更多:东殿将士在失去领袖之后仓促迎战的情况下,居然把有备而来的北殿兵将打得节节败退,这支力量就太可怕了!倘若让他们活下来,往后谁有能力来统领他们?韦昌辉是断然不行的,石达开是个帅才,清妖头曾国藩、左宗棠之辈都怕他,他有这个本领驾驭东殿将士,但东殿将士一旦归了石达开,则势必使他拥兵自重,权力膨胀,这岂不要对我造成新的威胁?唉,杨秀清的党羽如今竟成了扎手的刺猬……

"东党上上下下,个个有反骨,今日不把他们斩尽杀绝,我们他娘的就到老也安生不了!"洪仁达又嚷了一句。

这话的意思跟洪宣娇完全相反,但不知为什么,洪秀全的眼睛亮了一下,不由自主地把目光投向洪仁达。这目光使洪仁达受到了鼓励,便又加了一句:"赶快命御林军出动,灭了傅学贤那个狗日的。"

出动御林军?这一步可要慎重,一旦御林军搅和进去,日后恐怕会有多是非纠缠不清。洪秀全此时觉得自己的思维有些混乱了,他茫然地把目光移到了蒙得恩的脸上,他是御林军的统帅。蒙得恩很知道洪秀全目光的含义,不由得惶恐起来:六年来,蒙得恩为了洪秀全的衣食起居尤其是选妃和管理女馆几乎耗尽了全部精力,哪里顾得上训练御林军,何况这些御林军全是国宗们三亲六友的子弟,一个个膘肥体胖,贪吃嗜睡,平时

第十五章 韦昌辉血洗东府 荣光门设计屠杀

勇于私斗而怯于阵战。今天早晨蒙得恩才知道,他们手里虽然有三百杆洋枪,却没有一个人会放的。唉,悔不该这几年放纵了他们……

正当蒙得恩不知所措的时候,洪宣娇开口了:"乱杀无辜,本来就是北王的错,我们怎么能再扩大这个错误呢?何况今年春天我们击破江北江南大营,东殿将士是立了大功的。"

对呀,洪秀全心里一怔,东殿将士是能打仗的,而韦昌辉却历来无大战功,最近在江西又连吃败仗……再说,韦昌辉也并不可靠。这次他进天京杀了杨秀清之后,立刻派人报了信儿,可他本人为什么不来见我?可能是抽不出身来,但也可能是不愿意来,那准是害怕我索要密诏。啊,该死的密诏!杨秀清逼封万岁那时节,它是我救命的稻草,现在,却是无法抹掉的罪证了,而这个罪证恰恰掌握在一个不可靠的人手里。天哪,石达开那里也有一道密诏!洪秀全闭上了眼睛,想借此清理一下自己的思路。

洪宣娇向洪仁发,洪仁达使了个眼色,三人退了出去。

蒙得恩把折叠起来的活动屏风拉开,又把钩挂在墙壁两侧的绫帐放下来,然后悄悄地离开。

"陛下……千万……谨慎从事。"

是谁?蒙得恩走到门口时,听到有人在说话,便止住了脚步,正好这时侍女楚小青端着茶盘走来,蒙得恩顺手接过,说声"你回去吧",然后蹑手蹑脚地走了回来。

"卑职猜想,陛下一来担心东党的势力雄壮,二来担心北王为人不可靠。"

呀,是天朝正典刑罚谭顺添的声音。他是怎么进来的?想起来了,大厅北角有一个小门。

"知朕者,谭爱卿也,"洪秀全响亮的声音,"说说你的见地。"

"卑职以为,"谭顺添的声音很低,"御林军不必出动,因为不论是东殿和北殿,都不会攻打天王府。"

"说得有理。可是,朕总应该有所作为,宣娇劝我招抚东党。"

"不,陛下什么也别做,听任东殿与北殿两支人马火并。"

蒙得恩的毛发都竖了起来。

"火并?"洪秀全问。

"陛下在宫中静观其变。"

"以后呢?"

"决策因情势而定。眼下东殿将士布满京城,这些人屡立战功,性格桀骜不驯,最难驾驭,况且他们心目中只有杨秀清,杨秀清一死,他们就成了天朝的心腹之患。"

"你是说,先除东党?"

"正是。"

"可是韦昌辉已经力尽势穷了,朕没想到他这么经不起打。"

"陛下放心,顶天侯率领的三千兵马已经到了仪风门。"

"及时,及时啊!"洪秀全叫道,"可是,东党一除,韦、秦的势力就膨胀了。"

"陛下手里还有翼王这张牌呢!"

蒙得恩不敢再听下去了,他端着茶盘,悄悄地退了出去。

谭顺添的消息是可靠的。正当东殿兄弟胜利在望的关口,忽有一支兵马杀进城来。原来,顶天侯秦日纲从丹阳率兵攻打金坛,围城二十多天,接到韦昌辉的密报,立即撤金坛之围,领兵返回天京,恰好赶上东、北二殿的激烈巷战。秦日纲的加入,使局面即刻逆转。傅学贤的将士虽然奋勇,但终因寡不敌众而节节败退。

夜幕降临,巷战仍在继续。傅学贤把柴小妹叫了过来,说:"你带几个弟兄出城,到湖北去找翼王。"柴小妹应声而去。

巷战持续了三天两夜,终于以傅学贤和他的将士们全部遇害而告结束。

昏厥了的天京城静静地躺在长江的南岸。秋风夹带着浓重的血腥气味阵阵吹过,蟋蟀发出喑哑的鸣叫。

巷战结束的当天晚上,洪秀全独自登上了步云楼的顶层。这是一座九层高楼,坐落在天王府北部的后林苑。往日登楼,可以俯瞰天京城的万家灯火,可是今夜,天空浑浊得很,看不到星月,向四周望去,漆黑一片。

自从杨秀清逼封万岁以来,洪秀全一直食不甘味,寝不解衣,丢弃书卷,远离女色。

起初,是无限的恐慌,他最担心是密诏被杨秀清的部下截获,那样的话,自己人头落地就是必然的结局。

但一两天过去了,没有什么动静,他断定密诏送出去了。韦昌辉在江

西,离天京近,会先收到密诏。洪秀全相信,韦昌辉接诏后一定能星夜赶回天京的。于是,情绪就转为焦急,迫切地盼望韦昌辉的到来。

然而,这期间杨秀清有所觉察怎么办?韦昌辉能不能顺利地进城?东殿将士一旦有了准备会出现什么局面?想到这些,焦急又转为恐慌。

他知道,任何一处哪怕是非常偶然的疏漏,都可能导致整体行动的失败,而这种失败是要以他本人以及全部家族成员的性命为代价的。

荣与辱早已无暇顾及了,因为自己正在经历着死亡在即的巨大危险……

韦昌辉血洗东王府之后,立即把消息送了过来,洪秀全长长地松了一口气,卸却了千斤重负。这一刻,感激占据了他的全部心灵,昌辉啊,好兄弟!你在最紧迫、最危难、最关键的时刻,解除了天国的、也是我本人的一大祸患。

洪秀全原以为大功已经告成,打算第二天召见韦昌辉,嘉奖他,表彰他,跟他商量下一步的行动。

出乎意料的是,傅学贤居然指挥东党闹起哗变,展开了三天两夜的巷战。这场巷战,韦昌辉险些败在东党手下,幸亏后来秦日纲的队伍加入,才算扭转了局势。

现在,傅学贤的哗变平息了,但天京内外全是杨秀清的部下,谁能确保今后不会惹出其他事端来?

眼前的局面是很难控制的。这就像在草垛边要点燃一根草,火苗一动,整个草垛就会"呼啦啦"地燃烧起来,扑都扑不灭。要是再冒出个傅学贤来,局面怎么收拾?

洪宣娇主张对东党进行招抚,谭顺添则反对这样做。到底该不该招抚?思来想去,恐怕还是不行。事情被韦昌辉弄坏了!倘若当时他只杀杨秀清一人,那么招抚之策是会奏效的,那样的话,东殿将士会感激我的不杀之恩,对我的招抚心悦诚服。现在呢,晚了。巷战进行了三天才对东党进行招抚,分明透示出其中的虚假。

况且,一旦颁发招抚的御旨,东殿将士和所有的人会立即提出疑问:韦昌辉为什么要杀杨秀清,我就必须向天国臣民作出解释。我要是承认了有杀杨的密诏,就把杀杨的责任揽到我自己的身上了,怨怒当然要跟随着责任,以后我还有什么回旋余地?

密诏是万万不能公开的!

然而,密诏已经在韦昌辉手上了,总有一部分人知道它,这也等于我在一部分人中公开露了底。

"密诏的事以后再作计较。"洪秀全对自己说,接着自问道:"现在需要决断的是,眼前这一股强大的、谁都不能也不敢忽视的东党力量,应当怎么办呢?"

一个隐秘的东西在洪秀全的胸腔里萌生了,它慢慢地爬动着,很快就爬遍了全身,像蚂蚁一样。这是不能对任何人言说的,甚至也不能对天父皇上帝言说。这东西是什么呢?洪秀全也说不清楚,或者是不敢对自己说清楚。但这东西在渐渐长大,它越生长,洪秀全就越害怕,因为他意识到,这将是一次比杀杨秀清更可怕的举动。

洪秀全猛地打了一个寒噤。

"这件事我是无论如何也不能参与其中的!"洪秀全叮嘱着自己,"躲避,是眼下最明智的行动。"

但事情总要有人去做,让谁去做?怎样做?洪秀全一筹莫展。

午夜了,空中的硝烟和粉尘已经慢慢落下,可以看到星星在无力地眨眼。

楼梯上响起了急促的脚步声,一会儿,侍女楚小青带着蒙得恩上来了。

洪秀全问:"什么事?"

"北王和顶天侯找陛下有要紧的事。"蒙得恩答道。

洪秀全急忙下楼,奔向金龙殿。

这时天王府各大殿已经灯火通明。三年来,天王府的烛火一直是彻夜不灭的,只有巷战的两夜是个例外。

金龙殿西厅,蒙得恩和侍女秦立娟、楚小青几个一动不动地坐着,静候洪秀全随时都可能发出的召唤。东厅,洪秀全跟韦昌辉、秦日纲促膝交谈,声音低低的。

"眼前的情势你们都说了,下一步该怎么办?"洪秀全问。

"二兄有何良策?"韦昌辉反问了一句。这阵子他忙着剪除东党,每天只睡一两个时辰,眼里布满了血丝。

"六弟先说说看。"洪秀全把球踢了回去。

第十五章 韦昌辉血洗东府 荣光门设计屠杀

"事到如今,只有一法:苦肉计。"韦昌辉说。

接着,韦昌辉说出了这一计谋的详细内容。"啊……"没等韦昌辉说完,洪秀全就低低地喊了一声,两手捂住胸口,闭着眼,咬着牙,一副痛苦不堪的表情。"二兄!你怎么啦?"韦昌辉惊慌地喊道。

"陛下!"秦日纲也吓了一跳。

过了好一会儿,洪秀全平静下来,他慢慢睁开眼,吃力地喘息着,每呼出一口气,就苦叫一声:"唉,唉,唉,唉……"

"我去叫御医。"韦昌辉说着,就要站起来。

洪秀全拉住韦昌辉的胳膊,少气无力地说道:"别,别去。朕,犯,犯了心痛,不碍事。哎呀,方才你说话的时候,我就觉得胸闷,头晕,不知怎么,心口就痛了起来。你方才……说,说什么来着?"

韦昌辉说:"小弟的意思是——"

"啊——"洪秀全突然高声喊叫起来,夜深人静的,三百步远都能听得见。

候在西厅的蒙得恩几个慌忙跑了过来。

"二兄好生安福吧,这事以后再说。"韦昌辉啜嚅道。

"六弟,为……为兄有病在身,天,天国的事,就,就托付给你了。"洪秀全说着,一面用手指了指蒙得恩,再指指韦昌辉,然后闭上眼,不省人事了。

"陛下放心,"蒙得恩含着泪说道,"卑爵一定尽心辅佐北王殿下。"

出了天王府,韦昌辉觉得有些蹊跷,就问秦日纲:"先前没听说天王有心痛病,今天是怎么了?"

"这也不为奇,"秦日纲说,"从杨秀清逼封万岁到现在,天王恐怕一天也没有消停过,受惊吓也在常理之中,而惊吓是最容易攻心的。"

听秦日纲这么一说,韦昌辉的疑虑便释然了。

第二天,天京城里传播出一则令人振奋的消息:韦昌辉、秦日纲滥杀无辜,罪在不赦,以致触怒天父圣颜,天王降诏严加责罚,行刑处在天王宫前,凡东殿将士一律前往观看。

消息一出,天京军民无不欢欣鼓舞。

上午,天王宫前聚集着密密麻麻的人群,至少有一万多人,从东西两侧的下马牌,到五龙桥,再到外城荣光门以南的空地,挤得水泄不通。东殿将士被特意召来的就有六千多人,他们受到天王宫巡查的热情接待,巡查让他们把武器放在两间宽敞的朝房内,然后从荣光门进入,来到内城与外城之间的广阔地带。将士们相见,感慨嘘唏,相互打听友人的下落,为韦昌辉的残忍愤愤不平……

爱尔兰水手肯能也来了,他带来一架照相机,热情地为幸存的东殿将士们拍照。

日上三竿,天王宫的四名女宣诏书在内城圣天门前的高台上出现了。其中一名宣诏书打开二尺见方的黄色锦缎,开始宣读。诏旨内容一如传闻,读完之后,将诏书递给男宣诏书,男宣诏书拨开人群走出外城,把诏书贴在五龙桥南的大照壁上。

开始行刑了。韦昌辉和秦日纲被带到圣天门前,他们的脖子上都带着锁链。天朝正典刑罚谭顺添主持行刑,他一手持官印,一手持宝剑,庄严地向众人宣布:"查韦昌辉、秦日纲暴虐无道,连日来肆意屠戮东殿将士,罪孽深重,干犯众怒,本官奉天父皇上帝天王陛下圣旨,责罚韦昌辉、秦日纲各四百杖!"

欢呼声雷动。

"开——始——行——刑!"谭顺添厉声喝道。

噼里啪啦的声音顿时响了起来,紧接着,是韦昌辉和秦日纲的哀叫声和求饶声……

"天王英明,让他们落入法网。"

"罚杖刑真是便宜了他们,这样的人杀了也不解恨。"

"唉,王侯犯罪,十分减七分哪。"

"三五、三六、三七、三八……"行刑官高声报唱着杖击的数字。

人们七嘴八舌地呼喊着,斥骂着……

击打声、求饶声、哀叫声、怒吼声、报唱声混杂在一起……

"九十、九一、九二、九三……喀嚓——"后面是木杖断裂的声音,"哇——"是韦昌辉的哭号声。

忽然,北殿的一名参护哭喊着扑了上去:"小卑职愿替北王殿下受杖。"

说完,就趴在韦昌辉身上。

北殿参护立即被拖开了。但更多的北殿和秦府的人扑了上来,他们

把手放在韦昌辉和秦日纲身上,一面高声替上司求饶。

肯能觉得这个场面十分有趣,竟顾不得照相了,也凑了过去,把手放在秦日纲身上,替他挨打。

"这成何体统!"谭顺添叫道。刚要动怒,见肯能也在其中,只好佯作不见。

"一百二十一、一百二十二、一百二十三……"

约莫半个时辰,行刑结束了。奄奄一息的韦昌辉和秦日纲被拖走了,谭顺添也带着他的行刑官们进了内城圣天门,接着,大门关闭了。

这一瞬间,天王府显得格外宁静。

怎么,已经结束了?东殿将士你看看我,我看看你,他们甚至没察觉到行刑者和受刑者是怎样消失的。

"东殿的弟兄们,我们中了圈套,赶快离开天王府!"

喊声使所有的人都愣住了,有一个士兵猛然道。站在圣天门前的大石狮旁,一边喊,一边做着手势,却不明白是怎么一回事。

"赶快离开!快走!"蔡思胜又一次发出高声呼喊。

人们似有所悟,转身向外走,但是人太多了,很快就挤成一团。

荣光门很快被关闭了。

富有经验的东殿将士们猛然觉悟到事态的严重,但是晚了,他们的武器都放在荣光门外的东西两个朝房里。

砰砰砰砰……咚咚……咚咚……轰……轰……

枪弹、葡萄弹、炸药包从四面八方飞来,广场上顿时血肉横飞,毫无反抗力的东殿将士混乱不堪。

"北殿的弟兄们,我们不能自相残……"没等喊完一句话,蔡思胜的胸口就中了一弹,当他挣扎了一阵倒下去的时候,石狮已经被染红了大半。

枪炮响过之后,数千名北殿和秦府兵将呼啦啦涌进广场,他们的右臂从袖中抽出,手持梭镖大刀,气势汹汹地冲向东殿队伍。

这是一场几乎与野兽没有任何区别的厮杀和搏斗……

没有哭号,没有喊叫,没有求饶,东殿兄弟赤手空拳地与全副武装的敌手展开了肉搏战。发出号叫声的倒是北殿士卒,他们有的胳膊被咬伤,有的肋骨被打断,有的眼睛被挖出……

一名东殿伍卒在自己的腿被砍断后,将对方的耳朵整张地撕了下来;

还有个东殿两司马腹部被刺穿,但他抓住对手的头发,硬是扯下来半张头皮……

一个东殿士兵用胳膊夹住了北殿士兵的刀,另一个东殿士兵掐住北殿士兵的脖子。不一会儿,北殿士兵咽气了,但这两个东殿士兵背后各挨了十几刀……

肯能爬到了东吹鼓亭上,抓拍着平生从未见过的惊险场面,一张,又一张……

灿烂的阳光照耀着金碧辉煌的天王府,金龙城大门上方"真神圣天门"五个金色的大字格外醒目,门前两头巨大的石狮冷冰冰地俯视着这个惨绝人寰的场面。

结局是可想而知的,两个时辰后,广场上血肉狼藉,所有的东殿将士都倒下了,浑身血迹的北殿和秦府兵将疲惫不堪地站在血泊中咻咻地喘气。

次日,天京城大街小巷贴满了布告,是天王的诏旨:东逆杨秀清谋反,现已伏诛,凡东殿党羽,速往北王府自首,有逃匿者,五马分尸;告举者,封官爵;私藏者,举家连坐。

从行文看,确实是天王诏旨,落款处却盖着"真天命太平天国雷师后护又副军师北王韦"的朱印,有些布告连朱印都没盖。然而,没有人怀疑布告的权威性,人们预感到,屠杀远未结束,一场更大的灾难即将来临。

喊杀声,哭叫声,兵械击打声停止了,天京街头出现了走动的人群。不过,他们不是走亲访友,不是籴粮买布,而是把指令变成行动。慷慨者为了不牵连他人而纷纷自首,愤懑者为了日后复仇而藏匿潜逃,胆怯者为了怕受连累而交出亲友,贪婪者为了官爵利禄而偷偷告密……走动的人有两种:持兵械的人和被捆绑的人。前者是北殿的,后者是东殿的,前者监押着后者。

除了兵士,还有天京城里的百姓,他们一直观望着局势的进展,因为太过震惊,所以无一例外地保持沉默,仿佛已经预见到这些东殿兄弟的恐怖命运。

但善良的百姓们并不知道,东殿将士一批一批地被押送到西水关,在那里惨遭杀戮。

日运月行,星移斗转,屠杀还在继续……

第十六章

石达开解困天京　韦昌辉被逼自杀

"翼王回京了！"

消息传开，天京军民心里有了盼望。

十天前，石达开正在武昌洪山督师，突然接到天王召他回天京的密诏，便立刻带了四千名将士赶往天京。路上，正遇柴小妹，得知杨秀清被诛，韦昌辉正在大肆屠杀东殿弟兄的消息。

石达开想，既然杨秀清已死，天王的心病也就消除了。于是，他把队伍留了下来，只带春官正丞相曾锦谦、夏官又副丞相张遂谋等百余人前往。

"殿下，北王心狠手辣，这样势单力薄，恐遭不测。"张遂谋进言道。

"如果带这么多人马进京，势必要与北王发生冲突。此番进京，只是阻止北王滥杀无辜，人多何益？"石达开没有听从张遂谋的劝告。一路上，遇到了许多逃出来的东殿将士，都说韦昌辉和秦日纲仍在进行大规模的杀戮。石达开忧心如焚，杨秀清被诛，他是料想到了的，但屠杀无辜的东殿将士，却非常意外，他还不知道，被屠杀的人已达三万之众。

尽管天京的各个城门都换成了北殿的人把守，但小南门的守军看到石达开那红字蓝边的黄色大方旗，还是不假思索地打开了城门。

石达开和他的扈从在天京城内的大路上飞驰，直奔北王府。

"这下可好了。"

"翼王一来，天京就有救了。"

"怎么只来了这么几个人？"

"许是大队人马驻扎在城外。"听说石达开进了天京，韦昌辉十分紧张。天国诸王当中，在战场上没吃过败仗的只有石达开，连曾国藩都被他打得投江自尽，这是个很难对付的人。他这次来，到底带了多少人？他向左一指使刘胜才耳语了几句，刘胜才应诺而去。

石达开一行来到北王府门前,正遇上北殿的牌刀手押解着一群衣衫褴褛的男女。"你们要把他们带到哪里去?"石达开问道。

一名两司马上前禀报:"他们是东殿党羽,奉北王令,押往西水关正法。"

周围的人纷纷围了上来。

石达开高声说:"北殿的弟兄,看看你们手里的兵器,上面沾着谁的血?在天国风风雨雨六个年头里,清妖调用了几十万兵将,耗费了几千万财力,想把太平军吞掉,可是太平军越打越旺。如今,清妖不费一兵一卒,天国这支队伍却在自相残杀中倒下了。你们还想再杀下去吗?"

"我们不想。"许多人回答。

"要是你们真想为天国效力,为天国立功,就跟我到湖北去,那里才是用武的战场!"

"愿意跟随翼王殿下。"呼声更高了。

"放了他们。"石达开斩钉截铁地说。

牌刀手们早就厌倦了杀人的勾当,一听他们所敬仰的翼王这样说,就立即给被押者松了绑。

石达开下了马,带着张遂谋和曾锦谦走进北王府。

一见石达开,韦昌辉满脸惊喜:"七弟!救命水!及时雨呀!我奉诏回京,在龙潭虎口里挣扎了半个多月,九死一生啊!你来了正好,可助我一臂之力。请坐,请坐!"

石达开坐下,正色道:"小弟这次来京,是为死者举丧,为生者求情,不是帮六哥杀人的。"

韦昌辉略一怔,随即转作微笑:"七弟一向宽厚仁爱,听说你在湖北治军严明,理政有方,深得民心,我真为你高兴。你既然对清除东党于心不忍,就请暂时回府安歇,等天京平静之后,你我再同享富贵,共沐天恩。"

石达开说:"六哥,自从今年六月击破清妖两大营以来,天国的威望震惊国内海外。倘若我们能齐心协力,乘胜进击,那么江西和湖南指日可平,苏常一带更不在话下。可是,这场内乱贻误了大好战机。古人云:亡羊补牢,未为晚也。要是六哥能够以大局为重,停止干戈,天国还是有中兴之望的。"

"七弟之言颇有道理,无奈我是奉诏行事,有天王在上,为臣者敢不从

第十六章 石达开解困天京 韦昌辉被逼自杀

命?"为了表示郑重,韦昌辉没有按平时的习惯称洪秀全为"二哥",而特意称作天王。

"杀掉东王,是万不得已,既然是天王意旨,小弟当然不敢有所非议。不过,大批东殿将士死于非命,却实在出人意外。敢问六哥,这也是天王的意旨吗?"

韦昌辉一时语塞,迟疑了一会儿,转为可怜兮兮的口气说:"七弟言辞辛辣,咄咄逼人,真叫我无法对答。我要是不说真情,就得承担滥杀无辜的罪名,我要是说出真情,又要承担出卖圣上的罪名。我韦昌辉落到今天这个进退无路的地步,真是咎由自取。七弟真要逼问我,那我,就只有以死来报效天王了。"说完,抽出剑来就要自刎。

"殿下!"常万林急忙扑了上去,夺下了韦昌辉的剑。

石达开虽然心里很厌恶韦昌辉的这一套把戏,但仍然耐心地说:"六哥似有难言之隐,不过小弟切以为,天王是不会主张滥加杀戮的。古人云:'过而能改,善莫大焉。'六哥要是立即停止同室操戈的行动,仍然不失为天国的栋梁。"

韦昌辉长长地叹了一口气,然后冷笑道:"清除东党余孽,事关天国命运,岂能半途而废?"

"如果六哥执意不肯宽容东王部属,那么小弟愿意收留,带他们去湖北杀敌立功。"

"石达开!"韦昌辉觉得抓住了对方的把柄,"原来你想扶植贼党,招降纳叛,来扩充自己的势力!"

石达开已经忍无可忍,激愤地说:"我石达开千里回京,苦心相劝,没料到你不思回心转意,反倒向我身上栽赃!告辞了。"

石达开说完,便忽地站起来,向外走去。韦昌辉呆坐在那里,气得七窍生烟。

石达开出了北王府,刚骑上马,傅云虎就凑上前来,说:"殿下,顶天侯正在调集人马,不知有何行动。"

"去天王府。"石达开说。

"天王府被北殿的人封锁了。"一个大约三十多岁的人插言道。

"你是谁?"石达开问。

"禀报翼王殿下,小卑职是东殿参护刘文飞,方才承蒙殿下搭救,感恩不尽。我们都愿意跟随殿下。小卑职的远房侄子在北殿做事,是他刚才来告诉我的。他还说,北殿左一指使刘胜才已经向各城门将士传令,不准放翼王出城。""只能斩将夺关,杀出城门了。最好走小南门,那里兵力少。"傅云虎说。

刘文飞说:"小卑职身边这八十几个幸存的东殿弟兄愿意护送殿下出城。"

刚才被石达开解救的东殿部属一齐跪下:"愿送殿下出城。"

张遂谋说:"殿下,当机立断,事不宜迟。"傅云虎也催促道:"殿下,赶快走,我来断后!"

石达开终于下定了决心:"走!"

队伍旋即向西南飞奔。

刘文飞高呼:"天国的弟兄们,护送翼王出城!"像一声命令,人们立即从四面八方涌了上来。可巧有一辆牛车走近,车上装满了椽木,是给北王府修缮宅院用的。东殿弟兄一哄而上,用斧子砍断椽木,当作武器,一车椽木刹那间被抢了个精光。没抢到的就随手摸起石块、砖头、铁棍、锤子、板凳,紧跟在石达开后面,这支愤怒的队伍足有四五百人,他们当中,有一些是北殿的士卒。这时刘胜才从外面跑进来,禀报韦昌辉道:"翼王只带了一百人,城外没有伏兵。"

韦昌辉登时壮起胆来,高喊道:"常指使,动手!"

早已埋伏在后厅的三百名参护在常万林的带领下,迅速冲向大门。韦昌辉想,要除掉石达开,非我亲自出面不可,便跟参护们一起跑了出去。

常万林跑在最前头,刚出府门在石板路上跨出十几步,"吭",一支箭钉在他脚下的石板缝里。他大吃一惊,立即停住了脚步,抬头一看,傅云虎和二十几个翼殿参护骑在马上,一字儿摆开,一个个张弓搭箭,扬眉怒目。

这时韦昌辉也跑了出来,为眼前的场面震住了。

"常万林,你敢再向前走一步,我就让北王死在我的箭下!"傅云虎厉声喝道。

正在韦昌辉身边的曾亨典小声说道:"殿下,他就是翼殿左一指使傅云虎,是天国有名的神箭手。"

韦昌辉心中慌乱起来,他后悔不该跟着参护们一起跑出府门。

常万林松开右手,剑落到地上,他想退回几步,用身体遮挡住韦昌辉。不料刚一挪步,就听得傅云虎高喊:"站住,谁也不准动!"

常万林站住了。

双方僵持了足有两袋烟工夫,傅云虎说了声"走",便与参护们策马飞驰而去。

韦昌辉急忙指挥北殿参护上马追赶,又派人让秦日纲调集兵力,向小南门追击。

在小南门,傅云虎追上了石达开。城门有北殿士兵把守,追兵又从后面赶到,双方展开了一场恶战,石达开势单力薄,无法打开城门,不得已,只好缒城而出,脱险的只有石达开和他的十几个贴身将领。

傅云虎和弓箭手参护们在城墙上掩护石达开缒城,每人所带的二十支箭全放完了,追兵涌了上来,参护们拔剑抵挡。当傅云虎想要缒城离开的时候,秦日纲手下的英国水手布鲁斯扣动了来复枪的扳机,正中傅云虎的心窝……

"打开城门,追杀石达开!"秦日纲吼叫道。

无奈护送石达开的数百名人众这时已杀尽了守城的北殿士兵,见石达开已经安全缒城,便死守城门,奋力阻挡追兵。混战了一个时辰,北殿秦府的兵将才把他们屠杀、驱散。

北殿秦府兵将正要冲过去打开城门,却发现门洞的上方挂着七八个先锋包,宋三保手举火把站在门洞里。原来在刚才?混战的时候,他把门楼上守城用的先锋包挪到门洞里来了。

所有的人都惊呆了,没有人再敢上前一步。

秦日纲远远看见,又发出吼叫:"快,打死这个叛贼!"

箭、子弹纷纷向宋三保射了过来,然而他此时已经将引信点燃,"轰"然一声,门洞坍塌了,落下的砖土把城门堵得严严实实。

秦日纲气急败坏地责令士兵清除砖土,等到他们把城门打开的时候,石达开早就离城两个多时辰了。

韦昌辉听说石达开已经出城,捶胸顿足,叫苦不迭。这个石达开威胁太大了,在永安那时节,天王封了五个王,后来又把秦日纲封为燕王,把胡以晃封为豫王。南王冯云山打全州时死了,西王萧朝贵打长沙时阵亡,胡以晃不久前刚死去,秦日纲被免了王爵,杨秀清被我杀了。如今,只剩下我和石达开两个王,而石达开的心计和威望都远高出我之上,让他跑出天京,真是放虎归山。

一不做,二不休,韦昌辉当即命令秦日纲率兵两千追赶石达开,叮嘱他说,要当场以石达开参与杨逆叛乱之罪而处决之。秦日纲领命而去。

是夜,韦昌辉血洗翼王府,石达开全家老小均遭杀害。

石达开回到武昌,调集了四万人马,于11月8日自安庆渡江进入泾县。他给洪秀全上了一道本章:韦昌辉不除,大军将开进天京"清君侧"。消息很快地传出去,整个天京都被震动了。

天王府。洪秀全夜不能寐,躺在寝宫的御榻上,这是他的习惯,每当心情烦躁的时候,他都躺下来。

自从洪秀全犯了心痛以后,韦昌辉每次进天王府,都被侍卫们挡驾,理由是天王陛下龙体欠安。

洪秀全觉得自己的躲避策略十分成功。

可万万没想到,韦昌辉的屠杀一发而不可收,搞得天京人人自危,怨声鼎沸。洪秀全无法再躲避了,便召见他。但一连几次,他都托故不来。

听说石达开回京,洪秀全立即派人去跟他接头,但去北王府的路有韦、秦的兵把守,过不去。紧接着就得到了石达开缒城而逃的消息,当晚,又听说石达开全家被杀害……

乱子越闹越大,情势急转直下,韦昌辉这个混账东西竟然到了肆无忌惮、丧心病狂的地步。他千不该、万不该对石达开的家眷下了手,现在可好,石达开已经兴师动众,回京靖难了。

韦昌辉这东西着实可恨,拿着我的密诏到处招摇。不管走到那里,他都要把密诏先亮出来,接着就杀人,不论他杀谁,人们都会认为是我让他杀的。我就这样被他抓住了把柄。我曾叮嘱过陈承瑢,让他寻机会把密诏偷出来,到现在仍没有回音。这一阵他不到宫里来了,他在做什么呢?会不会投靠韦昌辉? 有可能。不过,密诏是他起草的,这个把柄抓在我手里。

韦秦不能不除了,他们的民愤太大。而且只有剪除韦秦,才能消解人们对我的种种疑窦。"现在是最好的时机!"洪秀全的思路清晰起来。

这天,陈承瑢来到天王府门前,看到了刚贴出的天王诏旨:

查韦昌辉及其党羽伪作"天王密诏",肆意屠戮天国精英,戕我骨肉,

乱我朝纲,致干天父皇上帝义怒,罪不可赦。咨尔天朝群臣及百姓,千祈遵天令,合力讨伐韦逆。有能生擒或斩杀韦逆者,加封职爵。北殿下属,悬崖勒马者,既往不咎;执迷不悟者,与韦逆同罪。钦此。

陈承瑢看罢,觉得像是有一盆冰水从天灵盖直浇泼到了脚后跟。什么?"伪作"天王密诏?陈承瑢立即明白,自己的死期已经到了。

不知不觉地,陈承瑢来到一口井边。两个月前的那场巷战,若干血水流进了井里,这口井也就废了。像着了魔似的陈承瑢把头探进了井口,立即从水面上看到了自己清晰的脸庞,不过这张脸庞是血红的,陈承瑢吓了一跳,就在这一瞬间,井底映现出几百张怒目圆睁的脸庞,紧接着,他听到了震雷般的喊声:"下来!"随着喊声,上千只手从井底伸了出来,抓住了他的衣领,狠命地向下拉去……

就在韦昌辉与心腹们密议对策的时候,天王府的朝房里,洪宣娇秘密接见了常万林。

洪宣娇单刀直入地说:"三十多个前来自首的北殿兄弟被斩杀了,这虽然是下边的士兵所为,但蒙得恩是难辞其咎的,天王一气之下罢了他的职爵。朝中无人,天王只好让我出面来找你,足见朝廷已经到了步履维艰的境地。自首的北殿兄弟被杀,剩下的人就必定拼死抵抗。天京大流血已经两个月了,不能再打下去了。你位居指使,武艺又高强,在北殿将士中最有威信,你去告诉他们,天王的诏旨是有诚意的,北殿兄弟无罪,要惩治的,只有韦昌辉一人。你要是此举告成,则对天朝功不可没。"

常万林回答:"只要能停止干戈,小卑职赴汤蹈火,在所不辞。"

常万林很快就把地官又正丞相罗苾芬、春官副丞相黄启芳、北殿左一指使刘胜才、承宣吉开元、参护曾亨典召集到一起,把洪宣娇的话原原本本地对他们讲了。

曾亨典提出异议:"未必可信。要是真有诚意,天王为什么不亲自召见你?"

"我只不过是一个小小的指使,罗大人、黄大人已经官至丞相了,自进天京以来,何曾见过天王?"常万林说。

众人点头称是。

刘胜才说:"为今之计,只有一步棋。"

众人一齐看着他,等他说下去。

"杀掉北王,拿他的人头向天王请罪。"刘胜才说。

众人惊愕。须臾,都把眼光转向常万林。

"弑主怕不是为臣之道。"常万林说,语气很坚定。

"那怎么办?"几个人同时诘问。

常万林沉默了片刻,说道:"让他自裁。"

"他要是不自裁呢?"黄启芳问。

"逼他。"常万林胸有成竹地吐出了两个字。

当众人走进北王府的时候,韦昌辉全身戎装站在正厅中间。他立即觉察到情势有些异常:一是众人的表情都很沉重严肃,一副如临大敌的样子;二是走在前面的竟然是常万林,罗苾芬、黄启芳两名丞相却跟随其后。

常万林走到韦昌辉面前,跪在地上,众人也跟着跪下来。过了好一阵,常万林开口了:"殿下,事情到了今天这般地步,无须小卑职多说了。我等跟随殿下多年,殿下的恩德,我等没齿不忘。两个月来,天国平白添了三万个冤魂。如今天王降旨,停干止戈。北殿活下来的一千多名兄弟的性命系于殿下一身,望殿下体恤苍生,顾全大义,上顺天意,下应民心。"

"你们到底想干什么?"韦昌辉怒气冲冲地质问。

"我等特来为殿下送行。"常万林哽咽着说。

"什么?"韦昌辉咆哮起来,"反了!"

"我等要斩杀殿下,只不过是举手之劳。但小卑职想,殿下毕竟是一方之王,要是能自己上路,则一可成慷慨悲歌之壮举,二可使我等免背弑主之污名。望殿下三思。"常万林说完,将自己的剑抽出,双手平举在头预上。

沉默,长时间的沉默……

任何挣扎都是徒劳的。韦昌辉明白,部下的举动,是给主子一个体面的死法。从这一点看,他应当感激他们。然而,就这样自裁身亡,能甘心吗?

"万林兄弟,"韦昌辉抽泣着,"这些年我待你如何?"

常万林在地上碰了三个响头,哭道:"殿下对小卑职恩重如山,事情闹到今天这般地步,全是小卑职的罪过,日后到了阴曹地府,小卑职自会替殿下担待。"

还说什么呢?与其等待着被石达开斩杀,倒不如自己上路。于是,韦昌辉抖抖地从常万林手里接过沉甸甸的剑……

久久的沉默,只有墙角的自鸣钟在滴答作响。

"扑通",是韦昌辉跌倒在地的声音。

"殿下——"常万林和众人放声痛哭。

片刻之后,常万林跪着挪动到韦昌辉身边,撕开他的战袍前襟,从夹层里取出天王的密诏,然后擦着火柴,将密诏点燃,密诏立即化为灰烬。

大家站起身来,常万林说:"罗大人、黄大人跟众兄弟一起去天王府复命吧,就说咱们赶到北王府之前,北王殿下已经幡然悔悟,自裁身死了。"

"那你呢?"罗苾芬问。

"卑职小有不适,就不去了。"

罗芬等人没有听常万林的话,而是把实情禀报给洪宣娇,这一功仍记在常万林身上。

韦昌辉的死讯立即传开,天京城鞭炮震天,锣鼓齐鸣,万民欢声雷动……

夜幕降临了。常万林来到大报恩寺塔废墟,浓烈的硝烟气味扑鼻而来,矗立于世达五百年之久的"天下第一塔"就这样毁于一旦了。常万林此刻心如死灰,大报恩寺塔的崩塌莫非就是天国大厦将倾的预兆?眼前这一切,难道就是六年来奋力争斗得来的"小天堂"?这场屠杀是谁造成的?我自己又做了些什么呢?做了两件事:先是跟着北王杀东王,后来又逼死了北王。金田起义以后,六年来出生入死,自己活得堂堂正正,然而在这两个月里,却是人不人鬼不鬼的。东王、傅善祥、傅学贤、蔡思胜、常翠花、傅云虎和三万弟兄都睡在冷冰冰的地下了,活着的人还在追寻什么?

常万林仰望夜空,星星都那样暗淡,疲倦地眨着眼,像是立即要从天上掉下来一样。

常万林仰望着夜空,千万颗星星真的从天上飞落下来,在地面上摔得粉碎。

第二天,常万林就失踪了。

韦昌辉伏诛后,洪秀全派人将他的首级送到宁国石达开处。

再说秦日纲领兵追剿石达开,闻知石达开已调洪山之兵东讨韦昌辉,自知不能敌,便驻扎西梁山,转而攻打那里的清军,借此讨好石达开。无奈恶果已经酿成，罪不容赦，因此旋即被捕拿问罪，于11月28日在天京处斩。

11月底，石达开回到天京，万民欢呼，百官欣悦，共同推举他提理政务，誉为义王。石达开坚辞不受，最后洪秀全加封他为"电师通军主将义王"。

这时，文武百官聚集在翼王府前厅，许多将领是从外地赶到京城的。石达开还没到，人们三五成伙，问寒道暖，说短论长。

豫天侯陈玉成和地官副丞相李秀成站在窗口，两人尽管年龄相差十四岁，却很能谈得来。

"李丞相这次袭击清妖总兵郑士魁大营，大获全胜；我在宁国却吃了败仗，邓绍良毁了我十六座营垒。"陈玉成说。

"小胜小败不足挂齿，要想有起色，还得采取大举动，这就全靠翼王的胆略了。"李秀成说。

"在天国的诸王中，运筹帷幄、足智多谋者，我最佩服的是南王和翼王。"

"论治国理政，南王确有过人之处，但以沙场征战而论，在我看来，东西南北四王都属于中中，谋略精深、能够出奇制胜者只有翼王。"

"你我的见解很相近。"

"不但是咱们俩，就连曾国藩、左宗棠的评论也一样，"李秀成笑了笑，也为天国拥有石达开这样的领袖感到由衷的骄傲，"曾国藩说过，'石达开假借仁义以诳煽莠民，飞扬恣肆，最为凶悍，诡谲无端，实为群贼之冠。'你看，他把翼王视为最大的威胁。左宗棠也说：'石达开以狡悍著闻，素得群贼之心，其才智出诸贼之上，而观其行为，颇以结人心、求人才为急，不甚附会邪教俚说，是贼之宗主，而我之所畏忌也。'左宗棠也是颇有眼力的。"

"翼王辅政，天国振兴有望啊。"

石达开进来了，百官礼毕，各自就座。

石达开先扫视了一下会场，然后用低沉的语调讲话："承蒙各位错爱，推举本王回京辅政。本王自当尽微薄之力，为天朝效忠。天国刚刚经历了一场前所未有的灾难，我们蒙受了不可估量的损失。天京变乱之前，天军在东部正向丹阳、金坛进军，苏、常指日可下；在西部，天军在南昌和武昌作战，歼灭湘军在即，湖北、湖南、江西三省可传檄而定。大家知道，湘

第十六章 石达开解困天京 韦昌辉被逼自杀

军是清廷对付太平军的一支劲旅,它比任何一支八旗、绿营都要强得多,但是,靖港、湖口、九江之战,湘军全面溃败,曾国藩两次投水自杀。他的悍将罗泽南在武昌被天军斩杀,曾国藩居然吓得不敢发丧。当时湘军已被我天军切成了两块,无法互相救援,而且军饷也断绝了。然而就在这个关口,天国发生了内讧,前线的兵力撤回天京。这样,在东部,张国梁残部死灰复燃了;在西部,我们失去了全歼湘军的机会,这样的机会或许以后不会再有了。结果怎么样呢?奄奄一息的湘军已经重整旗鼓,走出困境,今后,会成为太平军的心腹大患!"

石达开停顿了片刻,会场异常肃静,连喘气的声音也听不到。

"方才说的是清军的情况。就天国内部来说,在兵力上,最大的损失是天国在内乱中失去了大批骁勇善战的将士。太平军从举事到今天历经百战,就大战来说,有桂林、长沙、武昌和天京,但在这些大战中,我们都没有死这么多人。诸位不会忘记,龙寮岭之战,太平军损失最为惨重,但那一战我们只伤亡了两千人。然而最近天国在短短两个多月的时间内,竟有三万名将士死在自己人的刀下了。"

石达开的声音很低沉,有些哽咽,会场响起一片轻微的唏嘘,这是强忍的悲痛。

沉默了好一会儿,石达开继续说道:"在地盘上,最大的损失是武昌的失守。为了回京靖难,本王把驻洪山的大军撤走,武昌守军势孤力单,守将韦志俊坚守两个月,终因粮尽弹绝,被迫退出。武昌历来是兵家必争之地,保住武昌,则能固荆、襄之门户,通两广之粮道。现在武昌落入曾国藩之手,天京被抽掉了一道屏障。"

石达开痛惜的话语略带喑哑,他呷了一口茶水。

"清妖盘踞武昌以后,纠合湖北、湖南、江西、广东四省的人力物力,扩大了水师,大家知道,现在长江水面已经完全为清妖所控制。"

会场的空气似乎凝结了。庭院里桦树的枯枝在寒风中发出嘶嘶的呼叫。

"古人云:亡羊补牢,未为晚也。往者不可荐,来者犹可追,"石达开的语气转为振作,"为今之计,只有全朝上下,同心同德,各尽其力,才能复兴天国大业。就眼前局势而论,大规模的反攻是不可能的,因为我们暂时没有这样的力量,但完全转为防守则必然给清妖留下组织和调动兵力的机会。万全之策是攻守兼顾:在东线,要坚守句容、溧水;西线要确保九江以下的长江水道;西南线则稳住江西,而在皖、鄂一带向清妖展开攻势……"

会议直开到正午,与会者推心置腹,各抒己见,谈兵议政,毫无倦意。

早饭后,洪秀全在书房里一面喝茶,一面阅读着近期送来的本章。

虽然太平军在湖北、江西等地因抽调了一些兵力,战事有些挫折,但多数消息还是很叫人振奋的:豫天侯陈玉成自皖北枞阳东下,攻克无为州;迓天侯陈士章占领巢县;潜山再次被太平军占领;太平军在江西景德镇大败湘军;陈玉成、陈士章进占庐江;陈玉成、李秀成在桐城大破福建提督秦定三和寿春镇总兵郑魁士;陈玉成、李秀成率军占领安徽舒城;李秀成攻陷六安州;国宗杨辅清在福建攻占邵武、宁化、汀州。

看来,天国在经历了杨韦之乱以后,出现了转机,等元气完全恢复,就可以进军河南、河北了。挥军北上,直捣清妖老巢,始终是洪秀全所盼望的,因杨秀清坚决主张固守天京,洪秀全拗不过他,这一宏愿未能实现。现在好了,杨秀清已经伏诛,石达开没有杨秀清那样固执,那样跋扈,他会同意我的北伐主张的。

这时,洪仁发、洪仁达进来了,杨秀清死后,他们进天王府的机会多了,不时地在洪秀全耳边通通气,吹吹风。

洪仁发说:"秀全哪,势头不对呀,石达开在天京的名声可是越来越大了,上上下下,街头巷尾,颂声不绝。"

洪仁达接言道:"好容易把杨、韦两个祸根铲掉了,如今又冒出个石达开来。杨秀清飞扬跋扈,闹得怨声载道;韦昌辉更是弑杀成性,落得万民共讨。而这个石达开却不一样,在诸王中,他是最善于笼络人心的。这个人,很难对付。"

"咱们洪家的老少爷们儿,总是过不上安生消停日子。"洪仁发又加了一句。

洪秀全不愿在两个哥哥面前流露出自己的心事,便搪塞着说:"其他的几个王都不在了,辅政的也只有石达开。"

"秀全哪,石达开回城的那天,你知道大街上的天兵和百姓在干什么吗?'五千岁,千岁,千千岁',喊声不绝呀。"洪仁达说。

"石达开毕竟没逼我封他万岁呀!"洪秀全笑了笑说。

"可是在天兵和百姓的心眼儿里,五千比一万还要大。"洪仁达说。

第十六章 石达开解困天京 韦昌辉被逼自杀

"说得太玄乎了。"洪秀全摇摇头,一副不以为然的样子。

洪仁达急了:"兄弟,你可千万不能犯糊涂。你想想,你进天京的时候,有这么热闹吗?你的轿子一进天王府,大街上就没动静了。可这回石达开进城,锣鼓鞭炮响了一整天,闹腾个没完没了,这不是欺主又是什么?"

说实在的,对于天京的士兵百姓如此大张旗鼓地欢迎石达开,洪秀全早就心怀不悦,现在经两个哥哥一说,这种不悦就多少转化为嫉恨了。杨秀清靠不住,韦昌辉、秦日纲更混账,一个比一个坏,如果再让石达开扶摇直上,我洪秀全今后怕是要吉凶莫测了。

怎么办?洪秀全的眉头紧皱起来。

出乎天朝臣民的意料,天王洪秀全的两个哥哥洪仁发、洪仁达分别被加封为安王和福王。消息传开,举国上下一片哗然。

"两位国兄绑在一块儿不识一个丁字,居然封了王,真是笑话。"

"前方将士出生入死却得不到封赏,两位国兄寸功未立而登王位,天朝还有没有章法?"

"天王封自己的哥哥为王,无非是为了侵夺翼王的权柄罢了。"

"任人唯亲,这样毫不遮掩,太叫人寒心了!"

第十七章

石达开愤而出走　林启容失守九江

次日清晨,石达开像往日一样,带着十几个参护到各门巡视城守。

来到仪凤门,石达开大吃了一惊,守城的天兵都不见了,只剩下两个天兵把守。一问,才知道守城的天兵被安王调走了。石达开急忙吩咐身边的参护留下把守城门,又命左一指使鲍正方回翼王府把所有的参护调来守城,自己单人独骑驰向安王府。

进了安王府大门,石达开的肺都要气炸了,原来三四百个守城天兵正在庭院里替洪仁发修筑假山和池塘,他们的兵器横七竖八地放在地上。

洪仁发是国兄,最近又封了王,石达开不好发作,只得忍下一腔怒火,走进厅堂。

居然没有人通报,大概都忙活着挑土搬砖去了。石达开一直来到后厅,却见洪仁发斜躺在藤椅上抽旱烟。洪仁发显然没想到石达开会在他面前突然出现,他尴尬地站起来,一时不知说什么好。

"听说安王殿下把守城的天兵调来修筑自家府第的池塘?"石达开单刀直入地问道。

洪仁发自知理亏,便吞吞吐吐地说:"要是城门那里用人紧,你就叫他们回去吧。"

石达开不好再说什么,只得忍下一口气走出府来,命令天兵们回仪凤门守城。

石达开走后,洪仁发越想越觉得不妙,随便抽调守城士兵,这可不是个小罪过,再说,刚才抽烟时偏偏让石达开看见了,而天国是严禁抽烟的。这两件事要是让石达开告到秀全那里去,就够喝一壶的。想到这里,就慌慌张张地赶到福王府找洪仁达商量对策。

不料洪仁达听了事情的原委后,竟眯缝着眼睛笑了起来。他对洪仁发如此这般地教导了一番之后,两人一起来到天王府。

"秀全哪，石达开是不是来告我的状了？"一见洪秀全，洪仁发就急切地问道。

"没有哇！"洪秀全愣了。

洪仁发多少有些放心了，便哭咧咧地说："秀全哪，你快把哥哥的王位免了吧。"

"怎么回事？"洪秀全问。

洪仁发把刚才发生的事说了一遍。

"哥，不是我说你，你怎么能随便调动守城士兵修自家的王府呢？"洪秀全埋怨地说。

"我们封了王，自该修建王府，这是天朝的惯例，"洪仁达插言道，"天京上下文文武武，哪个不是听石达开的，要是连这么几个天兵都调不动，我们这样的王还管个屁用！再说，仪凤门今天又没有什么战事，临时调用个把人也无关大局。只是石达开威风张扬，目无圣上，才这样故意找茬，小题大做。"

"秀全哪，你哥是个老实巴交的农民，见不得大场面。那个石达开真不愧是个'电师'，他闯到我那里，下人们都来不及通报，他就气势汹汹地站在我面前了，我当时吓得差一点尿了裤子。"洪仁发哭丧着脸说道。

"可不是，连我见了石达开头皮都发炸。"洪仁达添油加醋。

"你们说得太过了，石达开可不是个飞扬跋扈的人。"洪秀全急得在地上乱转起来。

"兄弟，你可别小看了他，他跟杨秀清不一样，杨秀清凶在外面，他可是凶在里面。"洪仁达表情严峻起来。

"你们这样看人家，以后还怎么相处？"洪秀全有些不耐烦了。

洪仁达见话不是路，急忙转了题目："兄弟，我们既然封了王，总得有点事情做吧！"

"这话倒是有些道理。"洪秀全点了点头。

"把守城的事交给我们吧！"洪仁达步步紧逼。

洪秀全沉思了一会儿，说："那也好，不过你们一定要谨慎从事，万万不可大意。"

出了天王府，洪仁达对洪仁发说："明天还调守城士兵修咱们的王府。"

两人一起嘻嘻地笑了。

第二天清晨，石达开草草地吃了早点，准备巡视城防。他一边更衣，一边指着书案上的一摞卷宗对承宣何新金说："把这些本章送到天王府去。"

"殿下，"何新金迟疑了一会儿，终于鼓起勇气说，"昨天天王府的提报说，以后本章不要直接送天王府，要先送福王府，由福王过目后，再送到天王府。"

石达开刚把右手伸进战袍的袖子，听了这话，身体立即僵住了，右手悬在半空。仆射胡小良抓着战袍左袖和后襟愣在那里。

本章须通过福王转送，按天朝的规矩，这意味着福王已经拥有了更高的地位和更大的权力。先前，诸王百官的本章是由东王府转送给天王府的，石达开回京辅政后，取代了杨秀清地位，还不到半年，就被洪仁达所取代了。

"洪秀全开始在政务程序上剥夺我的权力了。"石达开想，但他不愿在下属面前流露出自己的不满情绪，便不情愿地伸出左手，让胡小良帮他穿上战袍。

不料这时春官正丞相张遂谋神色慌张地走了进来，禀报说："殿下，天王已经把城守事务交给安王和福王了。"

"谁说的？"石达开又吃了一惊。

"太平门守将林春芳说，昨天傍晚安王和福王就巡视了各大城门，对守将们说了这件事。"

石达开恨不得把战袍脱下来撕个粉碎，但他又一次克制了自己，摆了摆手，众人退了下去。

没想到洪秀全计较权力这样急切，这样小作。昨天刚对我说朝中的大事由我来定夺，今天就抽掉了我的梯子。再去找洪秀全吧，这会显得自己太琐碎，斤斤计较；找洪仁发、洪仁达论理吧，更不值得。勇士宁愿与虎狼搏斗，而羞于跟兔羊较量。况且，两位国兄有他们的弟弟天王撑腰，最终我反而要败在这些兔羊之辈的手里。

明白了自己的处境，石达开就觉得无所作为了。日子一天天过去，他只能在王府里审阅本章，读读兵书。这期间，他找过洪秀全，要求出京到各大战场督战，但洪秀全婉言拒绝了。石达开心里很清楚，洪秀全怕他拥

兵自重。

承宣何新金走了进来，神色有些阴沉，说道："殿下，豫天侯在蕲州张家螃打了胜仗，派人送来四十支来福枪，十五支左轮枪，二十六门洋炮，都是线膛炮……"

"这个陈玉成会打仗，真是好样儿的。"石达开夸赞道。

"福王把这些武器都运到天王府去了。"

石达开大惑不解，问道："武器是用来守卫天京的，应该送到各大城楼和据点去，运到天王府去干什么？"

"武器是从水西门运进来的，当时福王正在那里，他对守城的将士们说，这是为了保卫天王，因为京城里有坏人。"鲍正方说。

石达开一怔，但立刻镇静下来，不动声色地说："我知道了，你先去吧。"

何新金走了，石达开的心潮却翻腾起来。

我究竟做错了什么？为什么在不到半年的时间里就跟天王闹到这般剑拔弩张的地步？张遂谋和曾锦谦的见解是无法反驳的，洪秀全已经把我当成第二个杨秀清了。事态的恶化竟然如此迅速，以致使人来不及思索。

石达开忽然觉得自己不了解，甚至不认识洪秀全了。或许，困惑最容易调动一个人的回忆，不知怎的，半年前的那场惨烈的事变又涌上了他的脑际。

在这幕惨剧里，包含着多少难解之谜啊！

韦昌辉在天京屠杀东殿将士，时间长达两个月，为什么洪秀全一言不出？如果说他控制不了局势，只能任凭韦昌辉胡作非为，那么，他既然能下密诏让我讨杨，为什么就不能下密诏让我讨韦？或许，杨秀清的羽翼过于丰满，洪秀全也像韦昌辉一样觉得这股力量对自己今后是个威胁，也就不想采取得力的举措去制止韦昌辉的屠杀。

巷战的时候，东殿将士越打越勇，逼得北殿的人退守大行宫街，天王府就在这条街上。北殿的人为什么偏偏以这里作为据点？这跟洪秀全有什么关系？天王的御林军有两千多人，如果洪秀全真想惩治韦昌辉，那么在北殿的人节节败退的时候，他们为什么不杀出来一举歼灭韦党？洪秀全也可以降诏责拿韦、秦，这样的话，两人的部下大部分都会倒戈。但是，洪秀全既没动用武力来支持东殿弟兄,又没降诏,最后,眼睁睁地看着韦、秦两股人马把东殿的人全部吃掉了。他真的是反对韦昌辉滥杀无辜吗?当然,他也许是因为胆怯和犹豫而失去了讨伐韦、秦的最好时机。不管怎么说,这里面的隐秘是令人难以揣测的!

最叫人迷惑的是天王府里的那场屠杀。这场可耻的屠杀为什么偏偏发生在天王府?有人说,这是韦昌辉一手操纵的,与天王无关,这简直是胡说八道,韦昌辉难道能支配天王府里的宣诏书和典刑罚出面来表演这场戏?

还有人说,天王是真心要责罚韦昌辉和秦日纲的,而韦昌辉正好利用了这个机会来屠杀东党。这种说法也是大可怀疑的。按当时的情势,洪秀全并没有力量通过这样的方式责罚韦昌辉,无力责罚而偏要责罚,这就露出了作假的痕迹。如果硬要说洪秀全有力量责罚韦昌辉,那么他就更有力量制止韦昌辉的屠杀行动。再说,既然是真心责罚韦昌辉,为什么非要召集东殿的弟兄前来观看?因此,与其说天王真心要责罚韦、秦而韦、秦利用了这个机会,倒不如说是天王与韦、秦共同演出了一场苦肉计。

又有人说,天王确实是真心责罚韦昌辉,理由是行刑时连木杖都打断了,这种人更滑稽可笑,一群北殿秦府的扈从们纷纷把手垫在韦、秦的身上,这还叫责罚吗?天国何时曾经耍过这样的儿戏?爱尔兰水手肯能是经历了这个场面的,他也把自己的手放了上去替秦日纲挨打,觉得挺好玩儿。

六千名弟兄死在天王府中,就在洪秀全的眼皮底下,无论怎样解释,他这个天王都很难将自己身上的血腥气洗刷干净!

那个陈承瑢真是个神秘的人,他死心塌地地为杨秀清效力,怎么就摇身一变,帮着韦昌辉杀戮东党呢?当我接到诛杨密诏的时候,就注意到上面确实是他的笔迹,洪秀全怎么敢让杨秀清的心腹来起草这样的密诏?而当洪秀全下了诛韦诏旨以后,这个陈承瑢却不声不响地投井自杀了。

任何一个王朝的变乱,都充满着许多离奇的、世人永远无法知晓的秘密,天朝也不例外。还有那个常万林,他是傅云虎的结义哥哥,逼韦昌辉自裁之后,却莫名其妙地失踪了,他为什么不接受天王的封赏?

石达开心里乱成一团麻,他怎么也梳理不清天京变乱的千头万绪。现在,他只觉得眼前一片灰暗,忽然,刀与剑的寒光在不断地闪动,接着,灰暗变成了殷红……"殿下,福王府承宣牛百步求见。"承宣何新金的话打断了石达开的思绪。

"让他进来。"石达开说。

"福王府殿右十六承宣牛百步叩见翼王殿下五千岁千岁千千岁!"牛百步行了跪礼后,一边说,"福王让小卑职向殿下转告天王的旨意……"

"你说什么?"石达开吃惊地问。事态居然发展到这般地步,天王不派宣诏书来传达自己的旨意,而是让福王府的承宣转告,这个信号表明,天王已经不把我这个翼王当回事了。

"福王让小卑职向殿下转告天王的旨意,"牛百步重复了一遍,继续说,"眼下天京战事紧急,特从翼王府抽调参护七百名,归福王指挥,去孝陵卫诛杀清妖。"

没等石达开开口,牛百步就站起来,一转身,退出去了。石达开知道,这不是礼节上的疏忽,而是奴才得势时特有的傲慢表示。

这一切来得太快了!先是封两个哥哥为王,接着是切断我与天王府的直接联系,然后夺了我的兵权,再往后就是加强天王府的装备,最后是将我身边的八百名参护抽走七百……相煎何急啊!

岂止是一切权力被剥夺,更有杀身之祸迫于眉睫!

经历了十几个昼夜的精神煎熬,石达开终于痛下决心:离京出走。

次日,石达开带了身边仅有的一百名参护从聚宝门出城,来到城南雨花台。

听说石达开出走,洪秀全颇有几分欣喜,后来发现跟随石达开的将士越来越多,心中不免有些慌乱,便降诏关闭城门。

石达开在雨花台讲道三天,所讲内容,一如他的鸣志诗。京城的、城外各据点的大批将士纷纷赶到这里,投奔石达开。之后,石达开由铜井镇渡江北上,沿途张贴出他的鸣志诗,布告军士。为了表明自己忠于太平天国,布告开头仍使用"真天命太平天国圣神电师通军主将翼王石"的头衔。

当石达开到达安庆时,跟随其后的将士已有二十万之众。就这样,二十万大军丢弃了呻吟的故地,追求着渺茫的新生,其场面是如此雄壮浩荡,又是那样悲酸苍凉。

石达开离京之后,洪秀全很有些失魂落魄之感。一是因为天国的顶梁柱抽掉了,朝政没有得力的人来料理;二是因为石达开的走,在天国臣民面前暴露了他两人之间的矛盾,而这一矛盾对他洪秀全来说是很不利的,他曾密诏杀杨,又降诏诛韦。现在石达开一走,所有的人都会自然而然地把过错归到洪秀全这一边,说他心胸褊狭,不能容人。

是的,人们很容易这样想:杨秀清有罪,韦昌辉有罪,难道石达开也有罪?这是多么可怕的疑问啊!这个疑问足以使天国臣民的信仰全面崩溃。

或许时间能够抚平人们心中的伤口?

但同时,洪秀全也暗自庆幸,石达开出走,毕竟去了一块心病。真正亲自主持朝政的这一天终于来到了。自从金田团营以来,洪秀全第一次体验到政权角逐场中的安全感和归属感。说安全,因为从此可以高枕无忧了;说归属,因为这是我所拥有的朝廷。

必须选用一批重臣,来总理国务。蒙得恩是广西老兄弟,起义之初立过功,虽然久日在朝,没出京门,又没有什么大本领,但他多年跟随在我的身边,鞍前马后,忠心耿耿,特别是管理女营和挑选官妃,真是百般尽力;林绍璋无大才干,尤其是湘潭之败以后威信大降,又爱贪点小便宜,但他是个孜孜勤劳的人,跟随我多年,也很可靠;李春发没有什么作为,只会服从,他是幼主的老师,又是嫔娘谢玉花的亲戚,也是可靠的。才干能力固然重要,但为人可靠毕竟是第一位的。正因为这些人无才无能,才会对我百依百顺。

还有陈玉成、李秀成,他们久经沙场,屡建功勋,自然是很好的人选。他们是有才干,有抱负的,但资历浅,永远不会对我的权力和地位形成威胁。况且,我可以用蒙得恩来制约他们。

经过一番深思熟虑,洪秀全作出了重大决定:由蒙得恩、陈玉成、李秀成、林绍璋、李春发,共同管理朝政,任蒙得恩为正掌帅,封赞天燕,总理国务。不久,又任陈玉成为又正掌帅,李秀成为副掌帅。

洪秀全正为自己的安排而得意,李秀成的一道本章就送到了天王府。

洪秀全的眉头不觉皱了起来,还没看本章的内容,心中就已经有几分不悦。这个李秀成真是不知天高地厚,居然想出面决断朝政大事了,这种本章以前只有杨秀清才能上奏的。

但洪秀金还是耐心地将本章打开,慢慢地看下去。李秀成要求申严法令,整肃朝纲,这个主张是颇有见地的。所谓整肃朝纲,就是国政划一,有令必行,这样,一国之君才能运筹帷幄,臂指自如。李秀成又提出减轻赋税,这一条也有道理。在天国的辖区内,"照旧交粮纳税"已经实行了多年,但除了固定赋税以外,又有许多临时的进贡、报销、捐费摊派到农民身上,他们的负担仍然很重,尤其是在眼前兵荒马乱的年月,农民就更加难以承受,李秀成这项与民休息的建议,倒应当成为长期的国策。

看到这里,洪秀全的眉头舒展了许多,他端起银杯,喝了一口茶,继续读下去。

"砰"地一声,洪秀全将抓在手里的银杯狠狠地敲在案桌上,茶水四溅,本章被浸湿了一大片。

胆大妄为,欺君罔上!李秀成居然提出重用翼王,不用安王、福王,矛头直接对准我这个天王的两个兄长。金田起义的时节,他还是连糠都吃不上的穷小子,太平军路过他的家乡藤县时,把他从火坑里救出来。那以后他屡次蒙受天朝恩泽,他知恩不报倒也罢了,但是怎么能踩着我的鼻子就上了头顶!

这样下去,王威何在?

洪秀全当即拟了一道诏旨,罢免李秀成合天侯的爵位和副掌帅的官职。

诏令下达了,结果却大出洪秀全的意料,李秀成被罢免后,不但没有反省自己,而且又上了一道本章,再次申明自己的见解,语气更加坚决。更令洪秀全惊讶的是,朝中文武竟纷纷为李秀成鸣不平,并且赞同他的主张。

罢免一个李秀成,惊动了满朝文武,事情怎么闹到这般天地?现在,洪秀全对李秀成的怒气已经减却了大半,开始后悔自己的鲁莽。历代明君对冒死进谏的臣下都是网开一面的,难道我的气量就这么狭小?再说,当初封洪仁发、洪仁达为王,只是为了牵制石达开,现在石达开走了,他们俩还牵制谁?天朝的臣民早就有一股怨气,认为石达开是他们俩逼走的,他们俩又目不识丁,根本担不起统领国家这一重任。这样,石达开出走,我的干系就说不清了,恐怕人人都能猜到我不信用外臣的动机。

要摆脱天朝所面临的危机,还是要依赖群臣。众意难犯哪!

撤掉安、福二王的爵位是容易的;让李秀成复职也好办,他毕竟是从普通士兵一步步提拔起来的,知道自己做臣子的地位,他的言辞再激烈,也没有任何威胁性;而重用石达开却要慎之又慎。

不错,天国确实需要石达开,只有他,才能把天国的大业支撑起来,只有他,才能解脱天国眼前所面临的危难。因此,只有把石达开请回天京,才能顺应众望。

然而,要是石达开真的回到天京,那么刚刚去掉的一块心病就又要附到身上来了。他是金田举义领袖之一,单从这一点看,他几乎是与我平起平坐的,又有非凡的才干,让他回来,天国的山头上就有了两只虎。石达开一向善于结交人心,半年前他回京时,群臣百姓的欢呼简直到了癫狂的程度,而我这个天王却显得那样黯然失色。如果让石达开再次回京辅政,功高震主是必然的,那时候又该怎么办?当初杀杨秀清,是因其骄横;杀韦昌辉,是因其屠戮东党。在我这方面,总是有情理可讲的。然而,日后一旦我与石达开再发生同室操戈的事,责任就难以推卸了。

进退两难啊!

但仔细想来,石达开是不可能回京的。石达开这个人,性情是柔中带韧的。对士兵百姓,是关爱的;对臣僚,则广泛结交;但上司,他是尊重谦恭的,却总是暗中保留着自己的见解,并不盲从。杨秀清是何等跋扈,对韦昌辉百般凌辱不说,还要责罚于我和我的长兄,但对石达开却从来没有做出过分之举。或许,杨秀清抓不住石达开的把柄,但更重要的,石达开像是隐藏着一身傲骨,这是任何人都不敢于忽视的。

既然石达开不可能回京,我为什么不顺水推舟,做个人情呢?

洪秀全的眉头立即舒展开来,他当机立断,作了三项决定:一、恢复李秀成后军主将之职;二、削去洪仁发、洪仁达的王爵,改封洪仁发为天安,洪仁达为天福;三、命合朝文武签名要求石达开回京秉政,并将函件送往石达开处。

果然不出洪秀全所料,石达开没有回京。

炮弹在殿右十二检点林启容不远的地方炸响了,那一瞬间,他觉得头有些痛,又有些晕,便顺势依在城垛上,但这时两腿酸软无力,身子向下一滑,竟蹲了下去。直到侍卫江键子跑过来包扎他的头,他才知道自己负了伤。

整整六个昼夜,湘军署湖北提督杨载福的水师、记名按察使李续宾的陆师两路会攻九江。密集的炮火之后,紧接着云梯攻城,攻城被杀退后,

第十七章 石达开愤而出走 林启容失守九江

湘军再施放炮火,然后再攻城……没有一顿饭工夫的休歇。

西面城垛的影子投射过来,达到林启容的胸部,慢慢地,影子抬高了,遮住了他的脸,林启容知道天快要黑了。他真想在这个当口睡一会儿,但他知道,炮火一停,清妖又要攻城了。他想要站起来,但身子一动,头就晕得厉害。江毽子从腰上解下葫芦,把葫芦口塞在他的嘴上,他咕嘟咕嘟地喝了一阵,立即觉得全身爽快了许多。但也就在这时,肚子咕咕地叫了起来,这才意识到,自己一整天没吃东西了。

"林大人的伤不重,头晕是因为饿。"江毽子把一颗拳头大小的米粉野菜团子递到林启容手上,"这是大人今天的口粮。"

林启容把野菜团子接过来,头晕好了很多。

"林检点什么时候挂了花?"

林启容忙抬起头来,见炎七正将军车路遥陪着东殿左三十一承宣黄文金走了过来,林启容一见,立即站起身,紧抓住黄文金的双臂,说:"正盼着你来!"

车路遥向江毽子招了招手,二人一起走了。

黄文金注视着林启容的头。

"哦,擦破了一点儿皮,不碍事,"林启荣说,"黄承宣晚来了一步,我刚刚把米粉团子吃了下去。"

"我刚才看到将士们在那里吃,"黄文金笑了,"全是野菜,哪里有米粉!"

"我让他们拿两个来你尝尝怎么样?"

"不用了,我还给你带来一个呢。"黄文金说着,从怀里掏出一个小包袱,递给林启容。

林启容打开包袱,惊喜地说:"你们的米粉团子比我们这里的好多了。"

"八成野菜,两成米粉,吃起来很有味道。"

林启容捧着菜团子,大口嚼了起来。

黄文金是杨秀清派到西线来守湖口的,但承宣的名分还没变。此人雄猛剽悍,胆气过人,每次临战,都能身先士卒,清军怕他,称他为"黄老虎"。这次林启容把他请来,跟他商量守城事宜。

太阳已经落山,城墙上的硝烟气味也随风飘散了大半。江面上,湘军的战船慢慢向西退去;城外地面上,湘军的营盘里升起一道道炊烟。看来,六天的攻城战要告一段落了。

"九江西接武昌,东屏安庆,自古为兵家必争之地。如今,上游的武昌已经落入清妖之手,湘军再没有后顾之忧了,这一次来势也就格外凶猛。所以说,我们镇守九江、湖口就更加艰难了。"林启容吃完菜团子,把粘在手的两片菜叶舔进嘴里,接着说道,"我请你来,也没有什么军机,只是为了跟你共勉,无论如何,我们都要守住这块地盘。九江湖口有失,安庆必定不保。"

"林检点依据这里的山川形势,修城筑垒,挖壕疏渠,兵力部署得井井有条。"黄文金说。对林启容,黄文金一向是很佩服的,两年前,湘军破田家镇之后,气势汹汹蔽江而来。翼王石达开奉命赴九江督师,湖口一战,肢解了湘军水师。湘军溃败后,曾国藩派塔齐布领兵数万攻打九江,林启容率全体守军奋力抵抗。塔齐布围城达半年之久,劳师糜饷而无寸功,最后羞愧郁闷而吐血,死在九江城外军营。这次,湘军再次大举进犯,林启容指挥太平军与敌军厮杀了六昼夜而寸土未失,真是个出色的将才。

"九江与江北对岸的小池口、东边的梅家洲和湖口互为犄角,不管哪一个据点失守,都会牵动全局。"林启容说,又问,"湖口那边怎么样?"

"情势很紧张,"黄文金说,"杨载福的水师控制着长江,彭玉麟的水师潜伏在鄱阳湖里,而我们的水师又太薄弱。"

"要避免杨载福和彭玉麟会合。"

"我想到了。我在湖口与西岸的梅家洲之间架设了许多拦江铁索,两岸密设炮位。"

"彭玉麟这个人大概很不好对付。两年前,翼王进入江西,他料想南昌吃紧,就从湖南衡州徒步七百里赶到南康,从这件事看,彭妖头很像是能打硬仗,打死仗的人。"

"湘军与绿营确实不一样,咱们碰上硬茬子了。"

"那时候曾国藩眼看就要束手就擒了,翼王却接到了回援天京的诰谕,他当时说,今日放过曾国藩,以后此人要成为天国的一大祸患,不料今天应验了!"林启容感慨地说。

"我想咱们应该向天京告急。"

"你说得对。现在我们只能全力死守,等待援军。"

第十七章　石达开愤而出走　林启容失守九江

车路遥走来,不声不响地把一封信递到林启容手里。

林启荣打开一看,是曾国藩的劝降书,没看完便怒火填胸,"唰"地将信撕成两半,骂道:"曾老贼,瞎了你的狗眼!"

黄文金急忙抢过那封信,说:"林检点,犯不上动怒,这信说不定还有用处。""有什么用处?"

"不得已的时候,咱们还要向天京告急呀!"林启容寻思了一会儿,忽然有所领悟,笑道:"黄承宣,你这人真聪明。"

杨载福、李续宾六昼夜的攻城战败退后,知道九江不能强攻,便改用长围坐困之法。从1857年2月起,在九江外围挖掘长壕,花费了五个月的时间,役使数万名民夫,挖壕沟六道,每道壕沟深两丈,宽三丈半,从九江城西的官牌峡,往南延伸,再向东直到白水湖尾,长达三十多里。到这年6月,壕沟接通。

转眼间冬日来临,太平军粮食短缺,棉衣接济不上,九江形势更加危急了。

林启容起草了一道请求援军的本章,派炎七正将军车路遥送往天京。

车路遥来到天京的时候,日头已经偏西了。他又饿又渴又累又困,但九江危急,他不敢延误,便问着路来到主持朝政的正掌帅蒙得恩的府邸。

一进门楼,就隐约地闻到了一股烟草味。"天国不是明令禁止吃黄烟的吗?"车路遥疑惑地想道,一面推开东耳房的门,浓烈的烟气直扑鼻腔,他一连咳嗽了几声,眼睛也呛出泪来。

"什么人哪?"屋子里光太暗,车路遥看不清说话的人。

"我从九江来,想见蒙掌帅。"车路遥回答。

"见蒙掌帅?口气真不小。"背朝门口的人说,一面回过头来,他忽然注意到车路遥帽子上写着"将军"二字,语气立即缓和了一些,说,"蒙掌帅外出赴宴还没回来。"

"我在这里等他。"车路遥说。

"别等啦,蒙掌帅就是回来,你也见不上他,"说话的不知是谁,"要是有本章,就放在那边的桌子上。"

这时车路遥才看清,有四个人围着桌子在打麻将。车路遥顿时蓄满了一腔怒火:抽烟、赌博,这些京城虫子样样恶习都沾着,全不顾天国的禁条。他恨不得上前把麻将桌子掀翻,但转而又想,湖口、九江危急,自己是来求救兵的,不是来禁烟禁赌的,就决定忍下这口气,问道:"我怎么就见不上蒙掌帅?"

"你这个人可真够啰嗦的,懂不懂京城的规矩?你问怎么见不上蒙掌帅,我告诉你,大爷不愿意给你通报。"说话的人一脸横肉,没戴帽子,不知是什么官衔。

车路遥早就听说,到京城办事,不管去哪个府衙,都得破费打点,起先他还以为是谣传,现在,听了"懂不懂京城的规矩"这句问话,他相信这是真有其事了。心想前方的将士出生入死,连饭都吃不上,哪里有钱打发你们这些王八蛋?他越想越气,就上前走了一步,两眼直盯着横肉脸,喝问道:"我要是告你抽烟赌博,掌帅大人还能见我吗?"

横肉脸没想到车路遥会来这么一句,一时竟无言以对。

"这位弟兄且莫发火,有话好说,"一个瘦长脸的中年人立即站起来,笑嘻嘻地说,"来来来,到西屋坐坐。"

瘦长脸把车路遥拉到西耳房,让了座,倒上一杯凉茶,慢慢说道:"弟兄们闷得慌,聚在一起玩玩。将军也别把抽烟这些事看得太重,眼下天京城里吸鸦片的人不下于三分之一,抽点黄烟就更不算什么了。"

车路遥吃惊地看着他。

瘦长脸像是没理会车路遥的表情,继续说:"将军带来的本章尽管交给我,蒙掌帅一回来,我就递上去。"

"长官怎么称呼?"车路遥问。

"水西门巡守将军安之魁,临时在掌帅府里听差。"

"我是炎七正将军车路遥,"车路遥将雨伞竹柄底端拔开,从里面掏出一张白色的丝绸小卷,郑重其事地交给安之魁,"有劳安将军。"

安之魁将白绸信封接过展开看了一眼,淡淡地说:"噢,云马文书。"

原来太平军的紧急情报都要在信封上加盖圆戳,圆戳上刻有双翅飞马,周围刻云,故称"云马文书"。

安之魁的冷淡表情使车路遥非常反感,但他没说什么。

"为什么不通过疏附衙发送过来?"安之魁问。太平军称驿站为疏附衙。

"清妖封锁了长江水面,陆路也有些关卡落在了清妖手里。"

"噢,"安之魁又淡淡地应了一声,"车将军打算……"

"我在天京等候消息。"

"车将军要是没有急事,就在天京住上个把月,观观风景,找熟人玩玩,要是有急事呢,就先回去。消息嘛,恐怕十天半月很难听到。各地送来的本章加起来有一人高,据我所知,二十天前的本章,蒙掌帅到现在还没看呢。"

车路遥却茫然地站起来,拖着沉重的步子走了出去。他漫无目的地游荡着,方才又饿又渴又累又困的感觉似乎完全消失了,一路上的焦急心情现在没有了,刚才对横肉脸的愤怒也飞逝了。他是肩负着九江守将林检点和全体将士的委托到天京来的,这重如千斤的使命,却在进京后所走的第一道门槛就被轻易地碰得星散了,像一团水蒸气。他深悔不该离开正在浴血奋战的弟兄们,一个人奔走山道跑到天京,但那是林检点的命令,也是弟兄们的嘱托啊!请不来救兵,我回去怎么交代?

不知不觉地,车路遥来到一条小巷子,实在走不动了,就在一个门口旁边的石头上坐下来。门半掩着,院子里传出说话的声音,大概里面住的是士兵。

"快点儿,打开打开!"

"嘭!"地一声响,车路遥立即闻到了一股浓郁的酒香,怎么,天京的士兵竟敢喝酒?他想站起来看个究竟。

"把门关上。"

急促的脚步声近来,"嘭,哗啦",门关了,上了门闩。

吸鸦片、抽黄烟、赌博、喝酒……,这些违反天朝禁律的事居然都发生在天京城里,天王知道吗?蒙掌帅知道吗?

车路遥的眼界太狭窄、太有限了,他一丁点儿也不知道,封爵与王等同的二千岁正掌帅蒙得恩此时躺在紫檀木榻上抱着镶银的烟枪吸得正浓正香呢!

院子里又传出说话的声音。

"听说了吗?江西袁州守将李能通投降了清妖。"

"什么时候?"

"去年十月。这是天国第一个叛降的人。"

"因为什么?"

"因为绝粮。"

车路遥浑身颤抖了一下,猛地想起:临来的时候,林检点曾经叮嘱他,万一遇到了麻烦,就告诉办事的人,云马文书里有曾国藩的劝降信。那时他怎么也解不透林检点为什么要把曾妖头的信夹进求救本章里面,更不明白为什么要对别人说出这件犯嫌疑甚至是不光彩的事。刚才在蒙掌帅的府邸把这事给忘了,现在怎么办?应该去说说。虽然车路遥不明白为什么要说,他还是站起来向蒙府跑去。

安之魁听了车路遥的话,一下子愣住了。他急忙跑到西耳房,车路遥也跟了过去。桌子上各地来的文报已经堆了一大摞,安之魁好容易才把车路遥送来的那一件找出来,说:"车将军,你在这里等两天,不管蒙掌帅现在在什么地方,我都即刻送给他。"

安之魁转身跑了。车路遥愣了半天,自言自语地说:"林检点真是个神人!"

车路遥回到九江,带来了天王的诏旨。当时林启容正在北门巡城,他启封一看,原来是天王嘉其功,擢封他为贞天侯。

"有没有救兵的消息?"林启荣问。

"我不知道。我以为都写在信里呢?"车路遥不知所措。"九江怕是要守不住了。"林启容失望地想。他原以为蒙得恩能够立即派出援军,以解九江之围,万万没想到等来的却是一个侯爵头衔。或许朝廷在忙于其他的事,顾不上九江;也许是各个战场都很吃紧,无兵可派;但也许,蒙得恩他们没意识到九江的重要地位。天王封我为侯,这意味着什么呢?是因为我守九江有功吗?如果是这样,提升我个丞相也就够了。何必连提两级?对了,大概是因为曾国藩的那封劝降信。真是糟糕透了!

李能通的叛变,在朝廷里引起了轩然大波,天王对在外地作战的将领们开始不放心了。在这种情况下,曾国藩的劝降信就是不交上去,事情也免不了会传到天王耳朵里,那更会造成君臣之间的猜忌;交出去,正好表明自己心胸坦白,并无投降之心。我把曾国藩的信夹在本章里还有更重要的原因,那就是自从石达开出走以后,朝廷一片混乱,蒙得恩封了正掌帅,总理国务,却顶不起大梁,两位国兄虽然罢免了王位,却仍然干预朝政,文报堆积如山,无人过问。因此,只有曾国藩的劝降信才能引起蒙得恩一干人的震惊,他们会立即启奏天王而不敢有丝毫拖延。果然不出我和黄文金之所料,朝廷很快就有了回音。然而,这回音却不是能让九江获

第十七章 石达开愤而出走 林启容失守九江

救的天兵,而是获得了对九江毫无用处的爵位。

救兵不来,我和全体将士们都会为守卫九江而慷慨赴死。没有别的,只是因为忠于天朝。但是现在,我就是死了,天王也会以为这是我对他封侯的报答!连死,都是这样不明不白的!林启容觉得有一肚子委屈无处诉说,鼻子忽然一阵发酸,他赶紧闭上眼,但泪水还是从眼角流了出来。

炮声又响了起来,杨载福与李续宾水陆两军配合,正在用大炮轰击对岸的小池口。忽然,小池口城里燃起了大火,烟焰迷天,大概是营帐被烧了。

"小池口很难守了,"林启容转身对车路遥说,"你明天派人到湖口去一趟,告诉黄承宣:小池口一失,长江对岸失去了屏障,九江所依赖的就只有梅家州和湖口了,让他全力防守。"

车路遥应声退下。

正如林启容所料,不几天,小池口陷落了,九江失去了犄角,江北的补给也完全断绝。

战场转到了梅家洲和湖口。10月初,杨载福的水师云集于长江的湖口地段,接应半年前被石达开困在内湖的彭玉麟水师突围。

杨载福用重炮轰击梅家洲和湖口的太平军阵地,彭玉麟则指挥舢板先出,大船继后,向江面冲击。太平军一面力拒杨载福水师,一面夹击彭玉麟船队。两岸炮飞如雨,彭玉麟的舢板一个个被击沉,他的部下都司罗胜发被击毙。由于太平军炮火的严密封锁,半个时辰之内,没有一艘舢板能够驶进长江,但彭玉麟仍然强令船队血战前冲。

忽然,一颗炮弹落在彭玉麟的拖罟座船上,座船猛地颠簸起来,彭玉麟站立不住,一个趔趄翻倒在桅杆脚下,前额碰破了,鲜血直流。这时,船板起火了。部下急忙把他扶起,劝他赶快下船。彭玉麟用手捂住伤口,呵斥道:"先别管我,赶快把火扑灭,这船沉不了!"

大火扑灭了,但座船仍在原地徘徊,寸步不前。

"轰隆——"意外的一声巨响,山上太平军的一门万斤大炮突然炸裂了,水十五总制苏乃良和身边的几个炮手尸身无存。

"冲进长江!"趁着这个机会,彭玉麟发出了紧急命令。

湘军的舢板拼力向北飞快地驶去,虽遭太平军阻击,却有十之六七进入长江,与杨载福的水师会合了。

但是当彭玉麟指挥大船突围的时候,却被原先湖口守军设下的大锚铁链死死地拦住了。黄文金派出舢板,向敌军大船炮击,施放火球火箭,敌船相继起火,湖面浓烟弥漫……

正当彭玉麟无计可施,暗自下定了"不成功便成仁"的决心之际,又一件意外的事发生了:后山山顶上冒出了一支湘军,大呼而下,袭击太平军阵地。

原来在昨天夜里四更时分,李续宾就派兵迂曲绕道,在湖口后山埋伏下来。太平军疏于防卫,结果被湘军突破了防线。

黄文金只好指挥天军撤退,梅家洲和湖口陷落了。

九江失去外势,成了一座孤城。

湘军攻下了小池口、梅家洲和湖口,又控制了长江千里江面,气势倍增。这时李续宾不再有任何顾虑,估计九江粮食已尽,便集中兵力攻打。

然而,尽管湘军四面猛攻,无奈太平军掷焚大桶火药,抛砸乱石滚木,攻城始终不得手。李续宾见硬攻不得逞,就改挖地道,但九江城地形复杂,乱石太多,无法挖通。

李续宾一筹莫展了。他不明白,湘军围困九江达一年之久了,城里的发逆居然还能打仗,他们的粮食是从哪里来的?

这天,一个教书先生模样的老者来到湘军的营帐,说是有要事找李大帅,李续宾接见了他。

"老先生来此,有何见教啊?"李续宾问道。

"大帅围困九江有多久了?"老先生反问了一句。

"一年多了。"

"大帅还打算围多久?"

李续宾迟疑了一下,说:"城中发逆的粮食已经吃尽了,他们支撑不了几天。"

"从去年开春,发酋林启容就在城里的空地上种麦种豆,种瓜种菜,借以维系军食,他们虽然饮食拮据困顿,但一年半载之内还不至于渴死饿死,大帅就这样跟他们磨下去?"

几句话说得李续宾张口结舌,原来他只想到乡村能种粮种菜,可万万没料到林启容竟在城里种起地来,难怪九江城老是打不开。

"听说大帅近两个月就耗费了火药五十万斤?"老先生又开口了。

第十七章　石达开愤而出走　林启容失守九江

李续宾大吃一惊,试探着问道:"老先生是从哪里听说的?"

"这连我都觉得奇怪,"老者回答,"官军把九江围得铁桶一般,可是发逆排除了一个姓车的指挥跑到天京去报信,又拿着洪逆的诏旨安然无恙地回到九江来了;而官军首领们之间的通信却屡屡被发逆截获。大帅,你说怪不怪?发逆知道官军用了这么多火药,因此断定官军打不了多久。"

李续宾又是一怔,不错,要是十天之内不能攻下九江,就只好退兵了,因为那时火药已经用尽。

老先生全不理会李续宾的惊讶表情,继续说:"林启容在城里到处修起用竹条藤条做骨架的沙土包工事,大帅的五十万斤火药确实炸死了不少人,但那都是些平民百姓,发逆呢,没伤着几个。"

李续宾顿时气馁了。

"大帅还打算调用多少弹药来轰城?"

李续宾真想上前扇这个老家伙一巴掌,他讨厌这种带有讥讽和教训意味的口气,讨厌这种好为人师的架势,更讨厌他语调里流泻出来的的酸腐气但他忍住了,用礼贤下士的姿态问道:"老先生所言,深中腠理,不知道有何良策?"

"大帅请看。"老者这才从怀里取出一块白绢,在案桌上展开来,一面说道,"这是九江城的地形图,九江依山靠水,城墙下多为岩石,无隙可乘能挖掘地道的地方只有一处……"

这真是意外的收获,李续宾一时大喜过望,眼前这个老头子也顿时显得可亲可爱了。他关切地问道:"老人家,你为什么冒死出城到这里来?"

老者神色凄然,叹了一口气,说道:"不是我一个人,我是受了七十名儒生的委托来见大帅的。按说,发逆纪律严明,对百姓秋毫无犯,我们也不该反脸相向。无奈发逆一向藐视典籍,贬斥孔孟,焚烧庙堂,扫荡文明,把知识者弄得无处容身。"

须臾,他站起来,对身边一个近侍说:"带这位老先生去吃顿饭,然后领二百两银子给他作赏钱。"

李续宾说完,就走出了营帐。老者茫然地站在那里,眼神里充满了失望:二百两银子就把我打发了!他怎么连我的名字都不问一声?看来城破之后,我连个书手都做不成了。

1858年5月19日,在太平天国的历史上,是石破天惊、鬼泣神哭的一天。

　　湘军按照老儒生所献的地形图,在九江南门城脚挖好了地道,"轰"然一声巨响,城墙炸开了一百多丈。没等崩上半空的砖石落下,湘军就在战鼓的催促下扑向缺口。太平军奋力拼杀,双方拥挤在废城墙的坡地上扭打成一团,湘军蜂拥而前,天军寸步不让,直杀得天昏地暗。起初,他们踩着碎砖石厮杀,但是没过多久,地上堆满了死人。一股湘军被杀退了,又一股冲了上来……

　　黄昏时分,一万七千名太平军将士全部牺牲。林启容身上多处受伤,一直坚持着,敌人一直涌来,最终自刎而死,

　　九江被太平军镇守了七年,终于又重新落入清朝的手中。

第十七章　石达开愤而出走　林启容失守九江

第十八章
洪仁玕谋略治国　洪秀全笼络人心

1858年8月,安徽枞阳县太平军大营。陈玉成、李秀成、李世贤、黄文金、陈坤书、吴定彩、谭绍光、陆顺德等人围桌而坐,这次军事会议的主题是商讨解救天京之围。

李秀成召集了各个将领参加这次紧急军事会议,他刚刚被封为合天侯。两个月前,他率军由滁州南下,想一举攻占浦口,但兵力太少,接战不利,只好退回全椒。李秀成知道,靠他的五千人马,要击破清军的江北大营是不可能的,于是就把陈玉成约到这里来。

陈玉成已晋升为成天豫,爵位比李秀成高一级,但他考虑到李秀成比自己年长十四岁,又是会议的主持人,就主动把李秀成的椅子搬到自己身边,两人并排坐下。

李秀成首先讲话:"早在去年八月,清廷就派和春为钦差大臣,张国梁为帮办大臣,重建了江南大营。天军因为东战场空虚,溧水、句容、淳化相继陷落;年底,镇江、瓜洲也先后失守。今年年初,江南大营已迫近天京城郊。自从翼王远征不回、九江失守以后,我们经营了数年的江西战场全部落入敌手。清妖乘胜进击,江北大营德兴阿由于得到了胜保蒙古骑兵的配合,攻陷了江浦和浦口,并且与和春的江南大营连成一气,天国的处境更为艰难了。"

"我插一句,"陈玉成说,"曾国藩最近口吐狂言,说发逆大势已灭,不患今岁不平。"

"曾妖知彼而不知己,天国固然面临种种困难,但清廷的日子更难过,"李秀成继续说,"近年各地起义军此起彼伏,广西有陈开、李文茂、朱洪英,贵州有张秀眉,云南有杜文秀,山东有宋景诗,不必说,规模最大的还是捻军。他们都是天国的友军,在各个战场上拖住了清妖大批兵力,清妖已经是顾此失彼,捉襟见肘了。因此只要我们各誓一心,就能击破江北大营,肃清长江江面。"

"从江北大营这个局部情势来看,清妖的最大弱点是兵力分散。一万五千兵勇,分布在二百多里的地面上,彼此不能呼应相顾,因此我们可以集中兵力,各个击破。"李世贤开口了,他是李秀成的族弟,刚被任命为左军主将,在今天的与会者当中,他位居第三。

"对,各个击破是最有效的,损失也最小。"木二正将军谭绍光附和了一句,他今年二十三岁,是李秀成的部下。

陈玉成说:"我赞同你们的主张。现在看来,江北大营最难对付的是胜保的马队。马队与步兵接战,居高临下,已占上风,再加上来得快,去得疾,这又是步兵所不能及的。汉朝匈奴猖獗,宋末蒙古侵占中原,都得力于骑兵。眼前这个胜保,是满洲镶白旗人,在清妖队伍里,也算是一员名将。他曾与僧格林沁一起攻打林凤祥的北伐军,又在河南、安徽与我天军作战,前年又在正阳关大破捻军。他的队伍在作战中很少失败,因此也就十分骄纵,尤其是在我军处处失利的情况下,就更不把我们放在眼里。"

"成天豫言之有理,要破江北大营,就必须击垮胜保的马队。"李秀成点了点头。

陈玉成很想把打击胜保马队这一仗争到手,又觉得如果自己先提出来,便有抢头功之嫌,就没开口。

黄文金坐在李秀成对面的桌子角旁边,身体向后,斜靠在椅背上,始终没说话。论作战的历史,他比在座的任何人都长,早在金田团营时,他就带领数百人先后打败了陆川知县谢兴朝、郁林知州浦谐庚,队伍发展到数千人,然后投奔金田。太平军入天京后,杨秀清命他守湖口,清军水军陆师来犯,大小数十战,都被他击败。去年,清军合攻湖口,因寡不敌众,移师入皖。可惜他虽然身经百战,官场上却不甚得意,三年前授了个东殿左三十一承宣,到现在,杨秀清被杀两年了,他还没有新的名分,他常常觉得自己像挂在墙上的兵器,能用来杀敌,却没有人理睬它。胜保的马队大破捻军的事他早就听说了,他总盼望着能有机会跟胜保较量一番,没想到今天机会来了。就在李秀成说出"必须击垮胜保的马队"这句话的时候,他的上身立即离开椅背,扑上前去,胸口贴近了桌面。

"万一李秀成自己也想打这一仗呢?"颇有几分焦急的陈玉成忽然想到这一点,就有些坐不住了,双手在桌边摩挲了一阵,然后右手拿起茶杯

第十八章　洪仁玕谋略治国　洪秀全笼络人心

放到嘴边,却没喝水,又把杯子放回到桌子上。

黄文金和陈玉成的行为细节被李秀成注意到了。他很赏识黄文金的才干,也很同情他得不到提拔的尴尬处境,眼前正可以给他一个立大功的机会。但他只是个承宣,当此大任恐难服众。

李秀成又想到了陈玉成,自己虽然比陈玉成年长许多,心中却十分羡赞他敢打硬仗的勇气和魄力,在这位只有二十一岁、看上去像个大姑娘的青年身上,似乎积蓄着不竭的精力,一看到他,李秀成就常常想起"后生可畏"这个成语。既然他想打这一仗,我何不遂了他的心愿?一来可以人尽其用,二来可以顺水推舟,作个人情。但还需要激他一番,于是便说道:"胜保这块骨头,可不是好啃的,啃不好,会把牙硌掉!"

李秀成沉重的语气使在场的人都感到沉重了。

陈玉成张开嘴巴,想是要说话,但就在这一瞬间,他制止了自己,并且找到了掩饰情感冲动的方式:他忽然抓起茶杯,将水一饮而尽,又将茶杯放回原处。

陈玉成的举动,李秀成装作没看见,继续说:"我看,能啃这块骨头的只有一个人。"

人们不约而同地向他投来询问的目光。

李秀成停顿了一会儿,然后对陈玉成说:"成天豫,胜保的马队就交给你了。"

众人齐声叫好,一面拍起巴掌来。黄文金也随着大家一起鼓掌,心中却有几分失落,虽然他承认李秀成的这个主意是最恰当的。

陈玉成极力想做出一副力不胜任的为难表情,但不行,他抑制不住内心的激动,竟不好意思地笑了起来,一面目不转睛地看着李秀成,心想"知我者,秀成也"。

会后,李秀成回全椒整点队伍,陈玉成挥军由潜山而北,一举攻克庐州。9月中旬,陈玉成与李秀成在滁州会师,然后一同率军南下,进逼浦口。

江北大营统帅德兴阿见势头不妙,急忙飞函向江南大营统帅和春求援,和春立即派总兵冯子材领五千人马前往。

为了阻挡发逆南下,德兴阿先派胜保率领马队北上拦截。

陈玉成把战场选在乌衣,这个镇子东西各有一座小山,山上林木稠密,便于设伏。一条官道通南向北,是胜保北上的必由之路。

9月24日傍晚,陈玉成只带了三千名士兵来到这里,他把几个旅帅叫到身边,吩咐道:"这次行动,我军分成四队……"

次日早晨,第二队六百名天兵首先行动。在两山之间半里见方的平地上,天兵们每人为自己挖了一个浅坑,然后左手持盾牌,右手握大刀,埋伏在浅坑里。

这时,第一队天兵站到了阵地的最前方,是四百名旗手。第三、四队各一千名天兵分别埋伏在两座小山的丛林里。

足足等了一个时辰,没有任何动静。太阳升起来,晒得地面热乎乎的,天兵们身上开始出汗了。

"我听见了,马队。"第二队的一个叫袁兴家的卒长趴在地上叫了起来。

胜保的马队果然在南方的天边出现了。先是黑压压的一道平线,平线渐渐加厚,并且蠕动起来,像一群蚂蚁;很快地,就看到黑线上方的一片旌旗和卷起的尘土,马队也隐约可辨了。

几十支圣角同时吹起,鼓声大作。

第一队天兵高举战旗,迈着整齐的步伐迎面向敌兵走去。

当敌方的马队离天军只有三里之遥的时候,旅帅吕中宝下了命令:"停!"

旗手们站住了,他们手中的战旗开始凌乱了,东倒西歪。

敌方马队又逼近了一里,吕中宝喊道:"撤!"旗手们杂乱无序地向后退却。

双方相距只有一里远了,吕中宝又喊了一声:"跑!"

这些旗手个个是飞毛腿,他们回转身,没命地奔跑,巧妙地从第二队天兵的身上跳过。为了显得真像是逃跑,他们将一半战旗丢在地上。

马蹄声突突嗒嗒,胜保的马队像决堤的江水一般滚滚而来。

轰然一声炮响,六百名天兵从地上腾身跃起,他们在盾牌的掩护下,挥刀向敌方的马腿砍去。成群的战马立即扑跌在地,马上的敌兵稀里哗啦地掼倒了一大片。后面的马收不住缰,一股脑儿冲压过来,结果自相践踏,乱成一团。第三、四队天兵从两翼包抄过来,先是一阵乱箭,接着便是刀砍矛刺,霎时间清兵血肉横飞。

只用了一个上午,胜保的四千马队全部被天军歼灭。

唯独胜保骑了一匹良马,得以只身逃脱。

战斗结束后,李秀成对陈玉成说:"成天豫这一仗打得很出色,真堪称天军作战史上的绝妙之笔。"

"区区小技,是从岳飞那里学来的。"陈玉成笑了。

乌衣之战的胜利,使太平军士气大振。第二天,陈玉成、李秀成各自率兵攻打小店。小店离浦口只有二十里,是江北大营的外围据点。冯子材的五千人马驻守在这里。太平军只花了两个时辰,就歼敌四千多人,仅剩的二三百残兵狼狈逃窜。

太平军趁势掩杀,踏过陡冈,直逼浦口。

这时清营已经一片慌乱。德兴阿当时正在病中,部下搀扶着他上了马,仓皇逃往仪征,惊魂仍然未定,又逃到泗源沟,还不放心,又走瓜洲,怕发逆追赶,再走沙头,仍有风声鹤唳之感,最后逃向五台山。这一路,奔跑了一百多里。

浦口一战,太平军破敌垒数十座,歼敌一万人,获大炮重九千斤者十余门,清廷第二次精心经营的江北大营彻底崩溃。

且说巡抚衔浙江布政使李续宾攻陷九江以后,声威大震,一路无阻,连克太湖、潜山、桐城、舒城四地,到1858年11月3日,兵临三河镇,意在攻取庐州。

三河镇位于安徽巢湖西岸,在庐州之南,相距仅五十里之遥,为水陆要冲,是安庆的门户,事关天京安危,又是太平军屯聚米粮军火的重地,接济庐州与天京。三河本来没有城垣,太平军占领皖北后,在这里筑起城池,又在城外四周筑起九座砖垒,凭河设险。

李续宾率军加紧进攻,来势凶猛。三河镇太平军守将吴定规一日五次向陈玉成告急,一面率领守军全力抵抗。陈玉成得报,自江浦日夜兼程回军救援,一面命镇守庐州的殿左五检点吴如孝会合捻军南下助战,截击舒城援军,并上奏天王请调李秀成率军西上。

11月7日,陈玉成率部到达三河镇西南三十里的金牛镇,吴如孝也率军自庐州出动,赶赴三河镇西,截断了李续宾与桐城的联系。14日,李秀成也赶到,屯兵于三河镇东南二十五里的白石山。

这时,三河镇城外的九座砖垒均被湘军攻破。

李续宾的副将杨得武进言说:"陈玉成、李秀成的援军已到,我军离后方太远,这样背腹受敌,是兵家之大忌,不如暂时撤回桐城,再图进取。"

李续宾不以为然地说:"你太过虑了。湘军所向无敌,发逆的九座砖垒均被我军所破,三河镇指日可下。区区援军,不足为虑。"

杨得武越发担心起来,他不敢说出"骄兵必败"这几个字,只能苦心相劝:"为了攻打吴定规的这九座砖垒,我军已经伤亡了一千多人,现在又加上陈玉成、李秀成这两个发逆悍将和十万援军,情势更为不利,还是谨慎为好。"

"你怕了?"李续宾看了杨得武一眼,笑道,"要不你先回桐城避避风?"

杨得武满脸通红,不再言语了。

"不过,你的担心不是没有道理,我已经派人到桐城调援兵去了。"李续宾觉得方才的玩笑开得太重了,为了不伤杨得武的面子,他改换了一副推心置腹的表情,并且郑重其事地说出了自己的作战计划,"我决定先消灭金牛镇的陈玉成部。"

11月15日深夜,李续宾派同知金国琛出动精锐步兵七个营,衔枚疾走,来到金牛镇北,潜伏待命。

拂晓,金国琛一声号令,战鼓骤然轰响,湘军杀声震天,持刀挥戈,冲入陈玉成的营盘。太平军急忙吹起圣角,仓促迎战,但不一会儿便败了阵,向南奔逃,营垒尽弃。金国琛率军一路冲杀,如入无人之境。

这时,天色已经放亮,却是漫天大雾,咫尺之内,只闻人声,不辨人形。

金国琛只顾策马追赶,背后的鼓声渐远渐弱,眼前奔逃的发逆越来越少,后来竟全然无影无踪了。他开始有些慌张,问道:"这是什么地方?"

大概他问出了每个人都想问的问题,因而没有人能够回答。不过,他的问话使周围登时安静下来。

什么也看不见,所有的人都在倾听。

万籁俱寂——窸窸窣窣——戚戚嚓嚓——笃笃嗒嗒,声响越来越大,终于震天动地起来。令湘军困惑和恐慌的是,声响竟然是从他们刚才路过的方向传来的。

"不好了,我们杀过了头,跑到金牛镇南边来了。"不知是谁喊了一声。

"大人,这里是樊家渡,在金牛镇以南十五里。"探马到这时才提供了确实的消息。

金国琛心中暗暗叫苦:"真他娘的荒唐,简直是瞎子打仗!"

他想下令撤退,然而太晚了,发逆已经杀到跟前了。

原来陈玉成早就派童子军探得了湘军袭击金牛镇的消息,方才败退的太平军正是事先安排好的疑兵。

这时湘军队伍大乱,金国琛知道退路已被切断,返回营地是不可能的,只好命令部下且战且退。最后,被逼到烟墩冈上,清点人数,损失了一千多。

李续宾在大营得报,大惊失色,当即叫侍从取来铠甲,要亲自率军救援。杨得武劝道:"大雾弥天,敌情未明,大人万不可亲自出阵。"

"湘军有进无退,战不胜,就死在战场。"李续宾斩钉截铁地说,一边走出营帐。

不料,李续宾赶到三河镇时,就遭到陈玉成部队的拦截,双方立即展开了一场激战。

屯兵于白石山的李秀成听到炮声,当即率兵前往,三河镇守将吴定规也领兵杀出城来。于是,三路大军将李续宾部重重包围。

李续宾在乱军中左冲右突,拼力厮杀多时,不但无法靠近烟墩冈,而且损兵折将,李续宾只得带残兵向大营退却。

被围困在烟墩冈的湘军失去了增援,渐渐力不能支,最后全部被歼灭。金国琛的脑门和喉头各中一箭而死。这边,李续宾部早已溃不成军,士兵四处逃匿,陈玉成、李秀成、吴定规三路大军奋力追杀,直如猛虎扑逐狐豺,在绵亘二三十里的战场上,湘军旗靡甲弃,尸骸狼藉。

正午,太平军将李续宾大本营团团围住。陈玉成命令士兵挖断河堤,绝敌去路。

这一切来得太快了,李续宾没有料到,一军之溃,竟在瞬息之间。被困在烟墩冈的金国琛部不知怎样了,怕是凶多吉少,指望他们打回来是不可能的。

这天夜里三更时分,李秀成受了"四面楚歌"典故的启示,令湖南士兵高唱"花鼓调",湘军身处绝境,本已志竭心灰,又闻此声,更是悲酸无穷。于是,啼哭号叫之声,缭绕营盘,彻夜不绝。李续宾自知突围无望,援军被阻,心想项羽兵败垓下,大概就是这番情景。与其束手就擒而受辱,不如自己上路。于是屏退左右,闭帐熄灯,自缢而死。"

太平军又花了三天的时间扫荡残敌。三河镇一仗,前后历时五天,全歼李续宾部六千多人,无一漏网,被斩杀的文武官员四百多人,其中包括曾国藩的六弟曾国华。

消息传到湖南,上自曾国藩一族,下至士兵之家,户户啼血,处处招魂。

三河大捷后,陈玉成与李秀成乘胜进击,克复舒城、桐城。围困安庆的都兴阿、鲍超等部闻讯,害怕背腹受敌,引军遁走。安庆之围不战自解。

早饭后,洪秀全来到真神殿书房,想批阅新近送来的本章。但没读几份,就打起盹儿来了。他呷了一大口茶,想借此提提神,但不中用,上眼皮还是不住地往下掉。他干脆把眼前的卷宗推到一边,专心喝茶。这样,头脑像是清醒了许多,但烦恼却向他袭来。

自从他自任军师以来,心境总是处于紊乱状态。各方面的消息纷至沓来,却无力及时应付。真奇怪,杨秀清这五年军师是怎么当的?听说他自从进京以来,总是三更就起床,难怪他把天国的里里外外治理得那样井井有条。还听说他一天就能批阅处理三百多份文卷,对一个不识字的人来说,真够受难为的了。现在,这类文卷堆积到我的案桌上了,可是看不了几十件,就耳鸣目眩,脑子里乱成一团麻。食欲已经减退了,床笫之举更是力不能支。

军师可真不是那么好当的!

可惜我这两个哥哥太蠢笨,太无能,不能替我分忧。

"唉——"洪秀全长吁了一口气,似乎想把胸中的郁闷全吐出来。

秦立娟进来,启奏道:"陛下,有位叫洪仁玕的先生求见。"

"谁?"洪秀全惊愕地问,他怀疑自己听错了。

"洪仁玕。"秦立娟重复了一遍。

洪秀全发狂似的跳了起来,喊道:"快,快,让他进来!"

秦立娟转身出去了。洪秀全这才想起,除了上朝和特殊召见,群臣可以进荣光大殿以外,其他时间他们是连外城的真神荣光门都不准进的,何况洪仁玕这样一个布衣百姓呢!于是便急急忙忙地跑了出去。秦立娟见洪秀全十万火急的样子,就知道来客非同寻常,便跟着他一起往外跑。当洪秀全跑到真神荣光门的时候,已经上气不接下气了。

秦立娟落后了十几步,赶紧喊道:"陛下,洪先生在东外朝房。"

第十八章　洪仁玕谋略治国　洪秀全笼络人心

洪仁玕大概听到了声音,他走出了朝房。

"仁玕兄弟!"洪秀全已经扑到洪仁玕的面前,伸手抓住了他的臂膀。

"全哥,陛下……"洪仁玕不知叫什么好,声音哽咽着,眼泪泉水一般涌出。

洪秀全抽泣了好一阵,才说:"兄弟,来!"

洪秀全紧紧拉住洪仁玕的手,一直来到基督殿东厅。秦立娟安排宫人送来茶点,两人相对而坐。相别十年,洪仁玕蓄了胡须,脸色黑了,也添了不少皱纹,但那一双眼睛和鼻子却一点儿没变。

两人感叹嘘唏了一阵之后,洪仁玕讲述起自己的经历。

当年洪秀全与冯云山去广西后,洪仁玕一直在清远教书。金田起义后不久,洪仁玕动身西上,想加入起义队伍。但当他赶到广西浔州时,太平军已经移营永安。他原想追赶太平军,但沿途清军盘查太严,只得折回广东。

洪秀全插言道:"我在永安的时候,曾派江隆昌去找过你。"

"他找到了我们。我们原准备在清远回歧山举兵起事,但江隆昌太性急,还没准备好就带着二百人行动了,官军得报,前来围捕。等我赶到时,起义已经失败,江隆昌遇害了,我也被官军逮捕。后来逃到深山,幸亏遇到一个好心的老人,他叫孙子给我引路,走出了山谷。恰巧这个青年是个基督教徒,把我带到了香港,介绍给瑞典教士韩山文。"

"韩山文?听说过这个人,这些年他一直在广东传教。"

"他是个有心人,对金田起义十分感兴趣,他多次向我询问起义的情况。后来根据我的口述写了一本《太平天国起义记》,在香港出版了。"

"天国有这样的外国朋友,真是难得!"洪秀全感慨不已。

"在香港,我的生活没有着落,而且不久韩山文又去了广东。我只好回到内地,在广东东莞的朋友张彩庭家里安身。"

说到这里,洪仁玕呷了一口茶水,又继续讲下去。

"第二年,我又去了香港。这一次,韩山文答应了我的请求,给我做了洗礼。"

"你真了不起!"洪秀全异常兴奋,竟在洪仁玕的肩膀上重重地拍了一下,"你是天国第一个接受洋人教士洗礼的基督教徒,恐怕也是最后一个。"

经洪秀全这么一提醒,洪仁玕也觉得万分荣耀,脸庞情不自禁地红胀起来。

"洗礼之后,韩山文资助我,从香港乘船到上海,想来天京。临行时,他赠送给我《旧约全书》《新约全书》和一些历书、地图,还有望远镜、寒暑表、指南针等工具,"说到这里,洪仁玕的眼睛忽然湿润了,"可没想到,我们刚分别了一个月,韩山文就离开了人世。"

"怎么回事?"洪秀全关切地问。

"死于痢疾。"

洪秀全叹了一口气。洪仁玕又继续说下去。

但苏、常一带都在清妖手里,而外国人又不肯送洪仁玕来天京。后经人帮助,找到了小刀会,但他们却不相信洪仁玕是天王的族弟。洪仁玕只好逗留在上海,进"墨海书院"跟麦都思、艾约瑟、慕维廉这些传教士学习天文历法。这年冬天,洪仁玕返回香港,仍习天文。

1858年6月,机会终于来了,英国传教士詹马士得知洪仁玕的志愿,慷慨资助洪仁玕前往天京。

从香港北上,经南雄,过梅岭,到江西饶州。再到湖北黄梅县。最后化装成商人,通过清军占领区,终于到达了安徽长塘河太平军驻地。

洪秀全与洪仁玕交谈了一天一夜,洪仁玕在政治、外交、军事方面的见解引起了洪秀全的极大兴趣。

"玕胞,你知道吗?去年朕恢复了五军主将制:封陈玉成为前军主将、李秀成为后军主将、李世贤为左军主将、韦志俊为右军主将、蒙得恩为中军主将。朕自任军师,现在这个军师由你来当。"洪秀全兴奋地说。

在洪秀全的一生中,从来没有像现在这样施放出他的全部慷慨:他与洪仁玕相见的第二天,就封他为干天福,几天后,擢升为干天义加主将衔。5月11日又晋封开朝精忠军师顶天扶朝纲干王,又加文衡正总裁、僚部领袖等官衔,总理朝政,位至极尊。

洪仁玕力辞道:"小弟听说,石达开走后,哥哥决定不再封王。如今小弟寸功未建,却破例受此王位,一来小弟心中不安,二来群臣不服,请哥哥务必收回成命。"

"朕朝思暮盼,求贤若渴,你来到朕的身边,真如当年刘玄德之遇孔明也。你是最堪当此任的,勿再推辞。"洪秀全不以为然。

洪仁玕的担心不是没有道理的,果然不久就有了议论。

"一介布衣之士,进了天京才十九天,就封了王,天国还有没有章程?"

"刚免了两个洪姓王,又上来了一个洪姓王。"

"天国的规矩改了,姓氏比功劳重要!"

"怪不得异姓王死的死,逃的逃。"

这些议论隐隐约约地传到了洪秀全耳朵里,他只是笑了笑。他一点也不后悔,议论归议论,这是因为人们不了解洪仁玕。洪仁玕会以自己的业绩来证明我的眼力,到那时,议论自然会烟消云散,这就叫"风浪暂腾久自息"。

果然,洪仁玕不负洪秀全的厚望,在短短的一个月里,就拿出了一份治国方略的手稿。洪秀全欣慰地想,一面把洪仁玕的《资政新篇》手稿展开,仔细地阅读起来。

文章先从设法和用人写起,认为王朝兴盛,在于设法、用人得当,"盖用人不当,适足以坏法,设法不当,适足以害人,可不慎哉!"具体办法是以风风之、以法法之、以刑刑之。

文章的论述分为四个大段落:用人察失类、风风类、法法类、刑刑类。

在用人察失类中,首先提出禁朋党之弊:"倘有结盟联党之事,是下有自固之术,私有倚恃之端,外为假公济私之举,内藏弱本强末之弊。为兵者行此,而为将之军法难行,为臣者行此,而为君之权谋下夺。"

读了这几句,洪秀全兴奋地抬起右手在书案上拍了一下,心想,古人所谓"拍案叫绝"大概就是这种感觉。仁玕胞弟目光果然锐利,把为君之道琢磨透了,也把我这个天王的心思琢磨透了。三年前,就是因为东党势力铺天盖地,才使我的大权旁落。韦昌辉屠戮东党,北党横行京城,再后来是石达开,离京出走,几乎席卷了天国的全部精锐。这些教训是再深刻不过的,自今而后,无论如何也不能重蹈覆辙了,必须想尽一切办法抑制朝臣权力的膨胀。想到这里,便拿起朱笔,在文稿上郑重地写道:"钦定此策是也。"

下面是"风风类"。洪仁玕罗列了许多社会恶习,"如男子长指甲,女子喜缠脚,吉凶军宾,琐屑仪文,养鸟斗蟀,打鹌赛胜,戒箍手镯,金玉粉饰之类,皆小人骄奢之习。"这些恶习无法明令禁止,但不禁止又会不断蔓延,唯有鄙之忽之怒之挞之,使百姓厌而去之,这样,恶习就"不刑而自化,不禁而自弭"了。这就是"以风风之"的道理。

"好！"洪秀全不知不觉喊出声来，又提笔写了"钦定此策是也"几个字，然后继续阅读。

有趣的是，洪仁玕把有价值的东西称作"宝"，又把宝分为三等，在他看来，诗画美艳、金玉精奇只是下宝，天父上帝、天兄基督赋予人以才德，因此是上宝，而一切有用之物为中宝，"如火船、火车、钟表、电火表、寒暑表、日暑表、千里镜、量天尺、连环枪、天球、地球等物，皆有夺造化之巧，足以广闻见之精，此正正堂堂之技，非妇儿掩饰之文，永古可行者也。"

看了这些文字，洪秀全兴奋不已，到底是在广州、香港待了多年，洋人的文明耳濡目染，见识毕竟不同。思路如此之开阔，这在天国的群臣中是绝无仅有的。

在法法类中，洪仁玕说："所谓以法法之，其事大关世道人心，如纲常伦纪，教养大典，则宜立法以为准焉。"在这一段中，他罗列了红毛邦英吉利、花旗邦美利坚、日耳曼、法兰西、土耳其、俄罗斯、波斯、埃及、日本、马来等国家的振兴和发展，并对中国不能成为东洋的冠冕而深表感慨。

据此，洪仁玕提出了若干振兴天国的法式。首先提到的是兴车马之利，他主张，"倘能造外邦火轮车，一日能行七八百里，准自专其利，限满准他人仿做。"这真是个全新的思路，"自专其利"，这是鼓励人们发明创造的最佳办法，先前我怎么一点儿也没想到呢？洪秀全拿起笔来，又写下了"钦定此策是也"六个字。

洪秀全兴致越来越浓，继续读下去。下文谈到了兴舟楫之力，兴银行、兴器皿技艺、兴宝藏、兴邮亭，都是极好的治国方略。

洪秀全又闭上眼睛，浮想联翩，洪仁玕笔下的治国方略，在他的头脑中演化为无限美好的、万民同乐的生活图景……

听到李昭寿降清的消息，李秀成怒不可遏，继而悔恨不迭。李昭寿是河南固始县人，少年时就是个小偷，鸡鸭钱帛，无所不窃，能竿上立，壁上行，曾因偷盗多次被关进牢房。因为头秃，人称"贼秃"。五年前，李昭寿聚众数千人投奔备道何桂珍，后来安徽巡抚福济命何桂珍杀死李昭寿，密信被李昭寿截得，他便杀了何桂珍，投降太平军，被封为殿右七十二检点，归李秀成统辖。前年冬，李昭寿随陈玉成、韦志俊进攻河南，李昭寿停兵叶集，逗留不前，并纵容部下骚扰百姓，贩卖鸦片。为此，陈玉成要治以军法,他跪地苦苦求饶,陈玉成碍于李秀成的情面,才饶了他。去年,李秀成命他守滁州,钦差大臣胜保招降他,他便率所部一万多人叛变,并献出滁州、来安、天长三城,清廷授以参将。对于李昭寿过去的劣迹,李秀成是清楚的,只是考虑到天京那场萧墙之祸韦昌辉屠戮东党、石达开又率众出走,天国面临着兵乏将缺的局面,一时竟容忍了,却万万没料到他会叛变。他是叛变清营投降太平军的,现在又叛变太平军投降了清营,真是个反复无常的小人。李秀成越想越气愤,便提起笔来,给李昭寿写了一封劝降信。上天好像是有意作弄李秀成,几天后,李秀成的书信安然无恙地送到了李昭寿手中,而李昭寿的劝降信却在浦口被太平军截获,送到了天王府。

　　洪秀全看罢劝降信,先是勃然大怒,继而惶然大恐。天京之乱以后,当年就发生了李能通献城乞降的事,去年李昭寿又献滁州三城投降了,今年是薛之元献江浦……叛降的消息竟然到了目不暇接的地步,真叫人魂惊心悸。想到这里,洪秀全的前额渗出了一层冷汗。

　　诚然,降清者多半是两湖三江的人,但是下一步呢?恐怕就要轮到广西老兄弟了……

　　"画虎画皮难画骨,知人知面不知心。"对李秀成,我原本就有几分不放心,却没想到他会走到这一步,当他的部下李昭寿降清的时候,我就有一种不祥的预感,现在果然应验了。

　　与李昭寿之辈不同的是,李秀成的野心比他们要大得多,威信也高得多,因此危险也就更大,他们所献的是袁州、滁州、江浦、池州,而李秀成呢?他现今就在大江对面,他要献,恐怕就要献天京了。

　　必须防祸于未然,洪秀全当机立断,提笔拟了一道诏旨,命令天京守军严密封锁江面,不准李秀成的兵马过江,以防变乱。

　　一个月后,又得到了韦志俊献安徽池州降清的消息……

　　韦志俊为五军主将之一,任右军主将,是高层权力团体的成员,他的投降,对天国的打击太大了!

　　是什么原因使天国的将领们一个接一个地走上了背叛之路?大概有两个由头:一是势力衰,二是人心散。韦昌辉屠杀东党、石达开率众出走、武昌和九江等地相继陷落,天朝如日中天的时期好像已经过去,萎靡不振的时光却暗自降临。于是,一般势利小人避弱而趋强。至于人心,恐怕从杨秀清死的那一天就开始混乱了。能够代天父传言的人居然被凡人杀了,苦心建造起来的宗教大厦便在这一瞬间垮掉了,人心从此失去了依凭,这就是今日窘况的最初症结!

怎么办?一要拢人心,二要强势力。强势力的过程是漫长的,而拢人心现在就能起步。

必须为杨秀清昭雪!他是天国的一面旗,这杆旗竖起来,人们的宗教信仰才能恢复。同时,也可以摆脱人们对我的种种猜疑。不必说,诏是许多人都知道的,虽然后来在诛韦诏旨里否认了这件事,但人们在内心深处仍然是怀疑的。由我亲自来为杨秀清平反,是消除人们怀疑的最佳方式。

1859年11月16日,天王府门外的大照壁上,贴出了两道天王诏旨:一道写着,兹定于天历七月二十七日为东王升天节;另一道是,封东王之子杨凤鸣为"幼东王",重修东王府,供幼东王居住。

这则意外的消息拨去了长久笼罩在人们心头的浑云浊雾,上至将臣,下至市民,纷纷奔走相告,握手同庆。

这天,洪秀全又想起了李秀成的劝降信。这一阵没有丝毫叛变的迹象,传来的倒是相反的消息:李秀成坚守浦口,多次打退清妖的进攻。

也许是自己多疑了,但也许是李秀成认为叛变的时机不到。不管怎样,危险还存在的。既然自己已经给死去的杨秀清昭雪了,为什么就不能对活着的人施加恩惠呢?林启容封了侯以后,不是"感恩遇报知己"而光荣殉国了吗?

1859年12月中旬,洪秀全晋封李秀成为忠王,并亲自用红缎题写了"万古忠义"四个大字,派宣诏书送到了李秀成府上。

自从1857年2月清军攻陷镇江后,钦差大臣和春和江南提督张国梁集结兵众,于1858年春重建江南大营,再困天京。1860年1月28日,李秀成由浦口赶赴芜湖,与刚晋封为左军主将的李世贤议定攻杭救京的详细计划。会后,李世贤南下征讨泾县、徽州一带,掩护李秀成主力行动;李秀成率领陈坤书、陈炳文、谭绍光、陆顺德、吴定彩由芜湖出发到南陵,随后又占领广德,留陈坤书、陈炳文驻守,自率主力开进浙江。这时,李世贤部也已入浙,与李秀成都会合,大军攻克安吉、长兴。然后李世贤率兵佯攻湖州,牵制敌兵,李秀成则率六千人轻装直趋杭州。

太平军头戴清军缨帽,身穿清军号衣,手举清军旗帜,居然一路无阻。

当谭绍光、吴定彩、陆顺德率先锋一千二百人到达杭州城下的时候，那里的守军竟毫无戒备，城门大开，人进人出。

可惜，一个小小的意外使太平军失去了直接冲进城里的机会：前队发现城外有一百来匹战马，由两名清兵驱赶着，大概是要送到什么骑兵营里去。前队的天兵没有请示，就上前抢夺马匹，清兵见状，大呼有贼，策马窜入城里，守军警觉，立即关闭了城门。

太平军在城外万松岭遍插旗帜，以壮声势，一面猛攻清波、武林、钱塘等门。杭州守军有五千之众，加上团勇和各地援军约有一万五千人，无奈这些兵众是七拼八凑到一起的，各怀心腹，指挥不一。结果，3月19日这天，当太平军在清波门轰塌城墙数丈的时候，守军便立即溃散。太平军一鼓作气，冲进城里。浙江巡抚罗遵殿及布政使、知府等一干十几名官员被杀的被杀，自尽的自尽。

这边，钦差大臣和春得知李秀成率军入浙，急令总兵张玉良驰援，先后派出一万三千多人。李秀成闻讯，知道清军中计，便于24日从清波、涌金两门悄悄退出。

张玉良兵临杭州城下，只见城头旌旗林立，却不知是李秀成连夜赶做的军旗以为疑兵，因此一天一夜不敢进城。次日见仍无动静，派人探听，才知上当。但这些兵众进城后因贪图财物而忙于抢掠，并未及时追击，这使李秀成得以从容北上。

4月11日，李秀成部攻占了苏南之要隘建平，在这里召开了紧急军事会议。会上，李秀成宣布了五路大军合围江南大营的计划，会后，各路首领依计行事。

4月底，五路大军共十万人抵达天京外围。

在孝陵卫和春大营，和春与江南提督张国梁相对而坐，默然无语。此时的和春，完全失去了以往刚愎自用的神态，惶惶然若丧家之犬。憋了好一阵，他向张国梁投以哀求的目光，说道："发逆云集于金陵，号称十万兵马，来势汹汹，提督大人有何破敌良策？"

张国梁对和春的刚愎自用早就心怀不满，此人无才无识，昏聩糊涂，又一味自信，不肯采纳忠言，如今到了紧急关头，又全无主张，因此听了他的问话，就没好气地答道："此敌难破，我料定大营必败！"

和春觉得一颗心跳到嗓子眼儿了。

看着和春可怜兮兮的表情，张国梁萌生出一种奇怪的幸灾乐祸的心理，而忘了自己是个局内人，他一面摸弄着耳垂，一面慢条斯理地说："克敌制胜之道，一在兵勇，二在将忠，三在上下一心。此三者，我军皆不具备，何以破敌呀？抚台大人宠信翼长王俊，此人弄权而贪利，全军鼎沸，都要求撤换他，大人全不理睬。王俊克扣士兵粮饷，现在士兵每四十五天发一月的粮食，还有什么斗志？没有斗志，勇从何来？"

和春顿时满脸通红了：王俊克扣的军饷，有三分之二落入了他的腰包。

"李秀成率轻兵袭击杭州，当时我对大人说过，这是声东击西的伎俩，大人不听，硬是派张玉良去援杭州。奇怪的是，李秀成早已从杭州返回一个多月了，张玉良却迟迟不归，他在杭州干什么呢？他眼里还有这个江南大营吗？这就叫将不忠。至于上下一心，就更谈不上了，士兵们恨不得生啃了王俊，这且不说，即使对大人和我，下边的人也是骂声不绝。"张国梁越说越气愤，一肚子牢骚全都倒了出来。

"这些混账士兵骂我们干什么？"和春吼叫起来。

"骂我们纵容贪官奸吏呀！"

和春一时语塞。

"抚台大人何不找王俊商议一下破敌之策？"张国梁的话已经近于刻薄了。

"提督大人，我知道自己行事上有些疏漏。但你我现在是拴在一根绳子上的蚂蚱，你就别再挖苦我了。"和春哀求道，一脸可怜巴巴的窘相。

这句话倒提醒了张国梁，他寻思了一会儿，说："尽力而为吧。"

果然不出张国梁所料，当太平军发动总攻时，江南大营各个阵地均不堪一击。

第一路李秀成部自溧水、句容攻打天京东南的淳化镇，清军见了"开朝真忠军师顶天扶朝纲忠王李"的大旗，早吓得魂飞魄散，张国梁百般呼喊，无奈士卒此时有眼无耳，只忙于夺路奔逃，哪里听得见将令？太平军乘胜绕向天京东北，在钟山扎营，这里距孝陵卫本营只有二里之遥。

第二路陈玉成、前军主将吴如孝自全椒火速南下，由西梁山渡江，占领了板桥和善桥，然后向天京西南长壕的清军发动了猛攻，清军纷纷弃营而逃。

第三路中军主将杨辅清、定南主将黄文金自高淳攻打秣陵关和雨花台。

第四路左军主将李世贤自常州、金坛直趋天京东北江边的洪山和燕子矶。

第五路由右军主将刘官芳、殿前功曹副侍卫陈坤书自溧水北上攻天京东南的高桥门。

天王派兵由七桥瓮、上方门、安德门、江东门出击,配合各路援军。

总攻的当天晚上,大雨纷落江南。

陈玉成部击溃天京西南清军后,在上河镇、毛公渡搭数座浮桥,猛攻江东门、安德门清军营垒。次日,风雨更大,陈玉成部与杨辅清部合力突破西南长壕。太平军抛火罐,落入清军总兵黄靖营中,火药爆炸,太平军趁机进击,破营五十余座。清军大败,黄靖与副将雷安邦、马登富、守备吴天爵等十几人均战死。

总攻后的第三天早晨,李秀成正为降雨无法施展火攻计划而犯愁,老天似解人意,雨居然停了起来。李秀成趁机命令部众向和春孝陵卫大营放射火箭,须臾,整个钟山大火弥漫,太平军冲入敌营,清军呼爹唤娘,东奔西窜,江南大营的东南防线崩溃。正在这个节骨眼儿上,雨水又淅淅沥沥地下了起来。

"老天停雨半个时辰,就是为了助天军放火。"谭绍光说。

"老天真是有眼,清妖该当命绝!"李秀成应了一声。

这时和春因前一夜喝得酩酊大醉,正在营中酣睡,参将广霖呼叫数次,仍昏迷不醒。他的外甥副将常亮、巡捕游击王传训也上前呼唤,仍不肯起。磨蹭了好一阵,才迷瞪着眼穿衣上马出营。众人簇拥着和春跌跌撞撞地向东奔去。雨湿路滑,一千人狼狈不堪,窘相百出,仓皇逃往镇江。张国梁见大势已去,只得纠集残部,跟随和春向镇江逃遁。

只五天,围困天京两年四个月的江南大营全线崩溃。清营库中内所存十万两饷银、军火局内所存炮械火药、铅子无数,均为太平军所获。

就像在山上摔了跟斗,一步踩不住而连连下跌。和春、张国梁在镇江刹不住车,又逃至丹阳。不料李秀成马不停蹄,挥军进击,一路紧迫。张国梁、和春仓促从城东门逸出,继续奔逃。无奈刚出得城来,太平军便接踵而至。

张国梁想从长桥逃走,但溃兵壅阻于桥上,马不能通过。这时李秀成军追至,张国梁慌忙中策马过河,不料河水太深,人马一齐跌入水中,张国梁没顶而死。

　　和春逃到常州,两江总督何桂清一见,吓坏了,也收拾行李细软随和春一起出逃。当地土豪士绅闻讯,聚众上千人,拦住他们的去路,跪着请他们留下。何桂清已经吓得心胆俱碎,奔逃心切,不管不顾地下令让兵卒开枪,十一人被打死,这一千多人才溃散。和春、何桂清逃到苏州的浒墅关,江苏巡抚徐有壬关闭城门,不让他们进城。

　　当夜,被挡在城外的和春心灰意冷,吞食鸦片自尽。

第十八章　洪仁玕谋略治国　洪秀全笼络人心

第十九章

洪秀全嫉贤妒能　李秀成东征有功

5月11日,击破江南大营之后的第五天,洪秀全在天王府金龙殿主持召开了一次重要的军事会议。

众臣进见礼毕,洪秀全先作开场白:"此番破天京之围,乃是天意。古人云:谋事在人,成事在天。若非天父天兄护佑,岂能获此全胜?天父天兄万灵万能,人智人力则无足轻重。朕是天父之子、天兄之弟,天父天兄自然要护佑朕,护佑朕亦是护佑天朝,护佑万民。这一层道理,大小臣工须铭记在心,永世莫忘。"

大家听了洪秀全的一番话面面相觑:从干王、忠王商讨破敌之策,到江南大营告破,花费时日三个多月,调动兵马十万之众,破敌之后,居然没有任何恩赐奖赏,没有任何慰劳鼓励,却把破江南大营的胜利归功于谁也看不见的天父天兄,将士们的血汗难道白费了?

洪仁玕心中十分着急,这位族兄怎么连大面儿都不顾?聪明的君王在臣下无劳无功的时候尚且要夸奖几句,借此笼络人心,而洪秀全在天军取得如此大规模胜利的时候,却唠叨起天父天兄来,而天父天兄的护佑仅仅是指向他洪秀全一个人的,臣工民众则只不过是沾了洪秀全的光。这叫什么话?昨天,洪仁玕曾提醒洪秀全,应该在这次朝会上褒奖群臣,对有功者晋职升爵,洪秀全当时面无表情,只说了一句"朕自有道理"。不想今天搬出这么一套冷人心的话来。作为洪秀全的族弟,洪仁玕此时觉得特别不自在。他抬起眼在众人脸上扫了一遍,糟糕!千脸一律,都是一副丈二和尚摸不着头脑的神态。

洪秀全的这番话,似乎早在李秀成的意料之中。天京内讧以后,洪秀全一直害怕别人霸占他的天国,因此就想尽法子借天父天兄来炫耀自己,突出自己的地位,同时也有意识地抹杀臣下的功劳。他当然也使用晋职升爵的手段,但只是把这看成是一种恩赐,而不是臣下的功劳本身所应该得到的肯定。一个对臣下的功劳都有所忌讳的君王,其心胸未免太褊狭了。这样下去,他的群臣必定会失去凝聚力。但是,洪秀全的话尽管这样不得体,李秀成却并不想去纠正他。这一来是因为李秀成知道洪秀全对他是最不放心的,自己说了也无益;二来是因为自己是这次大战的组织者和直接指挥者,远行千里袭击杭州,又火速返回,最后端了江南大营的老窝孝陵卫,论功劳,当属第一。在这种情势下,要提醒洪秀全论功行赏就有表功抢功之嫌。他像洪仁玕一样,抬眼在众人脸上扫了一遍,心想:且看洪秀全如何收场。

陈玉成也觉得洪秀全的话不是路,但他知道洪秀全对自己一向是十分信任,十分器重的,再说强调天父天兄的威力也是洪秀全的一贯主张,因此这些话听起来也勉强说得过去。

这时洪秀全又开口了:"破江南大营一战告捷,今天召集各位臣工,主要是商讨下一步行动部署……"

陈玉成觉得应该配合洪秀全赶紧转换话题,于是首先开言道:"安庆是天京的重要屏障,九江失守以后,安庆危急,因此,援救安庆,巩固和稳定安徽的局面是天朝的头等大事。"

"太平军举事以来,粮食始终是一个大的困扰,天国既然建都天京,那么取粮之处必择闽、浙,控制闽、浙,乃是立国的根基。"李世贤说,不久前他被封为侍王。

"立足于江南,毕竟偏安一隅,自古成王事者,必取中原。罗丞相生前一直坚持这个主张。"刚被封为章王的林绍璋说,他所说的罗丞相是指罗大纲。

"自从翼王出走,天朝的兵力亟待扩充,从眼前天军成员的素养看,广西人最坚定可靠,因此应当先在两粤云贵打下根基,再图北进。"杨辅清说,他今年刚被封为辅王。

洪仁玕说道:"各位的见解均有道理。不过,当今之计,就天京而论,北距长城,西距川陕,南距云贵两粤,俱有五六千里之遥,唯有东面的苏、杭、上海,不及千里之远。江南大营初破,我军乘胜下取,其功易成。下路得手之后,则可取百万之资购买火轮,溯江而上,发兵一支,由南路进江西,再发兵一支,由北路取蕲、黄,然后两路合取湖北。这样,长江两岸均为我有,天国方可长治久安。"

第十九章 洪秀全嫉贤妒能 李秀成东征有功

李秀成立即表示赞同："干王所见颇为周全,也是实在可行的。势力的扩展应该是由近及远,先易后难。天京地临大江南北,必铲平南方妖穴,方可永奠磐石之安。因此必先下扫苏、杭、常、镇,而后才能开疆拓土,澄清寰宇。"

洪秀全原是主张挥军西征的,听洪仁玕这么一说,觉得也有几分道理,再说洪仁玕,既然是正军师,就不好驳他的面子,于是,便一锤定音地提出一个综合性的方案:第一步,命李秀成率本部人马取常州和苏州,限定一个月肃清回奏;第二步,集中大部分兵力,溯江而上,夺取武汉三镇。

天京会议后的第四天,李秀成率东征大军自天京出发,只十几天,就先后攻克了丹阳、常州、无锡、苏州、江阴,捷报频频传到天京。

这个战果是大出洪秀全意料的,但连洪秀全自己都不知为什么,欣喜和忧虑之情居然同时向他袭来。一方面,这些地方的克复必定为天国的军需提供可靠的保障,尤其是苏州,还有重要的军事意义,因为拿下了苏州,清军所盘踞的上海就失去了屏障,这的确是可喜可贺的大事。但另一方面,东征战果偏偏是由李秀成取得的,正像二破江南大营李秀成立了显赫的战功一样,这是洪秀全最不愿意看到的。李秀成这个人,始终叫人不放心,那个叛徒李昭寿就是他的部下,还给他写了劝降信,尽管他后来没有叛降,却总是埋着一个隐患。三年前他上本章要求免除洪仁发、洪仁达的王位,要求请回石达开,都是冲着我这个天王来的。对于军事见解,李秀成也常常跟我相悖谬,我一贯主张经略长江上游,主张进取中原,李秀成明明知道这一点,却反其道而行之,硬是主张开辟长江下游,连洪仁玕都受了他的蛊惑。我原想限时一个月,他不会弄出什么名堂,赶快结束东征,谁知他半个月就拿下了苏州?照这样打下去,还不知要攻下多少城池呢!

即使是一个忠臣,他的功劳过高,对主子都是一种不祥之兆,何况像李秀成这样一个心怀二意的臣子呢!

二破江南大营之后,我把胜利归功于天父天兄,将李秀成可能产生的傲气压下去了,这一次怎么办?

洪秀全苦思冥想整整一天,终于,灵感跳进脑际。这一刻,他觉得自己视通万里,文思如泉,便急忙提起御笔,拟了一道《受得城池地土梦兆诏》:

天王诏旨:昨夜天母梦见东王、西王、南王率领天兵天将下凡诛妖,收复苏州。天父又降梦于朕,朕登高天,天父天兄带朕驱逐蛇魔,两边天兵天将护朕征战,朕困倦时,天兵天将殷勤服侍,朕睡醒又战。朕浓睡时都做得王,坐得江山。朕见天兵天将把无数宝物陈列于朕面前,齐声高喊:普天之下,尽是天王疆土,通要收复取回。梦醒之后,果然苏州告捷。钦此。

拟诏的时间就写庚申十年四月二十三日吧,这一天克复了苏州,头一天晚上天母和我就做了梦,正好应验。

诏旨贴到了天王府门前的照壁上,抄件送往太平军辖区各地。

洪仁玕看了诏旨抄件以后,"咳——"地长叹了一口气,这位族兄为什么总是有意埋没臣下的功劳?臣下立功,是天朝之福,也是你天王之福,怎么就算不过这笔账来呢?你跟你老婆做做梦就能克复苏州,还要派兵干什么?这分明是用死人来压活人,太叫将士们寒心了!

但最寒心的恐怕是李秀成,他看了诏旨会怎么想?不行,我必须去苏州一趟,对他安抚一下。

当洪仁玕赴苏州的时候,李秀成的东征军早已继续举兵东进,克复了嘉兴、昆山、太仓、青浦。洪仁玕直追到青浦,二人才见了面。

"忠王殿下这次东征,一路攻城略地,所向披靡,战绩赫赫,天王多次对我提起,说忠王真是天国的第一流将才。"洪仁玕说得格外诚恳。

"我看到了天王的诏旨。"李秀成冷冷地一笑。

洪仁玕的心一下子凉了半截,一路上构思出来的若干话语顿时烟消云散了。他拼命地搜寻词句,却总是不得要领,言语开始失去了伦次:"那道诏旨其实也没有埋没忠王殿下的功绩,只不过……天王一向笃信宗教,笃信天父天兄,天父天兄我们不闻其声,不见其面,就是把功劳归到他们身上,也是空的。天国的事,还在人为。"

李秀成看着洪仁玕,像是在认真地听他的话,又像是在想别的事。

洪仁玕知道自己根本就没说到点子上,便继续说:"诏旨里确实说到天王自己率领天兵天将杀妖的事,但他的意思并不是说苏州是由他打下来的,他只是想……想借此宣传一下天父天兄的威力……"

听着洪仁玕这些苍白无力的、不着边际的解释,李秀成觉得很好笑,但同时也十分感激他的真诚,便说:"干王殿下不必多说了,我李秀成的主

第十九章 洪秀全嫉贤妒能 李秀成东征有功

张、言语、行动未必能遂天王的喜好和意愿,比如我劝谏天王罢免安王、福王,触怒了天王,但我是为天朝着想,也是为天王着想。忠言逆耳,有时还会自取其祸,但是秉性难易呀。至于功劳归谁,我是从不计较的。有一点请干王殿下相信,我李秀成永远会对天朝鞠躬尽瘁的。"

洪仁玕注视着李秀成,心想:这真是个能够忍耐的人,洪仁玕很清楚洪秀全对他百般猜忌,其心情之沉重是不言而喻的,他在我面前作出这样的表白,可以说是倒出了长期积蓄的一腔苦水。这个人的思想之深邃,意志之坚韧,在天朝的首领中是首屈一指的。

"不说这些了。"李秀成忽然笑了笑,转换了话题,"听说了吗?曾国藩当上了两江总督。"

"我听说了,"洪仁玕说,"还听说,江南大营崩溃了以后,曾国藩闻讯,以手加额,喜出望外,庆幸自己有了出头之日。果然,朝廷委以重任。"

"这几天我一直在反思,"李秀成皱起了眉头,"我们二破江南大营这一仗到底是打赢了,还是打败了?"

"当然是打赢了。"洪仁玕觉得李秀成的提问有些奇怪。

"不对,我说是打败了。"

"打败了?为什么?"洪仁玕感到莫名其妙。

"四年前,翼王把曾国藩困在南昌,眼看就要生擒这个老贼了,可是东王的一纸诰谕将翼王召回天京,翼王当时满怀遗憾地说,此时放过曾国藩,日后他会成为天国的一大祸患。翼王的这句话,今天应验了。"李秀成说。

"曾国藩是天国的大患,这是毫无疑义的,但这跟破江南大营有什么关系。"洪仁玕仍然没弄明白。

"你想一下,"李秀成站了起来,在地上来回走着,"曾国藩这个人一向是不受朝廷信任的,因为他是汉人。他一直挂着个兵部侍郎的虚衔,他所带领的湘军也只是地方兵勇,不是正规军,因此他始终受八旗、绿营的排挤和歧视,而他本人也不敢与八旗、绿营这些正规军争高下,湘军的力量当然也得不到充分发展。倘若我们不全面击溃江南大营,而是小规模地打击它一下,使江南大营仍然保留下来,那么,曾国藩就仍然没有发展的机会,他更不可能、也没有资格来取代和春的江南大营。我们呢?就可以先集中力量消灭曾国藩,然后再回过头来破江南大营,这样的话,天国就将立于不败之地。现在呢,我们把江南大营全面摧垮了,清廷对八旗、绿营完全失望,就必定依靠曾国藩,曾国藩也就有了发展的时机,下一步,他就会大规模扩军,然后进逼天京。"

听了李秀成的这番话,洪仁玕猛然醒悟,说道:"对了,我们打死了一匹狼,却引来了一只虎。"

"是这样,这个曾国藩可能最终断送天国,"李秀成的话语充满忧虑,"我们获得了一场小的胜利,却可能导致了自身致命的失败。"

"不至于吧?"洪仁玕觉得曾国藩虽然是天国的一大威胁,但今后的局面却不会像李秀成估计得那样严重。

"但愿是我多虑了。"李秀成说,他不想把内心的东西吐露得太多,天朝朝纲的紊乱、天王疑忌外臣等现状已经显露出诸多不祥的征兆,李秀成觉得这种预感不应当对洪仁玕言说,便又一次转换了话题,"干王殿下,下一步我想去打上海,你看怎么样?"

洪仁玕眼睛一亮:"打上海?"

"对,"李秀成说,"上海离苏州只有一百六十里,我军乘胜进击,则上海一举可下,反过来说,如果不打上海,苏州就时时受到威胁。"

"这个主意很好,打下上海,我们就可以自由地从洋人那里购置军火和轮船,又能收取关税,同时也能控制洋租界和外军,迫使他们跟我们签订对我们有利的条约,让他们保持中立,"洪仁玕兴奋起来,忽然又有些担心,"只是不知道那里的防务情况。"

"听一些来苏州做生意的外国商人说,上海的防务很空虚,我也派人侦察过,驻守在那里的清妖只有两千多人,还有一批两粤的兵勇愿意向天军投诚,答应接应我们。"

"这确实是个好机会。"

"你估计洋人会不会帮助清妖?"李秀成问。

"我想不会,洋人跟我们一样敬拜爷火华和耶稣,再说我在上海的时候,跟传教士艾约瑟、杨笃信、慕维廉、麦都思都有很深的交情,只要我们打上海的时候不去触动他们,他们是不会跟我们作对的。你我可以分别致函英法公使,向他们表示天朝的友善态度,争取他们中立,我看能够成功。"

李秀成点了点头。

上海江苏粮储道杨坊的私宅客厅,杨坊与苏松太道吴煦在一起品茶。在茶道上没说三两句,话题就转到政事上来了。

吴煦问道:"李秀成给上海四民下了一道谆谕,听说了吗?"

杨坊说:"看过了。里面说什么'倾心向化,及早投降,兵到之日,自当秋毫无犯,鸡犬不惊',无非是扰乱视听,蛊惑人心。"

吴煦长吁了一口气,叹道:"大清的八旗早就不能打仗了,绿营也是不可雕的朽木。朝廷调兵遣将讨伐长毛,如今已达十年之久,眼看着长毛越打越旺。"

"可不是。"杨坊附和了一句。

"大清国的事咱们管不了,但上海要是遭受长毛涂炭,你我可就连觉也睡不安稳了。"

这正是杨坊所关心的事,便急切地问:"吴大人有何高见?"

吴煦沉思了片刻,说:"依我看,只有洋人能煞住长毛的威风。"

杨坊急切地问道:"吴大人不是与密迪乐接洽过吗?结果如何?"

原来吴煦曾受驻上海的江苏布政使薛焕之命要求英国领事密迪乐派兵攻打太平军,但密迪乐一向同情太平军,拒绝了吴煦的要求。吴煦为这事懊恼了好些日子,听杨坊这么一问,就没好气地说:"密迪乐那家伙跟长毛一个鼻孔出气,推说他们保卫上海,只是为了保护自己的利益,不肯出兵。"

"法国方面呢?"

"法国公使布尔布隆倒是答应了,后来英国公使普鲁斯也同意了,但奏请朝廷时,却被驳回了。"

"为什么?"

"朝廷害怕英法有领土野心,对大清国不利。"

"那我们该怎么办?"

吴煦的眉头之间竖起了两道深深的皱纹,寻思良久,说道:"朝廷不做,我们自己做。"

"那不是抗旨吗?"

"不,我们不跟官方打交道,而是收买雇佣洋人当中的亡命之徒,组织起一支队伍。"

1860年6月2日,中国近代第一支由洋人组成的雇佣军在上海成立了,华尔任领队,白齐文和法尔恩德任副领队,时人称之为"洋枪队"。

7月1日,太平军宿卫军大佐将陆顺德、荷天安麦冬良受李秀成之命率军攻克了松江府,消息立即震动上海。

但太平军这时出现了一个不小的疏漏:当他们进军七宝镇的时候,松江只留下几百名老牌尾,结果,在松江城北广富林只进行了三个星期训练的洋枪队便乘虚而入,攻克了松江府。但洋枪队六十二人死亡,一百零一人受伤,损失过半。

清廷调集各路兵勇约万人及洋枪队趁机进犯青浦,李秀成击败敌军,洋枪队三分之一的人亡命,炮船均被太平军夺去,华尔本人身受了枪伤,领着残兵狼狈逃回上海。太平军乘胜再克松江。8月16日,李秀成偕洪仁玕统军进攻上海。

太平军步步深入,先后占领泗泾镇、土堡、蟠龙、虹桥、法华镇、徐家汇……

罗家湾天主教堂成了太平军的临时指挥部,李秀成召集太平军诸将领,向他们发出严肃而简短的命令:"本王离开苏州的时候,就曾经致函各国公使,请令外国侨民于住宅和商店悬挂黄旗,以便保护;昨天,又再次作了声明。不过,在泗泾镇,有四名法国人掺杂在清军之中,其中一名被我军杀死了。这种情况今后一定要避免,大家记住,我们是来打清妖的,对外国人的财产要实行保护,不准有丝毫侵扰。"

洪仁玕补充说:"外国人与我天国同拜上帝,同事耶稣,同为兄弟,一旦我军与他们发生了冲突,局势会变得非常复杂。"

众将领应诺退出后,李秀成说:"我们给各国公使发出的函件都没有回音,不知道他们究竟是什么态度?"

"艾约瑟是我多年的老朋友,前些日子他与杨笃信牧师到苏州去的时候,跟咱们相处得很融洽,他们对天国还是很友好的。"

"但愿他们的态度能够影响那些公使们。"

"我想会的,他们都是很有威望的教士。"

李秀成的参护宋永民走进来,递上一份信函:"殿下,这是英国领事馆翻译官富礼士送来的。"

"人呢?"李秀成问。

"他把信交给营寨守军以后就走了。"

第十九章　洪秀全嫉贤妒能　李秀成东征有功

信封上写的是英文,李秀成把信交给洪仁玕,洪仁玕看了以后说:"是国公使布鲁斯的信,很不友好,说英、法联军已经占领了上海,警告我们不要进攻上海,否则就予以还击。"

李秀成把信接过来,看了一眼,问道:"怎么连收信人的名字都没写?"

"是的,"洪仁玕说,"好像不是疏忽。"

"这太无理了!"李秀成颇觉气愤。

"为了稳妥起见,我们再次发函,申明我们的态度。"

"只好这样了。"

次日,李秀成的部将仁天义蔡元隆、宿卫军大佐将郜永宽率兵冒着大雨进至上海城外九里桥,击溃了那里的清军。之后逼近南门,太平军见城上并无黄旗,便要入城。不料,炮声骤然响起,子弹密集地射向天军,同时,城头上高竖起了英、法的国旗。前队的天军猝不及防,纷纷倒地,太平军因忠王有严令在先,不敢还击。

蔡元隆命令道:"上前示意。"

一名两司马带领着二十五名天军走近城门,他们把兵器放在地上,拼命摆动着双手。但这时城头上的一名指挥官将一把雪亮的剑高高举起。

善良的天军不懂得这一举动的含义,他们继续站在瓢泼的大雨中摆动着双手。

洋军官将高举的剑猛地劈了下来,这一瞬,一排震耳的枪声响起,摆手示意的天军全部打倒在地。

喘两口气的工夫,天兵们才又听到噼噼啪啪的雨声。

蔡元隆犹豫着,但终于又一次发出命令:"向洋人喊话!"

在松江刚加入太平军的青年伍卒冷大朋懂得几句洋话,他把手中的红缨枪插在地上,一边向前走,一边喊道,"Don't shoot! Don't shoot! 不要开枪……"

"砰砰砰砰",冷大朋连中四弹,他的身体晃了一下,仰面倒在泥水里。

蔡元隆气得浑身发抖,但还是克制住了自己,喊道:撤退!

太平军开始撤退了,但城上的炮火更加猛烈,在洋人枪炮射程之内的士兵几乎没有人能撤出阵地……

次日,李秀成再致函各国公使,表示太平军将不占领租界,不妨碍各国正常通商活动。但当李秀成率军进至英租界跑马场附近的时候,又一次遭到英国守军的猛烈射击,停泊在苏州河的两艘英舰也向太平军开炮。

英军的马治上校站在一座教堂的阳台上,从望远镜里发现二百米开外有一顶大红轿,旁边架着一面黄色伞盖,便把望远镜递给身边的齐尔上尉,说:"叛军的首脑李秀成一定在那个轿子里。"

马治的判断没有错,当齐尔向炮手们发出命令时,六颗炮弹同时在红轿处炸响,红轿被掀掉了一角,弹片击伤了李秀成的面颊……

正在这时,参护宋永民走上前来,附在李秀成耳边禀报说:"内应的事泄露了,清妖正在搜捕投诚的兵勇。刚才嘉兴守军前来告急,张玉良军围攻甚急,请求驰援。"李秀成满脸阴沉地说:"撤退到徐家汇。"

在天王洪秀全的再三催促下,李秀成留下求天义陈坤书主持苏州军民事务,即赶赴天京。

洪秀全一脸怒气地接见了李秀成,责问道:"今年四月的那次朝会,拟定了挥师西征的方略,你坚持要东征去取苏、常,朕答应了,限你一个月肃清回奏,现在是几个月了?"

"启奏陛下,五个月了。"

"像你这样慢慢腾腾,岂不要贻误军机?"

"小弟这次东征,克复丹阳、常州、无锡、苏州、江阴、嘉兴、昆山、太仓、嘉定、青浦、松江,花费了四十八天的时间,打上海又误了一些时日,然后又回军救援嘉兴和青浦,回到苏州以后,又整休队伍,调集米粮,扩充军需,这期间,还接待了英国教士艾约瑟、杨笃信和陛下的恩师罗孝全先生,实在不敢有片刻懈息。"李秀成说得很平淡,但语气中似乎流露出不少委屈。

糟糕!这一问不要紧,反而给了李秀成一个表功的机会,他倒成了日理万机、吐哺见宾的周公了。但洪秀全不得不承认,李秀成的东征,战果是显赫的,在不到五十天的时间里,就拿下了十一个州县,后来又占领了泗泾,尽管进攻上海失利,但也不能责备求全。想到这里,就把口气缓和下来,说道:"秀胞勤理军事国务,朕是知道的,不过西征乃是天国眼前的第一要务,不能丝毫有所疏忽。"

"启奏陛下,"李秀成启奏道,"小弟最近收到江西、湖北十六个州县的起义军首领投奔我天军的降表,人数约有十几万。小弟认为这是壮大我

第十九章　洪秀全嫉贤妒能　李秀成东征有功

天军队伍的机会,因此想先行招募兵众,然后进军武昌。"

"他总是想扩充个人的势力,以此来增加自己在天朝中的分量,"洪秀全暗想道,却不动声色地说,"以秀胞现在的兵力,加上英王的,打武昌已经足够了,等拿下武昌,再行招募兵众也不迟。"

李秀成没有吭声。

"你打算什么时候与英王会师啊?"洪秀全问。

"启奏陛下,"李秀成答道,"英王曾到苏州去跟小弟磋商过,我们打算兵分两路,英王由江北西上,小弟自南岸西进,于明年四月在武昌会师。"

"那就好,朕等候你们的消息。"洪秀全说。

李秀成仍然跪在地上,一动不动。

"还有事吗?"洪秀全问。

"小弟有一事相谏。"

"说。"洪秀全有些不耐烦。

"陛下可降诏命令将士加筑城池,令圣库和各王府多多购买粮食。明太祖朱元璋打天下的时候,就主张高筑墙,广积粮。"

洪秀全的脸一下子沉了下来,他觉得李秀成有些好为人师,自作聪明,最可恨的是他把朱元璋的九字方略抬出六个字来,这分明是有所影射。洪秀全沉吟了片刻,问道:"还有三个字呢?"

李秀成心里"咯噔"了一下,坏了,方才光想着守城和备粮了,就不知不觉搬出了朱元璋,觉得很恰当,却没想到后面还有"缓称王"三个字。

"你嫌朕称王太早了,是吗?"洪秀全又问了一句。

"小弟绝无这一层意思,明太祖的'缓称王'是为了减少政敌,陛下在起义之初就称王是为了号令天下,时势不同,故不能相提并论。"

"守城和备粮乃用兵之常道,朕岂能不知?还犯得上你来教导?"

李秀成很后悔自己多嘴,但话已出口,无法收回,只能再作解释,就说:"英王和小弟带军西征,天京一带兵力减弱,万一安庆有失——"

"怎么,西征还没走出一步就打好了谱丢掉安庆啦?洪秀全呵斥了一声,他觉得李秀成的话太不吉利。

"陛下息怒,"李秀成急忙辩解道,"小弟是说,湘军的实力和曾国藩的谋略远胜于向荣与和春——"

"长敌之志,灭己之胆!你怕曾妖头,朕不怕他!朕天生真主,不用兵而太平统一。你不想出征，就回苏州享福去。"洪秀全一下子被激起了怒火，他讨厌任何人在他面前张扬和夸赞曾国藩。

"陛下，小弟——"李秀成还想辩解。

"退下！"洪秀全怒气未息。

李秀成诺诺而退。回到忠王府，觉得放心不下，便立即召集在京的诸王群臣，叮嘱他们多买米粮，勿存银两，以防皖省不保，湘军东下，并提醒众人，一旦天京被围，将会比以前两次江北江南大营更加危险。他又把赞王蒙得恩、章王林绍璋、御林忠诚二天将兼京畿总管李春发叫来，语重心长地嘱咐道："粮食是立足之本，三位切不可掉以轻心。我这次远行，大约需要四百多天，你们千万要坚守雨花台营寨，等我回来。"

"忠王所言极是。"赞王蒙得恩说。

李秀成又叮嘱李春发说："你是京畿总管，赞王殿下年事已高，你要多为赞王分忧。"

"殿下放心，我一定尽力。"李春发诚恳地说。

李秀成在诸王群臣中颇有威信，他的叮嘱又深中膝理，因此李秀成离开天京以后，李春发和各王臣府衙都派人外出订购粮食，很快地，周边的粮商就将粮食成批地运到天京。

这天，李春发正要动身到各城门为圣库购买米粮，分别被封了信王和勇王的洪仁发和洪仁达闯了进来，洪仁发大大咧咧地嚷道："小李子，满京城都在买粮食，你他娘的也不言语一声，真不够意思。"

"我知道赞王会告诉二位的。"李春发笑道。

"昨天我跟勇王合计了一下，城外的人想卖，城里的人想买，这一来一往的，不就乱了套？所以呢，我跟勇王决定派人维持一下秩序，给卖粮的人发放售帖，领到售帖的方能进城，这也是为你和诸王群臣着想不是，你看——"

李春发是个老实人，听洪仁发这么一说，心里充满了感激，说道："这样好，这样好，难为二位如此热心。"

"什么热心不热心的，还不是想为朝廷出点力！"洪仁达说。

曾国藩接任两江总督后，戡乱济世以报皇恩之雄心在心头油然升起。他趴在安徽全境地图上搜索了大半晌，兴奋地拍着巴掌说："总督衙门就设在祁门。"

祁门是安徽南部的一个县城,一条官道从城里穿过,东达休宁、徽州,再向南,即通往浙江,顺官道向南,则可达江西景德镇,真是个能伸能缩、来去自如的好地方。

然而,当曾国藩率领三万兵马在祁门扎下营寨之后,便立即后悔了:这个小县城处在丛山包围之中,城前那条名叫大共水的小河太窄太浅,无法运载物资和兵员,一旦大道被封锁,守军即成瓮中之鳖。怎么选了这么个鬼地方?曾国藩心中好不懊恼。

但曾国藩不能不为祁门的安危考虑。要使祁门安全无虞,就必须守住徽州,只要徽州稳固,发逆就无法由官道进入祁门。于是曾国藩奏请咸丰帝把儿女亲家浙江温处道李元度调来驻守徽州,李元度奉命后,当即组建了数千平江勇前往徽州接防。

一天,李鸿章告诉曾国藩:"发逆李世贤部占领宁国府,陈玉成部自天京九洑洲北犯。"

曾国藩笑了笑说:"发逆分路上犯,指向武昌,无非是为了援救安庆,这不过是兵家惯用的围魏救赵之计而已。倘若他们打不下武汉,就必定要全力回师围扑安庆,如果他们拿下武汉,也会以小支兵马牵缀武汉,而以大支兵马回救安庆,甚至会弃湖北于不顾。去年他们弃浙江而解金陵之围,击破了和春的江南大营,乃是发逆作战史上的得意之笔,这一次毫无疑问是在抄写前文。"

"我们应当集中攻打安庆,还是分兵拒敌?"李鸿章问。

"自古平江南之策,必踞上游之势。建瓴而下,方可成功。要收复江宁,必先克安庆,成以上制下之势。因此我军但求力破安庆一关,此外均不足以与发逆争得失,"曾国藩说,"当年向荣、和春从东路入手进攻金陵,乃是莫大的失误。"

"涤帅见解可谓高屋建瓴,笼罩全局。"

曾国藩号涤生,李鸿章亲切地称他为"涤帅"。

忽然,侍卫进来报说:"徽州失守了。"

曾国藩、李鸿章听了,大惊失色。

原来徽州有两万绿营兵驻守,李元度来到以后,见绿营兵不可用,就把守城重任交给了平江勇,这一来引起了绿营兵的不满。等到太平军兵临城下的时候,绿营兵非但不守城,还趁机在城里大肆抢劫,平江勇刚组建,没有战斗力,因此只抵挡了半日,徽州城就落入太平军手中,而李元度则逃到浙江开化去了。

曾国藩深恨李元度的昏庸无能,又恨自己所用非人,如今徽州已失,祁门就危在旦夕了。

次日清早,忧心忡忡的曾国藩不得不冒着大雪强打精神出城查看防务。祁门的屏障只有两座山岭:榉根岭和羊栈岭,峰矮坡缓,无险可据,只要发逆打过来,就会轻而易举地拿下。两岭失陷之日,也就是祁门覆灭之时。

此时,曾国藩觉得浑身冰凉,连脊背都冷透了。

回首向城里望去,心中更觉灰暗:湘军主力几乎都集中在安庆,祁门只有两千守军,昨天从徽州逃回来的败兵有一万多,都是些只能吃不能战的人,而粮道呢,已被发逆掐断了。

接下来一连串的消息是:发酋李秀成部进入皖南,经当涂、芜湖、繁昌、南陵、太平,已进抵黟县,离祁门只有八十里了。

曾国藩又一次体验到死神来临的恐怖:李秀成如果率军进击,那将是朝发夕至,毫无遮拦,我曾国藩不是被活捉,就是被砍头。回想起来,在十年的戎马生涯中,自己曾经三次身临绝境:六年前的靖港之役,跳水自尽而未死;同年年底的鄱阳湖之战,湘军水师被石达开肢解,湖外水师全军覆没,再次投水而获救;现在是第三次了。前两次逃出了死神的魔掌,已属奇迹,难道这一次还能逃脱吗? 大概不能,凡事不过三!

像六年前一样,曾国藩写下了遗嘱,洋洋二千余言,派人送回老家。

羊栈岭也被发逆占领了……

曾国藩双手一颤一抖地把足有半两重的一包砒霜倒进茶杯里,然后坐下,静静地等待着。枪声炮声不断传来,历历在耳。还有什么事要交代吗? 好像没有了,可以安心地离开人世了。唉,弟弟曾国荃曾经来信劝过我,说不能作无谓牺牲,如果因愚忠而殉节,只能使全军瓦解,他跟李鸿章一样,主张让我移军东流。弟弟的话情真意切,又深中肯綮,可惜太迟了,一切都无可挽回了!

曾国藩正在懊恼之际,也没有注意炮火已经停下来了,直到侍卫报告说发逆已经撤离,他仍然没有反应过来,心里还被自杀的念头困扰着,两眼死死地盯着放了砒霜的茶杯。

第十九章 洪秀全嫉贤妒能 李秀成东征有功

原来李秀成没有摸清祁门的情况,以为城内屯有重兵,还在犹豫,忽闻湘军总兵鲍超攻击休宁,便率军回救。

于是,曾国藩又侥幸地逃过一劫,真是命大。

第二十章

洪秀全擅改国号　李秀成接见英使

　　1861年3月1日（天历辛酉十一年正月二十一日），英国海军提督何伯命"深淘"号舰长雅龄照会太平天国，提出八项要求：一、英国已取得长江通商许可，本人奉命停泊南京，以便行使职权；二、凡英商船持有本人发给的护照，太平军应予承认，不得干涉；三、英船悬挂英国旗，非自卫不开炮，遵守太平军法令；四、凡在南京停泊的英船，均通知太平军当局；五、英人上岸入城，必先取得太平军许可；六、太平军攻九江、汉口、镇江时勿侵及英人生命财产；七、英人在岸上犯法，送交英人处理，华人在英国船上犯法，交还中国处理；八、本人只负英船之责任。

　　对于洋人，洪秀全始终存在着两种对立的看法。一方面，他所创立的拜上帝教的教义是从洋人那里搬来的，他正是借助耶稣基督这个武器向统治了中国千百年的儒道释宣战的，而且西洋的科学技术的确比中国发达，甚至有些法规制度也值得效法，洪仁玕在《资政新篇》中的许多宝贵设想都是对西方国家考察的结果；但另一方面，洋人毕竟在不停地打中国，侵占华夏的地盘，掠夺我们的财货，半年前李秀成打上海，对洋人可以说是仁至义尽，但洋人却还是与太平军为敌，杀死我们许多人。

　　洪秀全在金龙殿召见了干王洪仁玕、章王林绍璋、信王洪仁发、勇王洪仁达、赞嗣君蒙时雍几个近臣，京畿总管李春发因病未到。

　　洪仁玕说："这八项要求，其中五项是符合国际章法的，对我天国的利益亦无损害，唯第一、二、六项须慎重一些。这三项中，第六项也可以应允，天兵攻九江、汉口、镇江是为了打清妖，并不想危及英人的利益，朝廷可派人叮嘱英王和忠王，让他们务必严明军纪，卑爵以为在这上面不会出现什么纰漏。第一、二项有些棘手，英人于三年前与咸丰朝廷签订了《天津条约》，增开了许多通商口岸，其中就包括天京，这就是前两项要求的根据。很显然，何伯认为他的要求是符合国际条约的。"

洪仁达原本不想说话,因为他心里很清楚,自己在学识、谋略甚至口才方面远远不能与洪仁玕相比,但他这时习惯地瞥了洪秀全一眼,——每当洪秀全对臣下的意见没有立即表示赞同时,他都要这样做——见洪秀全眯缝着眼,看着远处,一副若有所思的样子,就决定挺身而出,说道:"条约是洋鬼子跟清妖签订的,不是跟天朝签订的,我们要是同意了,岂不是与咸丰小儿同流合污了?"

朝议时经常出现这样的情况,洪仁发和洪仁达为了捍卫洪秀全的主张而慷慨陈词,不管他们说得在理不在理,都弄得群臣很难开口了。此刻,僵局又出现了。

沉默了一会儿,洪秀全说:"玕胞方才的话好像没说完。"

"勇王殿下的话很有道理,天朝跟清妖不共戴天,清妖跟洋鬼子签订的一切条约,我天朝一律可以视为无效。"洪仁玕觉得应该给洪仁达一点面子,这也是给洪秀全面子,就顺着洪仁达的话说了几句,然后委婉地说,"我们不管清妖做了什么,只管自己应当做什么。要是我们同意了何伯的条件,又不损害天朝的利益,甚至借此跟洋人做做生意,补充一下天朝的给需,那么咸丰小儿说不定会气疯的。"几句话说得洪秀全和群臣都笑了,洪仁达也笑了。"玕胞的意思是同意何伯的条件?"过了一会儿,洪秀全问。"小弟以为可以。"洪仁玕答道。"那好吧,"洪秀全说,"这件事让章王和赞嗣君去办。"

林绍璋和蒙时雍齐声应诺。

"前线的情况怎样了?"洪秀全又问。

"李总管患病在身,我替他说几句,"洪仁达说,"英殿的兵已至安徽桐城西南的挂车河,忠殿的兵正在围攻江西广信,侍殿的兵……"

开头几句就惹恼了洪秀全,下面的话就一句也听不进了。这位家兄不知从何时起养成了这一嘴的坏毛病,张口闭口"英殿的兵""忠殿的兵""我的兵""他的兵",兵都是你们的了,还要我这个天王干什么?朝纲不振,就是因为封了王以后各行其是,自统兵将,独据一方,全不把天朝放在眼里。长此下去,人心必散,因为将士百姓只看到直接管辖自己的王,而忘却或忽视了最高的天王……

洪秀全怒气冲冲地想着,忽然觉得周围静了下来,才知道洪仁达已经说完,就宣布退朝。

晚上,洪秀全久久不能入睡,就干脆起身来到书房。《资治通鉴》就摆在书架上,这套书是司马光主持编纂、专门供皇帝阅读以改善治国之术的,为什么先前没好好读一读呢?还是看看吧,看看有没有关于创造众星拱北、万民拥戴局面的好法子。但前翻后翻,都没找到,头脑反而乱成一团麻。这些年光忙着研究《圣经》了,这本书倒是读了若干遍,可惜里面没有写治国的事。

其实,翻书也无益,即使书上写了这类事,前朝和外域的经验也未必在我这里用得上。倒不如像杨秀清那样,无师自通。

杨秀清的威望是这样建立起来的?不必说是靠专横。但专横是需要底气的,这底气就是统揽全局的实际本领,这本领又是在长期事必躬亲的作风中培养出来的。显然,这种招术对我是不适合的。

我的优势在于,我创立了拜上帝教,又是受天父皇上帝的派遣下凡到人间的,我是连结天堂和人间的纽带,这条纽带的结就是天国。实际上,我就是天国,天国就是我!我把皇上帝的光芒照射进每一个子民的心田,而每一个子民的心中,也应当只有我,不能有别的人。

只有以皇上帝的名义,才能够排除这个王、那个王的干扰,使天国万民的目光都集中在天王身上。

渐渐地,洪秀全觉得自己的思考成熟了。

第二天,也就是1861年3月6日(天历辛酉十一年正月二十六日),洪秀全发出了一道诏旨:

朕今诏明天上地下人间,天父上帝独尊,此开辟来最大之纲常。朕今细思上帝、基督下凡带朕、幼作主,天朝号为太平天国,虽爷乃太平天帝父,哥乃太平天主兄,到底爷为独尊,全敬上帝,改太平天国为上帝天国,更合真理。断自今,玉玺内"太平天国"四字改刻"上帝天国"……

诏旨一出,表示祝贺的本章立即像雪片一样从各地飞到天京,但目光敏锐的洪仁达却注意到,侍王李世贤所呈的本章仍然保留着"太平天国"的字样,他立即将这一情况启奏洪秀全。洪秀全勃然大怒,当即革除了李世贤的职爵。

洪仁玕听说,急忙赶到天王府。洪秀全似乎猜出了他的来意,劈头质问道:"你是替李世贤当说客的吗?"

"可以说是,但又不全是。"洪仁玕答道。

"李世贤违背圣旨,胆子够大的了,"洪秀全说,"还有那个李秀成,至今没有本章呈上来,不用说,是心存不满。他们弟兄俩一个鼻孔出气,对天朝怀有二心。朕革除了李世贤的职爵,已经是从轻发落了,你还觉得有什么不合适吗?"

用不着绕弯子,洪仁玕决定直言相劝,便说:"小弟认为二兄的做法欠妥。"

"说说看。"洪秀全冷冷地说。

"历代王朝,就是立一个太子,都要召集文武群臣商量来商量去,二兄做更改国号这样的大事,怎么就不跟诸王议论一下呢?"

"天国是朕的天国,当初也是朕起的国号,朕想改就改,有什么可商量的?"

洪仁玕对洪秀全这种自我膨胀、目无他人的口气很是听不惯,但他不想为这一点跟他发生争吵,就扣紧本题来进行劝说:"国家乃万世基业,其分量是连泰山都无法相比的。古人讲究君子一言九鼎,普通人的一句话尚且如此郑重,不可追悔,何况君王之于国号?国号像国家一样尊贵,非改朝换代不能更动,反过来说,一旦国号发生变动,那就意味着朝廷另易新主了。"

寥寥数语,说得洪秀全无言以对。是的,把国号改成"上帝天国",它究竟是"太平天国"的继续呢,还是原来那个"太平天国"已经不存在了?说"太平天国"不存在了显然不对,而且也太不吉利,说"上帝天国"是"太平天国"的继续,那么这两个国家有什么不同?思来想去,这个改动确实有些不伦不类。

"我太草率了!"洪秀全想,心中顿然有说不出的气馁。

"小弟所言,望二兄三思。"洪仁玕觉得不应说话太多,便起身告辞。

洪仁玕走了,他的话却留在了洪秀全耳边:"国号像国家一样尊贵,非改朝换代不能更动。"

唉,这类事不是第一次了。杨韦之乱后,我封两个哥哥为王,石达开出走后,李秀成硬是上奏要求罢免他们,满朝文武都站在李秀成一边,不得已,我只好答应,这就开了君王服从臣下的先例,丢了大面子;那时我宣布不再封王,但洪仁玕来天京才十九天,我就自食其言,封他为干王,惹得朝廷上下议论纷纷,我虽然顶住了,却不得不承认那次封王太急切、太仓促,为了取得平衡,我只好封陈玉成等人为王。现在呢,又要丢一次面子了。真晦气!"

怎样做到既保留原来的国号又不丢面子呢?

李世贤的职爵是不能恢复的,因为他抗上。国号当改不当改,是君王的事,即使改错了,臣子也要服从,只有臣错无君错,否则,君王的权威何在!

至于国号,还得想个妥善的法子。洪秀全思索着……

二十天后,洪秀全又发出了一道诏旨,落款仍然是"太平天国",但人们都注意到,在这四个字的上面,加了"天父天兄天王"六个字。

从那以后,天国诏旨就一律用这十个字作为落款。

却说陈玉成在苏州会见了李秀成以后,即于9月30日率领大军自天京渡江北上,一路昼夜兼行,风驰电掣,与清军转于皖南,到1861年春,就克复了黄州府城。

1861年3月22日上午11点,英国参赞巴夏礼携英国商人代表韩密顿和白伦思由汉口来到黄州,要求会见太平军的主帅。陈玉成在临时府邸接待了他们。

巴夏礼中等身材,穿一件黑色的燕尾服,上面蒙了一层浅浅的灰尘,深灰裤子,黑皮鞋,浓密的棕色头发蜷曲着,乱蓬蓬地,深深的眼窝里面,嵌着一双蓝色的眼睛,机敏中透出几分狡黠。

翻译官王子衡介绍说:"这位就是英王殿下,这位是英国参赞巴夏礼先生。"

巴夏礼微微吃了一惊,原来驰骋沙场、令清军闻风丧胆的陈玉成,竟是个身材矮小,婉若女子的青年,似不能胜此大任者,要不是那一身黄袍和那一顶风帽表明着他的身份,恐怕任何陌生人都不会想到他就是英王。巴夏礼浅浅地鞠了一个躬,鞠躬的时候,眼睛仍然看着陈玉成。

陈玉成也鞠躬还礼。

巴夏礼奇怪地问:"英王殿下,你为什么像我一样行洋礼,华人的礼节是双手打拱的。"

陈玉成笑了笑说:"太平军扫荡千年陈规,把拱手视为妖礼。在我们这里,下级对上级只行跪礼,因你我是平等的,所以我也鞠躬。其实,在中国人的习惯里,也常用鞠躬表示对别人的尊敬,并不如参赞阁下所说,鞠

躬就是洋礼。"

"哦!"巴夏礼点了点头,心想:这是个头脑清醒,聪明机智,率直坦白的人。

"参赞阁下光临黄州,有何见教?"陈玉成问。

"我下船以后,一路来到贵府,只是走马观花,但中国有两个成语,叫'窥一斑而知全豹''一滴水见大千世界',英王殿下治军有方,因此贵军纪律严明,士兵精神面貌很好,没有吸烟酗酒的恶习,居民也秩序井然,在这方面,贵军比起清军来不知要好多少倍,我心中十分佩服。"巴夏礼说。

"参赞阁下的华语说得真不错。"陈玉成心中暗自称奇。

巴夏礼似乎没理会陈玉成的话,继续说:"但恕我直言,贵军的武器太陈旧,太落后,也没有重量级的大炮,这方面你们不如清军。"

陈玉成不得不承认,巴夏礼说到点子上了。

巴夏里越说越兴奋:"据我了解,九江方面尚未听见忠王和其他诸王进兵的消息,我想此时他们还没进入江西地境,这样的话,合力攻打武汉的计划恐怕就要落空了。假如你们现在进兵汉口,则得不到其他各路军的支持,只能单独与清军作战,同时还得提防来自安徽方面敌人的袭击。"

陈玉成大吃一惊,差一点要跳起来:太平军的行动计划,巴夏礼怎么知道得这样详细?是走漏了风声,还是出了叛徒?或许都不是,而是巴夏礼根据太平军的行动路线作出的判断。

巴夏礼像是注意到陈玉成的惊疑表情,就干脆向他交底:"你知道吗?你和李秀成的军队一出动,曾国藩先生就看出了你们的意图,他说,你们攻打武汉,不过是想解安庆之围而已,是'围魏救赵'的故伎重演。"

陈玉成感到十分气馁,天王安排了如此浩大的行动,结果被曾妖头一眼就看穿了。既然他已看穿,就必定会派兵前来救援,这样,安庆也就无法解围。

陈玉成的情绪波动又被巴夏礼注意到了,他觉得这正是挑明来意的好时机,就说:"汉口是彼此相关的武汉三镇之一,武汉三镇是巨大的商业市场,太平军夺取其中任何一个城镇,都会破坏整个大商港的贸易,敝国与满清朝廷已经签订了《天津条约》和《北京条约》,规定汉口等九个地方为通商口岸,允许我们自由贸易、游历和传教。因此你们必须远离该埠,不然的话,你们面临的就不仅是满清政府的武装,而且还有敝国装备精良的军舰。"

对巴夏礼的威胁,陈玉成并没有在意,他感到为难的是,到底该不该跟外国佬发生军事冲突?派人向天京请示是来不及了,必须自己迅速地作出决断。

巴夏礼看出了陈玉成的犹豫,就向前逼近一步,说:"中国有句古话,叫'识时务者为俊杰',含义太深刻了。我一向推崇中国的文化,敬佩中国人的明智。"

陈玉成恨不能给巴夏礼一个耳光,他的嘴角微微抽搐了一下,心想如果李秀成的军队已经赶到,我会给你个眼色看看的。但是,李秀成为什么还没有消息呢?他不来,单靠我自己的部队跟清妖和洋鬼子两股力量抗衡,当然不会有好结果。

因此,脾气是发不得的,还是要忍耐,便说道:"那个曾妖头说对了,我们的本意并不是要攻打武汉,而是要解安庆之围,所以我们可以暂时不打汉口。"

陈玉成则没有意识到因消息不灵而造成的失误:他不知道李秀成的部队已经赶到了江西,正在攻打建昌。但陈玉成没有撤军,而是分兵驻扎于云梦、应城、德安、随州一带。

直到4月下旬,约定会师日期已到,仍不见李秀成、李世贤、杨辅清的消息,陈玉成只好留杰天义赖文光驻守黄州,自率主力回皖,谋解安庆之围。

1861年8月22日凌晨,咸丰帝的痨病又一次发作,御膳房送来冰糖燕窝,咸丰没来得及喝,就驾崩了。

历史又翻过了千篇一律的一页:咸丰死后,留下遗诏以六岁的儿子载淳即位。

11月11日,举行了载淳登基大典,改明年为同治元年。

发逆和洋鬼子是咸丰帝感到头痛的,同样也是慈禧太后觉得挠心的。

这天,她把恭亲王奕䜣召唤到眼前,忧心忡忡地说:"洋人得寸进尺,乱我朝廷,掠我钱财,眼下连京城都不得安宁,总得想个妥善的办法。"

奕䜣说道:"当今洋人猖獗,凡有血气者,无不愤慨,臣等粗知理义,岂能忘此国恨?但华夏之地,捻党横行于北方,发逆作乱于南方,朝廷连年讨伐攻剿,饷竭力疲,这才给了洋人以可乘之机。所以,就今日之势论之,捻党和发逆乃是朝廷的心腹大患,俄国壤地相接,有蚕食我大清之志,属于肘腋之忧,英国志在通商而已,虽然蛮横无理,也只是肢体之患。俄、英都可以按照条约加以羁縻限制,并不算什么大害。因此,为臣以为,灭发逆、捻党为先,治俄次之,治英又次之。"

"又要灭发、捻,又要治俄、英,大清的军队岂不是要疲于奔命?"慈禧太后问。

"洋人与大清国为敌,这好比三国时候蜀与吴之间的对峙。蜀与吴之间,本来是仇敌,但诸葛亮秉政,乃遣使通好,约定共同伐魏。"奕䜣回答。

慈禧太后早就听说奕䜣自命不凡,常以诸葛亮自居,却弄不清他这番话的意思,就问:"联吴伐魏?"

"臣以为,借洋兵剿逆,乃是万全之策。"奕䜣把"借洋兵剿逆"五个字说得格外沉重,像是抛出格言箴语一般。

慈禧太后的眼睛眯缝起来,双唇紧闭,片刻,轻轻地点了点头。

安庆,天京西线最近的一道军事屏障,也是天京的粮源要地。早在太平军集中兵力二破江南大营和东征苏常之际,曾国藩和胡林翼便趁机率湘军水陆师五万人大举东犯,相继攻陷宿松、太湖、潜山,并命道员曾国荃、提督杨载福围攻安庆,又命副都统多隆阿、按察使李续宜驻扎桐城西南的挂车河、青草塥负责打援,再命都司朱洪章屯兵于离城东北菱湖一里许的五里堆。

安庆城外,湘军挖了两道长壕,内壕围城,外壕拒援。

安庆城里,谢天义张潮爵、受天安叶芸来率两万太平军遵照天王的诏旨固守待援。

却说陈玉成放弃了攻打武昌的计划后,即率军东返。曾国藩得知陈玉成回援安庆,笑眯眯地松了一口气。

1861年4月底,陈玉成兵临安庆西北的集贤关,从外面包围了围城的湘军。陈玉成会同叶芸来扎营于菱湖南北两岸,用小艇驶于湖面,与城里互通往来,又派了平西主将吴定彩领兵五千人入城助守。

洪秀全得到陈玉成、李秀成两军未能会师的消息,知道围魏救赵之计已成泡影,当即派出精忠军师干王洪仁玕进援安庆,并命章王林绍璋随同前往。

洪仁玕虽然博览群书,在国务军事方面有长远的见解,但这毕竟是他第一次离京统兵出征,对行军布岗、扎营起灶、攻城占地、刺探敌情这些兵家常识均无实际体验,因此心里很没有底。他觉得身边这个林绍璋,尽管当年在湘潭吃了个大败仗,但毕竟在战场上混了多年,只能依靠他来具体指挥。

林绍璋其人生性怯懦,又无军事才能,但他参加过金田起义,自以为资格老,阅历深,更因为他在天京内讧之后,一直在天王身边,与蒙得恩、李春发同理朝政,深得天王宠信,因此并不把洪仁玕放在心上。洪仁玕、林绍璋来到安庆以北的新安渡,原拟进援菱湖,与屯驻在集贤关的陈玉成部会师,但听说清军由练潭来攻,还未等交战,林绍璋便以"粮草罄尽,将士惶恐"为借口,想要移营鱼塘冈。洪仁玕苦心劝阻,林绍璋不听,仍主张撤退。结果与多隆阿遭遇时,一战即败,全军退守桐城。

这时,鲍超自皖南、成大吉自湖北来援,企图围陈玉成于集贤关。陈玉成听说洪仁玕、林绍璋援军已到,便留先锋程学启驻守集贤关,留靖东主将刘玱林、垂天义朱孔堂、傅天安李四福、届天豫贾仁富守关外赤冈岭四营垒,自带六千人撤往桐城。临别时,陈玉成对刘玱林说:"我去桐城后,即会同干王、章王攻打挂车河,为安庆解围,你务必坚守半个月。"

"殿下放心地去吧,有我刘玱林在,赤冈岭丢不了。"刘玱林说。

陈玉成到了桐城后,便与洪仁玕一起商讨解安庆之围的方略。

"天军解安庆之围的上上之策是两军会攻武昌,围魏救赵,但这一步棋我们错过机会了。"洪仁玕说。

"我离开黄州后,心里一直忐忑不安,"陈玉成对此十分感慨,"我没有单独进攻武昌,一来是因为忠王没及时赶到,二来也因为偏信了巴夏礼的话。我后悔当时没有派人探听一下武昌的虚实。现在想来,湘妖的兵力都集中在安庆,武昌必定空虚。"

"现在才知道,打武昌肯定要比打安庆容易得多。"洪仁玕叹道。

"安庆战场对天军是很不利的,"陈玉成颇有同感,"从人数来看,双方各十万人,但湘军方面,菱湖东岸有曾国荃的陆师,水下有杨载福的水师炮船,水陆策应,连成一气,太平军则只有陆师,而且被分割在四处:桐城、集贤关、菱湖、安庆,彼此之间音讯不通。"

"还有,湘军在安庆城外经营了一年多,寨垒巩固,坐守阵地,以逸待劳,我方援军奔袭千里而来,是疲惫之师。"

"湘军的武器也比我们精良得多。"

"英王认为下一步应当怎样做?"

"干王是军师,可否致书忠王,让他率军来援?"

洪仁玕的眉头皱了一下,说:"信可以写,但他未必肯听。他没有如期赶到武昌与你会师,说到底是不愿意参加第二次西征,他一直主张经略东南,不明白武昌和安庆的重要。"

"那就把道理跟他说清楚,也许他能顾全大体。"陈玉成不愿意放弃这个机会,"如果他能来,安庆一战是稳操胜券的。"

当天,洪仁玕就给李秀成写了一封信,信中说道:

自古取江山,屡先西北而后东南,盖由上而下,其势顺而易;由下而上,其势逆而难。况江之北,河之南,自古称为中州鱼米之地,前数年京内所恃以无恐者,实赖有此地屏藩资益也。今弃而不顾,徒以苏、杭繁华之地,一经挫折,必不能久远。今殿下云有苏浙可以高枕无忧,此必有激之谈,谅殿下高才大志,必不出此也。夫长江者,古号为长蛇:湖北为头,安省为中,而江南为尾。今湖北未得,倘安徽有失,则蛇中既折,其尾虽生不久。

"道理说得够充分的了,李秀成会明白这个道理的。"洪仁玕派人把信送走后,满怀希望地想道。

5月24日,洪仁玕、陈玉成指挥太平军兵分三路与多隆阿大战于挂车河至棋盘岭一带,清军多隆阿督各将分五路抵挡,双方激战竟日。黄昏时分,清军阵势开始凌乱,然后向四处溃散。洪仁玕、陈玉成正要挥军追击,忽报天国叛将韦志俊从枞阳直捣练潭,切断了太平军粮道,陈玉成被迫退回桐城。

第二天,洪仁玕忽然被召回天京。

洪仁玕应召来到天王府,宫女楚小青将他引到荣光大殿东厅。洪秀全还没有来,洪仁玕就在一把红木椅子上坐下来。楚小青送来茶盘,然后退了出去。

忽然,洪秀全满脸怒气地冲了进来,他没有跟洪仁玕打招呼,只是低着头在地上来回走着,过了一会儿,才对洪仁玕说:"这些番佬真是欺人太甚!英国水师提督何伯从汉口领着舰队去上海,经过天京的时候留下了他的助手巴夏礼与天朝谈判。巴夏礼居然提出:太平军不得进入上海、吴淞附近百里以内的地方,否则他们就要用武力来制止。你说,像这样的无理要求我们能答应吗?"

洪秀全经常出现这样的冲动,洪仁玕很担心他因此而作出过激的决断,就说:"我看应该答应他们。"

"你说什么?"洪秀全站住了,怒视着洪仁玕。

"英王与忠王合力攻打武昌的大计没能如愿,安庆的情势至今十分危急,因此在近期之内天军无力去攻打上海,既然无力攻打,为什么不能顺水推舟,答应他们的条件呢?"

"有没有力量打上海是我们的事,跟他们番佬无关!"洪秀全怒气未息。

洪仁玕倒了一杯茶,送到洪秀全面前,洪秀全接过来,一饮而尽。这时洪仁玕已经拿过茶壶,重新倒满,洪秀全又喝干了,然后又是一杯。

"话是这么说,"洪仁玕继续说,"但外国佬做事常常是不讲理而讲利,因此我们对付他们的时候也是无理可讲的。重要的是,这次谈判顶了牛,就会使游移于清妖和天朝之间的外国佬更倒向清妖,这对我们是不利的。"

三杯茶水下肚,洪秀全的肝火消减了许多,他坐下来,沉思了片刻。

"我看先答应他们一年之内不进攻上海。"洪仁玕又加了一句。

"还是玕胞想得周全。"洪秀全点了点头。

听说陈玉成离开集贤关,留刘玱林等驻守赤冈岭,胡林翼失笑道:"四眼狗一向精明透顶,不想这一回却犯了糊涂。"

陈玉成的两只眼睛下面各长了一颗黑痣,因此得了个"四眼狗"的绰号。

"抚台大人何出此言?"正在他身边的同知曾贞干问道。他是曾国藩的幼弟。

"赤冈岭是一座孤山,四眼狗据集贤关,可以与之相呼应,今集贤关的主力已撤;赤冈岭就成了孤立无援的绝地,这是兵家之大忌。三国时马谡守街亭的时候就犯了这样的错误,现在发逆重蹈覆辙。只要围山十天,发逆必然无水无米无薪,自行奔溃。"

曾贞干如闻经典,领首不止,但还是担心地问:"不过,发酋程学启还在集贤关,离赤冈岭只有三里路,随时都可以呼应。"

"四眼狗错就错在这里,他把主力都集中在赤冈岭上了,程学启管不了大用。再说,九帅(九帅指曾国荃)已经设下了招降程学启的密计。"胡林翼说。

原来曾国荃打听到程学启对乳母十分孝顺,便派人将她和她的儿子程睢栋抓获,逼迫她到程学启处劝降,并威胁说:"要是程学启不投降,你回来就见不到你儿子了。"

乳母无奈,就扮作乞丐来到程学启军营,跪在地上哭求程学启救她的儿子。程学启一时没了主张,他百般劝解乳母,一面长吁短叹,抓耳挠腮。

与此同时,曾国荃派人将这件事泄露出去,让安庆守将叶芸来知道。

"你等着吧,不出十天便有消息。"胡林翼对曾贞干说,他觉得曾国荃的逼降之计十分出色。

再说鲍超是个性急的人,他急于立功,没有听从胡林翼围困十日的主意,第二天黎明便率军攻打赤冈岭。湘军一步步向山上进逼,山上的四个营垒却阒无声息,湘军正疑心发逆已经逃窜,忽然四垒枪炮齐发,弹下如雨,湘军纷纷倒地,死伤七八百人,活着的连滚带爬,退下山坡。

鲍超吃了大败仗,改变了办法,在山四周筑炮台数十座,昼夜不停地向山上轰击。山上的太平军只有五座炮台,刘玱林仍指挥天军开炮还击。

5月24日,洪仁玕、陈玉成、林绍璋分三路攻打挂车河,不利,仍退回桐城。

赤冈岭上,枪弹在半空中呼啸,炮弹在山坡上炸响……

镇守第一垒的刘玱林想:"英王大概遇到麻烦了,但集贤关近在咫尺,程学启为什么不出兵救援呢?"

此时的程学启在营帐里如坐针毡:安庆被围达一年之久了,曾氏兄弟势在必克,就连百战百胜的陈玉成,亲率十万大军都救不了安庆,被逼得退到桐城去了,刘玱林确是一员猛将,但身据赤冈岭绝地,殉难最多也就是这三五天的事。我怎么办?死守下去,是难逃厄运的,投降吧,实在是一场赌博,或许能侥幸求生,但未必不遭屠戮。

正在瞻前顾后、左右为难之际,忽然叶芸来派人来到军营,传程学启回安庆商议军机。

"事情败露了,"程学启想,"只有投降一路。"一不做,二不休,程学启当即斩杀了叶芸来的传令兵,带领部众投奔曾贞干大营而来。

赤冈岭上的天军又坚持了十几天,弹尽粮绝,四座营垒均被炸坏,湘军已经进逼到山腰,开始向天军喊话劝降。

一天早上,都司朱洪章喜出望外地闯进了曾国荃大营,报告说:"赤冈岭上有三座营垒的发逆投降了。"

"多少人?"

"两千八百多。"

"发逆向来诡谲莫测,倘若是诈降——"曾国荃半惊半疑。

"让他们交出兵械如何?""对,你赶快去,相机行事。"

"兵械交了以后怎么办?"

曾国荃知道朱洪章是个喜表功、爱逞能的人,就反问道:"你说呢?"

"杀!"

"这么多人,怎么杀?"

"分批杀,"朱洪章胸有成竹地说,"每个垒设一卡,每次叫出二十个人来,过了卡以后押解到山下深谷,半天就可以杀完。"

曾国荃脸上顿时出现了一丝悲酸神色,沉吟了半响,说:"我的心太慈了,成不了大器,这事交给你去办吧。"

得了替上司分忧的机会,朱洪章沾沾自喜地跑出了营帐。曾国荃看着他的背影,笑了,想道:有这么个人在身边,真是难得。

就这样,朱孔堂、李四福、贾仁富以及赤冈岭三垒的两千八百名降兵全部被杀害。

听到朱孔堂等人投降的消息,刘玱林怒不可遏,他对第一垒的将士们高喊道:"叛徒变妖降敌,真是穷羞极耻,败坏天军的名声!弟兄们,头可断,不可降,男子汉,要死得堂堂正正,要跟湘妖拼杀到底!"

"听从刘主将号令!跟湘妖拼杀到底!"将士们齐声响应。

6月9日,赤冈岭上的最后一座营垒被湘军攻破,刘玱林和一千多名将士全部阵亡。

刘玱林牺牲后的第六天,李秀成的先头部队仁天安蔡元隆一举攻克武昌县,离武昌省城只有九十里,李秀成本人进抵兴国州,其部下健天安谭绍光攻占了大冶,鄂东地区的长江南岸均为太平军所控制。

6月27日,英国驻汉口领事金执尔来到兴国,李秀成接见了他。

"我国的商船有一千六百捆生丝在汉口附近被贵军扣留,敬请阁下下令归还。"金执尔说。

"这好说，我会下令的。"李秀成说。

"谢谢！"金执尔说，接着便转了话题。"我想阁下这次来是攻打武昌的。"

"有这个打算。"李秀成不想隐瞒。

"贵国英王陈玉成比阁下早来了两个月，"金执尔说，"阁下知道他为什么没打武昌吗？"

李秀成不愿把两军未能如期会师的事告诉金执尔，就说："不知道。"

"因为武昌守军势力雄厚，"金执尔的语气十分肯定，"所以他带领部下赶赴安庆去了。"

"阁下提供的情况很重要。"李秀成言不由衷地说了一句。

金执尔注视着李秀成的脸，但猜不透他在想什么。

简短的会见结束了。李秀成听说金执尔要去黄州，便给赖文光写了一道谆谕，托他带去。

金执尔走后，李秀成很有些怅然：对于洋人，自己一向是以礼相待的，但自从上海之役以后，便对洋人有了警惕。金执尔说武昌守军势力雄厚，恐怕未必可信。然而，陈玉成向来是喜欢打硬仗的，为什么没有单独攻打武昌？大概是担心兵力不足。我虽然拥有四十万人的兵力，但其中有三十万是刚招来的新兵，他们几乎没有什么战斗力。

我没能按期到达，致使会师未能成功，陈玉成恐怕是会心存芥蒂的。他当然知道，我参加西征是很不情愿的，要不是为了招兵，我或许已经去打杭州了。如今，既然我已经到了武昌城边，弃之而去，岂不是功亏一篑？但如果未弄清虚实而贸然攻打武昌，也许是不明智的举动。

正在进退两难之际，李秀成接到了洪仁玕的信。

李秀成不得不承认洪仁玕的战略眼光是敏锐的。

眼前的这封信，不但有立论，而且说理周全严密，简直无懈可击，这就更激起了李秀成反驳的欲望。何况，双方的主张是不同的，正如古人所说："道不同，不相为谋。"如果按洪仁玕的意图行事，那么我李秀成不是单独攻打武昌，就是挥军北援安庆，这与我经略东南的见解是大相背谬的。

想到这里，李秀成当即提笔写了复信，信中说道："特识高见，读之心惊神恐，但今敌无可败之势，如强食未熟之果，则其味必苦，后当凛遵。"

信刚写完,忠二殿下李容发就进来禀报说。侍王李世贤在乐平兵败,陈玉成回援安庆失利。

"向各地将领发出谆谕,撤离湖北,到江西瑞州集中,先援侍王,然后去攻打杭州。"李秀成吩咐道。

"武昌我们不打了?"李容发惊奇地问。

"得了苏州而不得杭州,就像大鸟没有翅膀。"

就这样,李秀成挥军东返了,他的行动,不论是洪秀全和天国诸王,还是曾国藩及清军要员,都感道意外。

金执尔去黄州以后,并没有把李秀成的信交给赖文光,因为他不愿南北两岸的太平军互通消息。谁也没有想到,若干年后,这封信竟几经辗转流入英国博物馆中,作为文物珍藏起来,这是后话。

为了防止程学启再次叛变,曾国荃把程的部众安排在安庆城北两道壕沟的中间地带,这样,程学启向南面对着城里的太平军,叶芸来恨不得将他碎尸万段,向北则面对着湘军,一举一动都要遭到监视。

程学启知道,安庆北门西侧十到十五丈远的地段土质松软,是挖地道的最好位置。他很想向曾国荃献上自己经过深思熟虑的攻城之计,然而现在,他想要接近一个湘军的大兵都是不可能的,因为每次吃饭,湘军都放下吊桥,把饭放在车斗里,用长木棍把车子推过来,程学启的降兵们把饭卸下,湘军再把车子拉回去,然后升起吊桥。

"即使我能见到九帅,他也不会相信我的。"程学启为自己怀才不遇而感到失落。

但他的部众却常常隔着壕沟跟湘勇们扯着嗓子对话,因此这些被隔绝的降兵们也就不断地听到外面的消息:

陈玉成约皖南杨辅清来援……

胡林翼因焦急而发了大病,阅读案卷不过数行,两眼便一片昏黑,行动须有人扶持,才能站起……

陈玉成从南路、林绍璋和吴如孝从北路,黄文金由东路,攻打挂车河,与多隆阿激战竟日,林、吴一路不支,退回桐城……

陈玉成、杨辅清率四五万人,猛攻湘军之背,湘军死伤惨重,发逆占领了集贤关,在关口、毛岭、十里铺一带扎营四十余座……

最后这则消息太可怕了,刚献上集贤关投降官军,一转眼工夫,集贤

关又落入了发逆之手了,风云变换如此之速,真叫人无法揣测。我投降,无非是求条生路,现在陈玉成又打回来了,眼看着我又走进了死路。早知如此,何必投降?

再次叛变是不可能了,陈玉成、叶芸来绝不会饶恕我,事到如今,只有死心塌地地为大清朝廷卖命!

这天早上,忽然壕北的湘勇通过吊桥运来了大批粮食,说是让程学启的降兵们自炊,接着就得到了消息:外壕北面的湘勇移到西门去了。

"狗日的曾国荃!"程学启心里骂道,"他把打援的兵撤了,好让发逆直接冲过外壕来打我,这是要置我于死地!"

士兵们忙着搬粮食去了,营帐里没有人,程学启呜呜咽咽地哭了起来。

过了一阵,程学启转念又想,这也许是立功的好机会,只要我能打退发逆的援军,曾国荃会相信我的。

太平军占领集贤关以后,立即南下,开始攻打安庆城北的外壕。

程学启的阵地顿时成了一片火海,炮弹纷落下来,火柱窜射半空,尘土四处飞扬。

轰击过后,太平军一面向壕里堆填土袋和草捆,一面开枪掩护。土袋和草捆越填越高,渐渐跟地面齐平了……

程学启声嘶力竭地喊道:"弟兄们,我们投降了一次,不能投降第二次,要想活命,就要守住阵地!"

喊完,便亲自点燃火桶,扛在肩上,奔向壕沟,将火桶抛出,填在壕沟里的草捆燃烧起来,浓烟腾空……

出乎程学启意料,几十个天兵竟然腾挪跳跃,迈过大火,冲进了程学启的阵地,程学启身先士卒,挥刀扑上,部众跟随其后,与太平军展开肉搏……

填到沟里的草捆燃烧过后,土袋便坍塌下去,后面的天兵无法过壕。过了壕的天兵失去了后援,全部战死……

接连数日,天兵一次又一次地填壕,冲过壕来,程学启率众扑击……如是者数十次,但天兵大队最终仍未能过壕。

忽然有一天,壕外东西两侧的湘军夹击太平军,将他们打退,壕外阵地又为湘军所占领。同时,新的消息传来:曾国荃大军占领了菱湖,湘军已迫近安庆城下。

还听说,曾国藩通过恭亲王与英国人交涉,要求严禁外商接济太平军粮食,英国公使向本国领事发出训令,英国军舰当即封锁了长江江面,洋船无法再在安庆停泊……

这个消息使程学启非常高兴,他知道,自从安庆被围以来,粮米油盐、军火弹药一直是靠外国商船不断接济的。

又有消息说,陈玉成暗地里用小船向城里运粮,被湘军截获……

"立功的机会到了,安庆守军断了粮,连三天都守不了。"他想。

程学启连做梦都想不到,曾国荃居然召见了他。

"这一场守壕战,你打得很好,我已经给朝廷递了奏折,表彰你的功劳。"曾国荃说。

听说自己的名字写到奏折里去了,程学启浑身都颤抖起来,感激的热泪随之涌出。

"你要洗心革面,痛改前非,忠心报效朝廷,再立新功。"曾国荃又说。

程学启感恩戴德不迭,立即将挖地道之计和盘托出。

曾国荃十分高兴,笑道:"这次围攻安庆,我们耗费了火药十七万斤,铅子五十万斤。城里的发逆弹尽粮绝,我们的火药也所剩无几了。不过,我念你一片赤心,还是决定把最后的四十捆炸药给你们送去,事成之后,我保举你做个游击。"

程学启跪在地上,千恩万谢,叩头不止。

1861年9月5日凌晨四鼓,程学启指点降兵们在安庆西北门埋设的地雷炸响了,程学启亲自率领部众冲上缺口,在他们身后,湘军蜂拥而上……

叶芸来、吴定彩巷战而死,城里守军一万六千人全部牺牲。

像每次城池陷落所出现的场面一样,杀戮、放火、抢劫、奸淫……

不过,安庆陷落之时,有一个人趁混乱之际跳上一只小船逃生了,他就是跟叶芸来一起负责镇守安庆的谢天义张潮爵。

第二十章　洪秀全擅改国号　李秀成接见英使

第二十一章

洪秀全封王晋赏　陈玉成被革心灰

安庆惨败之后,洪秀全陷入了恼怒和懊丧的心情之中,为了保住安庆,他尽了全部的力量,先是设围魏救赵之计,发动大规模的西征,计划落空后,又派出最得力的军事首领洪仁玕率军赴援,各大战场的兵力也任凭洪仁玕、陈玉成调遣,有奏必准,然而,折腾来,折腾去,安庆还是丢了。叶芸来、吴定彩殉国,陈玉成兵退庐州。

洪仁玕、陈玉成都是我最器重的人,然而,安庆失守,其过至大,有过者必究,不然,则无以行军令。

当年诸葛亮挥泪斩马谡,只因街亭之失,我与诸葛亮相比,可宽宏得多了。

于是,洪秀全当即撤去洪仁玕的军师职务,同时,封林大居为敬王、秦日南为畏王,并派遣他们捧圣诏三道、圣旗一面前去庐州,严责陈玉成,并将其革职。

但麻烦随之而来,洪仁玕、陈玉成革职,谁来掌管朝政军务?

蒙得恩已经病逝了,朝政仍须由洪仁发、洪仁达来执掌。但是军务呢?

洪仁玕、陈玉成被革,李秀成的地位便空前突出了,这个局面更加令人担忧!

看来,权力集中在少数人手里,总是叫人不放心的,因为这样的话,主子就没有多少选择余地。前段时间,洪仁玕、陈玉成、李秀成权倾朝野,结果呢? 李秀成不听君命,洪仁玕、陈玉成安庆惨败。他们一败,我就失去了依靠,假如他们都获了大胜呢? 那就难免冒出第二个杨秀清来。

怎么办? 经过了几个昼夜的苦思冥想,洪秀全终于悟出了一番道理。

把权力分散下去,是杜绝臣子势力膨胀的好办法,只有如此,才能保障我这个天王的权力不受威胁。这个方略叫作"强本弱枝"。

现在天朝有九个王,这不够,还应该多封。于是,洪秀全又提起朱笔,再拟封王诏旨:封陈得才为扶王,赖文光为遵王,梁成富为启王,蓝成春为祜王,陈仕荣为导王,这五个人都是陈玉成的部下。

这些人封了王,其他同类情况的人怎么办?总要取得平衡才是。于是再封陈坤书为护王,童容海封保王,谭绍光封慕王,陈炳文封听王,郜永宽封纳王,陆顺德封来王,他们都是李秀成的部下。

这些新王不但可以抑制陈玉成、李秀成,而且他们会对我感激涕零,知恩图报。

洪秀全觉得心里踏实多了,在国势危难之际,他体验到了一种力挽狂澜、日理万机的愉悦。封王的思路真是杰出的发现,既避免了专权,又笼络了人心,尤其是各王的命名,更是文思如泉,天赐灵感,佳词妙语迭出。

然而没过几天,洪秀全就感到疲倦不堪了:封王实在是件麻烦透顶的事,封了张三,立即就发现李四跟张三情况差不多,于是只好又封李四,封了李四,又发现他还不如王五,于是再封王五,封了王五,又不得不封赵六.这样,封一个,就带出一群来。再说,封了王,王以下的职爵就不能不封,天将、朝将、神将、主将,还有义、安、福、燕、豫、侯六爵,再有丞相、检点、指挥、将军、总制、监军……有战功的、资历老的、与王族沾亲带故的,都想加官封爵。真把人搞得耳鸣目眩,头昏脑胀。

加封的诏旨写了一道又一道,书案上摆不开,就挂在墙上;墙上挂不开,就铺在地上,等墨迹干了之后,就叫人发送出去,然后再继续写……

洪仁发、洪仁达见洪秀全如此这般忙碌不止,十分心疼,都劝说洪秀全不需事必躬亲,并表示愿意替他分忧,当此重任。心力交瘁的洪秀全觉得两个哥哥说得有理,便声称天父托梦给又正月宫赖莲英说,"命天王此后勿再自理庶政",把封王晋爵以及其他的杂事交给他的两个哥哥。

洪仁发、洪仁达喜气洋洋地捧着天王的玉玺走出了天王府。

消息传开,信王府、勇王府立即门庭生辉,车水马龙。各路头面人物携带着礼品纷纷前来拜谒,开始是十斤鲜荔枝,一筐大红枣,后来是两坛绍兴酒,三匹黄绸缎,再后来是一块洋怀表,四对银镯子,规格越来越高,三个月后,没有金首饰、洋古董就进不了两府的大门,不到半年,开始送倾国倾城的美人……

有志者,事竟成,大约进过信、勇两府达三次以上的,几乎都能如愿以偿,盖着天王御印的任命诏旨像雪片一样从两府飞出,带着天朝的无限恩惠,落进了千家万户……

再兑陈玉成安庆之战铩羽而归,本来就沮丧不已,如今又遭天王的贬抑,就更加心烦意乱,消沉颓丧。

想想自己戎马十几年,也算是轰轰烈烈,三洗湖北,九下江南,征江西,伐苏皖,破州县一百五十余处。一克武昌时率童子军首先攀城,二克武昌又率五百敢死之士缒城先登;为解镇江之围,驾一只小舟冒枪林弹雨冲过敌群;三河镇之役,大败李续宾,乌衣一战,全歼清军马队;那不可一世的胜保,与我见仗四十多次,都败在我手下……

然而,就因为安庆一战之败,天王就不分青红皂白地把我革职了!

陈得才、赖文光他们都封了王,但他们为什么封王?他们跟我是一起参加安庆大战的,仗打败了,按道理讲,他们就应当与我共同承受责罚,至少不能得到晋升,然而,天王却莫名其妙地贬抑了我,提拔了我的部下,完全乱了章法。他这样做,无非是为了分散我的权力而已。

天王猜忌外姓臣,李秀成早就觉察到了,可惜我先前只顾在疆场上冲杀,没有留意到这一点。

或许天王早就想这样做了,只是现在才找到了最恰当的机会……

听说天王还在不断地封王,洪仁发的七个儿子和洪仁达的两个儿子,还有天王的女婿也都封了王。天王大概没有意识到,他是在自隳长城。只有虫而没有龙当然不行,然而一旦把虫们都封成了龙,局面就更不堪收拾……

陈玉成越想越伤心,他觉得自己跟天王之间落下了一道无形的屏障……

再说庐州官兵得知主将革职而部下封王,顿时一片哗然,就连刚被封了王的陈得才、赖文光、梁成富、蓝成春、陈仕荣也觉得不是滋味,他们一起来找陈玉成。

"安庆之败,首因当归忠王武昌会师误期,次因是章王一接仗便退到桐城。天王却把过错全都推到英王身上,这太不公平了。"赖文光牢骚满腹。

"英王和干王都是尽了全力的,却都被革了职,真叫人寒心"。陈得才也说。

"我提议,咱们一起上一道本章,要求天王恢复英王的职爵。"赖文光又说。

"天王的成命哪能随意收回?身为人臣,我只能鞠躬尽瘁,效忠天国,"陈玉成说,"你们封了王,是好事,以后就更有用武之地了。"

"不,我们还是听英王殿下的。"赖文光说。

"对,都听英王殿下的。"众人一齐说道。

"谢谢各位的一片诚心,"陈玉成很受感动,"安庆这一仗我们打败了,下一步怎么办?"

"英王心中必有打算。"陈得才说。

"我想北伐,"陈玉成说,"去年我就派出了张林、刘和荣等十几个人分赴北方各地,探听消息,联络内应,张林在山东已经发动了两千多人,准备迎接北伐大军。"

遵王赖文光提出了异议:"当今安庆既失,当务之急是北连张洛行、苗沛霖以巩固天京北方,然后出奇兵进取荆湘之地,如此,不出半年,兵多将广,便可以恢复本省,巩固京师,这是上策。"

陈得才几个都觉得赖文光的主意很在理,因为这样可以舍远图近,驾轻就熟,比较稳妥,但又不好意思驳陈玉成的面子,就都不吱声。

陈玉成没有接受赖文光的提议,仍按自己的意见作了部署。

按照这个部署,全军分四路出动:第一路由主将马融和等人率领卝至皖北,会合原捻军首领征北土将张洛行围攻颖州,清钦差大臣胜保前往救援,双方激战近二十天,太平军未能攻克城池,即撤围西入河南……

第二路由扶王陈得才、启王梁成富、遵王赖文光、祜王蓝成春统领过颖州境直入河南,攻打新蔡,未克,再攻南阳府……

第三路奏王苗沛霖从寿州北上攻蒙城,不料,苗沛霖却向胜保投降了……

第四路为预备队,在庐州接应各路,尚未出发,庐州就被清军包围了。

对于三路北伐大军的行踪,陈玉成一无所知。

秋天的一个早晨,洪仁玕出门散步,来到大行宫街,正碰上富礼赐在观看大照壁上的字。富礼赐是英国驻沪领事馆翻译官兼代理宁波领事,今年3月来到天京。

"富礼赐先生,怎么就你一个人在这里闲逛?"洪仁玕问。

"我不喜欢前呼后拥的阵势,独身一人在街上走自由一些。"富礼赐说。

"那我就陪陪你。"洪仁玕说。

"我在看天王写的字"富礼赐说。

洪仁玕暗自佩服富礼赐识别汉字的能力。这是洪秀全最近写的天榜,榜文对自盘古到明代的君臣事实悉加评判。

"我不明白,'文狂''武狂'是什么意思?"富礼赐问。

"就是周代的文王和武王。"洪仁玕回答。

"为什么写成'狂'?是不是他们都很疯狂?"富礼赐又问。

"不是,在汉字里,'狂'字的左半边是'犬'字的变形,天王藐视文王和武王,所以就把'王'字写成'狂'了。"

"可是我听说文王和武王是中国古代有名的贤君,天王怎么把他们当成狗?"

"天王这样写,只是为了强调自己才是古往今来的独一真主。"

富礼赐把头摇得像个拨浪鼓。

"走走吧。"洪仁玕想尽快摆脱这个话题,便拉着富礼赐的胳膊离开了。

前面来到一片空地,一群民工在拆除旧房屋,另一群民工运来了砖瓦木料。一个穿黄袍的少年,手里拿着图纸,对民工指指画画。

围观的百姓议论纷纷。

"这是新封的王,在给自己盖王宫。"

"天京城里已经封了九十多个王了,这就得盖九十多座王宫。"

"雨花台的树林子都快砍光了。"

"城外的庙宇营房都拆了,把砖瓦运到城里盖王宫。如今在城外打仗的队伍,连总制和将军都只能住帐篷。"

一个身穿红袍的中年人带着四个姑娘从他们身边走过,她们都只有十五六岁。

"这是怎么回事?"富礼赐问洪仁玕。

"给他的主子选妃。"洪仁玕回答。

"选妃?按照你们天国的规定,只有封了王才能选妃的。"

"昨天才封了一批王。"

"他封的是什么王?"

"原来封的王都有名称,也有等级。东王杨秀清、西王萧朝贵,还有现在的我,是一等王,管理朝政,过去的南王冯云山、北王韦昌辉,现在的英王陈玉成、忠王李秀成是二等王,执掌兵权,翼王石达开、康王汪安钧、堵王黄文金、听王陈炳文是三等王,是会打仗的,昭王黄文英、恤王洪仁正是四等王。后来王越封越多,就不再有名称,干脆一律叫'列王',属于五等王。凡是封了王的,都可以按规定选四个妃子。"洪仁玕解释说。

"广西起兵的时候,不许结婚。现在进了小天堂八九年了,我们的张旅帅还是找不上老婆。满天京城里的姑娘都被选去当了王妃。"百姓中一个青年说。

"他们封王,是因为立了什么功?"富礼赐问一位老者。

"不用立功,只要有钱就能买一个王。"老者的语气里充满了嘲讽。

富礼赐听了,咋舌不止。洪仁玕担心这群人说出更难听的话来,就急忙拉着富礼赐走开了。

1861年12月底,英国海军提督何伯、参赞巴夏礼、"狐狸先生"号军舰舰长宾汉来到天京,要求跟洪秀全进行一次会谈。被革去军师之职、只保留外交权限的洪仁玕以天朝全权代表的名义接待了他们,并向他们询问会谈的内容。

"这是一次秘密会谈,我们希望天王本人能够出面,否则,宁肯不谈。"何伯说。

洪仁玕把何伯的话转告洪秀全,洪秀全"哼"了一声说:"洋人素来反复无常,跟他们会谈是最无效、最恼人的事。"

"华人做事多半讲究义,故能恒定如一;洋人做事喜欢讲究利,因此忽东忽西。他们这次为利而来,是无可置疑的,但只要对我们也有利,又不违背义,我看就可以跟他们达成协议。"洪仁玕劝道。

"这个巴夏礼一向与天朝为敌,不是跑到黄州去阻止陈玉成打武昌,就是跑到天京来要求我们不打上海,这次来准没好事,"洪秀全气愤地说,"陈玉成上了他的当!"

"陈玉成对他还是有所提防的,当时李秀成还没到达武昌,陈玉成就没能单独行动。"洪仁玕为陈玉成辩解了几句。

在洪仁玕的劝说下,洪秀全终于亲自出席了这次会谈。会谈在金龙殿东厅进行,在座的还有赞王蒙时雍等。

"贵国目前所面临的局势,我们是很清楚的。武昌、九江、安庆对贵国来说,是天京的三道重要的军事屏障,但它们都失守了,进攻上海又遭失败……,这样打下去,结局是会很不妙的,用中国古代的一句成语来说,就是'岌岌乎殆哉'!"何伯抢先说道,他显然想先发制人。

"一时的失利不足以显示全局,胜败乃兵家常事,"洪秀全说,"天军两次捣毁江南江北大营,克复苏常,席卷浙江,杭州指日可下,怎么能说是'岌岌乎殆哉'呢?"

"东线的胜利弥补不了西线的损失。我倒是赞同曾国藩的主张,苏浙只能供给金陵米粮,武昌、九江、安庆才是军事枢纽,因此在地利上,你们已经处于劣势,"巴夏礼说,"再说,你们的军队人数虽多,但武器太落后,现代战争不能再靠大刀、长矛和弓箭了……"

"莫非贵国要向我们出售一些洋炮和火药?"洪仁玕打断了他。

"我们能够做的事比这更多。"何伯斩钉截铁地说。

"愿闻其详。"洪仁玕说。

"如果有我英国出动陆军三两万人,加上军舰助战,帮助你们去打清军,结果会怎么样呢?"何伯笑了起来。

洪秀全已经猜破何伯的意向了,便问:"有贵国的军队相助,我想会很快打垮清妖的。不过,以后怎么办呢?"

"由你来做皇帝,两国平分华夏疆土。"何伯回答。

洪秀全笑了,说道:"打垮清妖之后,就平分华夏疆土,那么我洪秀全岂不是要遭到天下人的耻笑?"

"耻笑?"何伯没弄明白洪秀全的意思。

"要是打不垮清妖呢?"洪秀全又问了一句。

何伯、巴夏礼、宾汉都愣住了,他们好像都没考虑到这个问题。

"那就用得上中国古代另一个成语了。"洪秀全继续说。

"什么成语?"巴夏礼问。

"引狼入室。"

何伯先是愤怒,继而转为羞惭。

"满清朝廷昏庸无道,涂炭生灵,以致天下共怒,与洋人签订什么《北京条约》《天津条约》这种行为,我们叫作'卖国'。一个卖国的朝廷不会是长命的。我要是借助贵国的力量来做皇帝,也叫卖国,那时候,就会有新的太平军揭竿而起,把我打垮。而且即使我垮了,我的罪孽和骂名也是一万年洗不清的,"洪秀全说到这里,眯缝着眼笑道,"提督先生,你们说可怕不可怕?"

何伯的脸青一块紫一块。

"何伯先生好像没读过天王的书,天王认为,只有天父才有资格称'皇'称'帝',人间的领袖只能称'王',天王是永远不会做皇帝的。"洪仁玕补充说。

"你们所说的秘密会谈大概就是这些吧,已经谈完了,剩下的事,干王能代表我,代表天朝,恕不奉陪。"洪秀全说完,就迈开大步走了出去。

洪仁玕、蒙时雍站起身送天王离开,然后回到座位上。

"你们天王性格刚烈,寸步不让,还是个雄辩家,真没想到。"何伯说。

"你们应该想到。"林绍璋说,心中有几分自豪。

何伯向宾汉使了个眼色,宾汉从皮包里拿出一份文件,说:"这次会谈的另一个议题,是对贵国提出的四项要求。"

"说吧。"洪仁玕说。

宾汉戴上夹鼻镜,念道:"第一,赔偿去年英人在太平军领域内被劫夺所造成的损失。"

蒙时雍问道:"宾汉先生所说的英人被劫夺,有何凭据?事情发生在何月何日?什么地方?被劫的东西是什么?数量有多少?目击者是谁?"

一连串的提问使何伯等人目瞪口呆,巴夏礼脑子来得快,急忙说道:"我们正在搜集整理这方面的资料,你们会见到的。"

"第二,"宾汉继续念道,"凡是悬挂英国国旗的船只,均可自由航行长江,不接受检查,也不应受到任何其他侵扰。"

洪仁玕反驳道:"贵国收取中国一些不法商人应纳税银的一半,便送给他们一面英国国旗,发给他们护照,让他们冒充英国船,不付税银,自由往来,这样,你们就剥夺了天朝的税收权利,天朝的税卡也就形同虚设了,提督先生,我说得对吗?"

何伯等人无言以对。

"贵国提出此项要求,显然是只图一己私利,不顾他人祸福,这样做是不能促进友好关系的。"蒙时雍又加了一句。

"第三,继续遵守太平军不得进入上海、吴淞一百里以内的协定。"宾汉又念了一条。

洪仁玕接言道:"如果上海、吴淞没有清妖,那么天朝当然不会前往攻取;倘若贵国愿意驱逐清妖,则我天朝可派员前往,这不仅可以安抚人民,也可以保护贵国的商务,贵国为什么害怕太平军进入百里以内呢?"

"这里不存在害怕不害怕的问题,只有保障我方商务利益的问题,贵国不是也同意不进攻上海吗?"巴夏礼说道。

洪仁玕说:"去年天朝曾答应一年内不进攻上海,现在本年将尽,一旦协定期满,天朝仍然要进攻上海的,我们的宗旨是'光复全国,不能弃寸土于不顾'。"

何伯刚要说话,洪仁玕抢在他前面说:"念念第四条吧!"

"第四,太平军不得进入九江、汉口一百里以内,不得扰及镇江英国领事署的所在地金山。"宾汉少气无力地念出了最后一条。洪仁玕立即严正地说:"贵国暗地帮助清妖,派兵驻守重地,钳制我军行动,这已经是尽人皆知的事实,九江、汉口、金山像上海一样,有清妖在那里据守着,贵国不让我们进入,莫非是受了清妖的委托,替他们说话帮腔?"

尴尬了好一阵,何伯怒气冲冲地说:"我不能不遗憾地说,这次会谈很不成功,很不愉快。贵国对我方提议的一一拒绝,证明贵国所表示的友好态度完全属于空言,既然这样,那么我方也要以相应的态度对待贵国。"

洪仁玕与蒙时雍相视而笑。

洪秀全不再"自理庶政"了,他决心埋头于自己的宗教构想,那就是以《圣经》为基础,创造出一套世界上最完善、最精美的宗教体系。第一步当然要审视《圣经》,找出它的不足和漏洞,做必要的删削和修改。

但是,各方面的消息还是左右着他的喜怒哀乐,使他不能专心致志地进行宗教研究。

李秀成率军连续攻克丰化、慈溪和宁波,然后又拿下了杭州。一连串的捷报足以抵消安庆战场上的失败。因此,懊丧之余还能享受到几分欣慰。

现在李秀成部又要打上海了。上海到底该不该打?到现在心里都没有底。李秀成一直是主张经营东南的,打上海很热心,洪仁玕也支持他,他们的理由自然也很充分:打下上海,不但可以从清妖手里夺过与洋人通商的最好地盘,弄到充足的洋枪洋炮,而且也拔掉了清妖东方的一条恶根,切断他们与洋人在海关上的来往。

然而,赖文光是极力反对打上海的,他认为打上海会破坏我们与洋人的和约。这好像没有太大的说服力,然而在一艘洋轮上搜获的一张单据却提供了十分惊人的数字:一家上海洋行在一个月内就卖给了太平军三千零四六支步枪,七百九十五尊野炮,一万零九百七十四磅火药,还有一万八千发子弹。这些数字似乎在证明着赖文光意见的正确:如果不打上海,那么这类军火仍会源源不断地运送到太平军驻地;但是,我们一打上海,就可能使洋人与清妖合流,洋人就会对太平军封锁这些军火。

当然,如果能攻下上海,一切都好办,但是如果攻不下呢?后果恐怕会很糟!

怎么办?想不出任何主意和章程,只有等待,等待李秀成打上海的结果。

世间许多事情是人谋莫能为之的,第二次西征安排得何等周密,结果终成泡影;我所信赖和器重的洪仁玕、陈玉成偏偏在安庆吃了大败仗,而那个横竖都不顺眼的李秀成却在东南战场节节胜利……事先想的跟事后见的为什么总是捏不到一块儿?

如果谋划每每落空,那倒不如少去操那份闲心。

是的,日月如梭,为什么不尽情地享受王者特有的生活呢?当初造反,不就是为了有这一天吗?如果永世操心不止,当初又何必造反?

然而,一想到享受,愁绪立即向心头袭来。饮食从来没有像现在这样丰盛,然而床笫之欢却日渐减退了。镜子里,两鬓的白发日渐增多。难道真是老了?

真是可悲,年轻力壮的岁月,是有能力对付女人的,但那时只是一介穷书生,屡试不第,怀才不遇;现在呢,什么都有了,却已经老朽不堪了。

每次行房之后,都有说不出的疲倦和烦躁,昨夜更是如此。原想一夜宠幸董氏姐妹俩的,谁知跟董春兰交手不到喝半碗热粥的工夫,便一泄如注,然后筋疲力尽地倒下,昏睡过去,害得董秋菊在帐子外面候了一整夜。

"过去了那一霎时,恨不得把她一脚踢到床底下去。"这是自己在十几岁上,大人们谈论这种事体的时候听到的一句话,当时他弄不明白为什么,现在竟把这句已经忘掉三十多年的话猛然想起来了。

大约在世上数不清的生灵中,雄性都在这样。蜜蜂到了交配时节,蜂王飞到空中,身后跟着一群雄蜂,但只有飞得最快的那只雄蜂才能与蜂王交配,但在交配完毕之后,蜂王腿一蹬,就把雄蜂踢掉了,结果把雄蜂的五脏六腑也全掏了出来,挂在蜂王的尾巴上,而雄蜂的躯壳便从空中落下去。雄蜂的这个结局,在它交配之前,是绝然没有料到的,因为蜜蜂不会思考。

人呢?明明知道,却偏要去做。那些纵欲过度的人,即使骨瘦如柴,却偏要气喘吁吁地做颠鸾倒凤的勾当。做一次,懊悔一次,下一次就忘了,又要做。

有没有人们意想不到的诀窍?也许有。不知不觉地,洪秀全又将《素女经》找了出来,开始浏览。一页,又一页,忽然,他被一段文字吸引住了。

素女法:人年二十者,四日一泄;年三十者,八日一泄;年四十者,十六日一泄;年五十者,二十一日一泄;年六十者,即毕,闭精勿复更泄也,若体力犹壮者,一月一泄。凡人气力,自相有强盛过人,亦不可抑忍,久而不泄,致生痈疽……

这段文字为什么先前没注意到?按素女的教导,像我这样的年纪,十六天来一次,才是正理。我做那事太多了,怪不得整日头晕目眩,萎靡不振。不过,这也太可悲了,这么久才做一次,上帝爷火华居然把人造得这样无能!

苏州得月茶楼是个很不起眼的去处,平时茶客不多,都在一楼喝茶,偶尔碰上有点身份的人来,主人就把客人让到二楼。

今天,二楼坐着五位茶客。

坐在桌子北面的人叫徐少蘧,原是纨绔子弟。少年习武,有膂力,可敌两三人,因家财富有,捐了个监生,后又加捐盐运司运同,渐渐成为地方上的一大土霸。太平军攻打苏州时,他暗地组织团练抗拒。克复苏州后,太平军因各方用兵,李秀成只得对地方势力进行招抚,徐少蘧趁机捐献巨额家资,混入忠殿,官至检点,不久封抚天侯。他是今天这次聚会的发起人。

坐在他旁边的是钱桂仁,原为忠殿承宣,后李秀成命他任详天福侯裕田的佐将,守常熟,因打退江北清妖,升慷天燕。他是昨天从常熟赶回苏州的。徐少蘧觉得钱桂仁的官爵比自己高两级,就谦让道:"桂仁兄先说说吧。"

"不,你先说。"钱桂仁摇摇头。

"桂仁兄是天燕——"徐少蘧还想再谦让几句。

"咱们在一起,不要用发逆的官爵论身价。"钱桂仁纠正道。

"好,那小弟就冒昧了。家弟徐佩孺两个月前去了上海,经多方联系,见到了大清江苏巡抚薛焕,把咱们的情况说了,薛抚台奏请朝廷,已经拨给咱们二十万饷银,让咱们组织武装势力。"徐少蘧说,他隐瞒了清廷授予他二品顶戴并赏戴花翎的事。

"家兄钱百春降了大清还不到一年就当了守备,我们要是干出点成色来,比他的前程要大得多,"钱桂仁说,"现在我们碰上了好时机,李秀成出师江西的时候,留下了后军主将陈坤书来守苏州,可是这个陈坤书放纵士兵骚扰百姓,闹得臭名远扬,到今年李秀成回师浙江时,百姓纷纷前去控告,陈坤书害怕李秀成治他的罪,竟带着队伍去了常州。他一走,苏州就成了我们的天下,此时不动手,更待何时?"

"我在苏州可以发动三万人。"说话的是李文炳,他原来是个茶商,参加过小刀会起义,后来叛变投敌,随江苏巡抚吉尔杭阿攻镇江太平军,升候补道,后来奉命驻守苏州。太平军进军苏州时,他开城门投诚,以此功被封为江南文将帅。李秀成攻打杭州,命他前往。为了商讨举事大计,他推说家母生病赶回苏州。

"我也可以发动两万人,但我远在乌镇,这一次在苏州举事很难加入,不过我能拿点儿钱。"何信义开口了,他原是清廷的候补县丞,曾在江南大营帮办军务张国梁的部下做事,太平军破江南大营时杀了张国梁,他溃退到苏州,太平军进军苏州时,与李文炳一起开城门投降太平军,封浙江文将帅,驻军浙江湖州乌镇。

"信义兄如今是个大财主,在乌镇开了六十多家烟馆。"李文炳说。

众人一齐笑了起来。

"小本生意,小本生意。"何信义连连摆手说。

楼梯上响起了脚步声,众人都缄默了。堂倌儿走上楼来,端过一盘炒花生仁儿,又在茶壶里加满了开水,然后下楼去了。

等茶倌儿的脚步声消失后,徐少蘧问道:"万荃兄怎么不说话?"

熊万荃是湖南长沙人,父亲做过清朝的官员,他加入太平军后,隶属李秀成部下，是个小小的指挥。此人专好阿谀逢迎，去年托人通过信王洪仁玕转献给天王一只经过训练、会背诵天王诏旨的鹦鹉，竟跳了四级晋封为巍天豫。他随李秀成到杭州后，特意找匠人在一架挂钟上镶了"寿比南山"四个金字，说是忠王的母亲生日到了，要用此礼物庆寿，李秀成就派他回苏州来了。这次聚会，面对着众人，他很有些自卑，徐少蘧不仅是个发起人，而且能与薛抚台联络，要来了饷银；钱桂仁有个当守备的哥哥；李文炳能拉起三万人马；何信义能拿出钱来。我能做什么呢？所以他一直不说话，现在徐少蘧这么一问，竟张口结舌了。

这时李文炳取笑道："万荃兄大概是训练鹦鹉太辛苦劳累了，顾不上考虑咱们的事。"

众人哈哈哈地笑了一阵。熊万荃满脸通红。

徐少蘧取笑说："不，万荃兄是个机灵人，必有锦囊妙计。"

不料徐少蘧的这句话竟像燧石一样点燃了熊万荃的灵感火花，他脱口说出一句大家都认为十分重要的话来："李秀成马上就要打上海了。"

"这个消息非常好，"徐少蘧惊喜地说，"他打上海，就无暇西顾，我们正好举事。"

"什么时候打？"钱桂仁问。

"腊月初八，阳历的1月7号。"

"我们最好在他开战后的第十天左右举事，"徐少蘧说，"那时候上海的仗打得最热火。"

"我看就定在夏历腊月十九这天。"钱桂仁说。

"就这样办。"众人应和道。

"下面再商量一下怎样分头行动。"徐少蘧说。

徐少蘧们一丁点儿也不知道，刚才那个堂倌儿是李秀成的心腹温大钧。原来李秀成率军克复苏州后，觉察到苏州上上下下人事复杂，但一路东征，攻克城池较多，每地都要有队伍留守，又要率大军继续东进，兵力不足，只好暂时采取安抚之策，仍然起用一些降将和原有的官僚。为了防止兵变，他离开苏州时布置了很多眼线，温大钧就是其中之一。他发现徐少蘧几个有两次都到得月茶楼聚集，便找到这里的老板，混了个堂倌儿的差使。

徐少蘧们的行动很快，不到一个礼拜，李文炳就跟他的部下串联起来,何信义也联络了一万多闲散于附近村镇的团练。为了避免夜长梦多,他们准备提前三天举事。

腊月十六日这天,时间过得格外缓慢,徐少蘧们都在焦急地等待着,等待夜幕降临后三支火把在城南门燃起,这是举事的信号。为了麻痹周围的人,他们故意装出一副无所事事的样子:徐少蘧埋头于书案练着写字帖,钱桂仁到处找人下棋,何信义怪腔怪调地学着唱苏州评弹,李文炳模仿当年刘玄德的韬晦之计,给菜地里的萝卜浇水,而熊万荃又去买了一只鹦鹉,放在笼子里,提着它到处闲逛……徐少蘧拿着毛笔伏在书案上正练的起劲,忽然,熊万荃惊慌失措地闯了进来,叫道:"不好了,忠二殿下李容发带了一万多人马回苏州来了,李秀成随后就到。"

徐少蘧的手一抖,毛笔掉到红纸上,墨迹四溅。须臾,他镇定下来,气馁地说:"我们的事大概是泄露了。"

"怎么会呢?"熊万荃不敢相信这个事实。

"赶快告诉他们几个,停止行动。"徐少蘧果断地说。"哎!"熊万荃应了一声,慌忙跑了出去。

中午时分,李秀成回到了苏州,他把李容发和慕王谭绍光叫到了忠王府。

"这次准备参与作乱的人多达三四万之众,一时难以剪除,如果操之过急,会引起哗变,"李秀成说,"我们只能先行安抚,再分头制裁。"

然后,李秀成对两人如此这般地吩咐了一番。

当天下午,李文炳被调到昆山,熊万荃被调到海盐。

次日,李容发带两千将士查封了徐少蘧用薛焕的饷银购买来的枪船,缴获洋枪一万二千支,却表彰了徐少蘧为天朝购买枪支之大功,并让他掌管长洲全县军政大权。

四个月后,李秀成在昆山捕杀李文炳。两年后,徐少蘧被李秀成逮捕。又过了一年,清军进犯苏州,攻陷浒墅关时,慕王谭绍光亲自杀死徐少蘧。

第二十一章 洪秀全封王晋赏 陈玉成被革心灰

第二十二章
陈玉成愤然赴死　李秀成功败垂成

1862年1月20日（农历十二月初十），是洪秀全的生日，像往年的这一天相同，天京城里彩旗飞舞，鼓乐大作，一片欢腾景象。

再说三路北伐军出发以后，陈玉成忽然收到天王的圣诏，命陈玉成与扶王陈得才"进兵取粮"。陈玉成立即派人与陈得才联络，但此时陈得才已去河南，军书未能送到。这时，清军已晋升为荆州将军的多隆阿趁庐州空虚，率军大举围攻。陈玉成分发了三道紧急文书，调三路北伐军回援，不幸文书均被清军截获，未能送达。

旷日持久的守城战开始了。

多隆阿连破庐州附近的买卖街、大兴集、长宁河、中庙……

钦差大臣袁甲三攻庐州北面的梁园……

李续宜也奉清廷之命从湖北来安庆督师……

总兵张德胜攻占了庐州以北的店埠……

庐州城里的茕茕孤军只能坚守不出，等待外援。

三个月了，庐州守军的处境日益窘困。

一直忙于打探消息的导王陈仕荣满脸愁容地告诉陈玉成说："忠王全力攻打上海，侍王李世贤在浙江为左宗棠所牵制，辅王杨辅清、堵王黄文金、襄王刘官方正在与湘军曾贞干、鲍超周旋，他们都不能分军援助我们。天王也曾派出护王陈坤书、对王洪春元渡江作战，但频频失利，退回天京。北伐的三路军马仍然没有消息。"

"援绝粮尽，庐州看来是守不住了！"陈玉成叹了一口气。

"有个从寿州来的乞丐，说一定要见殿下。"吕中宝进来禀报。他在乌衣之战中立了大功，陈玉成将他提拔为参护，职同指挥。

"寿州？苗沛霖在那里，"陈玉成说，"赶快叫他进来。"

果然，乞丐是苗沛霖派来的信差，他从竹杖内取出一封写在黄缎子上的密信,交给了陈玉成。苗沛霖在信中说:"寿州兵多粮足,请英王前去,然后一起攻打开封,以图中原。而庐州乃是孤城,为兵家之绝地,以英王盖世英雄,何必为残妖所困。"

陈玉成见信后,立即召集部属商议行动大计。

兵部尚书殷燮卿说:"苗沛霖反复无常,是个地道的小人,殿下万不可轻信。"

"论道不论人,"陈玉成反驳说,"在用兵方略上,我与罗大纲是一致的,占据大江以北,黄河以南,然后渡河直捣燕京。苗沛霖的意见正与我相合。"

"殿下的军略主张平时说过多次,苗沛霖早已知悉,这封信不过是有意迎合殿下而已,殿下千万要三思而行。"殷燮卿苦劝道。

"殷尚书之言有理,"陈士荣说,"这封密信我觉得有些可疑,我们向外送出的信,都没有回音,恐怕多半是被清妖截获了;而苗沛霖的信为什么就能如此顺利地通过清妖的兵营,送进城里来呢?"

陈玉成不以为然,反驳道:"那可说不准,我们不是也知道一些外面的消息吗?援军不来,或许因为来不了,不是信没送到。"

户部尚书孙效武说:"与其移兵寿州,还不如回天京面见天王,作出周密计议后,重整旗鼓,何愁残妖不除?"

听了孙效武的话,陈玉成积压在腹中的一股闷气猛地泛上心头:安庆的惨败已经使他无颜面对众臣,天王不分青红皂白地将他革职,更使他愤愤然有不平之意,在安庆战场上经历了五个月的殊死搏斗之后,等来的却是革职除爵的三道圣诏和一道圣旗。天理何在? 公道何在? 究竟是出于谋略上的考虑,还是由于负气心理,他自己也说不清楚。总之,陈玉成现在只想到中原地带开辟新的战场,而最不想去的地方就是天京。刚才孙效武的话恰好触到了他的痛处,于是便气冲冲地说:"本王用兵以来,战必胜,攻必取,所向无敌,今天请各位来,不过是虚心听取善言,然而,此等谬说,大拂我意。"

孙效武这才意识到自己的话犯了忌讳,吓得不敢再吱声了。

"突围去寿州,不用再商议了,"陈玉成怒气未息,"各位请回吧!"

5月13日,陈玉成率部众从庐州府城突围,破清营三座,连夜直奔寿州。

却说这个苗沛霖,是安徽凤台人。十几年前,清廷在各地办理团练,苗沛霖任练总。他修筑的寨堡,捻军从未攻破。因此被提拔为四川省川北道道员,并赏加二品顶戴、布政使衔。1861 年,苗沛霖与寿州士绅孙家泰发生矛盾,派兵攻打寿州,清廷处死了孙家泰,苗仍不肯罢兵,清廷遂改抚为剿。苗沛霖不得已,派人前往庐州与陈玉成接洽,陈玉成命陈得才与之会晤。就这样,苗沛霖投奔了太平军。陈玉成向天王保奏,封他为奏王,并送去太平军旗帜、衣物、印信等,苗沛霖也献出九百余石米粮。之后,即配合太平军进攻颍州。被围困在颍州的署理安徽巡抚贾臻接连向清廷告急,清廷派钦差大臣胜保率军南下。胜保想利用苗沛霖剿除捻军,允许他再次归顺朝廷,并要求他"诱擒逆首",以表心迹。于是,苗沛霖又一次投靠了清廷。

可惜陈玉成对苗沛霖的再次叛变毫无所知。

陈玉成率领四千将士来到东津渡,离寿州城只有五里之遥,庐州失守的烦恼渐渐地排解了,一种再试身手的欲望从心底萌生出来。"我军暂踞寿州,与苗沛霖合作共进,再跟扶王陈得才、沃王张洛行分兵扫北,中原地域辽阔,是兵家用武之地。"陈玉成对身边的陈士荣说:

"进取中原,乃是天朝用兵之大计,现在回想起来,我们建都天京是绊住了自己的脚。"陈士荣颇有同感。

"我们做的许多事情,都是事后才弄明白。"陈玉成说。

转眼间来到城根,城门大开,陈玉成看到寿州守将琳天安余安定率部众跪在道旁迎接,心中就更不疑惑。这时苗沛霖的侄子苗景开迎上前来,跪喊道:"卑职苗景开恭候英王殿下千岁千岁千千岁!"

"你阿叔怎么没来?"陈玉成问。

"阿叔近日偶感风寒,病卧在床,不能亲身远迎,望殿下海涵。苗景开对答如流。

苗景开、余安定引导着陈玉成一行缓缓进了城门,忽然,陈玉成听得身后一阵喧哗,回头看去,只见吊桥已经升起,未等弄清究竟,"轰隆"一声,城门关闭了。

随陈玉成进入城门的只有导王陈仕荣、从王陈德隆、弟弟统天义陈聚成和虔天安陈安成等随行官员二十余人,在他们面前,是上千名张弓搭箭士兵和数十名手持火枪的将官。

"余安定,怎么回事?"陈仕荣厉声喝问道。

"各位王爷,小的如今已经降了大清。"脸色变成紫红的余安定答道。

陈玉成用马鞭指着苗景开吼道:"没想到你们叔侄二人都是不顾羞耻的无赖小人,墙头一棵草,风吹两面倒,将来连个贼名也落不着!"

苗景开把手一挥,数百名将士蜂拥而上,将陈玉成等二十余人擒获。

"我们做的许多事情,都是事后才弄明白。"陈玉成忽然想起自己刚才在东津渡对陈仕荣说过的话,心中后悔不迭:"对苗沛霖盲目轻信,对部下不听劝谏,到头来自己身遭不测,部下也跟着受了连累。"

陈玉成的囚车被苗景开押送着,行走在崎岖的山道上。遍地是杂草和灌木,没有犬吠,没有炊烟,偶尔几处断井颓垣,向人们告示着那里曾经是一些村落。

从金田起义至今,已经有十一个年头了,太平军涤荡大江南北,肃清千里妖氛,此等壮举足以名垂万古,光照汗青。然而,今日的天下,清廷仍存,外侮未除,作为天国重臣的我,事业未成而身先陨,其遗恨自是难以言说的。

队伍停了下来,该吃午饭了。一碗米饭递到陈玉成手里,他一抬眼,吃惊地发现,送饭的人是他的参护吕中宝,他已经薙发。

"殿下,"吕中宝小声说,"小的已经投降了清军。殿下让苗景开骗进城去以后,被挡在城外的四千名部众都被苗沛霖分散到各队调用了。"

陈玉成的悔恨达到了极点:慷慨就义远不足以解脱我的罪责,我的决策失误给天国带来的巨大损失是我一生的功劳都不能抵消的!

"沃王张洛行和泳天义马融和听说庐州失守,殿下被俘,正在调集兵众,打算营救殿下。"吕中宝又悄声说道。

"听我说,"陈玉成十分着急,低声嘱咐道,"你一定想法逃出去,赶快去找沃王,告诉他,救我之举,万不可行,因为成与不成,都会损兵折将,用许多人的命来换我的命,不合算。"

"殿下!"吕中宝几乎要哭出声来。

"答应我!"陈玉成严厉地说。

"是!"吕中宝点点头。

陈玉成被押解到颍州胜保军营。

此时胜保欣喜万分,心想:曾国藩全力进剿发逆,历时十载,虽说有取

第二十二章 陈玉成愤然赴死 李秀成功败垂成

武汉、克九江、夺安庆之功,却也吃了不少败仗,甚至自杀了好几次,到头来怎么样?发逆的头号宿将却落到我的手里了。曾国藩是"踏破铁鞋无觅处",我呢?是"得来全不费工夫"。真是天意!

为了在部下面前显示一下自己的战绩,胜保当即升帐,军旗枪炮罗列森严,大小将官均到帐下站班,然后传令带陈玉成。

陈玉成身戴枷锁镣铐健步走上前来,仰头傲视着胜保,毫无惧色。

胜保用挖苦的口气说:"这不是太平天国赫赫有名的成天豫吗?"

陈玉成说:"我不是成天豫,是英王。"

"见了本钦差,为何不跪?"

"你原本是我的手下败将,何必在我面前装腔作势?"

胜保没料到陈玉成会冒出这么一句,顿时满脸通红,他想起,当年在乌衣,还不到一个上午的工夫,自己的数千骑兵就被陈玉成全歼,无一生还,要不是自己的马跑得快,那时便做了刀下鬼。此刻,陈玉成冷不丁儿地挑起了这件事,使他当众大丢脸面。尴尬了好一阵,才终于想起一句强词夺理的问话:"可是今天,你何以为我所擒?"

"那是我一时轻信,上了苗贼的当。"

胜保心中暗想,假如我能招降他,岂不是功加一等?便郑重其事地说"一时轻信,不足以掩盖英雄本色,如果你能明大体,识时务,弃暗投明必有远大前程。"

"如果我投降了你,能否掩盖英雄本色呢?"陈玉成笑了笑,反问道。

胜保一时语塞。须臾,他斥退左右,神秘兮兮地小声说道:"苗沛霖这个家伙是个墙头草,靠不住,他出卖了你,你难道就不恨他?我看你倒不如暂时归顺,等候时机,收拾了这个东西,也好报这一箭之仇。"

"我今天死了,苗贼明天必亡,因为我相信会有人收拾他,"陈玉成说,"但是,如果我苟且偷生地活下来,那就跟苗沛霖是同类了。就算我以后杀了他,人们也说这是狗咬狗,对不对?不必费心劳神了,事到如今,我陈玉成义无反顾,唯死而已。"

胜保劝降失败,只得将陈玉成解送北京,至河南延津,得到清帝圣旨,于阳历6月4日就地凌迟处死,死时年仅二十六岁。

消息传到天王府,洪秀全正在吃午餐,听说英王殉国,举到嘴边的一碗莲子羹登时掉到了饭桌上,烫菜四溅。宫女们刚要擦拭收拾,却见天王

"呼"地一声站起来,而后直挺挺地仰过身去,詹云蕙、秦立娟急忙从后面托住,吩咐众人将不省人事的天王抬上御榻,一面派人去唤洪仁玕。

洪仁玕赶到天王府时,洪秀全尚未清醒。洪仁玕问明了事因之后,泪下潸然,说道:"难怪天王如此伤心,英王一去,天国的军势军威,从此瓦解了!"

约莫过了一个时辰,洪秀全方才醒来,一看见守候在身边的洪仁玕,泪水便汩汩地涌出,喃喃地说道:"朕对不起英王啊!"

"别这样说,"洪仁玕哭道,"二兄应当节哀……"

"玉胞啊,玉胞——"洪秀全反而高声呼叫起来。

"二兄……"洪仁玕有些慌了,他从没听到过洪秀全这样大声哭喊。

"玕弟,你和玉成为解安庆之围是尽了全力的,朕将你们革职是冤枉了你们!"

"二兄当时也是为了赏罚分明,以正军纪……"洪仁玕安慰说。

"不,"洪秀全打断他,"玉成对朕一向忠心耿耿,多年来戎马征战所向披靡,我将他革职,伤了他的心,他才从此一蹶不振,不然,何至于落到这样的下场?是朕把他推上了死路!"

"胜败生死,乃战场中所习见,何况天有不测风云?"洪仁玕劝道,"二兄不必为昨日的往事自责悔恨,而应当谋断明日的大策。"

二人又感叹嘘唏了一阵,洪仁玕伺候洪秀全睡下,退了出去。

太平军进攻上海,连吃败仗,李秀成不得不亲赴上海前线。

太仓州府衙。忠二殿下李容发向父亲李秀成禀报近来的战况:"一开始天军打得很顺利。清妖在金山、嘉定、青浦布置了四五万兵力,慕王、纳王和我率三万天军赶到以后,清妖纷纷溃散。天军连克奉贤、南汇、川沙、金山、江湾,但是当天军逼近吴淞的时候,洋鬼子出动了,高桥一战,华尔的洋枪队和英法联军的榴霰弹、来复枪就像雨点儿一样,我们的抬枪、火绳枪射程太近,损失惨重,吉庆元阵亡。萧塘一仗,天军又阵亡了一千多人。紧接着,在七宝又打了两仗,天军再次告败,洋枪队得胜后,被薛焕命名为'常胜军',已经扩充到四五千人了。前几天,李鸿章接替了薛焕江苏巡抚之任,率领新组织起来的全部淮军开进了上海滩,势力倍增,豪门显贵无不弹冠相庆。"

李秀成聚精会神地听着,神色很平静。这一切,像是都在他的预料之中。两年前他率领天军第一次打上海时,洋鬼子就这样做了,那时候,他以友善的态度对待那些洋兄弟,一忍再忍,始终没有还击,结果损兵折将,败阵而归。这次,天军的遭遇又是如此。

"七宝的两仗天军败得很惨,"李容发继续说,"英国上将斯迪佛立从天津赶到上海,担任总指挥,第一仗我军伤亡六百人,第二仗六百人阵亡,三百人被俘,俘虏全被处死了。"

李秀成没说话,脸色有些阴沉。

"不过,这几仗,洋人也吃了不小的教训,"李容发又说,"洋枪队副队长白齐文在高桥被砍伤了左臂,提督何伯在七宝腿部受了伤,法国水师提督卜罗德被天军击毙了。"

李秀成偶然发现桌子上放着一摞白纸,李容发注意到父亲的目光,便说:"伶俐要写一本太平天国的书,这是他最近写的一部分。"

"怎么放在这里?"李秀成问。

"他写出来,总是先让我看看。"

李秀成是在两年前认识伶俐的。第一次打上海时负伤后,回到苏州,恰好呤唎也来到苏州,这正是太平天国军民因为洋人帮助清妖而仇视他们的时候,但李秀成仍然热情地接待了呤唎这个刚满二十岁的英国小伙子。伶唎投身太平军后,便跟随太平军的炮队出征,为太平军训练炮手。他还多次冒着生命危险去上海为天国采购军火和粮食,一面向洋人宣传太平天国的革命宗旨,发动他们支持太平天国。他是个精力充沛的青年,利用一切空闲时间到处采访,将所见所闻记录下来,立志完成一本关于太平天国的著作。

李秀成顺手拿起最上面的一页,立即认出是他的幼女金好的笔迹。李容发告诉他:"这是书稿中的一段,妹妹把它翻译成了中文。"李秀成没想到女儿有这样大的长进,便好奇地读了起来:这支英雄的小队被敌人的排山倒海的进攻所击退,他们退到北门,这是他们友军的撤退地点。他们在这里勇敢地拦击敌人,掩护自己的战友撤退,浴血死战到最后一人。他们大多数仅仅是少年,从他们的华丽的军服看来,显然他们的地位是高于他们的战友的。我的一个友人曾亲眼见到三个小家伙,每个人拿着一杆小火绳枪,冒着联军射过来的可以炸毁一大片堞墙的大炮弹,一直冲到前面,用他们那小小的武器对着敌人开火。他们因为达不到枪眼,所以一直在等待着联军的五十二磅炮弹打开一个洞口,以便利用这个洞口射击。他们为了避免敌人的来复枪,从不利用同一洞口射击两次,可是他们终于全被杀死了。当我的友人绕过城墙的时候,发现他们的尸体紧紧到靠在一起,被坍倒的一堆大石墙压碎了。

"这一段是写嘉定之战失败后,一百三十名小牌尾掩护天军撤退时的情形。"李容发解释说。

李秀成放下稿纸,闭上眼睛,半晌没有说话;之后站起身,在厅堂里踱来踱去。

"父王什么时候来的?"门外忽然传来清脆的喊声,接着,身穿男装的金好走了进来,一下子抱住了李秀成的脖子。

"又是跟洋人学来的这一套。"李秀成嗔怪地说。

"洋人见面拥抱有什么不好?中国亲人见面太冷淡。"金好说,又问候李容发,"二哥好!"

"爸爸,您好!"金好身后的埃尔说道,"哥哥好!"

埃尔是个英国小伙子,他与金好不久前在天京结婚,李秀成参加了他们的婚礼。

"呤唎在什么地方?"李秀成问埃尔,他是呤唎的好朋友。

"他说天京九洑洲炮台的大炮太笨重,太落后,要去搞几尊新式的大炮。"埃尔说。

"真是好样儿的。"李秀成说,忽然转头打量着金好,"我一向不主张女孩子出来打仗,打仗是男人的事。"

"太平军不是有女兵吗?洪宣娇、苏三娘都是女英雄。"金好说。

"那是以前,"李秀成说,"这几年女兵有出来打仗的吗?"

"那是因为天王跟父王不让她们出来。"金好寸步不让。

"那你也不应该出来。"

"不,我要跟埃尔在一起,妻子不能离开丈夫。"

"这也是从外国学来的?"

"对,"金好笑眯眯地说,"玛丽不是始终跟呤俐在一起的吗?"

玛丽是呤唎的新婚妻子,她是与金好同一天结婚的。

李秀成不再作声了,他疼爱地看着金好那张充满稚气的脸。

慕王谭绍光走了进来,禀报说:"薛焕派了知府李庆琛率军七千人前来进攻太仓。"

"准备迎敌。"李秀成说。

"这次攻打上海连吃败仗,我军士气有些低落,殿下最好能给将士们训训话,以振军威。"慕王谭绍光建议道。

5月16日,太平军与清知府李庆琛所部展开激战,两个时辰未分胜负。次日又大战于太仓城外板桥,未满一个时辰,清军后队便阵脚大乱,接着就全线崩溃。原来昨天下午李秀成派了两千名太平军投奔李庆琛进行诈降,李庆琛竟欣然接纳,全无警觉。结果,在今天的战斗中,诈降者反戈一击,致使李军大败。这一仗,太平军斩杀洋鬼子数百名,歼灭清军五千人,破清营三十多座,击毙知府李庆琛、同知周仕濂、副将王安国获大炮洋枪无数。太平军乘胜追击,直达吴淞,恰有英军军舰"斯塔令"号开至,以猛烈的炮火向太平军轰击,太平军只得退却。但返回太仓的路上,却在南翔截获了大批英军军火。

结束了转败为胜的第一仗之后,太平军迅速进军嘉定。驻守嘉定的戴洛少校手底下只有四百英法联军,便飞檄向英军司令斯迪佛立告急,斯迪佛立和法军司令格尔森率洋兵来救,路经南翔时,被太平军截击,激战三天,洋兵寸步未进。这时李秀成调听王陈炳文万余兵众,再与鬼兵交锋,斩杀千余人。斯迪佛立与格尔森见太平军来势不可抵挡,便派五百人冲进嘉定城,救出被困的英法联军,仓皇逃回上海。

此后,这些洋鬼子不敢再言与太平军见仗。

联军从嘉定撤退时,有英国水兵九人做了太平军的俘虏。

"忠王殿下,我们应当把这些俘虏扣下做人质,以后可以用来交换我们的俘虏。"伶唎向李秀成进言道。

"我们是仁义之师,一不杀俘虏,二不虐待俘虏。放了他们,可以对他们有所感化。再说,他们都是普通水兵,不值得。"李秀成说。

"可是殿下知不知道,李鸿章把太平军的一千多名俘虏凌迟肢解,然后割下他们的左耳献给斯迪佛立将军?"伶唎说道。

"我知道这件事。"李秀成说着,眉头深深地皱了起来。

"那这些水兵?"

李秀成抬起右手,像是制止他,然后叹了一口气,说:"放了吧。"

"殿下的这种仁慈会误大事的!"呤唎激动起来。

李秀成没言语,神色有些迷茫。

5月28日,李秀成亲率听王陈炳文、纳王郜永宽、忠二殿下李容发部进攻青浦。

何伯、斯迪佛立、格尔森进行紧急会商之后,派出华尔的常胜军一千人,斯迪佛立所部英军二百人进援青浦,何伯也亲自乘"火神"号前来督战。

这时,慕王谭绍光已攻克了湖州府,旋即移师东征,参与青浦之战。

依然是重炮轰击,太平军的炮弹飞向青浦城头,洋人的炮弹在城外太平军阵地里炸响……

华尔站在城头,挥舞着佩剑,指挥常胜军开炮,一面呼叫着:"兄弟们,等打退了这些长毛鬼,每人发一瓶香槟酒,晚上再搂着女人睡个好觉。"

"你娶了好几个中国老婆,当然能睡个好觉,我们可比不上你!"常胜军副领队白齐文喊道。

"青浦城里的女人多得很,你自己去找!"华尔大声说。

"华尔,"副领队法尔思德用双手在嘴边作成喇叭,喊道,"你站的地方太暴露了,小心中弹!"

"打死华尔的子弹还没造出来呢! 哈哈哈哈……"华尔狂傲地笑了起来。

太平军扛着长梯向城墙冲了过来,华尔知道要攻城了,便胸有成竹地喊道:"枪队准备!"

炮兵退下去了,枪队扑向城垛。

出乎华尔的意料,太平军为了对付洋鬼子的洋枪,个个都练出了一身超凡的本领,他们四人一组,前两人扛着长梯逼近城墙,将长梯竖起,第三个人左手持长矛,右臂夹住长竹竿的顶端,第四个人抓住长竹竿的尾部,从后面一下子就把第三个人推上城头,就在这三五秒钟的时间里,攀城战士的双脚就飞也似的踩过长梯的每一根横梁。

华尔原想等长毛攀到城墙半腰时下令士兵开枪的,谁知一眨眼的工夫长毛们已经乱七八糟地跳上了城来,一时竟吓得目瞪口呆,心想:怎么就像美国运动会上的撑竿跳一样? 这时他才想起,青浦城的城墙比其他地方的城墙矮得多。

华尔并不知道,第一个登上城头的是忠二殿下李容发。

短兵相接,洋枪完全失去了威力。李容发指挥天兵厮杀,守城清军四处溃散,常胜军节节败退,最后纷纷向松江逃奔……

城门打开了,太平军涌入城中。

常常有些人无意中节外生枝,给本来应该结束的故事增添一段小插曲。常胜军副领队法尔思德逃出青浦城以后,忽然于当夜潜回城内,去取他进城时掠来的赃物,当他全身捆满了金条和银圆,蹑手蹑脚地要溜出城门时,却被慕王谭绍光的部下活捉了。这一次,李秀成倒是听了吟唎的话将他扣作人质,华尔不得不以大批军火赎回这位贪财忘命的副领队。

占领青浦后,李秀成一路进击,连破清营一百多座,大军直逼松江,清扫了城外清军之后,将松江城围得水泄不通。

然而,就在李秀成取得节节胜利的时候,曾国荃率湘军从安庆顺流直下,一连攻陷芜湖、巢县、无为、运漕、和州、梁山、太平关,抵进雨花台。

洪仁达心中的恐慌程度不亚于华尔、李鸿章之辈,他反复思量,觉得局势越来越不妙,便拉着洪仁发来找天王洪秀全。

"曾妖打到雨花台了。"洪仁达说。

"知道。"洪秀全应了一声。

洪仁达用胳膊肘在洪仁发身上捅了一下,洪仁发会意,便说:"把李秀成叫回来吧。"

"三两个月之内,曾国荃还打不下天京城,不必惊慌。"洪秀全说。

"自从英王遇难之后,天京以外的军队尽归李秀成调遣,第一次东征时他就拿下了丹阳、常州、无锡、苏州、江阴、嘉兴、昆山一大串城池,如今又接连收回了太仓、嘉定、南翔、青浦,整个苏浙一带尽归其有,地盘越来越广,势力越来越大,我们呢?只剩下天京这块弹丸之地了。倘若李秀成怀有不测之心,拥兵自立,那还不是易如反掌?"洪仁达说,语气里饱含忧虑。

一席话又刺中了洪秀全的心病:如果李秀成再拿下松江和上海,那功劳怕是要盖过杨秀清的,到那时,我这个天王还有容身之地吗?

"他的家眷都在苏州,我们约束不了他。"洪仁发加了一句。

"李秀成可不是陈玉成,靠不住!"洪仁达又说。

于是,洪秀全当机立断,一日三道圣诏递至松江,严命李秀成回军,以解天京之围。

接到天王诏旨,李秀成心中暗自叫苦。天王打了这么多年仗,到现在还是听风就是雨,一惊一乍的,半点儿也沉不住气,动不动就调前方的队伍回救天京,结果使前方的战事功亏一篑。当年向荣、和春的江南大营围困天京前后达八年之久,最后师劳无功,未能打下天京。现在曾国荃以两万之众,孤军深入,想夺下天京,谈何容易!我攻克苏州以后,曾运送大批米粮入京,足够天京的人吃一年。况且天京城固壕深,易守难攻,何必这么慌慌张张地调我回去?

大军西撤,敌军必定反扑,太平军刚刚夺来的城镇有一些又会重新落入敌军手中,功败垂成啊!

但李秀成仍然按照天王的诏令,组织太平军自松江撤退。

第二天,李秀成在苏州主持了一次军事会议,听王陈炳文、慕王谭绍光、纳王郜永宽、孝王胡鼎文、航王唐正才、相王陈潘武、天将刘肇钧、主将蔡元隆、吉庆元、国宗李明成等都出席了。

李秀成充满倦意的脸上,挂着一丝愁绪。上海之役的劳苦、撤军时的一路风尘、对回救天京诏令的不满、对天王疑忌态度的伤感,使他陷入深深的焦虑之中。但他是个善于忍耐的人,他知道主帅情绪低落会导致什么样的后果,于是振作起精神,开始讲话了:

"清妖曾国荃占领了雨花台,天王陛下降诏,责成我回救天京。昨天我已遵诏从松江撤兵,下一步,我军的兵力部署需要作重大调整,各位有何见教?"

"上海克复在即,松江的兵撤了,前功尽弃。"谭绍光说,话语里隐含着对天王诏令的不满。

"不但是上海,其他地方也一样,我们一撤兵,清妖就会乘虚而入。这样的教训我们已经有很多次了。"李明成也有同感。

李秀成不愿意让这种不满情绪影响整个会议,就赶忙说:"兵力重新调度,也是兵家常事。现在要谋划的是,怎样使整个战局有利于我方。"

"现在每一支队伍都受清妖的牵制,从全局看,牵一发而动全身,因此,应当各自为战。"郜永宽说。自从被封了纳王以后,他就觉得李秀成像一座大山的影子,笼罩在自己身上,因此总想摆脱他。

李秀成觉察到郜永宽话语的用意,说道:"天国所依赖的军事要地,在长江上游是武昌和安庆,下游就是苏浙。如今上游的武昌和安庆已落入敌手,那就必须全力保卫苏浙。因此,当今的要务,在上海,要消灭李鸿章的淮军;在浙江,要击溃左宗棠的湘军。"

李秀成的话显然将与会者折服了,他们认为李秀成的见解是高屋建瓴的。

"至于天京方面,"李秀成继续说,"湘军由上而下,其利在于水军,我方水师已经瓦解,因此水道很难与敌方抗争。再说,湘军直犯天京,一鼓作气,锋芒正盛,其势甚雄,现在与之接战,不是最好的时机。本王以为,稳妥之计是:将省府财物米粮火药炮械大部分解回京城,待二十四个月后,湘军不战自疲,那时再与之交战,便可一鼓解围。"

李秀成的思路得到了与会者的一致赞同,李秀成当即把商讨结果上奏天王。

本章送到了赍奏官幼西王萧友和那里,又送幼东王盖了金印,然后送到天王府。

谁知洪秀全看了本章后勃然大怒,当即派补王莫士暌捧圣诏赶到苏州,严责李秀成:"三诏追救京城,何不启队发行?尔意欲为何?欲拥兵自立否?尔身受重任,而知朕法否?若不遵诏,国法难容。"

言辞如此严厉,没有任何辩驳余地,李秀成只得从命。

李秀成第一件感到犯愁的事是天朝封王太滥,就在他所率领的东征军里面,就有一大堆王。东征时,他们分布在各个战场,指挥起来还是比较从容的,因为每个王都有自己的地盘;如今要把他们集中到天京这同一个阵地,打同一场仗,困难就大得多了。李秀成心里很明白,他在这些部下面前,已经失去了先前那种支配力和约束力。道理很简单:一旦拥有了王位,就必定要求拥有相应的权力。

然而,在同一个战场上,又不允许他们拥有各自独立的权力。

怎么办?限制他们的权力,这会使他们感到压抑,产生消极参战情绪;不限制这种权力,他们就会各行其是,此战必乱。

唯一能够依靠的是我的威信和我与各王之间的交情,尽管威信和交情的力量是不能持久的,然而现在只能靠它们把各王聚拢在一起。

于是,1862年8月6日,李秀成在苏州召开了第二次军事会议,除上次出席者外,还有补王莫仕、襄王刘官芳、奉王古隆贤、首王范汝增、堵王黄文金、来王陆顺德等。他把两次会议的记录编印成书,题名为《会议辑略》，并亲自作序。李秀成在会上追叙了几次天京解围的经过，说明只有齐心协力才能取得胜利，提出了"如欲奋一战而胜万战，先须联万心而作一心"的主张。

会后，李秀成把苏浙两省军务交给部将慕王谭绍光和听王陈炳文，为了让天王放心，他把老母和妻小都送到天京去居住。

李秀成将部队分为三路：南路调辅王杨辅清与堵王黄文金一起攻宁国府，牵制清军援兵；中路由护王陈坤书等攻芜湖金柱关，阻截清军粮道；北路李秀成、侍王李世贤则率主力军二十万回救天京，攻曾国荃围京之师。

北路军自苏州出发，经溧阳、溧水到达天京城南，然后又兵分两路，一路由秣陵关直趋雨花台，一路从板桥、善桥攻天京西南敌营。

1862年10月13日，一场规模空前的战斗打响了！

太平军的几十门开花大炮和两万杆洋枪猛烈射向敌阵，弹码穿空，骤若飞蝗；壁垒沟壕，坑洞累累；不消半个时辰，方圆几十里的战场上空就被浓密的硝烟完全笼罩了……

李秀成手持单筒望远镜观看着战况，这架望远镜是攻克青浦时从洋鬼子那里缴获来的，七八里外的物像，看上去如同近在眼前。

飞尘、倒塌的壁垒、火焰、半截树干、烧焦了的军旗、湘军的尸首……望远镜里的每一个场景都是那样真切，那样令人激动。

忽然，李秀成叫了起来："前面土岗上的林子里有个大营帐，还有一门大炮，向那里轰击！"

土岗立即烟火弥漫，土石崩飞……

可巧亲临战场的曾国荃就在这里督战，当最后一颗炮弹落地的时候，弹片正击中他的左额，只听得一声呼叫，这位主帅便踉跄倒地。

"曾帅阵亡了！"不知是谁叫嚷起来。

一传十，十传百，湘军阵营一片混乱，有的龟缩在壁垒后面，有的朝天上乱放枪，有的放声哭嚎，有的撒腿奔逃……

"坚守阵地！"片刻，曾贞干高声吼道，"曾帅到各营看望大家。"

湘勇们抬头看去，只见曾国荃头上缠着白纱布，血从纱布里渗了出来，他骑在一匹红色的战马上，由十几名将官陪同着，到各个营垒巡视，他下马安抚伤员，亲给重伤员喂水，指挥湘勇掩埋死者，跟士兵们一同起

炊吃饭……

湘勇们深受感动,士气大增,各自坚守阵地。

又一轮进攻开始了。天军在炮火的掩护下,身负木板草束,匍匐蛇行,填塞壕沟,湘军向他们开枪射箭。许多处壕沟填平了,天军冲锋过壕,湘军拼力抵抗……

星斗西移,江水东流,一天,又一天,雨花台的恶战旷日持久地进行着,开枪放炮,填壕沟,挖地道,短兵拼杀……双方的将士一批又一批地阵亡了,弹药一箱又一箱地消耗着。

湘军帅营里,曾国荃与曾贞干相对而坐。

"四哥,我军围困南京之师只有十万,而发酋李秀成率领十三王,统军二十万谋解京围,兵力双倍于我,来势太凶猛了。"曾贞干说。

"岂止是双倍?眼下我军士兵正闹瘟疫,传染之快就像春天草原上的大火,常常早晨还在谈笑风生,到了傍晚就变成了一具僵尸。一个人暴死,数人送葬,回来的路上就又会有人扑倒在地。到现在,死的人已经上万了。病员如此之多,药品又接济不上,实际上,我们的士兵能够勉强作战的还不到三万人,这样算来,发逆的兵众相当于我军的六七倍。"曾国荃忧心忡忡地说。

"发逆的武器装备远超过我军,李秀成打上海时缴获了许多的洋枪洋炮,听说光洋枪就有两万多杆。"曾贞干说,接着问道,"大哥那边有没有消息?"

曾国荃将曾国藩不久前来的一封信找出来,递给曾贞干,曾贞干接过,仔细看了一遍,信中说:自己远在安庆,爱莫能助,整日提心吊胆,坐立为之忧悸,寸心如焚。在皖之各军,被太平军牵制,均不可动。他曾想调上海程学启一军来援国荃,但李鸿章因程学启正守黄渡,改派署布政使苏松太道吴熙、前苏松粮道杨坊督率白齐文的常胜军来救,而白齐文拖延时日,迟迟不肯赴援;又调鲍超一军来援,但左宗棠说龙游一带战事紧急,故鲍超也未能赴援。

"乃知军事呼吸之际,父子兄弟,不能相顾,全靠一己,"曾贞干不知不觉念出声来,然后自语道,"大哥的这几句话,情真意切,感人至深。"

"患难与共啊!"曾国荃叹道。

曾贞干读完信后,惊问:"怎么,大哥在信中还劝你退兵?"

"你想想,援军调不来,只能运送一点火药和粮食,这无异于杯水车薪。他在湖南又增募新勇,但他们要接受训练,等到十个月后才能参战。大哥觉得这个仗很难打,所以劝我退师。"曾国荃说。

"四哥,你准备怎么办?"

"坚决不退。"

曾贞干知道曾国荃是个非常倔强的人,他所钦羡的,也正是这种品格,在他看来,大哥的韬略,加上四哥的坚毅,曾氏兄弟就无敌于天下。

这时侍从送来一封信,是曾国藩的。兄弟俩一起看了之后,兴奋地连声说"好"。原来在这封信中,曾国藩对南京大战的前景作出了令人信服的判断:"贼兵人数约有十万,每日须吃米粮千石,若无大船搬运,何能持久?吾在徽用兵二载,深知陆路运米之难。即使从金陵城内运到谷里村一带,数十里之内,月运三万石,亦极不易,况且城中之米未必肯搬出。"

"大哥毕竟带兵多年,这些事我们是很难想到的。"曾贞干说。

"你再看看这一段:'城中群酋受封,至九十余王之多,各争雄长,苦乐不均,胜不相贺,败不相救。'这恐怕是发逆败亡的更重要的由头,"曾国荃深有感触地说,"大哥的城府比我们深得多。"

兄弟俩互相鼓励了一番之后,曾贞干告辞了,临别,曾国荃嘱咐道:"五弟,留神点儿,别染上时疫。"

但两人都未料到,这句祝愿竟成了咒语,不几天,曾贞干便染上了瘟疫,死于军中。

太平军主营中,李秀成与族弟李世贤的也在进行着一场谈话。

"这次我从浙江带了四万人前来,听从哥哥调遣。"李世贤说。

"我们可以称得上兵强马壮了,但兵力越多,所需要的粮食也就越多。"李秀成深感忧虑。"这里离天京还不到四里路,哥哥为什么不向天京要粮?"李世贤问。

"派到天京去要粮的人回来了,"李秀成说,"勇王不肯发粮。"

"天军克复苏州以后,往天京运了大批米粮,现在我们为了保卫天京在这里浴血奋战,他们却不肯发粮,真是岂有此理!"李世贤异常气愤。

"解天京之围,从大仗说,有三次:第一次打向荣,是东王指挥;第二次打和春、张国梁,是干王指挥,那时候朝政严明,指挥有方,加上将士用命,故能大获全胜。现在呢,却是不识字又贪财的勇王主持朝政。"李秀成百

般无奈地说。

"这几年朝纲紊乱,佞人当道,弄得人兵离散,情势可危!"

"我军水师丧尽,粮食运输只能靠陆路,担挑车推,难上加难哪!"李秀成又说,"还有,天冷了,士兵都没带冬衣。"

"那最好是速战速决。"

"我也这样想,"李秀成皱起的眉头仍未展开,"但曾国荃这个人很倔强,能打硬仗死仗,他的兵也像他。"

天京解围战继续进行着。

李世贤军向湘军发起猛烈攻势,弹下如雨,湘军阵地千疮百孔,官兵死伤狼藉。曾国荃只得下令固守壁垒,全无还手之力。

曾国荃的营墙有三处被轰塌了,太平军趁势抢攻,湘军扑向塌口阻击,混杀竟日,双方各伤亡两三千人……

望远镜里,李秀成看到,太平军将石土装满箱筐,排砌壕边,作为掩护,然后暗凿地道……

另一处,几个士兵正蹲在地上喝稀饭……

唉,自从大军来到雨花台,就一直以稀饭为食,东边的粮食无法及时运到,天京方面又不肯发粮。

又一处,一群士兵在放枪,然而他们前面是一片烟雾,根本就看不见目标……

李秀成忽然想起,在永安的时候,清军围城,总是在远处施放枪炮而不敢近战,结果铅码耗费无数却攻城不下。现在怎么倒过来了?太平军的士兵竟然端着枪乱放一气?

李秀成正要派人去教训这些士兵,却看到了更令他吃惊的场景:在一座土堆旁边,一个太平军伍卒向十几步远的一个湘勇招手,湘勇将手中的旗子摆了几下,然后两人快步跑到一起,互相交换旗子,又分头跑回各自的阵地。

李秀成差一点儿把望远镜掉到地上,这太出格了!他万万没有想到,自己手下的士兵会跟敌军做如此肮脏的交易。在永安的时候,清军士兵向太平军的阵地上扔食品,太平军则把银圆扔给清兵,他们这样做,部分地解决了粮食危机,而且得来的食品一律交给圣库,士兵们的心明澄如镜,可爱可敬。现在呢,有的士兵居然像敌军一样,无耻地用交换来的敌旗虚报战功。

"太平军的队伍扩大了,素质却降低了,"李秀成想,"眼前这场仗能打赢吗?"

这时忠二殿下李容发来到李秀成身边,李秀成急切地问:"冬衣有着落了吗?"

"没有,"李容发说,"父王的谆谕才发出去二十天,哪能这么快。"

"什么?都二十天了,还说快?"李秀成瞪了李容发一眼。

"父王大概还记得,两年前父王在苏州的时候,曾经接到天王的一道诏旨,当时这道诏旨是盖了云马圆戳的,按规定,每个时辰应飞驰五十里。结果呢,诏旨在路上走了十八天才送到父王手里。从天京到苏州只有四百五十里,这道诏旨每天平均只走二十五里,"李容发语气平淡地说着,在他看来,这些司空见惯的现象,是不值得瞪眼的,"依儿臣看,冬衣是不会有着落的。一来是因为今天的朝政比两年前更加紊乱,人心也更加离散,天国好像生了锈的车轮,眼看就要转不动了;二来,父王的谆谕比不上天王的诏旨那样有分量,因此到底能不能送到无锡、苏州和常州,都很难料想;第三,就算是各地都收到了谆谕,无锡的黄子隆、常州的陈坤书都封了王,能不能遵照父王的谆谕办事也说不准,能够尽点力的恐怕只有慕王谭绍光了,然而苏州离天京毕竟是最远的;第四,赶做二十万身冬衣,再转辗四五百里路运送到这里来,谈何容易!"

听了李容发的一席话,李秀成顿时心灰意冷,糊涂啊,我早就该想到的!眼下的情势,就是我耳提面命,人家都未必肯听,发出的谆谕就只能是一纸空文了,真是多此一举。

"更何况,慕王谭绍光和潮王黄子隆刚吃了败仗,已经自顾不暇了。"李容发又加了一句。

"怎么回事?"

"我到这里来,正想跟父王说这件事。他们在青浦白鹤港遭到李鸿章、白齐文的袭击,死了两千多人,二百多座营垒被毁。"

"什么时候?"

"四天以前。"

"这消息倒来得快。"

"消息是吟唎带过来的。"

第二十二章 陈玉成愤然赴死 李秀成功败垂成

李秀成默不作声了,他颓然地在身边的树墩上坐下来。

日复一日,得到的消息有快有慢,但几乎没有一条是令人振奋的。

雨花台敌军营墙又被轰塌两处,各十余丈,在排炮的掩护下,太平军冒烟而上,但敌营筑有内壕,烟消土落,敌军冲出,抛掷火球。太平军死伤数千,失利而退。

七八处地道掘通,但均为敌兵所毁。

西路军决长江之水,欲断敌运输,未果。

新掘的三处地道又被曾国荃军破坏。

11月26日黎明,雨水夹带着雪花纷落大江南北。

按照李秀成的命令,身穿单衣、瑟缩在寒风中的天兵怀着极度懊丧的心情,全部撤离了雨花台战场,长达四十六天的天京解围战就这样不了了之地收场了。

就在李秀成率领大军西援天京的空当里,东征时所占城池守备空虚,其结果,不幸为李明成所言中:华尔的常胜军趁机重整旗鼓,李鸿章的淮军扩充了队伍,配备了新式武装,两股力量联合,青浦一战,大败太平军,毁垒二百余座;浙江方面,中英混合的"绿头勇"常安军、中法混合的"花头勇"常捷军相继成立,他们配合左宗棠的湘军向太平军大举反攻,戴王黄呈忠、首王范汝增溃败;江苏方面,淮军攻陷嘉定;安徽方面,清军猛攻太平军,护王陈坤书屡战屡败⋯⋯

从此,太平军陷入了背腹受敌的窘迫处境之中。

第二十三章

北征军损失惨重　李秀成出京救难

天王府福安殿浴宫外室，洪秀全斜躺在藤椅上。秦立娟正在伺候他，将湿毛巾敷在洪秀全的前额上，然后拿另一块小毛巾揩拭着他的鼻血。早晨，当洪秀全获知李秀成军撤离了雨花台战场时，忽然从书案边站起，神不守舍地来到洗宫，还没脱衣，鼻血就忽地冒出来。记得十年前永安突围以后，走到大峒时，听到太平军尾队被乌兰泰伏击，两千多人死亡的消息后，流了很多鼻血。那时候年轻气盛，又是初历戎马，受不得半点委屈。谁知十年沧桑之后，已经步入"知天命"的岁月，老毛病却又犯了！

不过，这个打击也太大了，撤离了东战场，天京之围却未能解除，两头尽失，鸡飞蛋打。

洪秀全派人把信王洪仁发、勇王洪仁达、赞王蒙时雍叫到跟前来。

"李秀成一心打上海，好营造自己的地盘，他根本就无心解天京之围，所以才有今天这样的结局。"洪仁达说。

蒙时雍最厌恶洪仁达挑拨是非，李秀成派人来天京要粮时，他就主张送粮出城，无奈洪仁达专权，拒不发粮，他只好一个人生闷气。现在听洪仁达又在背后伤人，就想驳他几句，却又碍于天王的面子，便委婉地说："这次雨花台之战，虽然未能取胜，却也算打了个平手。曾国荃的湘军损失过半，已经焦头烂额，一蹶不振了。"

"你怎么就不说说东战场节节失利的事？"洪仁达质问道。

蒙时雍暗想，东战场的失利正是李秀成的东征军西撤造成的，要怪只能怪天王本人，此刻洪仁达半天半地地冒出这么一句，意在加罪于李秀成，却是揭了天王的疮疤，天王听了肯定会恼火的，真是个十足的笨虫。

果然，洪秀全怒气冲冲地吼了一声："换一条毛巾！"

秦立娟慌忙跑了过来，另浸了一条湿毛巾，替他换上。

洪仁发跟洪仁达面面相觑。

蒙时雍安慰道："其实东战场也有好消息，侍王李世贤的部队在浙江东部频繁出击，占领了慈溪。李鸿章急忙从上海调常胜军前往慈溪赴援，谁知华尔率常胜军来到慈溪，竟被天军一枪击毙。华尔死后，由他的部下白齐文上校代理其职。白齐文这个人滑头滑脑，贪财不出力，不肯听从李鸿章的调遣，因他贻误军机，杨坊没按期发放军饷，白齐文恼羞成怒，领了几十个洋兵冲进杨公馆，将杨坊打得鼻青脸肿，连肋骨都打断了，之后劫掠了银饷四万余两，扬长而去。常胜军的头领又换上了戈登。戈登率常胜军进犯昆山，结果让慕王谭绍光打得一败涂地，数百人丧命，戈登狼狈逃到松江。后来打金坛，戈登亲自带队，却吃了天军一枪，昏倒在城墙下。过了两天，戈登的伤还没好，又领兵去打江阴的华墅镇，不料又遭惨败……"

蒙时雍滔滔不绝地说着，就像讲故事一样，洪秀全竟听得入了神。他不得不承认，自己的两个哥哥都是粗枝大叶的人，许多事他们不知道，就是知道，也是略闻梗概，经不住三问，说出句话来总是不得要领，而蒙时雍却比他们聪明得多，消息也格外灵通，遇事喜欢刨根问底，故朝内的军务政事均能道其详，这方面，他比他的父亲蒙得恩出色多了。蒙得恩是个相当可靠的人，对主子可以说是诚惶诚恐，体贴入微，这一点蒙时雍不太像他，但蒙时雍似乎更善于揣摩人的内心。方才洪仁达提起了一壶不开的水，蒙时雍就赶紧罗列一大堆东战场上的胜利来冲淡我对自己的决策失误心存的烦恼，虽然这些胜利远不足以抵消巨大的损失，但叫人听着很舒服，这方面，他又比他的父亲只会照顾我的饮食起居要更高一筹。

"你们说下一步应该怎么办？"洪秀全问道，嘴里称的是"你们"，其实是在问蒙时雍一个人。

"武汉、九江、安庆相继失陷以后，苏浙一带就显得格外重要。在天朝诸王中，忠王与洋鬼周旋的时间最长，经验也最多，晚辈以为可以责成忠王再次挥军东下，巩固东南地盘，以保证天国的粮源。"蒙时雍说道。洪秀全摇了摇头。

洪秀全指着蒙时雍要他说话的时候，洪仁发、洪仁达在一旁听着，都有几分不悦，此时见洪秀全摇头，便一同幸灾乐祸地冷笑起来。

"你们还有事吗？"洪秀全问。

"最近又封了一些王，"洪仁达略显胆怯地说，"名册我带来了。"

洪秀全有些厌烦,他没伸手去接名册,只是冷冷地问道:"多少啊?"

洪仁达犹豫了一阵,终于牡了壮胆说:"大约有四百多个。"

洪秀全把眼睛闭上了,一声不响。

洪仁达害怕了,为了这四百个王,他在自己的王府里又临时盖了两排平房,放置他们送来的各种礼物,要是洪秀全由着性子来,把这一批已经封了的王驳回,那就不好收拾了,于是便进言道:"天朝正是危难的时候,雨花台新败,人心慌乱浮动。只有封王,才能稳定局面,封了王的感激朝廷,更加尽忠,没封王的有了榜样,便知道进取。再说了,封王越多,就越能遏制李秀成专权……"

"好了好了。"洪秀全没好气地打断了他。

洪仁达自觉失言:他不该当着蒙时雍的面提遏制李秀成的事。

"还有什么事?"洪秀全又问。

"选,选妃的事——"洪仁发见洪秀全情绪很坏,说起话来就没了底气。

"什么?选妃?"洪秀全一愣。

"你的生日快到了。"洪仁发提醒他。

"还有一个多月呢!"洪秀全想了想说,"这事以后再说吧。"

三人再无话说,一起退了出去。

洪秀全闭上了眼睛,觉得这样才能更好地进行思考。下一步应该怎么办?这是件很棘手的事,身边没有人能替我分忧。像蒙时雍说的那样再次东征是万不可行的,是我把李秀成从东线叫回来的,现在再让他回去,我这个做天王的岂不是出尔反尔?岂不是认了错认了输?再说,次兄洪仁达的担心不是没有道理,苏州是李秀成的老窝,再让他回去,无异于放虎归山,他的根扎牢了,苏州便成了第二个天京。

思来想去,难下决断,最稳妥的还是老办法,"围魏救赵":命李秀成渡江北上,进攻长江上游湘军的后方,这样,一来可以迫使曾国荃从南岸撤军去援救北岸,以解天京之围;二来能够从安徽征集米粮,以供天京之需。

次日,洪秀全在金龙殿当着百官的面做出了一项重大决定:将李秀成革职,命他率军北征,他把这个计划命名为"进北攻南"。

对于这个计划,李秀成颇不以为然:太平军的这种战术用得太多了,以曾国藩之聪明,是一眼就能识破的;再说,北方没有军事重镇,至少没有

像武汉、九江、安庆那样能对湘军构成威胁的要地,即使打下一些城池,曾国荃也未必撤天京之围,而可以预料的结果却是,我率军北上,东南战场的局面必定会更加险恶。至于征集米粮,安徽已经今非昔比,安庆和其他许多城镇都落在湘军手里,早就无粮可征。"

李秀成把这些想法当众讲了出来。

对于李秀成的脾气,洪秀全是知道的,这个人总是自以为是,一副成竹在胸的样子,以为自己多打了一些仗,就不把别人放在眼里。最可气的是,他一点儿也不顾全君王的面子,常常不看场合就乱加顶撞。因此,自从五年前他递了要求罢免安王和福王、重用石达开的本章以后,每次朝议,洪秀全对自己要说的话都要考虑再三,避免让李秀成抓住话柄。但即使这样,李秀成还是封不住嘴。今天,洪秀全以为李秀成是不会说话的,因为天京解围战打成这个样子,他还有什么脸出来卖弄自己?

该给他点颜色看看了!洪秀全想。

"秀胞啊,朕知道你有怨气。不过,你也得体谅体谅朕的难处。雨花台之败,朕革了你的职,也是不得已,国有国法,朝有朝规,安庆失守,朕不是也将干王和英王革职了吗?"洪秀全开口了,他故意先从雨花台之败说起,觉得这样可以挫一下李秀成的锋芒。

李秀成想申述一下自己的见解,但终于打消了这个念头。他觉得自己没有资格谈论什么主张了,以双倍于曾国荃的兵力和精良的武器,花费了四十六天的时间,竟然没能把曾国荃赶出雨花台,这一耻辱是在任何人面前都说不清道不明的,什么没有米粮啦,没有冬衣啦,都不是理由,没有人肯听这些,而人人都看到的结果是,这场仗打败了。所以,撤离雨花台后,李秀成始终不敢面对众人的眼光,他的直觉在告诉自己,人们在指责他,鄙视他,埋怨他。是的,现在的李秀成,说出的任何一项主张,都会被人们看成是必定导致失败的主张。

此时,在他的脑海里,浮动出一丝侥幸的念头:扶王陈得才就在河南一带,这次北上,如果能与他会师,或许能有些作为。于是,李秀成再也不辩一言。

洪秀全见李秀成默然不语,心想,果然将他的气焰压下去了。他有些得意,便提高了声音,呵斥道:"至于进北攻南之大计,自有天定,不必你来谋算计较,你只须遵旨北上,收平北岸,然后启奏朕闻。"

12月1日，对王洪春元、纳王部永宽及忠二殿下李容发遵照忠王李秀成的谆谕，自天京下关动身，迎着漫天飞舞的雪花，渡江至九洑洲，开始了北征。

没有一个人意识到这场行动的盲目性和危险性，将士们并不知道，他们就像飞蛾扑火一样，正在迈向灾难和死亡之谷，他们更不知道，这一行动将无可挽回地断送天国的前程。

能够洞悉太平军这次行动荒诞内涵的只有一个人，这个人就是曾国藩。当他听到太平军渡江北上的消息时，一眼便看穿了洪秀全、李秀成在思殚计穷之际故伎重演，想到他们竟然懵懵懂懂地把二十万大军投入被苗沛霖扫荡了不知多少遍而早已寸草不生的蛮荒之地，禁不住捻着花白的山羊胡，笑了起来。

太平军猛攻九洑洲、浦口清营，斩副将汪德喜、总兵程自有、知县胡学诗，然后迅猛西上，对王洪春元的先锋部队相继占领含山、巢县、小店、和州……

这时东战场又出乱子，常熟守将骆国忠突然叛变，苏州受到威胁。李秀成闻讯，急忙从天京赶回苏州，与慕王谭绍光等会合，准备夺回常熟。但江苏许多地方受李鸿章和洋人的攻击，尤其是太仓和福山等地，兵力难以调度，李秀成无法实行攻夺常熟的计划。

2月，进入安徽的太平军在铜城闸作战失利，李秀成得报，只得返回天京，带兵支援安徽。

就在李秀成赶赴安徽战场的时候，曾国藩自安庆乘舟东下，巡视湘军各大防地，并来到雨花台，与曾国荃会晤。

"这次忠酋突然纠集兵力西上，连夺城池，势头凶得很。"曾国荃说。

"忠酋往年以偏师攻浙江，来分散官军的兵力，而以主力攻扑金陵老营，这一次是重演前一次的故智，无非是想解金陵之围。"曾国藩说。

"那我们按兵不动？"曾国荃问。

"对，按兵不动，"曾国藩答道，"你继续围攻金陵，安徽方面，只要守住安庆、无为、庐州、舒城这几个地方就行，我已经调鲍超他们跟发逆纠缠去了，至于其他地方的得失，无关紧要，先不去管它。我料想李秀成必定无功而返，以二十万大军投身于皖北这块不毛之地，简直是自寻绝路，可见洪酋、李酋已经落到智尽伎穷的地步了。"

第二十三章 北征军损失惨重 李秀成出京救难

345

"雨花台一战,我军虽然守住了阵地,却已经筋疲力尽,一蹶不振了。"曾国荃有些着急,"这三四个月几乎没有战绩。"

"金陵城固若金汤,发逆在此经营多年,要破城谈何容易?往年江南江北大营败多胜少,就是前车之鉴。你不必急于跟发逆交战,凡城池之战,总是攻城的一方伤亡重大。所以,断敌之粮路是第一要着,而不在日日苦战。"

"大哥说得是。"曾国荃点点头。

忽然,曾国藩把脸沉了下来,质问道:"听说你背着我添募了两万兵勇?"

曾国荃的嘴巴立即耷拉下来,慌忙说道:"这事我刚想告诉大哥。"

曾国藩的一脸阴云仍未消散。过了一会儿,曾国荃试探着说道:"我还想招募十二营水师——"

"不行!"曾国藩打断了他,语气很果断。

"我们不要朝廷的饷银,自筹军需,这样做也是为了早一天拿下金陵!"

"官场的麻烦你应该知道,还嫌曾家这棵树不招风?"曾国藩又一次打断了他。

曾国荃再也没敢吭声。

曾国藩在金陵考察了十天,见营盘水寨部署严整,士气亦高,便放心地返回了安庆。

就曾国藩回到富庶之乡安庆的时候,李秀成踏上了巢县这片荒芜的土地。

刚入含山县境的时候,春风料峭,阴雨连绵。白天因道路泥泞,天军跋涉维艰,日暮寻不到干柴,炊烟难起;夜里营帐浸泡在泥浆里,士兵不敢沉睡。连日来将士们饥寒交加,病倒的人很多。到了巢县,转涝为旱,终日冷风呼啸,尘沙飞扬,加上官兵被天军击退时到处放火,结果该县境内草枯土焦,饿殍遍野。

望着满目苍凉的景象,李秀成忧虑地想:"太平军从举义的那天起,所依赖的唯有百姓。眼下巢县一片荒芜,男妇逃避,烟火断绝,我军岂能持久?"

当队伍进入无为州境的时候,忽然有数千名骨瘦如柴的难民挡住了天军的去路,他们跪在地上,哀求着,叫嚷着,哭号着……

"把勋天义叫来。"李秀成吩咐道。

勋天义汪宏建赶上前来。他是苏福省的文将帅,总理民务,这次跟从李秀成西征,负责军需。

"勋天义,调拨出一些军粮,赈济一下眼前这些难民。"李秀成骑在马上,命令道。

"殿下,万万不可!"汪宏建慌了,"我军带来的粮食本来就不多,一路上又无处征集,救济了难民,将士们何以为食?"

哀求哭号之声继续着……

"照办吧!"李秀成说。

汪宏建一骨碌滚下马来,跪在地上,说道:"殿下,使不得!"

哀求哭号之声更高了,尤其是孩子的哭声……

"照办!"李秀成说,语气更加强硬。

"卑职不敢从命。"汪宏建用头顶着地面,高声喊叫起来。

难民中一个老者"扑通"一声躺倒了,他的儿女们扑到他的身上,哭成一团……

"勋天义,"李秀成说,声音有些颤抖,"就算……就算本王求你!"

汪宏建呜呜地哭了起来:"殿下,千万别这样说,卑职从命就是。"

出人意料的是,就在李秀成与汪宏建对话这段短暂的时间里,又有大批的难民从四面八方聚集过来,原来他们早就听说忠王率军西征路经这里,便如久旱而逢甘霖,纷纷投奔到此。汪宏建按每人一斤米分发,结果分出去一万五千多斤。

太平军略作休整,李秀成便率李容发、纳王郜永宽、养王吉庆元、纪王黄金爱、维王汪有维、顺王李春发等自巢县进攻无为州的石涧埠,包围湘军道员毛有铭、按察使刘连捷的守军,截其文报,断其粮运汲道。围攻数日不下,湘军侍郎彭玉麟、提督萧庆衍、道员彭毓橘自金陵来援,李秀成扯兵西去,石涧埠解围。

之后,又攻庐江、舒城、六安,均未克。李秀成原拟由舒城、六安经英山、霍山进入湖北麻城,再分二支,一出黄州,一出汉口,与远征豫、陕的扶王陈得才军会合,牵制下游清军,以缓天京之围,因此并不着力于攻城略地,又因粮食短缺,只宜急行速战。等到兵抵六安,正逢青黄不接,缺乏米

第二十三章 北征军损失惨重 李秀成出京救难

粮，于是向北折往寿州。谁知寿州被苗沛霖骚扰多年，民穷财尽，田园荒芜，无粮可征，太平军饿死甚多，李秀成只得下令东返。

这期间，原来被太平军占领的含山、巢县、和州等地重新落入敌手，西征军半年来的战果毁于一旦。

回师虽然只经过了十几天的时间，却使这支队伍完全丧失了元气。粮食已尽，士兵们挖掘野草、竹笋、树根和田鼠充饥；行至江河水浸之地，必得泅水渡过，路经焦土干硬之地，必有清军驻守，非死战不能通过……每天都有数千至上万人丧生，饿死的、溺死的、累死的、战死的……

6月初，太平军跋涉五百余里，进抵天长县境。未及喘息，李秀成便接到了天王的急诏，说曾国荃攻陷了雨花台，命他作速回救。李秀成当即率部向南急进。

当十几万疲惫不堪的太平军将士你搀我扶地蹭到长江北岸的九洑洲的时候，正是中午。骄阳似火，把长江两岸烤得软绵绵的，如同熬化了的蔗糖，将士们都被粘在地面上，坐着的、蹲着的、躺着的，似乎自己也变成熬化了的蔗糖，无法挪动了。

李秀成下马的时候，差一点摔倒在地上。近十几天，他和将士们一样，每天只喝一小碗米汤。头脑总是昏沉沉的，两腿酸软，他知道，步行的士兵们在经受着更大的折磨。看着眼前这群毫无战斗力的队伍，李秀成心中升起一种从未有过的羞愧感。现在他已经意识到，"进北攻南"计划给太平军带来的损失是无法估量的。我方劳师袭远，曾妖却按兵不动，到头来我方精疲力竭，天京之围却丝毫未解。然而，领袖们的这种失误是不能对任何下属言说的，悔恨与痛心只能吞到肚子里。现在能做的事，就是把这些残兵败将活着带回天京。

"弟兄们，我们不能在这里停留，江对面就是天京，回到天京，大家一体休息。"李秀成站在沙丘上，声音沙哑地向将士们喊道。

然而，李秀成的声音像是凝结在嘴边，并没有传到将士们的耳朵里。他知道，江水猛涨，士兵们根本无法横渡。

"弟兄们，我们不能在这里停留，江对面就是天京，回到天京，大家一体休息。"李秀成提高声音重复了一遍，又说，"现在浦口已被清妖占领，九洲这点狭小的地盘是不能久留的，清妖随时都可能炮击我们，立即行动。"

将士们这才感到情势的严重，纷纷从地上站起来。

一只船也没有,将士们只能采用最笨拙的办法:让水性好的士兵身带绳索游到对岸,将绳索拉直,然后众人攀绳过江。

一千多名士兵下水了。他们游得那样缓慢,大半个时辰才游到江心。然而,他们停在那里,再也不能前进了。

岸上的十万将士眼巴巴地望着他们,心中共同发出无声的祈祷。

李秀成猛然浑身一抖,右手狠命地紧抓马鞭,他恨不得举起手来,用鞭杆敲碎自己的天灵盖:"我真糊涂,这些士兵下水之前,我为什么不让他们喝一口米粥呢?江心水流最急,他们身上的力气,只够挣扎着使自己不至于被江水冲走,而无力游到对岸。由于我这个主帅的疏忽,全军可能在这里覆没。"

一千多颗脑袋仍然在江心徘徊,有些正在吃力着向南岸靠近,但有许多脑袋随着水流向东漂去了。

李秀成痛苦地合上眼睛,两颗泪珠夺眶而出。

突然,隆隆的炮声传来,江面上冲起一片水柱,岸上弹落沙飞。接着,密密麻麻的枪声响了起来。太平军队伍立即乱成一片,士兵们本能地拥挤着向大江奔去。

听到炮声,徘徊在江心的马健顿时生出了一身力气,居然很快地游到了南岸。那里有许多现成的木桩,都是先前太平军水师打下的。他把绳索套在木桩上,吃力地站起来,回身向北,把咬在嘴里的小红旗举了起来。北岸的太平军见到红旗,急忙拉紧绳索,栓在江岸的木桩上。一群士兵立即涌了上来,扑向绳索……

一颗枪弹飞来,马健叫了一声,仰面倒在水洼里。他不知身体的哪一部分中了弹,因为他太饥饿,太疲倦了,肢体像是被拆卸开来一样,只有头颅还属于他自己。想睁开眼再看看这个世界,但如火的阳光直射下来,他只好闭上眼睛。南王冯云山死后,他跟随着西王萧朝贵,西王死后,他又被编到罗大纲的部队里,后来罗大纲也死了,他就成了李秀成的部下。真可以算是几经辗转了。但每次辗转他都需从头开始,所以总是得不到提拔,到现在只混了个卒长。

水慢慢地灌进了他的耳朵,枪炮声立即模糊了,浑浊了,周围安静多了,他知道,江水仍然在上涨,忽然,一件往事在脑海里闪出:桂平县知县贾桂命令我和周松押解冯云山返回广东原籍,冯云山一路上教给我们俩

怎样从树桩上的年轮辨别方向,怎样从云彩的形状来判断天气的变化,怎样从夜空的星象来推算时辰,又讲了许多拜上帝的道理,两个人听得入了迷,最后竟跟他一起奔向紫荆山……算起来整整十五个年头了。周松打天京的时候被炸掉了一条腿,一直住在能人馆,我常去看他,不过近来跟着忠王东征西讨的,我们有两年多没见面了,不知他现在怎样了……

天兵们怎么还没游过江来呢?江水漫过了马健的眼睛,他把眼睛睁开,好多了,太阳不那么刺眼了,天空是金黄色的,真亮啊!忽然,一个影子遮住了天空,很快就移走了,又一个影子……好,太好了,弟兄们过来了!

一个浪头打来,江水灌进了马健的鼻孔,这一瞬间,他觉得自己漂了起来……

不一会儿,南岸零星地举起了三十多面小红旗,太平军多少有了一点秩序,他们分散到这些绳索上去,冒着湍急的江水向南岸攀缘……然而就在这时,一千多艘清军炮舰就像从天上掉下来的一样,突然出现在江面上,它们在水里横冲直闯,一面向太平军猛烈轰击。水里的太平军成片地死去,中弹身亡的、淹死的、被炮舰撞死的,气尽力竭而死的,在岸上和浅水里的太平军将士仓促开枪还击,却只不过是各自为战,全无阵势。

李秀成指挥部分太平军将士在北岸的一个沙丘上向敌舰开炮。但立即引来了敌舰的炮弹,炮弹纷纷落到小丘上,太平军眼前满是硝烟弹片,尘土飞沙……

李秀成的贴身参护陈有财趴在地上,两眼无神地望着前方,远处的敌舰像硬壳虫似的在那里爬行,而舰上的人却一点儿也看不清,忽然,天旋地转了,整个大江就像一条船那样翻倒了……

李秀成发现陈有财一枪不发,气急败坏地揪起他的衣领,吼道:"你怎么不打枪?"

陈有财侧仰着脸,张开嘴,像是有话要说。李秀成急忙蹲下身来,注视着他。陈有财负罪般地说道:"殿下,我……我扳……扳不动枪栓……"说完,头一歪,死去了。

李秀成一阵头晕目眩,他想站起来,却做不到,身子一歪,竟一屁股坐到了地上。陈有财就这样饿死了,他才十九岁,十万将士都在忍受饥饿的煎熬,任何人都可能随时倒下,再也站不起来。在李秀成一生的戎马生涯中,这是最凄惨,又是最无奈的一次战斗,他心急如焚,却无所作为,而他所率领的十万将士则只能默默地承受着眼前的一切,一面作着无力无效的反抗。

炮声枪声毫无间歇地响着,肆虐可怖。

江面上漂起了无数尸体,尸体随着红色的江水缓缓东流……

莫名其妙地,一艘炮船"轰"地一声爆炸了,紧接着,第二艘炮船被炸翻了,然后,又一艘炮船起火……

李秀成立即判断出,炮弹是从九洑洲要塞的炮台上发出的。机会来了,他当即命令天兵抢渡长江。

受了炮击的清军炮舰顿时阵势大乱,过了好一阵,才纷纷调整船位,向九洑洲炮台发起进攻。

轰击清军炮舰的是伶俐指挥的志愿队,这支志愿队是由欧美四艘商船的船长和水手们组成的。两天前,伶俐得知李秀成部队南撤的消息,就立即进行联络和动员。他把志愿队分成两支,由他带领一百多名水手在九洑洲炮台狙击清军炮舰,掩护太平军;由他的朋友埃尔引导商船运载太平军过江。

当伶俐亲自开炮击沉清军炮舰的时候,炮台还没有多大危险,因为清军一时摸不清头脑,他们一面调整船位,一面继续屠杀太平军。但是当埃尔引领的船队在江面上出现的时候,清军炮舰就没法再向水中开炮了,他们害怕误伤外国商船。因此,不一会儿,所有清军炮舰的火力就集中到炮台上来了。

但伶俐信心十足,玛丽和金好都在他的身边,这使他勇气倍增;他请来的水手们,个个都是好样儿的。

埃尔见到了李秀成,把他介绍给船长们,然后向李秀成要了一匹马,奔向九洑洲炮台。

四艘外国商船将太平军一批一批地运向长江南岸,同时营救水中的太平军士兵。

在志愿队击沉了四十多艘清军炮舰以后,伶俐感到力不从心了。这个炮台虽然原来有不少重炮,但这些炮多是用铁块铸造的,十分笨重,炮身很大,炮口却很小,而且只能固定在一点,炮口和炮铳都不能移动,所以只能射向同一个目标,几乎没有任何杀伤力。两个月前,伶俐从伤害购置

第二十三章　北征军损失惨重　李秀成出京救难

了一门十八磅英国炮、一门三十二磅英国炮、一门六十八磅法国炮和三门中国铜炮，才使炮台大为改观。这些炮尽管很有威力，但在今天的战斗中，面对敌方的上千艘炮舰，这六门炮就显得势单力薄了。炮弹在身边不断炸响，弹片石块纵落横飞，十几个水手相继倒下，而敌舰的攻势越来越猛。

埃尔骑马来到炮台，一颗炮弹在身边炸响，埃尔连人带马滚下了山坡金好在炮台上看见，尖叫了一声"埃尔——"，便不顾一切地向山下跑去

"金好！回来——"伶喇和玛丽同时发出呼喊。

一颗炮弹飞来，金好笼罩在大团黑烟浓尘之中……

伶喇操纵着那门六十八磅炮已经炸翻了十几艘敌舰，此刻他又瞄准了一艘炮舰，将炮弹射出。炮舰中弹，顿时射出十几米高的火柱，舰身晃动了两下，便沉入江中。但就在这个瞬间，伶喇身边一声轰响，他感到头部剧烈疼痛，血从头顶经过前额流了下来。他知道自己受伤了，便慢慢回过头来，想喊玛丽给他包扎一下。但他惊恐地看到，玛丽仰面躺在地上，全身是血，腹部和胸部被炸烂了，白皙的脖子上，十字架项链闪着寒光……

"玛丽——"伶喇发出了绝望的嘶喊，接着便昏厥过去。

6月20日，李秀成回到天京，这时洪仁玕已奉诏出京，到丹阳、常州、湖州等地催兵去了，朝政由洪仁达掌管，各项事务均凌乱不堪。

"进北攻南"战略的失败，使洪秀全感到十分后悔和气馁。

天王只好撤销了对李秀成的"革爵"处分，加封他为真忠军师，让他留京主持防务。

东南战线越来越吃紧，李鸿章的淮军与戈登的"常胜军"连陷太仓、昆山、吴江之后，进逼苏州；左宗棠的湘军则占领了绍兴、金华、龙游等地，兵屯富阳，直指杭州。

6月底，李秀成回天京才七天，就赶赴苏州，部署防务。

李秀成离开天京后，曾国荃立即对天京发动围攻。李秀成得报，又急忙赶回天京，率领太平军向天京近郊的敌营发动多次进攻，天京之围稍解。

7月底，又传来令人烦恼的消息：戈登的常胜军占领夹浦，继而攻克吴江。苏州与杭州的交通被切断。8月，李鸿章调动程学启率领的淮军三万

人,戈登的常胜军三千人,中法混合军四百人,三路包围苏州。

李秀成闻讯,立即奏请天王,要求出京照应东线战事,但天王拒不接见他。他又一连呈上几道本章,都无回音。

李秀成清楚地知道,安庆已经陷落,倘若苏杭再有闪失,天京是断然守不住的。事态已经到了迫于眉睫的地步,天王居然浑然不觉,怎么办?思来想去,只有一法:登闻鼓。这个制度自太平军进京以来就已经建立了,但天王府里的那面鼓,至今还没有人敲响过。李秀成决定破一次例。

打定主意之后,李秀成即刻骑上马,只带了两个随从,驰向天王府。

来到下马牌,李秀成把马交给随从,就大步闯进了天王府,穿过天朝牌坊、五龙桥、真神荣光门、真神圣天门、忠义门,直扑荣光大殿。一路上,宫廷侍卫们没有一个人敢上前阻拦,他们都吃惊地等待着忠王和天王之间即将发生的争吵。

当鼓声咚咚响起的时候,洪秀全正伏在《圣经》上,聚精会神地进行最后一遍修改和润色。进京十年以来,他第一次听到这样震耳惊心的鼓声。先是吓了一跳,继而把朱笔猛力地摔到墙上,骂了一声:"这个该死的李秀成!"

是的,别人没有这份儿心,也没有这份儿胆。

既然是自己旨准的制度,也就只得出面应付一下,于是,洪秀全在一干官人的簇拥之下来到荣光大殿。

一进殿门,就见李秀成面北而跪。洪秀全慢吞吞地登上御座,这时洪仁达走上前来,在洪秀全耳边嘀咕了几句。

听完了李秀成出京救援苏杭的请求之后,洪秀全的上眼皮立刻耷拉下来。果然是找借口离开天京,次兄洪仁达的担心是完全有道理的。弃君而去,无非是为了自谋出路,当此天国风雨飘摇之际,连这个"忠王"也难守其忠了! 世态炎凉、人心难测啊!想到这里,就开口道:"天京危在旦夕,爱卿却要去救苏、杭,是何道理呀?"

"苏、杭与天京唇齿相依,救援苏、杭,正是为了天京安危。"

"论安危,天京重要呢,还是苏、杭重要呢?"

"当然是天京重要,但苏、杭是天京的后方,是天京的粮食来源,倘若苏、杭失守,天京将无以自保。"

洪秀全冷笑了一声,略带讥讽地说:"听说爱卿在苏州建了一座很华

丽的王府,是吗?"

李秀成万万没想到天王会口出此言,天王分明是疑心他救援苏、杭不过是为了保住自己的宅第家园。李秀成的鼻子一酸,眼泪差一点流下来,唉!事到如今,清妖的屠刀已经架在我们的脖子上了,君王对臣下还是这样猜忌,天国安能不亡!他忍耐着,苦劝道:"卑爵的宅第毁掉一千次,也毫不足惜。再说,倘若天国的大业不保,卑爵的王府岂能独守?这里面的轻重缓急,卑爵还是能够分清的。"

洪秀全脸上泛起了一层红润,他意识到自己刚才的话太有些小肚鸡肠了。

洪秀全的沉默使李秀成很不安,他觉得自己的话太直接、太冲动,简直是在反驳圣上。他正想陈述苏、杭的危急战况来打破眼前的尴尬气氛,忽然提报程小铭呈上一份奏章。洪秀全接过,浏览了一遍。奏章是从杭州发来的,说清朝提督高连升、知府康国器占领了新桥,浙江布政使蒋益澧会同常捷军已攻克富春城,杭州危在旦夕。

洪秀全有些沉不住气了,看来李秀成的担心不是没有道理的。他沉思了一会儿,然后向身边的洪仁达递了个眼色。

洪仁达清了清嗓子,郑重宣布:"李秀成听旨,天王陛下允许你出京救援苏、杭,但必须拿出十万两饷银,全部家属留在京城,不准带走,出城日期限定四十天,逾期不归,按国法行事。"

李秀成心里一寒,这哪里像对"真忠军师"说的话,分明是在呵斥阶下囚。这一瞬间,他觉得自己简直没有了自尊,和一条被套上枷锁的一条狗差不多,但是身为臣子,脸面上的羞耻和内心里的委屈计较不得,为了出京救难,只好答应。

李秀成拿出了自家的全部积蓄,又向亲朋东借西讨,凑银七万两,并保证回京时交足所欠的三万两,洪仁达才将他放出天京。

第二十四章

四天将密谋献城　李秀成死谏无果

深夜,纳王郜永宽的府邸客厅。郜永宽、比王伍贵文、康王汪安钧、宁王周文嘉,还有范启发、张大洲、汪怀武、汪有为四个天将正在密议降清事宜。

"李秀成突然返回苏州,打乱了我们的计划,"汪安钧开言道,"他统领谭绍光部跟戈登少校激战数日,戈登败退,死伤惨重,副官克根木也受了伤。所以这次我跟程学启、戈登在阳澄湖畔会晤的时候,他们都很注重咱们的策反行动。"

"李昭寿献滁州降了大清,朝廷授了参将之职。韦志俊献池州,也当上了参将,去年又升了副将加总兵的头衔。"伍贵文说。

"薛之元献江浦,朝廷赏了他四品顶戴。"周文嘉附和着。

"最风光的是程学启,前年降了大清,如今成了总兵,来招抚我们了。"范启发的话语中颇有些馋涎欲滴的味道。

郜永宽眯缝着眼睛,扫视了一下众人,在他看来,这些议论不但幼稚,简直浅薄不堪,他觉得有必要提醒他们,就说道:"此一时,彼一时啊!"

"什么此时彼时的,还不都一样!"汪怀武觉得郜永宽有些故弄玄虚。

"不一样!"郜永宽强调说。

"要说不一样,那就是苏州要比滁州、池州、江浦显要得多,我们的功劳也就比李昭寿他们更大。"

郜永宽不屑一顾地摇了摇头。

众人的目光一齐盯在郜永宽的脸上,他们都想听听他的见解。

郜永宽意味深长地说道:"他们降清的时候,天国声壮势强,他们投降以后对朝廷还有用处,所以都得了官;如今呢,天国如同秋风落叶一般,声颓势溃,安庆失守了,天京被攻陷是早晚的事,天国灭亡是大势所趋,我们这些人对大清朝廷究竟有多大用处呢?"众人愕然了。"我们献了苏州城,难道李鸿章能杀了我们不成？"宁王周文嘉试探地问道。

"不会不会，宁王太过虑了！"康王汪安钧说。

"诸位不要忘了，程学启投降大清的时候，曾国荃是想杀他的，后来有个叫孙云锦的极力具保，他才捡了一条性命。"郜永宽再一次提醒大家。众人又一次愕然。"纳王认为我们应当作何举动？"周文嘉困惑地问道。"还是探听一下为妙。"郜永宽说。"探听？"汪安钧不以为然，"我已经见过程学启，他是很有诚意的。""程学启能做得了李鸿章的主吗？"郜永宽诘问道。众人相顾无言。"有一个人能做得了李鸿章的主。"郜永宽又说，语气十分肯定。"谁？"众人齐声问道。"戈登。"郜永宽回答。"可是戈登也要听李鸿章指挥呀！"比王伍贵文有些不放心。"不错，但戈登毕竟是洋人。"郜永宽说，"按理说，当初是杨坊出钱成立了洋枪队，第二任领队白齐文就应当听从杨坊的指挥了吧，可是一旦杨坊拖欠军饷的时候，白齐文就把杨坊狠揍了一顿，抢了四万两银饷扬长而去。你们说什么叫洋人？这，就叫洋人。大清朝啊，从皇帝到众臣，上上下下，没有不怕洋人的。"

众人猛然醒悟，频频相顾颔首。

当天下午，纳王郜永宽、康王汪安钧一起来到苏州城北阳澄湖谒见了戈登和程学启，双方略作寒暄，便进入了正题。

"请贵军约定时间，我们四王四天将所辖部队不放一枪，等待贵军入城。"郜永宽先押上最低的筹码。

"那不行，"戈登摇了摇头说，"我的军队纪律不太好，一旦他们攻进城去，有可能乱杀一气，这就保证不了你们的安全。"

"如果你能杀掉李秀成和谭绍光，我保奏你个二品武职。"程学启向郜永宽放出了最诱人的钓饵。

"这怕办不到。"郜永宽急忙回绝。这个要求对他来说太高了：一来因为自己是李秀成一手提拔起来的，要是真的杀掉李秀成，自己就再也没法做人；二来李秀成可不是那么好杀的，一想起他身边四百名精悍无比的参护，郜永宽心里就发怵。

程学启觉得自己刚才的话太有些急于求成了，就退回一步，问道："杀谭绍光怎么样？"

"这可以办到！"郜永宽斩钉截铁地说，一面把目光转向戈登。

戈登明白这目光的含义，就信誓旦旦地说："有了人头作信物，我就能保证你们的生命安全!"

戈登说的是真话,因为他深感与太平军作战的艰难,特别是在最近的这几次战斗中,常胜军的损失太大,如果太平军死守苏州,即使最终攻下来,常胜军恐怕从此就一蹶不振了。很显然,给投降者留一条生路,实际上也就保住了常胜军。

事有凑巧,正在郜永宽从阳澄湖回到城里准备行动的当天晚上,李秀成忽然从无锡回到了苏州,郜永宽等人的计划搁浅了。

听说忠王回来,谭绍光急忙带上几个扈从进了忠王府。

李秀成招待谭绍光匆匆吃过晚饭,一起来到李秀成的书房。

"天国的情势很不景气呀!"李秀成单刀直入地说,他觉得对谭绍光是可以推心置腹的。

谭绍光原想从李秀成口中听到一些守卫苏州的良策,没料到李秀成劈头说出这么一句,连天国都不景气了,苏州还保得住吗?他的心一下子沉了下去。

"自从安庆失守,天国的形势就每况愈下了。湘军是一支太平军的劲敌,而曾国藩则堪称一代枭雄,这些还不是最要紧的。对天国构成真正威胁的,是清妖与洋人的合流。从天国内部来说,自从东王遭戮,翼王出走,就已经失了元气。后来天王提拔了我和英王,也只不过是勉强支撑而已。英王一死,我就孤立无助了。更何况天王不信外臣,信工勇王专权,搞得朝纲紊乱,民怨沸腾,败相日益显著。如此下去,天国还能维持几天?"李秀成说着,感叹嘘唏不已。

李秀成的一席话,使得谭绍光感受到更为巨大的悲怆,他原先没来得及多加思索的事情,现在明朗了,唯其明朗,故而进入了绝望。他紧皱眉头,困惑地问道:"难道天国真的没救了吗?"

"这要看天王的决策了。"

"什么决策?"

"过些时候,我要面奏天王,劝他放弃东南,移军西北。那里,洋人的势力达不到,是天国的用武之地。"

"天王会答应吗?"

"大概不会。"

"那怎么办?"

第二十四章 四天将密谋献城 李秀成死谏无果

李秀成沉默了好一阵,低声说道:"我只能陪天王一同死在天京。"

"殿下——"谭绍光刚一张口,就泣不成声了。

李秀成神情似乎很平静,但眼睛已经湿润了。

过了好一会儿,李秀成说:"生为人臣,自当鞠躬尽瘁。在我尚未进谏天王之前,还是要全心经营东南。苏州是天京的一道屏障,你要尽力守住。"

"只要我活着,苏州就不会落入敌手!"

"近年太平军里投降的事多有发生,郜永宽这个人恐怕不可靠,你要小心。"李秀成提醒谭绍光。

"我也看出来了。不过他是殿下亲手提拔起来的,又是我的结义兄弟,就算是心怀异志,我想也不至于有非分之举。"谭绍光说。

"当初天王为了分散我和英王的权力,就大批封王,其结果是我和英王都指挥不灵,"李秀成长吁了一口气,"今年秋天,我两次调护王陈坤书来救苏州,他都不应命;我又调镇守无锡的潮王黄子隆,他也置之不理。郜永宽封了纳王,掌握着苏州一半兵将,他若有变,必成大患。"

"郜永宽有可能按兵不动,到时候我带自己的部属守卫苏州。"谭绍光决绝地说。

李秀成在苏州只待了两天,就匆匆赶赴无锡。

李秀成离开苏州的第二天晚上,郜永宽等人就出城与戈登、程学启再次会面,商议献城投降的具体事宜。

到底是天赐郜永宽以良机呢,还是谭绍光命该当绝呢? 或许是二者兼有。总之,正当郜永宽们为找不到对谭绍光下手的机会而犯愁的时候,谭绍光却替他们创造了绝好的条件。

这天下午,慕王谭绍光约了郜永宽等四王来自己府上共宴,他想利用这个场合温一下与郜永宽的旧情,并通过郜永宽拉住另外三王,以求同心同德守卫苏州。郜永宽却把范启发等四天将也叫来了。谭绍光觉得这样也好,可以多拉近一些人。

上了菜肴,谭绍光开言了:"今天请诸位光临寒舍,一来因连日苦战,想为诸位压惊洗尘;二来也跟诸位商讨一下守卫城池事宜,敬请各位赐教。"

回答他的是八张沉默的、冷冰冰的面孔。

谭绍光觉得气氛有些不大对头,但仍然忍耐着,他决定先叙叙旧情,便继续说:"这些年来,本王有幸与各位共度戎马岁月,可以说咱们已经结成了生死之交。就拿我和纳王来说吧——"

"现在可不是叙旧的时候。"郜永宽赶紧打断谭绍光的话,他最怕谭绍光当众提起他们是结义兄弟这件事,这与自己即将要采取的行动太不相称了,同时也会使自己的名声糟乱不堪。

"纳王既然不愿意叙旧,那么咱们就说说眼前的事——"谭绍光有些不高兴了,口气很强硬,他决定揭露郜永宽等人近日作战不利的种种表现。

"谁想立头功?"郜永宽突然打断了谭绍光的话,他早已不耐烦了。

"我来!"汪安钧突然拔剑而起,扑向谭绍光。谭绍光仓促之中伸手抽剑,刚抓住剑柄,汪安钧早一剑刺来,正中他的右臂。众人素怯谭绍光力大,现在见他右臂受伤,便各持兵械一哄而上,将谭绍光乱刀杀死。

当晚,郜永宽割下谭绍光的首级,派人送到程学启处,并献北东两个城门以降。

次日清晨,戈登的常胜军和程学启所部清军开进苏州。

慕王谭绍光被杀的消息传出后,他的部下个个咬牙切齿,他们想为慕王报仇,无奈叛军早已打开城门,只好仓促组织突围。当慕府的五千士兵集合起来,护卫着他们的家眷冲向西门的时候,这里的城门也被打开了,清兵蜂拥而入,挡住了去路;而身后,郜永宽们的叛军尾追而来。

一切无准备的战斗,其结局必然是悲惨的。遭到夹击的慕府士兵尽管拼死抵抗,却全无招架之力。他们被挤在狭窄的道路中,靠着前面士兵的勇敢厮杀,缓慢地向城门移动。但这个代价太大了,他们每前进一步,都有成批的士兵倒下。

突然,不知是谁大喊起来:"弟兄们,不能让我们的亲眷落入虎洞狼穴遭受凌辱!"

"不成功,便成仁!"有人响应着。

"咱们同归于尽!"

队伍里立即响起一片惨叫声,将士们的妻子儿女纷纷倒在血泊中……

清军和叛军继续向身处绝境的慕府将士开枪、放箭、扔炸药包……

这一天是1863年12月4日。

当李秀成从幸存者那里听到苏州陷落的惨象时,悲从中来,号啕大哭不止。

苏州陷落后的第三天,李鸿章设宴于苏州娄门外军营。纳王郜永宽、比王伍贵文、康王汪安钧、宁王周文嘉以及范启发、张大洲、汪怀武、汪有为四天将均应邀到席。营帐里摆着九张桌子,八个降将每人一张,还有一张是李鸿章的。各自入座后,从外面进来十六个侍从,分别站立在八位客人的左右。

降将们昨天晚上听到抚台大人要接见的消息后,个个激动不已。他们当即剃发,今天,他们一律穿着一般士绅流行的袍服。因为既已降了大清,天国的朝服是不能穿的,但又没得到大清朝廷加封的职衔,清廷的朝服也没法穿。

李鸿章还没到场,营帐里一片沉默。大家你看看我,我看看你。

几乎在同一瞬间,每个人都注意到别人光光的脑袋,并且想到了脑袋后面那根长长的尾巴,再看别人那一身打扮,就进而想到了自己滑稽可笑的形象,于是,不约而同地,大家脸上都挂出了几分羞涩和尴尬的苦笑。

李鸿章进来了,他似乎全然不计较叛将们的怪相,一副平易的样子坐在自己的位子上,看不出一点儿热情,却也丝毫没露出胜利者的傲慢。他刚要说话,就有一个将校模样的人走进来,说是京城送来了紧急公文,要抚台过目。

"请诸位稍等,我去去就来。"李鸿章歉意地站起来,走了出去。

周围鸦雀无声,叛将们都在焦急地等待着,期盼着。

过了好一阵,刚才那个将校模样的人又走了进来,说道:"抚台大人有要务在身,不能亲自给诸位加冠,特命本将军代为主持。"

八名全副武装的武士各持一面四方平盘走了进来,分别站在八个叛将的跟前,每个平盘上都放着一顶红顶花翎官帽。叛将们受宠若惊地站起身来。谁知就在这一瞬,每个人身后的两个侍从紧紧地抓住了他们的双臂,而前面的武士则将平盘扔到地上,抽出刀来在空中一划,八颗脑袋便唏通呼通落在地上了。

李鸿章设宴杀死八名降将的同时,也把他们部下归降的两万人全部屠杀。

戈登听到杀降的消息,怒不可遏,中国官员居然连一点起码的信义都不顾了。昨天晚上他明明跟李鸿章说定了的,归降者一个不杀,怎么一转眼就变卦了呢?他觉得自己的脸面全都丢尽了:在李鸿章面前,他是个受愚弄者;在别人的眼里,他又是个大骗子。这股闷气是无论如何也无法咽下去的。他越想越气,决定一枪崩了李鸿章这个言而无信的奸贼,便带上三十几个洋兵气势汹汹地来到苏州河,登上李鸿章的座船。两个清兵上前阻拦,戈登掏出腰里的两把左轮,"砰砰",一枪一个,将他们撂倒在地。闯进船舱,李鸿章却不在。戈登一声令下,洋兵们将船舱上上下下砸了个稀里哗啦,戈登还觉不解恨,却再也没有撒气的去处,只好愤愤然地离开了。

一连好几天,戈登都在寻找李鸿章,但李鸿章总是能够巧妙地躲开他。于是,戈登就给李鸿章写了一封信,信中大骂李"奸恶无信",并勒令李辞去江苏巡抚之职,否则就立即发兵进攻淮军,把常胜军所夺取的城池交还给太平军。

李鸿章见信后颇为惊慌,急忙派他的英国秘书马格里劝说戈登,答应公布此事,让世人明白杀降是李鸿章所为,与戈登无关。李鸿章又拜托英国陆军司令勃朗来劝,勃朗答应戈登,今后常胜军只负责上海的防卫,不再接受巡抚的调遣,这场风波才算平息下去。

但戈登心里始终很纳闷,李鸿章为什么要杀降?后来,程学启向他转告了李鸿章对这件事的解释:降王们拥有兵众二十万,不肯遣散,这是一大后患,降王们很贪心,要求赏总兵、副将之职,倘不满足,必定再次倒戈。因此,杀降是万不得已之举。

"纯粹是他妈的扯淡!"听了程学启的解释,戈登心里骂道。他想:苏州的太平军只有四万人,李秀成率部开走后,只剩下两万人,哪里来的二十万?淮军和常胜军比降众多出三倍,完全可以控制局势,怎么会反受威胁?其次,降将讨官,乃是常情,这也是有先例的,不足为怪。第三,如果担心复萌叛逆,可以拘捕他们,余众遣散,何必杀戮?第四,先诛其将,后屠其军,这种极端的做法最容易激起动乱,是十分危险的举动,李鸿章不会不知道。第五,杀降消息一旦传开,今后太平军势必拼死抵抗,谁还肯投降?思来想去,总觉得李鸿章这个人不但歹毒之极,而且愚蠢之极!

数年后,戈登在一本小册子里读到这样一段关于李鸿章的话:"每破

第二十四章 四天将密谋献城 李秀成死谏无果

361

寇,所房获金币珍货,不可胜计。复苏州城,主将所斥卖废锡器至二十万斤。"

完全明白了,原来杀降是为了夺取财宝!难怪破了苏州以后,李鸿章便成为天下巨富,"宰相合肥天下瘦"的讥语流行全国。

"中国官僚的城府深不可测呀!"戈登发出了由衷的感叹。

自从李秀成西征大败而回以后,洪秀全感到胸中再无一策了。"进北攻南"方略是他亲自制定的,结果使天国丧失了十万将士。现在,他除了倾听前方的战况,不能有任何作为了,剩下的只是内心的祈祷。

然而,传来的消息总是与祈祷的方向相反。

苏州陷落了,八天后,无锡失守,吴江也相继陷落,杭州危在旦夕。杭州外围据点的太平军将领投降的消息接连不断:平湖守将陈殿选、乍浦守将熊万荃、嘉善守将陈占榜、海宁守将蔡元隆、桐乡守将何信义……

天京已经有人饿死了,守城的将士也时常因饥饿而晕倒,却得不到任何接济。洪仁玕奉旨去丹阳、常州、湖州等地催兵解围,但各路将领惮于天京无粮,多不应命。

洪仁达挨家挨户搜索粮食,充实圣库,可蒙时雍说他把搜来的粮食大部分藏到了自己的王府,我一直没来得及追问这件事。

看到天国的疆域一天天在缩小,国势日渐衰微,洪秀全心中无限苍凉。

最近有消息说,石达开半年前在成都就义了。他的队伍被困于紫打地进退无路,清妖劝降,他的妻妾五人携二子自沉于河中,石达开愿用自己的性命以安全军,清妖答应了,他便命令部属放下武器。然而他上当了,清妖将他部属中的老弱遣散了四千人,而将两千多精壮将士全部屠杀。石达开的死,说不上壮烈,却十分令人惋惜。

石达开离开天京出走那时节,洪秀全暗自高兴,觉得了却了一桩大心事。后来,跟随石达开的将士一批又一批地返回天京了,这时洪秀全便偷着发笑,他知道,这种笑,里面含有一些幸灾乐祸的成分,因为他知道石达开的日子并不好过,而石达开的落魄,正好反衬着我这个天王的正确。

现在不同了,天朝渐渐走上了末路,或者说是正在步石达开的后尘。先前对石达开的喜爱和赏识之情仿佛又回到了洪秀全的心田。石达开毕竟是天国最出色的将才,他率领天军攻破天京;在天军节节败退的时候,他指挥了湖口九江之战,挫败了湘军的嚣张气焰,逼得曾国藩跳水自杀;后来又把曾国藩困在南昌,差一点生擒了这个老贼;接着,便施展声东击西的战法,击破江南大营;杨韦之乱后,他回京辅政,半年的时间,国务军事都有相当的起色……

唉,那时我只害怕他成为第二个杨秀清,但石达开出走以后,六年来始终打着翼王的旗号,没有自立王国,现在思想起来,我也是有负于他的。

听说石达开受审的时候神态自若,侃侃而谈,面对审问他的清廷官员,毫不客气地把清廷的上下官员和将领贬斥了一番,唯独称曾国藩为一代枭雄。石达开这个人的见解总是出奇得很,他两次把曾国藩逼上了死路,却佩服曾国藩,然而,他却蔑视生擒他的清廷官吏。

石达开打败了他所钦佩的枭雄,却死在他所蔑视的小人手下,这是何等悲惨的结局!审问石达开的偏偏是那个该死的骆秉章,我的老乡,这真是花县的耻辱。

由石达开转而又想到了自己,洪秀全更觉心疲神衰,满目苍凉。

天国的地盘一点一点地被湘妖和洋鬼吞噬掉了。如今,这些地盘被分割得七零八落,天京也成了一座孤城。看来,江山想爱也爱不成了,被妖鬼夺走的江山是没法爱的。然而,宫里的娘娘们还都在身边,她们个个都是那样惹人喜欢,惹人疼爱。

天王府会丢失吗?府里的大大小小器物会丢失吗?身边这些媚娘娇娥会落入他人之手吗?可惜,天父皇上帝只给我创造了两只短小的臂膀,不能把一切我所爱的东西搂在怀里。洪秀全很想把一腔衷肠向人倾诉一番,这种愿望是那样强烈,然而,他很快就明白,他找不到倾听自己话语的人。此刻,洪秀全十几年来第一次尝到了孤独的滋味。

最近这几年,洪秀全苦心孤诣地经营着个人的无上权威,不断地发出诏旨,也替幼主洪天贵福草拟诏旨,来宣传天父皇上帝,又通过大批封王来达到强本弱枝的目的……不知道如今天国臣民对皇上帝的敬仰到了什么程度,他们对我这个天王的崇拜又到了什么程度,但有一点是很清楚的:王者将自己拔得越高,他就越孤独。

先前的国君,礼贤下士者有之,微服私访者有之,他们这样做,当然是为了广开言路,体察民情,但也获得了消除孤独的效果。

第二十四章　四天将密谋献城　李秀成死谏无果

国君要消除孤独,只有两法:或者降低自己的派头,或者抬高臣子的地位。

这两条我都做不到:降低自己的派头,就有损于皇上帝之子的高贵尊严,抬高臣子的地位,则有被臣子篡位和弑杀的危险。

所以我只能无可奈何地忍受孤独。

10月20日,李秀成回到天京。第二天,就上朝请奏天王。

"为臣有一个想法,斗胆面奏万岁陛下。"李秀成说。

"爱卿有何良策?"洪秀全急切地问,他很想听听李秀成的主张。

"放弃天京!"李秀成答道。

在场的人无不愕然。

"你说什么?"洪秀全吃了一惊,以为自己没听清楚。

"让城别走!"

洪秀全胸中立即燃起一道闷火,但他还是强忍着,问道:"是何道理呀?"

"眼下天京已经成了一座孤城,不能再守了。"

"天京内外拥有天兵三十万之众,怎么说不能再守?"

"天京城外虽然有三十万兵将,但他们分布于苏福、浙江、皖南等几十个地段,正与湘军、淮军、绿营、英法军对垒,无法救援天京,而天京城内的三万人中,文官多,武将少;老幼多,青壮少;妇女多,男丁少。能够持械守城的不过几千人。曾妖围困达两年之久,壕深垒固,十分严密,近来,雨花台失陷,我南门之道被截,江东桥被夺,西门不得出入,曾妖又占我七瓮桥,在东门外扎寨,深作长壕,粮道完全断绝。这样,天京城粮草已竭,外援不至,继续困守,只能坐以待毙。为今之计,只有放弃天京,放弃苏浙两省,万岁御驾亲征,杀出重围,进兵中原。陈得才、赖文光正在鄂皖一带与清妖周旋,天朝大军突围后,即可在汉中与他们会师,养精蓄锐,再图进取。"

李秀成的一席话,使在场的人顿然从惊愕中醒悟了。

朝臣们正想劝谏洪秀全采纳李秀成的建议,洪仁达却突然声色俱厉地发话了:"李秀成,你辜负了天王陛下赐给你的封号,你号称'忠王',却内存奸心。大敌当前,你不思尽忠报国,护卫天京,却提出让城别走的馊主意,亏你有脸说出来。天京是天国的国都,弃城逃窜,连天国的老根儿都拔掉了,我看你成心想出天王陛下的丑。"

洪仁达抢在天王前面说话,而且唐突地指责李秀成有奸心,这使在场的人都感到有些意外,但只有李秀成才清楚洪仁达采取这种态度的真正缘由:在勇王府里,洪仁达至少藏有十万斤米粮,金银珍宝不计其数,都是从百姓那里搜刮来的。在天朝的众臣中,他是最害怕让城别走的,因为一来这么多米粮珍宝无法携带,二来他的丑行会暴露在光天化日之中。李秀成满肚子委屈和愤懑,却无处诉说:洪仁达是天王的亲哥哥,又把持着天国的朝政,无法与他顶撞。

洪秀全本来就觉得李秀成的主张是荒谬绝伦的,又经洪仁达这么一说,胸中的闷火竟一股脑儿地喷射出来,他从御座上站了起来,指着李秀成吼叫道:"朕奉上帝、天兄圣旨下凡,作万国独一真主,怕什么?你想在京,想出城,随你的便。朕铁桶江山,你不扶,自会有人来扶。你说无兵,朕的天兵多如水,哪里怕什么曾妖?你怕死,便是会死。"

"臣死不足惜,可是我们如果作茧自缚,天国的大业就会毁于一旦。"

李秀成继续说:"中原一带,清妖防御空虚,洋人的手伸不过去,正好是天军的用武之地,天国振兴,在此一举。乞望陛下听从卑爵劝谏,否则,必成千古之恨哪!"

洪秀全胸有成竹地打断了他:"传旨,着令扶王陈得才从陕西回救天京,再次催促干王在丹阳、常州、湖州一带调集兵马,以解天京之围。"

"陛下,此举断不可行。一来各路军马都受清军牵制,难以有所作为;二来天京无粮,就算队伍靠近天京,也无以为食;再说,近年屡次调动外地兵力回救天京,许多地盘因此而丧失。望陛下能审时度势,高瞻远瞩,天国往日的失误,应以为戒,万不可重蹈覆辙。"

"李秀成!你太放肆了!"洪秀全怒不可遏,"怎么,依了你就是审时度势?就是高瞻远瞩?你以为自己是天国的栋梁吗?你以为天国大业非你莫能为吗?自今而后,政事不与你相干,朕的次兄勇王自会料理天政大事!"

洪秀全竟有些气喘吁吁了,觉得意犹未尽,就又加上了一句:"听旨,今后幼西王可代朕出令,有不遵幼西王令者,合朝共诛之"。

十二岁的幼西王萧友和这时正站在洪秀全身边,他的脸蛋儿上显出了一副天将降大任于斯人的表情。

第二十四章 四天将密谋献城 李秀成死谏无果

"退朝!"洪秀全大喊了一声,起身下殿。

李秀成急忙站起来,跑到洪秀全跟前,重新跪下,挡住他的去,喊道:"陛下——"

洪秀全站住了。

李秀成哭泣着说:"求陛下将卑爵赐死。"

"方才朕说不让你料理朝政,可没说让你死。"洪秀全讥讽地说。

"卑爵无非是想奉行古人'臣死谏'的遗训,免得城破之后死于清妖之手。"

"你想得到'臣死谏'的美名吗?朕不会上你的当。你要是想死,"洪秀全说到这里,忽然提高了声音,"就自己去死!"

李秀成放声大哭起来,哀求道:"陛下不肯采纳卑爵让城别走的劝谏,所虑者无非有二,一是怕有损陛下威严,二是不愿再经受鞍马劳顿之苦。其实,让城别走无碍于陛下的龙威,当年永安突围乃是天国史册中的神来之笔,使天国大业别开生面。至于鞍马征战,卑爵及朝廷百官自会尽心竭力服侍陛下……"

"护驾回殿!"洪仁达打断了李秀成的话,一面向大殿两侧的二十四节气侍卫招了招手。

两名侍卫架起李秀成的胳膊,把他拖出金龙殿外。

洪秀全回到寝宫以后,身子一歪便倒在御榻上。李秀成的喊声仍远远地传来,喊的什么话已经听不清了,但那声音,分明是号啕大哭,十分凄惨。洪秀全很有些后悔,方才自己的言语太唐突,太寡情了!李秀成的主张不是没有道理,当年如果死守永安,太平军这支队伍恐怕早就灰飞烟灭了,今日让城别走,未尝不是一条生路。再说,李秀成最后的话也的确是击中要害的,自从进了天京,安逸享乐的日子过了十一年,无论如何也想像不出再回到当年那种颠沛流离的生涯是何等滋味,何况自己的年纪已逾半百,但凡有一丝一毫指望,也断不能再去跋山涉水了。

万一天京真的陷落了呢?

洪秀全不敢想下去,但他清楚地知道,要是到了那一天,幼主的安危只能维系在李秀成这个人身上。

想到这里,洪秀全的眼睛湿润了,他甚至有些恨自己。

第二天,洪秀全派人给李秀成送来一件龙袍,以示歉意和安慰。当时李秀成的族弟侍王李世贤正在忠王府,他瞥了龙袍一眼,冷冷地说:"无非是想笼络哥哥的心罢了。"

李秀成却能觉察到洪秀全这两次举动的区别,就说:"人之将亡,其情也真。天王这次是在表示悔恨。"

李世贤惊奇地看了李秀成一眼,他觉得这位族兄太轻信,太厚道,甚至有些愚昧。一股深切的同情感顿时涌上心头,便叹了一口气,转换了话题:"天王一味固执己见,不肯听取忠言,他拒绝让城别走,天京的臣民百姓岂不是要困死在这里?"

李秀成感慨万端:"唉,历代帝王,像天王这样闭目塞听的真是少见。他们不是御驾亲征,就是登泰山封禅,再不就是狩猎出巡,魏武帝、成吉思汗更是戎马倥偬、南北征战,唯独咱们这个天王进京后十年来躲在宫里深居不出,丙辰六年那一次出宫,还是因为杨秀清要称万岁给逼出来的。像他这样,怎么能知道天国的战事民情?怎么能知道外面的风云变化?不知道这些,又怎么能作出合理的决断?这些年来天王的主张十有八九脱根离枝,原因就在于此。"

"哥哥说得太对了。"李世贤颇有同感。

"天王的另一个短处是凭情感来断事。一年前他提出了'进北攻南'的主张,我反对,说了两条理由:一是故伎重演,曾国藩不会上当;二是安徽许多重镇都在湘军手里,无粮可征。天王只要稍加考虑,就能看到这一点,但他不听我的劝谏,实际上他是心里有一股怒气,看我横竖不顺眼,因为雨花台一战我没能把曾国荃赶走。结果,那次北征,太平军损失了十几万将士。"

"再加上多年来疑忌心重,不信用外姓,至今不知反省,这就难怪天国日趋风雨飘摇,步入末路了。"李世贤说,又唉声叹气了一阵。

一说到天国的前程,两人都沉默了。

过了许久,李世贤问道:"下一步,哥哥打算怎么办?"

"陪着天王死在天京。"李秀成回答,语调十分悲切。

"贤弟,"良久,李秀成说,"我命你去江西筹粮,明年秋天回救天京。到那时,天京若存,你我尚可相见,天京若亡,你也好留一条生路。"

"哥——"李世贤呜咽起来。他知道,这是一次死别。

近来,天京再也没有收到令人鼓舞的消息。"失守""陷落""败走"

"殉国""投降"成了使用频率最高的字眼儿:溧阳失守,守将吴人杰投降;嘉兴失守,挺王刘得功殉国;余杭陷落,康王汪海洋败走;杭州陷落;太仓陷落;常州失守,陈坤书殉国;丹阳失守……

第二十五章

洪秀全魂归天国　天京城城破国亡

天京成了一座孤城。

2月28日,湘军攻陷了天京城外的据点天保城,逼近太平门和神策门。

一天黄昏,李秀成正在铅码䘏清点火药,忽然岳丈的家役宋老万慌慌张张地跑了过来。李秀成问:"什么事?"

宋老万却不进门,只是怯怯地站在院子里的大槐树底下。李秀成知道一定有不能告人的事,就向宋老万这边走来。宋老万低声说:"不好了,宋公子跟松王陈德风、慰王朱兆英一同向清妖投了一封降书,不巧被补王查获,已经带到刑部去了。"

他说的宋公子是李秀成的妻舅宋永祺,补王是主持刑部的莫仕骏。

"国破家败,这个不成器的东西!"李秀成骂了一句,心里暗暗腌臜极了。

既然是近亲,就不能不管。李秀成骑上马直奔忠王府,胡乱收拾了一堆步摇、耳环、项圈、手镯,又添上一块洋怀表,用绢帕包了,来到补王府。

还算顺利,莫仕骏看李秀成的面子,释放了宋永祺,并答应不声张此事。从补王府出来,天色已经暗了下来。

李秀成刚骑上马,就见天王府的楚小青骑着马奔跑过来,她神色慌张地说:"殿下原来在这里,快,又正月宫……请,请殿下赶快去。"

李秀成听说,急忙扬鞭策马,向天王府飞驰,楚小青紧紧跟在他的身后。

"出了什么事?"李秀成问。

"小女不敢说。"楚小青回答。

"都什么时候了,还捂着盖着的,说吧!"李秀成有些不耐烦。

"万岁……怕是不行了。"楚小青壮了壮胆,终于说了出来。

李秀成来到天王寝宫，第一眼就看见御榻旁边的洪仁达。洪仁达看见了李秀成进来，忙把目光转向一边，装作不见。宫女们进进出出，往来如梭。

这时又正月宫赖莲英迎了上来，李秀成问："天王陛下怎么样了？"

"二十天了，一直昏迷不醒的，"赖莲英说，"唉，病是甘露引起的，御医调好了药，万岁却不肯吃，就弄成了这样。"

李秀成走近御榻，看了一眼，洪秀全的面色如同灰烬，但尚有一丝气息。

"把万岁的内衣换了。"赖莲英吩咐说。

赖春苗、楚小青等四五个人立即凑了过来。

赖莲英把李秀成叫到一边，低声说："万岁不行了，国不可一日无主，万岁升天以后，望殿下早早扶幼主登基。"

李秀成点点头。

"幼主的身家性命，也托付给殿下了——"说到这里，赖莲英抬起手用力捂着嘴，极力压住哭声，泪水却簌簌地掉落下来。

"娘娘放心！"李秀成的眼睛也湿润了。这时，洪秀全的内衣已经换好，赖春苗把换下来的内衣递给柳月季，说："拿出去烧掉。"

柳月季接过，走出寝宫。

副月宫詹云蕙走了进来，小声对赖莲英说："坟地已经挖好了。"

正当宫中上下忙于为天王料理后事的时候，洪秀全想睁开眼，但睁不开，耳朵倒是听见有人在抽泣，这就更奇怪了。他费尽气力，终于把眼睛睁开了，眼前是不同方向的若干张脸，李秀成的，洪仁发的，洪仁达的，赖莲英的，还有洪天贵福的……他们的神情都很阴沉，也很悲伤。

枪声炮声从远方隐隐地传来，洪秀全慢慢回到现实中了，噢，这是湘妖在攻打天京城。他也懵懵懂懂地意识到，自己已经到了生命垂危的关头……

枪炮声尽管响在远处，但湘妖围城日久，天王府里的人也闻到了硝烟气味儿。所有的人，包括李秀成在内，对日紧一日的守城战都显得无所作为，他们都在静静地等待着，等待着洪秀全呼出最后一口气。

1864年6月1日，洪秀全离开了人世，享年五十岁。消息传出，整个天京一片缟素，悲泣之声响遍大街小巷……

洪秀全逝世五天后,李秀成及满朝文武受又正月宫赖莲英之托,扶十五岁的洪天贵福即位,称幼天王,仍由勇王洪仁达掌管朝政。

天京城像一头久经搏斗而遍体鳞伤的雄师,瘫软地躺在长江岸边,它已经失去了吼叫的气力,只能发出一丝丝微弱的喘息。

朝阳门城楼,李秀成跟守城的天兵们一起吃了早饭——一碗稀粥——之后,倦意向他袭来,他坐在门楼内的地面上,倚着木柱,眼睛一闭,便立即睡着了。

他太疲倦了。自从天堡城陷落以后,湘军就不断地向天京城挖地道。李秀成既要指挥天兵在城内城外挖壕沟来拦截敌军的地道,又要接连出击,带领天兵攻击城外湘军的营垒。有三十多条地道被天军破坏了,每次出击都能破垒杀敌,但已无法挽救整体上的败局。他不得不承认,曾国荃在战术上要比向荣、和春高明得多。本来,攻城的一方总是比守城的一方要受更大的损失,然而,曾国荃挖壕筑垒,封锁天京外围,切断天京粮道,固守各个据点,把进攻战变成了守卫战,以逸待劳。而天军方面,"进北攻南"旷费了半年时日,又放弃了"让城别走"的最后机会,苦守孤城,由于粮食紧缺,就必定急于速决,也就不得不将守卫战变成进攻战,结果是疲于奔命。

洪仁玕到外地催兵去了,但各地守将均因天京无粮而不肯前来救援。曾国荃的湘军足有五万人,大京城里却只有三万人,而且大都是天军将士的亲属,妇女老幼,能作战的不过三千人,靠这点可怜的兵力破天京之围是绝对不可能的,然而,但这样僵持下去,等粮食完全吃尽,天京便会不攻自破。

李容发带领四千人去丹阳、句容征粮去了,如果顺利,最近一两天即可运进天京。

"叔王!"

李秀成惊醒了,睁开眼,是侄子李容椿。

"地堡城被湘妖攻陷了。"

地堡城筑在天京内城东北龙脖子山背,离太平门只有十几丈远,而且居高临下,可以俯瞰天京城。地堡城一失,天京危在旦夕。

李秀成立即跳了起来,但也许是因为起得太猛,也许是疲劳过度,也许是由于饥饿,也许是这个消息对他的刺激太重,李秀成只觉得眼前灰黑一片,就向后倒了下去。李容椿急忙扶住他。过了一会儿,李秀成清醒了些,便跨上战马,驰向太平门。李容椿紧贴在李秀成身边,他担心叔父过分伤心,就安慰说:"湘妖为了夺地堡城,有一千多人丧了命,总兵衔营官陈万能被火药烧死,总兵衔哨官王绍羲中炮而死……"

李秀成来到太平门城楼,地堡城已经飘扬着湘军军旗,可以看见,湘勇们正在修筑炮台。一切都无可挽救了,李秀成只得指挥将士加固城墙。

炮声从四面八方传来,此起彼落……

"湘妖又在挖地道。"李秀成忽然叫道。

将士们纷纷聚拢过来。

"你们看,二十丈远的那棵树桩,一直通到城下,这一条长带草色萎黄。因为凡是挖地道的地方,地下水被切断,加上地道里必有灯火,烟气上灼,就成了这个样子。"李秀成说。

"废了它!"两司马瞿在刚说,接着便带上二十几个弟兄缒城而下。他们在那条黄色草带上挖了三个小洞,然后在每个洞里放一个先锋包,等他们攀上城墙时,先锋包爆炸,地面被炸出了三个大坑,很长的一段地道塌了方。

"忠二殿下来了!"不知谁喊了一声。

李容发的头上、胳膊上都扎着绷带,神色颓丧地禀报说:"父王,孩儿这次运来了四万石米粮和二百多匹骡马,全被湘妖头朱洪章截获了。"

"这一次又是乡民告的密?"李秀成问。

"是,"李容发说,"朱洪章早就发出布告,凡是截获发逆的米粮,一律分发给举报者所在乡的乡民,他也真的这样做了,兵荒之年,百姓都吃不上饭,所以各乡都自动派出乡民,在大小路口布置了岗哨。"

"这一招,太狠,太绝了!"李秀成长叹了一口气。

"勇王府里存的粮食不计其数,守城的将士却在挨饿。"李容发愤愤不平地说。

"没有办法,他是勇王,现在掌管朝政。"李秀成说。

一名伍卒跑过来,跪报道:"禀报忠王殿下千岁千岁千千岁,神策门月城被湘妖轰塌,湘妖已经冲进城来。"

李秀成赶到神策门的时候,天军正在城墙缺口与湘勇鏖战。李秀成下了马,指挥天兵将数十只火药桶排掷而下,一阵轰响,正在登城的湘勇纷纷倒下,死伤数百人。已经登城的湘勇失去了后继,很快就被天军杀尽了。

炮声渐渐稀疏了,双方都打得疲惫不堪。夏日正午的骄阳,晒得城墙上的石头灼热发烫。天京各个城楼的士兵都在分发着几乎看不见米粒的稀饭,每人一碗⋯⋯

天京城东孝陵卫曾国荃大营。总兵朱洪章、武明良、提督李典臣、萧孚泗、记名按察使刘连捷都在场,曾国荃把李鸿章刚来的一封信给大家传阅。

"怎么,李抚台要带兵前来助战?"李典臣着急得叫了起来。

"其实,朝廷已经给李抚台下了六道上谕,李抚台老是推三推四,今天说部队久战疲倦,需要休整,明天说士兵枪炮技法不熟,尚待训练,后天又说一旦提兵赴金陵,太平军则会乘虚而入。"曾国荃说。

"李抚台这样做很令人费解。"刘连捷说。

"你想想,我们围天京已经两年了,今年春天金陵合围,攻下金陵是早晚的事。他是家兄的弟子,一直感恩于家兄,所以不愿意分享我们的功劳。"曾国荃解释说。

"李抚台知恩图报,够义气!"朱洪章夸赞道。

"不过家兄多次上奏朝廷,要求李抚台前来助战。"

"中堂大人为什么要这样做?"萧孚泗问。

"我们围攻金陵已达两年之久,家兄担心再无结果,不好向朝廷交代,这才催他前来,用家兄的话说,是'速克则共乐其功,缓克则稍分其谤'。"

"我看咱们也不必让李抚台'稍分其谤'了,但最好也别让他'共乐其功'。"武明良说。

"说得好,今天叫各位来就是为了这个。"曾国荃兴奋地说。

"功劳不能轻让于他人,我们愿意为中丞大人力战死战!"朱洪章站了起来。

"对,为中丞大人死战!"众人齐声响应。

"那就拜托诸位了!"曾国荃心中充满感激,出人意料地向众人施了个拱手礼。

接下来的几天,炮火仍旧不断,不过,炮弹都是从城外射向城里的,太平军的弹药已经罄尽。

第二十五章 洪秀全魂归天国 天京城城破国亡

李秀成偕章王林绍璋、顾王吴如孝、忠二殿下李容发巡视各大城楼，来到太平门，李秀成发现城外用木柴树枝混合着泥土铺出了一条两丈宽的路，填塞了护城壕，直达城根，便说："路下面必有地道。"

"殿下何以得知？"林绍璋问。

"湘妖越来越精明了，他们用这条路做掩护，在下面挖出地道，这样即使地道让我们废了，这条路攻城的时候也大有用处。"李秀成说，然后命令，"赶紧挖沟截断它，然后向地道里灌水。"

正在这时，楚小青跑来禀报说，太后请李秀成回宫。李秀成吩咐章王留在太平门指挥士兵挖沟，顾王跟容发继续巡视其他城门，然后骑上马驰向天王府。

太后赖莲英携着洪天贵福的手站在真神荣光门迎候李秀成，这是破格的礼节。李秀成一见，慌忙跪下问安。这时听得赖莲英说："天王创业一生，多赖群臣辅佐，如今天朝已经走上绝路，幼天王是天王留下的根苗，我现在把他托付给你……"

赖莲英哽咽不能言语，李秀成忙说："太后放心，秀成跟随天王十三年，自当肝脑涂地，报效天朝，当今天国即将倾覆之际，秀成誓以性命护卫幼天王陛下。"

"扑通"响了一声，接着是洪天贵福的哭叫："母后——"

"太后——"在场的宫女们哭成一团。

李秀成抬起头，见赖莲英仰面躺在地上，右手握着匕首，鲜血从胸口突突地冒出。"轰——"

连天王府的地面都震动起来，李秀成知道，没有几万斤炸药绝不会发出如此巨大的声响，声音是从东面传来的，准是太平门出事了。他匆匆辞别了洪天贵福，驱马直奔太平门。

半路上，正遇林绍璋等一群人跑来，林绍璋一见李秀成，便喊道："太平门炸塌了。"

"你们没挖沟？"李秀成反问道。

"士兵们说肚，肚子饿，没，没有力气挖。"林绍璋吞吞吐吐地说。

"城墙塌了，为什么不死守缺口？"李秀成又问。

林绍璋一时张口结舌。

"赶快去调集兵力，增援太平门。"

林绍璋慌忙应声而去。

李秀成来到太平门,城垣被轰塌了二十多丈,数百名天军正在与冲上来的湘勇厮杀。天军见李秀成来了,斗志倍增,奋勇杀上缺口,湘勇败退下去。

这时洪宣娇带了四百多名女兵赶来,她们用小车推来二十多个木桶。

"忠王殿下,"洪宣娇说,"这几天姐妹们把铅码衙的药库和作坊打扫了个底儿朝天,装了些火药桶,给殿下送来,这大概是天京城最后一点火药了。"

"难为了姐妹们,"李秀成十分感动,"谢谢你!"

城外鼓声炮声交响在一起,湘勇纷纷冲上缺口,天军将火药桶一个个抛出去,随着轰然响声,湘勇尸骸狼藉……

"率先登城者有赏,后退者斩!"总兵朱洪章吼叫着。

上千名湘勇踏着焦土碎石又冲上城来。天军的火药桶用尽了,双方短兵相接。因天军奋勇无比,又居高临下,湘勇死伤惨重,再次败下阵去……

朱洪章所统领的三千人已经有一半毙命了,求功心切的朱洪章从马上跳下来,左手举旗,右手提剑,大呼而上;刘连捷、武明良几个湘军首领见状,也都下了马,亲自提剑参加冲锋,湘军声势更壮。

林绍璋的援军一直没有来,可能是他调拨不利,也许是其他城门吃紧,无力增援,而这里的湘军已成潮涌之势,李秀成见大势已去,又担心幼天王的安危,只得带领将士们向天王府退却。

神策门、聚宝门、通济门、旱西门、水西门、朝阳门、洪武门、仪凤门相继飘扬起湘军的旌旗……

曾国荃跟湘勇们一起沿着太平门的颓垣斜坡爬上城去,因烈日当头,灼热难忍,他干脆脱掉长袍朝服,身穿短衣入城巡视了一遭,随即回到孝陵卫,等他进了营帐时,鞋子都不知去向了。连日来宵衣旰食,殚精竭虑,闹得他困倦不堪,他吩咐书手赶紧以八百里红旗先行向朝廷报捷之后,便一头倒在床上,昏睡过去。

李秀成离开天王府后,洪天贵福吩咐宫人匆匆将太后掩埋在后林苑。这时喧闹声从四面八方传来,洪天贵福急忙登楼观看,见清兵已从太平门蜂拥入城,便失声叫道:"天京完了,快去找忠王!"

十几名典天马早已备好了马匹等在庭院,见洪天贵福下得楼来,一齐把他扶上马,一干王亲及朝内官员也各自骑上马,跟在洪天贵福后面,向王府大门涌去。

出了天王府,正碰上李秀成领败兵退到这里,李秀成当即护卫着幼天王赶回忠王府,他要与母亲道别。

忠王府里的几百人全聚集在大门口和院子里,李秀成见到母亲,"扑通"一声跪在地上,泣不成声地说:"母亲的养育之恩,孩儿没齿难忘。如今天朝气满蒙尘,败局已定。孩儿身为朝臣,久受天王恩惠,自当赴汤蹈火。幼天王是天王的骨肉,也是天国日后复兴的希望。忠孝自古不能两全,如今,孩儿不能尽孝了,母亲多多保重!"

说罢又放声大哭,母亲、胞弟、妻子、儿女哭成一团。

李母边哭边说:"秀成儿明晓大义,这是李家的荣耀,护送幼天王陛下出城,去吧。"

这时家人拿来一些珍宝,用绸纱捆在李秀成身上,以作出城后的食宿费用。

李秀成出了忠王府,正好光王洪天光、明王洪天明、幼西王、章王林绍璋、养王吉庆元、尊王刘庆汉等人及文武官员数千人来到,众人一同护卫着洪天贵福直奔清凉山。

登上山顶,回望全城,已是烟尘四起,满目苍凉。巷战仍在进行,但清军的旗帜差不多已经插遍了全城。枪炮声、杀声、哀号声混成一团。

傍晚,李秀成率领部众向北门突围,但这里敌军太多,冲不出去,只好退回;又转到水西门、小南门突围,都未能成功。

这时已是三更时分,大火到处燃烧,天京城犹如一盏巨大的灯盘,火光照亮整个空庭。

"只有从太平门出去了。"李秀成寻思再三,说道。

"湘妖就是从太平门打进来的,我们怎么能从那里出去?"林绍璋大惑不解,"再说,出了太平门,就是孝陵卫,那里是曾国荃的大营,岂不是往枪口上撞?"

"从太平门出去,这是湘妖绝不会想到的,"李秀成说,"至于孝陵卫,我料定已经成了一座空营。"

李秀成命大家换上湘军号衣,以尊王刘庆汉为前队,用黄绸带扎缚在竹竿上作为标志,从太平门的缺口悄然出城。

"停!"走在最前边的两司马瞿在刚小声说,一面向后摆了摆手。

后面的人全都站住了。城外不远的地方站着两个手持长矛的人,是湘军布置的岗哨。

"他娘的,全都到城里抢东西去了,就留下咱们两个冤大头在这里站班儿。"

"谁让咱们是新兵呢?当官儿的欺压当兵的,当一年兵的欺压当半年兵的,就是这臭规矩,呸!好事儿轮不到咱们头上。"

瞿在刚摸到一个湘勇的背后,用刀把子在他头上一敲,那湘勇一声不响地倒下了,另一个湘勇正要举起长矛,瞿在刚已经把刀架在他的脖子上了。

"你们的口号是什么?"瞿在刚问。

"灯火。"那湘勇战战兢兢地答道。

瞿在刚将刀抹了一下,湘勇栽倒了。

"快走!"瞿在刚招了招手,队伍借着城里的霍光一直向东跑去。

走了不远,前面又有二十几个湘勇向这边走来,其中一个喊道:什么人?口号!

"灯火!"瞿在刚应道。天军队伍与湘勇擦肩而过。

来到孝陵卫,这里果然是座空营,只有三四百人在这里把守,坐着的躺着的,唱小曲的,用石头和草棍儿下棋的。瞿在刚上前与湘勇对了口号,并说要去追击逃散的发逆,湘勇中的一个头领挥了挥手,表示让他们通过,但这时背后传来了密集的马蹄声,伴随着高声呼喊。原来那二十几个湘勇在城边发现了那两个倒在地上的哨兵,其中一个没死,他把发逆乔装湘军出城的事告诉了他们,他们慌忙跑进城去报告了此事,朱洪章闻讯,立即派出五百名骑兵出城追剿。

这时孝陵卫的守军也警觉起来,纷纷拿起武器。

"闯过去!"李秀成说完,便一马当先,冲向前去。天军一哄而上,约有三四袋烟的工夫,守军就被杀死大半,余者皆四散。

天军队伍继续向东方逃遁。李秀成原先把洪天贵福安排在前队,此刻却发现他落在了后面,这才想起,天王府里的马都不是战马,于是就把自己的白色战马与洪天贵福交换过来,之后,李秀成领三百名敢死之士断后。

第二十五章 洪秀全魂归天国 天京城城破国亡

前队向东南方远去了,李秀成领后队与追兵拼力厮杀……

曾国荃每破一地,必纵容部下烧杀抢掠,三日后再立规矩,这是惯例。天京成了一片火的世界,一片血的世界……

街道旁、水潭里、桥洞内、院墙外、广场上,到处都是横七竖八的尸体……

巷战慢慢地平息了,天兵们退到各个王府和宅院里,与湘勇展开最后的鏖战。

顾王府,吴如孝与败退回来的二百多部众三次将冲进府内的湘勇杀退,后来上千名湘勇从四面攀梯冲进去,吴如孝自刎,天军全部遇难……

忠王府,李秀成的部属将墙壁洞穿,向冲进来的湘勇开枪射箭,湘勇久攻不能入,后来拖来开花炮轰击,殿堂多处起火,天军无法立足,冲出府门,与湘勇肉搏……

天军反抗的气力越来越微弱,最后完全失去了气息,剩下来的,只是湘勇的疯狂肆虐,烧杀、抢掠、奸淫……

副月宫詹云蕙吞金而死,秦立娟、赖春苗、董春兰、董秋菊将她掩埋在东花园,然后每人抱着一根二十斤沉的大蜡烛,登上了步云楼的第九层,她们把蜡烛切碎,卷在绸幔里,点燃。须臾,木器、楼板、窗棂、栏杆全都烧了起来。整个步云楼如同一支巨大的蜡烛,火光冲天……

天王府里的上千名宫女,悬梁的、投湖的、自焚的、撞石的、刎颈的、割腕的、服毒的、跳楼的,无一生存。

李秀成一夜冲杀,腹饥力乏。从洪天贵福那里换来的坐骑不是战马,跑得慢,结果只身一人落在最后。天亮时,他来到一座荒山下,马已经不能行走了。

李秀成干脆弃了马,独自走上山来。山顶,有一座破庙,门脸上写着"海会寺"三个字。

"幼天王骑着我的快马,想来现在已经脱险了。"这样想着,焦急的心情稍微平静了一些。

太阳刚一出山,天就闷热起来。李秀成解下缠在胸间的绉纱袋子,把珍宝挂在树枝上,宽衣乘凉。

山下走上来两个乡民,一个大约有四十上下,圆脸短须;一个有二十多岁,精瘦,嘴巴突出。李秀成正想向他们问路,却听那个年轻的说:"陶村董,听说抓一个长毛兵,能得一两赏银,抓一个长毛官儿,得二十两,要是大官儿,一百两。"

"都这么传,谁知道可信不可信?"年长的说。

"怎么不可信?西村的孙秃子带着官军在一个山洞里搜出了三个长毛,官军赏给他两块大洋。"

"告诉你王小二,我陶大来可不愿干这种事儿。"

"得了吧陶村董,谁还不知道你?你是八村村董,长毛来了,你就挂长毛的旗子,清兵来了,你又挂清兵的旗子。如今怎么护起长毛贼来了?"

两人越走越近,李秀成躲进树丛,然后慢慢退到山腰。

却说陶大来和王小二发现树上挂着一条绉纱带子,就取了下来,打开一看,全是首饰和银锭之类的东西,便急忙提了袋子跑下山去,在一个石洞子里,陶大来从袋子里胡乱抓出了一把,递给了王小二,然后一溜烟跑回家中。王小二自知吃了大亏,但一来自己身小力薄,二来斗不过人家有权有势的村董,也就没敢言语,他憋着一口窝囊气,呆立了半晌,突然破口骂道:"好你个狗日的陶大来——"

那陶大来回到家里以后,寻思道:身上带这么多财宝,准是发逆军中的大角色,何不报官,再领一份赏银?对,一箭双雕。

他在屋地上挖了个坑,将财宝埋好,然后前往湘军福建陆路提督萧孚泗大营报案。

萧孚泗得报,立即派出三百名湘勇,直奔丁村而来。李秀成终被捕。

当李秀成被带到萧孚泗大营,关进木栅栏的时候,有几个太平军俘虏认出了他,一齐跪道:"叩见忠王殿下千岁……"在场的湘勇当即报告了萧孚泗,萧孚泗大喜过望,命人将李秀成推上囚车,亲自监送到曾国荃处。

萧孚泗刚一回营,王小二就来报案,要求领赏。萧孚泗想道:在我驻守的地盘上,我的士兵没抓到李秀成,倒是一些无知乡民前来举报才侥幸成此大功,事情要是传出去,就太煞风景了。这样想着,便问道:"你认识陶大来吗?"

"认识,他是我们那里的村董。"王小二答道。

"他早就来报案了,我赏了他五十两银子。报同一个案,不能领两份赏钱是不是?你要是也想得到赏钱,就去找他。"萧孚泗说。

王小二一时呆若木鸡,心里骂道:"这个狗日的,好处全让他得了。"

"你们举报的人,是个不小的官儿,难道你们就没发现他身上带着什么东西?"萧孚泗问道。

王小二眼睛一转,心想,这会儿轮到我来整治整治你小子了。于是,便把陶大来取走财宝的事说了。

萧孚泗立即有了主意,他派哨官阚立魁带了一百名湘勇,叫王小二带路,脚不点地地赶到陶大来的家。果然,在屋地里搜出了财宝。阚立魁叫湘勇将陶大来五花大绑,再用绳子勒住他的嘴,推到村头,然后召集村民,宣布说:"陶大来私通发逆,替发逆藏匿钱财,罪在不赦,察有实据,立即正法。那陶大来言语不得,只是呜呜乱叫。阚立魁一刀劈下去,陶大来人头落地。

王小二站在一旁,吓得魂不附体。

第二天,乡民们在村外不远的一条小水沟里,发现了一具无头尸,人们从衣裳和身架上断定,那人是王小二。

李秀成被俘后,曾国藩连忙从安庆赶来。

牢房里,一张破旧不堪的方桌,两把圆凳,曾国藩与李秀成对桌而饮。

"知道吗?你们天朝的上上下下,我最佩服的就是你。"曾国藩说。

李秀成觉得这个话题太没趣,他甚至怀疑曾国藩语含讥讽,就把头侧向一边,说:"败军之将,值得佩服吗?"

"不,"曾国藩纠正说,"一战之败,不足以论英雄,当年靖港、湖口之战,我败得比你要可怜得多。你知道吗?石祥祯、石达开逼得我跳水自杀。这些年来,我一直最忌讳别人谈论这件事,丢人哪!但今天,我可以坦率地告诉你,我当时跳水不是为了做做样子,我是真的想死。"

李秀成没有料到曾国藩能把内心的隐秘透露出来,便转过脸来,正视着他。

"自从你们举事以来,多少头面人物败在你们手下?赛尚阿、乌兰泰、徐广缙、陆建瀛、祥厚、琦善,还有向荣,但支撑到最后的却是我。你不能不承认,在你们的对手当中,称得起豪杰的是我。"曾国藩说完,两眼注视着李秀成。

尽管曾国藩的话颇有些自负,李秀成却只得默认这一点。

"而在太平军方面,真正的英雄是谁呢?"曾国藩问道。

李秀成看着曾国藩,没有回答。

曾国藩用右手食指指着李秀成,说:"是你,还有石达开。"

李秀成的眉梢跳动了一下。

"你觉得吃惊吗?"曾国藩注意到了李秀成的表情变化,继续说下去,"不过,英雄不得其主,就难以有所作为。洪秀全杀了杨秀清和韦昌辉,逼走了石达开,对你也从来没有真正信任过。你空怀一片忠诚,洪秀全却对你三心二意。君臣猜忌,何以不败?"

曾国藩把天国的病症彻底看穿了,可惜洪秀全临死都没领悟到这一点,李秀成暗自叹了一口气。

"当然,你们的失败原因不止这一条。"曾国藩又说。

这是个李秀成颇有感慨的话题,便接言道:"天朝的失误很多:杨秀清令李开芳、林凤祥率两万五千人北伐,孤军深入,是一大失误;杨秀清派林绍璋守湘潭是用人不当,结果全军败尽;东王和北王两家相杀,同室操戈,是自隳长城;翼王受天王猜忌而出走,将合朝好将好兵带去,又是一误;天王不信外臣,专任两个哥哥当政,两人均无才,致使朝纲紊乱,人心离散;再就是立政无章,封王太多……"

"我看到了你们的一些官印,有一个是'五百五十八天安'的,还有一个是'一千四百六十七天福'的,据我所知,天安、天福都是很高的爵位。有个叫童容海的,封了保王,半年以后就降了大清,在这半年期间,他发放了七百一十张官爵执照。最近我又听说,你们光封王就封了两千多个。"

"是,大约有两千七百个王。"

"在你们封王只有九十个的时候,我就看出,群王之间互争长短,苦乐不均,胜不相贺,败不相救,"曾国藩嘲笑的语气中似乎夹杂着几分惋惜,"洪秀全的本意大概是为了笼络人心,使这些无功之王死心塌地地效忠于他。可是事与愿违,听说新封的那些王,几乎没有一个想到如何报答洪秀全的隆恩,却都忙着索俸禄,刻王印,盖王宫,选妃子,是不是啊?"

李秀成默然。

"无功而加官封爵,弊端无穷。你们的洪仁玕看得很清楚,他曾经说,正因为官爵太滥,才使人们不思效忠进取,却动以升迁为荣,几若一岁九迁而犹缓,一月三迁而犹未足。"曾国藩又说。

对天朝滥封官爵,李秀成一直心怀不满,但是从对手曾国藩口中说出,就像是自己的过错,只觉得脸皮又麻又热。

第二十五章 洪秀全魂归天国 天京城城破国亡

第二十六章
李秀成被俘自述 洪幼主被捕遇害

曾国藩和李秀成喝过酒之后离开,李秀成躺在干草地铺上思绪飘得好远。

对于曾国藩对天国的评价,他非常的佩服,说出了自己不敢说的话。但是他为什么要对我说这些呢?把我说成英雄,是要招降我吗?恐怕不可能。因为对于太平军的首领,清廷一定会斩尽杀绝的。陈玉成、石达开就是例子。像我这样的"发酋",既已身陷囹圄,只有一死。至于现在死还是以后被押往京师,结果都是一样的。

对了,曾国藩指出了天国君臣猜忌的弊病,他却忘了,清廷对他这个汉臣,一向是百般压抑,百般防范的,他难道没有饱尝那其中的苦味吗?他难道就甘心这样逆来顺受吗?以曾国藩的聪明,他绝不会意识不到这一点。那么,他效仿曹操煮酒论英雄就必定是有意图的。这意图是什么呢?

李秀成忽然想起了一则流言:曾国藩在攻陷安庆时,他的水师大将彭玉麟曾经劝他自立为帝,他没有答应。或许当时他觉得发逆未平,顾不上考虑这件事,也许是因为彭玉麟并非英雄之辈,使他感到所言非人,未逢知己。

像曾国藩这样的当代枭雄,难道就肯永远屈居于千疮百孔、腐朽不堪的满人巢穴之下?

天国的气数难道也尽了吗?未必!幼天王想来已经脱险,各省的太平军尚有数十万,还有洪仁玕、杨辅清、李世贤、陈得才、赖文光、张宗禹、梁成富、黄文金这些能臣骁将在。而曾国藩呢,骨子里必定是反对满人的,就像钟会对魏国有叛心一样。可以断定,他连做梦都想当皇帝。

于是,李秀成决定完成曾国藩要他写的自述,这样,一来可以留下太平天国简约的兴亡史,二来可以在字里行间有所暗示。

自述每天写六七千字,一批又一批地被狱卒拿走了。这天晚上,曾国藩又来到牢房,带了一壶酒和四盘小菜。

"从你写的自述看,你没上过学,读书也不多,但你的记忆力真令我吃惊。"曾国藩说。

"许多事都是亲历过的,所以记得。"李秀成对这种夸奖不以为然。

"看起来,太平军起义之初,还是虎虎有生气的。"曾国藩说,他觉得李秀成已经是阶下囚,就不必太刺激他,于是言语中称"太平军"而不称"发逆",说"起义"而不说"作乱"。

"世间万物大概都是如此,太阳晨骄而暮昏,草木春荣而秋衰,百兽少壮而老弱。人事也是一样的道理,越过鼎盛时期,便会走向没落,历代王朝的兴亡就是前车之鉴。"李秀成说完,看了曾国藩一眼。

曾国藩的眉头挑动了两下。

"中堂大人的功劳在于,缩短了天朝由盛而衰的时间,"李秀成继续说,"但依我看,湘军的盛衰是与太平军联结在一起的,时间也必定是同步的。"

曾国藩的手突然抖动了一下,酒撒在桌子上,他急忙放下酒杯。

"这个该千剐万剐的李秀成,一句话就捅准了我的心病,"曾国藩心里骂道。

李秀成只顾说下去:"四年前,太平军击溃江南江北大营,朝廷授大人为两江总督,并荣膺钦差大臣衔,大江南北水陆各军悉归大人节制,湘军由偏师转变为主力军。当时我与洪仁玕就意识到我们的失误,那就是打败了一匹狼,引来了一只虎。因为很显然,当时如果我们只是挫伤江南江北大营而不是击溃它,那么朝廷就不会给湘军发展的机会。可以说,湘军今天如日中天的显赫地位,是太平军给予的。现在呢,我们天国的路已经走到了尽头,湘军的戏也就唱到了尾声,这个尾声却是湘军自己唱出来的。兔死狗烹的教训,大人一定比我知道得多。"

曾国藩觉得浑身都在出汗,为了掩饰内心激动,他勉强地笑了笑,问道:"依你之见,我下一步应当怎么走?"

"太平军的鼎盛时期是在攻克南京和那以后的几年,可惜东王杨秀清主张建都金陵,偏安一隅,致使我朝由鼎盛走入末路。"李秀成停顿了一会儿,接着说,"湘军的鼎盛时期是在今天,眼下中堂大人兵权在握,长江三

千里,无一船不张湘军之旗,四省田租税金,络绎输送,各处兵将,一呼百诺。倘若大人把眼前这个鼎盛局面当作开始,那么真正的鼎盛局面,是在今后,少则一两年,多则三五年……"

"喝酒!"曾国藩急忙打断他的话,一面端起酒杯。

李秀成觉察到曾国藩内心的波澜,暗忖道:他动心了。于是端起酒杯,说道:"在上一次谈话中,大人曾经认为自己堪称豪杰。依我看,'豪杰'这个称号,放在大人身上,分量显得轻了些。"

曾国藩也端起酒杯,问道:"那你说,什么称号对我最合适?"

"我的意思大人已经听懂了,何必再问?"李秀成回答。

两人不再言语,一同将各自杯中的酒喝干。

曾国荃打开了金陵城,朝野震动,其部将每次见面必额手相庆,互称功臣,一时间,曾国荃的身价如日中天,人们的言谈中,"曾国荃"三个字成了最响亮、出现频率最高的词语……

曾国荃本人自然得意非常,凡举手投足,皆有腾云驾雾之感,他不放过一切抛头露面的机会,名为巡视,实为亮相,他平生第一次体验到:接受众人的颂赞和崇拜是最惬意、最令人陶醉的事……

这时接到了上谕,是给曾国荃的,谕旨中对曾国荃攻克金陵之伟功只字未提,却劈头盖脸地责骂了一通,说他不该破城之后就返回老营,而应一鼓作气拿下全城,并生擒发逆魁首,还警告说,"倘曾国荃骤胜而骄,令垂成之功或有中变,以致延误时日,必拿曾国荃是问"。

曾国荃看后,直如雷霆轰顶,全身都麻木了。为了打这个金陵,两年来脑汁涂尽,肝胆俱碎,却换来了朝廷这样的回报!冤屈、不平、郁闷、焦躁甚至愤怒还有种种说不清的苦滋刺味一股脑儿地塞进了他的心头,他大喊了一声"我——",便向后倒下去。

曾国藩看了上谕,不动声色地将它塞进袖口。

众人抬着曾国荃悻悻地离开了,这些胜利者方才的傲慢气势早已荡然无存,个个都像斗败了的鸡。

走了还不到一百步,就有人扯住了曾国藩的衣袖,曾国藩回头一看,是萧孚泗。他是曾国藩的亲信,打开金陵后,一直由他负责向湖南运送金银财宝。曾国藩停住了脚步,等众人走远,萧孚泗小声说:"江宁将军富明阿来到金陵。"

曾国藩一惊,忙问:"他来做什么?"

"说是来看望金陵的八旗兵,"萧孚泗说,"也真不巧,我正指派兵勇们从水西门城墙上吊出金银器皿和明式家具,恰好他的船就在水西门停泊下来,都看见了,真晦气!"

"我知道了。"曾国藩说,然后忧心忡忡地向前走去。

晚上,曾国荃躺在木榻上,曾国藩坐在他的身边。

"哥,"曾国荃说,"你知道我在晕倒之前想说什么吗?"

曾国藩没有回答。

"我当时想说:'我反了你个同治小儿!'但'我'字一出口,就赶紧止住了。可是,有话喊不出,气就格外盛,我是气昏了的。"

"你总是好动肝火,改不了的脾气。小不忍则乱大谋,你差一点儿毁了曾氏九族。"曾国藩板起脸,神情极为严肃。

"可是满人也欺人太甚……"曾国藩立即把手掌伸到曾国荃的嘴边,制止了他。

"那道上谕,初看起来确实很扎眼,但仔细琢磨一下,也没有什么,"曾国藩平心静气地说道,"无非是怕我们居功自傲,震慑朝廷。'高鸟尽,良弓藏。狡兔死,走狗烹。敌国破,忠臣亡。'古人的训诫你应该知道。《易传》里说:'日中则昃,月盈则亏。'太阳升到最高的时候,就开始偏西了;月亮最圆的时候,就开始亏缺。《老子》中也说:'祸兮福所倚,福兮祸所伏。'你我现在的处境,比以往任何时候都要险恶,我们现在要做的是戒骄戒满,谨慎谦让,淡泊名利,收敛锋芒。"

曾国荃思忖良久,说:"大哥说的是。"

"富明阿莫名其妙地来到金陵,你没想到吧?"曾国藩说。

"他来了?"曾国荃吃了一惊。

"是朝廷派出来的眼线,探听你我的虚实。"

"动作真快呀!"曾国荃惊心未息。

"此时我们稍有不慎,就会招来灭顶之灾,"曾国藩说,"不过,我会安排停当的。"

第二天,曾国藩到水西门船上访问富明阿,给他带去了一些水果、丝绸短衫、扇子、蚊香之类的东西,都是夏日用得着的,不贵重,但实用。这些东西既能表示曾国藩对富明阿的关怀和照顾,又没有任何行贿之嫌。

为了将这次会见涂上友情色彩,曾国藩还把自己珍藏多年、始终带在身边的一套阮元的《十三经注疏》刻本赠送给了富明阿。

五天后的深夜,曾国藩一口气读完了李秀成的自述,如释重负地伸了伸懒腰,接着便合上了眼。他太疲倦了,连年征战,早已心力交瘁。让太平军这伙逆贼闹的,他近年越来越觉得当年自杀未遂并不是一种侥幸,而是阎罗在惩罚他,使他在人世间经受更加痛苦的煎熬。现在好了,发逆的第一宿将已经落网了,并且写完了关于发逆作乱的全部经过,而那个幼天王,正像李秀成供词里所说的,"十六岁幼童,自幼至长,并未骑过马,又未受过惊慌,官军四方兵追,定然被杀矣。"其余的事呢,那就均不足虑了!

仔细想来,这些年安心奉职,步履谨慎,艰难忍耐,诚惶诚恐,从未萌生过非分之念。不错,早些年不少人说过犯忌讳的话:以精于相面术著称的江西饶州知府张汧翰就说我是"癞龙转世",左宗棠、郭嵩焘一班人也对我作过类似的试探,说什么"鼎之轻重,似可问焉",那意思是再明白不过的。我的家乡更有一帮昏虫,他们在给我建书屋时,上梁文居然写着什么"两江总督太细哩,要到南京做皇帝"。对于这些,我只是一笑了之,从来没把这些话放在心上。

然而,如今发逆已平,就想入非非了?这时,曾国藩目光不由自主地落到了李秀成的自述手稿上,忽然,他警觉起来:原来是它在作怪!不错,这部手稿的字里行间透露出一种倾向:褒扬我而诋毁清廷。

友人的赞辞没使我动心,而敌方首领的暗誉竟使我懵懵懂懂地生出邪念来了!

李秀成说得对,兔死狗烹,发逆一灭,湘军的鼎盛局面就会立即瓦解。只有把眼前的鼎盛局面当作开始,也就是当作推翻满清朝廷的开始,才能使我和整个湘军进入新的鼎盛阶段。

要是真想反清而自立,这个李秀成倒是个最得力的帮手。

想到这里,曾国藩又吓了一跳,心脏咚咚咚咚响个不停。反清自立,谈何容易?清廷从来就不信任汉臣,湘军剿匪之功朝野皆知,然而谗言谤语也由此而生,朝廷对我曾氏兄弟是早有提防的。左宗棠、李鸿章、沈葆桢、杨载福、刘长佑,这些人原来都是我的部下,清廷对他们封赏有加,这样做不过是借他们来遏制我的势力而已,就像洪秀全通过大封王爵来削弱陈玉成、李秀成的权力一样。沈葆桢与我争军饷时,朝廷是偏袒沈的,自从左宗棠指责我用兵拙滞以后,朝廷便任命他为闽浙总督,与我平起平坐了;李鸿章就更不必说,他掌握一支强大的淮军,已经成了与湘军抗衡的力量。

稳妥之计是自剪羽翼,急流勇退,这样,至少还可以保住自己和整个家族的名利爵禄。

自立为帝这步棋太险了,哪怕出现一丝一毫的疏漏,那么不但自己身败名裂,而且会落得个满门抄斩的悲惨下场。

因此,李秀成的话是万万不可听的,他说豪杰的称号放在我身上分量太轻,分明是向我扔出了自立为帝的钓饵。怪不得李鸿章、赵烈文都说李秀成狡猾诡谲,奸诈百端呢!

想到这里,曾国藩立即把李秀成手稿最后暗示他独坐江山的几页文字撕下来,烧掉了。

剩下的就是细节了。曾国藩眨巴了几下眼皮,借以抖擞精神,又翻看起李秀成自述的手稿。有几处是必须改动的,首先是李秀成被俘的情形,原稿写的是"被两个奸民获拿",这怎么行?朝廷把捉拿李秀成当作剿灭太平天国的第一件大事,我是受此重命的,拿不到李秀成,我就像考试交不了卷,这样的大事居然是两个普通奸民完成的,我的功劳哪里去了?他提起笔把这七个字改成了"遂被曾帅追兵拿获"八个字。

还有件更窘迫、更难以交代的事,攻陷天京花费了两年多的时间,速度太迟缓了,这岂不是说明了曾氏兄弟的无能?左宗棠平定了浙江,李鸿章扫清了江苏,其功劳几乎可以与我平分秋色了。想着想着,似乎被一种无形的力量所驱动,曾国藩又拿起笔来,将原稿中所写的天朝十误中的第十条"误立政无章,误国误命者,因十误之由而起,而性命无涯"几句全部勾掉,改成了"误不应专保天京,扯动各处兵马"。

简直是神来之笔!通过李秀成的供词,让朝廷和世人知道,攻打发逆金陵之所以旷日持久,是因为发逆把主要兵力都调到京城来了,同时,也可以证明,正是因为曾氏兄弟牵制了发逆的主力,左宗棠、李鸿章才乘虚而入,打下了浙江和江苏。这样一改,功劳的大小不就落落分明了吗!

曾国藩老谋深算的脸上,浮现出一缕笑容,然后继续在李秀成的手稿中搜索着……

1864年8月7日,曾国藩匆匆忙忙地把李秀成杀害了。

灯下,曾国藩伏案给朝廷起草奏折。有三件事令曾国藩烦恼不堪。一件是洪天贵福逃出了金陵,朝廷降旨要他查办防守不力的员弁。

不管怎么说,在上一次的奏折中说洪天贵福已经死去,毕竟是个很大的漏洞。他将那份奏折的副本找出来又看了一遍,那上面写着:"伪幼主洪天贵福,绕室积薪,为破城自焚之计,众供皆合。"又说:"洪天贵福以十六岁童骏,纵未毙于烈火,亦必死于乱军,当无疑义。"当时真是太草率了,未经细查,怎么就写下了这样的文字?对了,是上了李秀成的当,他在供词里就是这样说的。没想到我曾国藩聪明一世,在这件事上却栽到李秀成这个发酋的手里,真是可恨。第二个可恨的人是左宗棠,他得知了洪天贵福逃逸的消息,却没有向我透露一点风声,而是抢先奏报朝廷,结果把我弄得十分狼狈,在朝廷和百官面前大丢其脸。我署理两江总督时,他正怀才不遇,我屡次拔荐他,今日却对我以怨报德,真乃不仁不义之徒。

怎么办?总得搪塞过去。曾国藩忽觉灵感扑来,提笔写道:"是夕贼从缺口冲出,我军巷战终日,并未派有专员防守缺口,无法确指各部之守防地段,实难查办。"然后举例说:"杭州省城克复时,伪康王汪海洋、伪听王陈炳文两股十万之众,全数逸出,尚未纠参。此次逸出数百人,亦应暂缓参办。"这样写好,一箭双雕,既把朝廷扣在我头上的罪责顶回去,又顺便打了左宗棠一杆子,杭州那一仗就是他打的。

第二件事是金陵的财物早已让曾国荃抢掠一空,上交朝廷的只有玉玺二方、金玺一方而已。这的确是很难交代的,上谕中也转述了御史贾铎奏折中的话,"粤逆所掠金银,悉运金陵,请令查明,报部备拨",这个该死的贾铎,成心叫曾氏兄弟出丑!怎么办?曾国藩斟酌再三,终于拼凑出几句话来:

臣弟国荃亦谓贼馆必有窖藏,贼身必有囊金,勒令各营按名缴出,以抵欠饷……然克复老巢,而全无贷财,实出微臣意计之外,亦为从来罕闻之事。据贼酋李秀成称:昔年虽有圣库之名,实系洪秀全之私藏,并非伪都之公帑。

这样写,朝廷当然是不会相信的,但既然国荃已经纵火灭迹,货财的去向也就无可追查了。信与不信,由他去吧。

第三件是押解李秀成进京的事。刚俘获李秀成的时候,我曾经在奏报中请示朝廷:"应否槛送京师,抑或即在金陵正法,咨请定夺。"可是,我却把李秀成匆匆杀掉了,这不是出尔反尔吗?现在可好,朝廷来要人了,谕旨中分明写着:"该逆等罪恶贯盈,自应槛送京师,审明后依法惩治,以泄神人之愤。着曾国藩遴派妥员,将李秀成、洪仁达押解来京,并咨明沿途督抚,饬地方文武多派兵役小心护送,毋稍大意。"

说圣旨在路上延误了时日,杀了李秀成之后才接到,这当然讲得通。但杀李这一举动毕竟是未经请示而擅作主张,要是心中无鬼,谁敢这么大胆?

人已经杀了,而且非杀不可。眼下的事是寻找恰当的理由,这可是要花费许多笔墨的。

曾国藩到底是城府高深,搜肠索肚一番之后,一大堆理由便铺排出来:一是就地正法,不解京师是有成例的,如陈玉成、石达开就是;二是担心押解途中李酋不食而死;三是怕他窜夺而逃;四是路途遥远,押解重酋必定骚扰地方,引起诸多不便;五是李酋久得人心,党羽颇众,稍有疏虞,必成祸患。

其实,曾国藩的担心很有些多余,朝廷指责曾国荃城破之时不该返回大营,责成曾国藩查办防守不力的员弁,只不过是敲山震虎而已,并不是真的要在曾氏身上大动干戈,曾氏兄弟重兵在手,又新立殊功,倘若真惹恼了他们,鹿死谁手都很难说。因此,尽管曾国藩的奏折仍有不少漏洞(比如说发逆并无圣库,而系洪秀全私藏,却没说出这些私藏的货财到哪里去了),朝廷也就睁一只眼闭一只眼,不再加以追究了。

剩下的事是封赏功臣,咸丰帝曾有遗命,克复金陵者封以王位,等到曾氏兄弟攻克金陵的捷报送到京城,清廷却又反悔了。结果是降格封赏:钦差大臣协办大学士两江总督曾国藩赏加太子太保衔,赐封一等侯爵,世袭罔替,并赏戴双眼花翎;浙江巡抚曾国荃赏加太子少保衔,赐封一等伯爵,并赏戴双眼花翎……其部属一百三十余人均有封赏。

曾国藩唯恐树大招风,便催促曾国荃称病辞职回湘,并裁军二万五千人,以免清廷疑忌,兼作谦让表示。

曾国荃回湘后,置田百顷,成了南方的巨富,连曾国藩都说他"老饕之名遍天下"。此是后话。

却说洪天贵福与李秀成失散后,由尊王刘庆汉、养王吉庆元等人护卫着,继续向东南奔逃,经句容、淳化、湖熟,赶到深水东坝。稍作休息,便继

续赶路。到第六天,来到安徽广德州。一路上在湘军马队的追击下,伤亡惨重,将士仅剩数百人。当天,昭王黄文英前来勤王,不几天,干王洪仁玕、恤王洪仁正、堵王黄文金也来了,一起把洪天贵福接到湖州。

洪仁玕与众王护卫着洪天贵福,经开化入江西境,走再玉山、铅山,辗转来到江西新城,部队只剩下不到万人。这时,侍王李世贤已经转移到粤北平远,会师的计划落空了。而康王汪海洋正在瑞金县,距新城只有二百余里,却没有北上迎接。

太平军到达新城的第二天,已革按察使降补知府席宝田率两万清兵赶到。

"康王未能北上迎主,或许受敌兵牵制,现在我们只有南下,到了瑞金,再作道理。"洪仁玕建议道。

于是,太平军昼夜急行,困极时,略作休息,便立即上路。

席宝田连续追了三天,发逆竟不见了踪影,而士兵早已疲惫不堪,诸将纷纷要求休歇半日,再行追剿。

"发逆的幼主逃至江西地界,倘若追剿不利,使其另窜他地,你我都摆脱不了干系。"席宝田忽然想起了上司江西巡抚沈葆桢的话,知道这次行动非同小可,它不光关系着自己的前程,甚至决定着自己的性命,于是便向诸将吼叫道:"发逆从金陵辗转到江西,已是疲惫之师,我等食朝廷俸禄,居然追不上发逆败残之兵,有何面目见人?都给我听着,合弃辎重,轻装而进,捉不到发逆幼主,不准收队!"

众将官不敢再言,各领士兵继续追赶。

两天后,太平军来到广昌唐坊、白水岭一带,席宝田的追兵也赶到了,双方交战了一个时辰,太平军继续南撤。疾驰三十里,赶到石城县杨家牌,清兵再次追上来,又是一场鏖战。处于破釜沉舟境地的太平军奋力杀敌,以死战相告勉,斩敌千余,击毙游击夏基鸿、外委廖生达。

此时,奔波劳顿了五个昼夜的太平军已经饱受困倦饥渴的折磨,无力再与敌兵纠缠,洪仁玕便指挥数千部众护卫着洪天贵福退据广昌与石城交界的古岭。

"玕叔,这里住不得,妖兵离我们太近,今夜会追上来的。"洪天贵福跑到洪仁玕身边,附在他的耳朵上说。

"妖兵刚吃了败仗,不会这么快就追过来的,咱们歇息一夜,明儿一大早赶路。"洪仁玕说着,便裹着斗篷在草地上躺了下来。

"就算席宝田是一头老虎,也要先停下来舔舔身上的伤口,万岁放心睡吧,今夜没事。"昭王黄文英在一旁加了一句。

洪天贵福一时无话,只得跑回自己被窝里躺下。

不知过了多少时候,洪天贵福听到了"得得得得"的响声,声音好像从遥远的天边传来,他睁开眼,忽然觉得右半脸凉得像冰一样,原来是自己的脑袋从枕头上滑到了天罡正侍卫曾云广的长矛铁杆上了。曾云广是天军虎将曾天养的侄子,他像叔叔一样膂力过人,这支铁杆长矛有三十六斤重。洪天贵福急忙坐了起来,仔细听了一阵,周围没有任何声响。

"大概是做梦。"洪天贵福想,便重新躺下。

洪天贵福正要迷迷糊糊地睡去,"得得得得"的声响又出现了,比刚才更加清晰,他再一次被惊醒,原来头又滑到矛杆上了。

"这是怎么回事?"洪天贵福把耳朵紧贴在矛杆上听着,他吓了一跳,是马蹄声。

曾云广睡在一丈多远的草地上,洪天贵福抓住他的衣领,叫道:"曾侍卫,快起来!"

洪天贵福让曾云广把耳朵贴在长矛杆上,曾云广听了一会儿,慌忙大叫起来:"不好,弟兄们,有追兵,快起来!"

等到沉睡的天军将士全部被唤醒的时候,马蹄声已经很近了。先是从北边传来,然后是从东边和西边传来。

"清妖要包围我们,"洪仁玕喊道,"赶快集合!"

或许是清军觉察到了太平军的动作,这时方圆三里的地盘密密麻麻地亮起了火把,但南方有一个很大的缺口。

"向南突围!"洪仁玕命令道。

三千天军立即驱马向南疾驰。

当天军冲到离缺口仅百步之遥的时候,清军的包围圈合拢了。尊王刘庆汉一马当先,恤王洪仁正紧随其后,杀入敌阵,一场血战,打开了缺口,干王洪仁玕、昭王黄文英等千余人护卫着洪天贵福冲出了包围圈。

约莫跑了十几里路,清兵又从后面追了上来。

曾云广对洪仁玕说:"殿下先走一步,我带弟兄们抵挡一阵,随后赶上。""不行,"洪仁玕果断地说,"你的武艺好,要紧跟在幼天王万岁身边,

记住,一步也不准离开万岁。"

"是!"曾云广应道。

忽然,前面一座山挡住了去路,山下是个丁字路口。洪仁玕命令道"恤王、尊王护卫幼天王向东去,昭王随我向西,引开追兵,咱们在瑞金会合。"

果然,有大半清兵向西追来。不料,刚走出二里多路,就进入一片谷地,谷地中间是一团水洼,无法前行,洪仁玕只得回军东返,这时追兵已到,厮杀了半个时辰,天军大半战死,洪仁玕、黄文英等人被俘。

再说洪天贵福一行向东奔逃,疾驰数里之后,继续向南,辗转了两个昼夜,黄昏时分,又被清兵追及,尊王刘庆汉断后,与清兵鏖战,身披数创被俘,恤王洪仁正马失前蹄,亦被俘。这时,洪天贵福身边只有数十人了。

洪天贵福骑在马上跑在最前面,只觉得凉风从耳边嗖嗖地掠过,喊杀之声越来越近。一阵恐怖向他袭来,他的脑海里闪出一个急切的念头,想知道自己身边到底还有多少天军,于是就转过身来,但就在这一瞬,身体失去了平衡,一下子从马上摔了下来。恰好曾云广赶到,当洪天贵福从地上爬起来的时候,他伸出右手,将洪天贵福拦腰抱起,洪天贵福趁势跨出左腿,骑上了曾云广的马背。

不知不觉地,夜幕又一次降临大地。

洪天贵福一行迷路了,踏进了一片草地。野草足可齐肩,地面却松软泥泞,马蹄一落地便陷进去。曾云广只好命众侍卫下马,护着洪天贵福钻进草丛。

不一会儿,追兵到了。

"一、二……十五、十六,一共是十六匹马,草丛里面一定藏着十六个人。"说话的人嗓音很粗,一声命下,"搜!"

"我们的火把早就燃烬了,就剩下了两支,这黑灯瞎火的,长毛躲在暗处,这样搜进去,恐怕要吃亏。"另一个声音说道。

"我有主意了,"粗厚嗓音说,"长毛听着,你们已经走投无路了,赶快出来投降吧!我数到十,数完后再不出来,我就放火烧了这片草地。一——二——三……"

曾云广贴着洪天贵福耳朵上低声说:"陛下,蹲在这里,千万不要动,也不要出声!

"七——八——九——十——"喊声停了一会儿,接着又响了起来,"放火!"

"慢!"曾云广大喊一声,一面从草丛里站起来,"弟兄们,都出来,跟我一起投降大清朝廷!"

所有的侍卫都站起身,随曾云广一起走出草丛。

粗厚嗓子是个彪形大汉,他清点了一番,正好是十六个人,满意地笑了,然后把手一挥,十六名天朝侍卫立即死于乱刀之下。

这一瞬间,洪天贵福把嘴紧紧捂住,吓得浑身哆嗦。

彪形大汉带着他的部下从原路返回了,周围一片沉寂。

过了好些时候,洪天贵福站起来,想走出草丛。刚走了几步,忽然,一阵冷风吹来,草丛簌簌作响,洪天贵福感到很冷,于是又回到原地,蹲下身去。

不知过了多久,洪天贵福感到又冷又饿,确定周围确无人声,就大着胆子走出草丛。夜,非常漆黑,见不到一点儿光亮。他朝天空看了好久,终于找到了北斗星,又顺着它的勺子边找到了北极星。确定方向之后,他就先向东走,来到一条小路,然后转身向南。

忽然,他看到前方不远的地方出现了一点火光,他慢慢靠近火光,听到有女人说话的声音。洪天贵福壮了胆,这六天逃亡的过程中,他提心吊胆,现在他心中第一次产生了获救的希望,便没有那么害怕了。走近了,推磨的妇女看到了他,先是吓了一跳,后来便对他的来历猜出了八九分,其中一个叫道:"唐老爷,请出来一下。"

"唐老爷"走了过来,向洪天贵福招了招手,把他带到书房,然后让人送来一碗米饭和一盘炒鸡蛋,递给洪天贵福,洪天贵福饿坏了,狼吞虎咽地吃了下去。这时,天色放亮了。

"你从哪里来?要到哪里去?"唐老爷问道。

"我是湖北人,想出来找点事做。"洪天贵福回答。

"你可不像是出来找活儿做的。"唐老爷笑了。

洪天贵福的脸立即红了。

"曾氏兄弟攻下金陵城已经三个月了,现在到处都在抓长毛,你怎么还没剃发?"

洪天贵福大惊失色,两眼直愣愣地看着"唐老爷"。

"听说你们那个朝廷封了许多王,我想你大概就是其中的一个。不过这倒不重要,要紧的是,你的朝廷肯定会覆灭。当初你们造反,我虽然不赞同,但现在也不忍心看到官军任意地杀戮。你现在侥幸地逃到这里,那就赶紧剃发,跟我好好读书,不要再想着以前的事了。"

洪天贵福听了,现在也只好这样了。他年纪尚小,遇到唐老爷这样的好人,也是福气。就这样,他剃了发,在唐老爷家里住了下来。

但是,洪天贵福心里一直想着再见洪仁玕他们,也许,他们已经在瑞金会合了,现在正在四处打听我的下落呢!我虽然年纪小,没有什么威望和才华,但我是天国立下的一面旗子。有旗子在,离散在各地的天军就能聚集在一起,拯救天国,父亲辛苦打下的江山,我要继承下去。

李秀成已经被曾国藩抓住了,所以只有尽快找到开叔。

于是,在第六天的后半夜,洪天贵福带着两张米饼,离开了唐家大院。他非常感激唐老爷,但是自己的身世是不能让任何人知道的,怀着愧疚的心情不辞而别。

洪天贵福正在走路,这时看见一群清兵押着七八个太平军俘虏向他走来,幼天王害怕这些俘虏指认他,就站在路旁,不看这些俘虏。

"把这个也带走!"

洪天贵福听到清兵的喊声,心里很诧异,还没反应过来,几个清兵扑过来,用绳子把他绑了起来。

"凭什么抓我?"洪天贵福大喊。

"哈哈哈哈,"一个头领模样的人笑道,"上头有令,凡是刚剃了发的,都当长毛捉拿。"

1864年11月18日,15岁的洪天贵福在南昌被杀。洪天贵福一直在寻找的洪仁玕也被清兵抓住,就在洪天贵福死后的第五天,他也在南昌被杀。

太平天国的散兵游勇有的被杀,有的逃跑,有的隐姓埋名……至此,太平天国起义失败。